Ginsburg/Opper

Piagets Theorie der geistigen Entwicklung

Herbert Ginsburg
Sylvia Opper

Piagets Theorie der geistigen Entwicklung

Klett-Cotta

Die amerikanische Originalausgabe erschien unter dem Titel
„Piaget's theory of intellectual development. An introduction"

Die Übersetzung besorgte Hainer Kober, Lübeck.

CIP-Kurztitelaufnahme der Deutschen Bibliothek

Ginsburg, Herbert
Piagets Theorie der geistigen Entwicklung / Herbert Ginsburg; Sylvia Opper. – 2., um e. Werkverz. erw. Aufl. – Stuttgart: Klett-Cotta, 1978.
Einheitssacht.: Piaget's theory of intellectual development <dt.>
ISBN 3-12-929311-6
NE: Opper, Sylvia:

2., um ein Werkverzeichnis erweiterte Auflage 1978
Verlagsgemeinschaft Ernst Klett – J. G. Cotta'sche Buchhandlung
Nachfolger GmbH

Printed in Germany
Umschlaggestaltung: Heinz Edelmann
Druck: Wilhelm Röck, Weinsberg

Vorwort

In den Augen des amerikanischen Publikums scheint Piaget heute *der* Kinderpsychologe zu sein. Sein Name ist in zahlreichen Veröffentlichungen zu finden. Seine Ideen werden in den verschiedensten Kreisen diskutiert — bei den Psychologen, Erziehern, Philosophen, Psychiatern. Aber trotz seiner Bekanntheit bleibt er ein schwieriger Autor. Diese Einführung in Piagets Theorie der geistigen Entwicklung ist deshalb sehr willkommen. Den vereinten Anstrengungen eines Piagetkenners und eines amerikanischen Professors für Entwicklungspsychologie verdanken wir jetzt ein Buch, in dem die Schwierigkeiten herausgearbeitet und erklärt werden, denen diejenigen so oft begegnen, die sich mit Piaget beschäftigen. Die Lektüre eines von keiner Mißdeutung beeinträchtigten Buchs über Piaget ist ein seltenes Vergnügen. Es ist eine Freude, festzustellen, daß die beiden Autoren die üblichen Fallen meiden: Sie haben weder zu sehr vereinfacht, noch Piagets schwierige Terminologie ohne angemessene Erklärungen übernommen.

Dieses Buch ist für Studienanfänger bestimmt, die sich mit Piagets Theorie beschäftigen wollen. Sie können sich glücklich schätzen, daß es ihnen hilft, einige der komplizierten Begriffe zu verstehen; denn selbst unsere Genfer Studenten haben Schwierigkeiten mit Piagets Theorien. Wie belanglos ein Verhalten auch erscheinen mag, Piaget versucht es immer in Hinblick auf sein theoretisches System zu erklären, das auf diese Weise ständig verfeinert und bereichert wird. Bei Piaget ist die Empirie niemals von der Theorie getrennt. Diese Kontinuität empfinden die Studenten als schwierig. Sie wird in diesem Buch überaus verständlich dargestellt. Die Autoren übernehmen Piagets Technik, wenn sie klar und verständlich von der Theorie zum Beispiel übergehen und vice versa. Ihre Beispiele kindlichen Verhaltens sind sorgfältig ausgewählt. Besonders gefällt mir die Illustration verschiedenartiger theoretischer Standpunkte dadurch, daß ein Beispiel aus mehreren Blickwinkeln gezeigt wird. Gleichfalls halte ich es für verdienstvoll, daß die Autoren auch auf andere Deutungen einiger Begriffe von Piaget verweisen. Dadurch wird dem Leser eine Vorstellung von der Position Piagets in der zeitgenössischen Psychologie vermittelt.

Obwohl dieses gut geschriebene Buch vor allem für Studenten bestimmt ist, gibt es auch dem mit Piaget wohlvertrauten Leser Gelegenheit, sich in seine Gedankengänge zu vertiefen. Das Buch ist nicht von langatmigen Diskussionen und kritischen Erörterungen belastet; vielmehr vermittelt es, gemäß seiner Absicht, eine prägnante Beschreibung und klare Analyse der Gedanken und des Werks von Piaget.

Genf, Schweiz
März 1969

Bärbel Inhelder
Professor für
Entwicklungspsychologie

Inhalt

Einleitung

Seit den frühen fünfziger Jahren ist es Kinderpsychologen, Erziehern und den Vertretern verschiedener anderer Disziplinen mehr und mehr bewußt geworden, daß Jean Piaget den bedeutendsten Beitrag zum Problem der intellektuellen Entwicklung geleistet hat. Piaget und seine Mitarbeiter haben seit 1920 mehr Nennenswertes zur Forschung und Theorie beigesteuert als irgendwelche anderen Kinderpsychologen. Allein der Umfang von Piagets Werk ist erstaunlich. Er hat mehr als 30 Bücher von normaler Länge und mehr als 100 Artikel im Bereich der Kinderpsychologie verfaßt.

Aber Zahlen allein vermitteln nicht das vollständige Bild. Piaget interessiert moderne Psychologen und Erzieher aus mehreren wichtigen Gründen. Erstens hat er auf eine Reihe neuer und wichtiger Probleme aufmerksam gemacht, die vorher unbemerkt blieben. Z. B. war es Piaget, der das sehr komplexe Problem der Erhaltung entdeckte, das seither viele Forscher beschäftigt hat. Gemeint ist die Fähigkeit des Kindes, ein Bild der Wirklichkeit zu konstruieren, das die bloße Erscheinung der Dinge transzendiert. Zweitens haben Piagets Theorien viele der geläufigen Annahmen über die kindliche Entwicklung zurechtgerückt. Seine Ideen sind neu, einfallsreich und einleuchtend. Nicht wenige haben heute das Gefühl, seine Theorien könnten sich am ehesten eignen, den dominierenden Trend der amerikanischen Kinderpsychologie, vor allem die behavioristische Tradition des Reiz-Reaktions-Schemas, erfolgreich zu widerlegen, oder zumindest eine lebensfähige Alternative zu ihm darzustellen. Von allen Theorien zur kindlichen Entwicklung ist diejenige Piagets schließlich am intensivsten auf das Studium des Kindes gegründet. Kein Forscher, dessen Theorien zur Klärung der kindlichen Entwicklung angewandt worden sind — Freud, Lewin, Hull, Miller, Dollard, Skinner, Werner —, hat Kinder in dem Maße studiert wie Piaget. Tatsächlich haben einige dieser Wissenschaftler, — z. B. Freud, Hull und Skinner — fast keine Untersuchungen mit Kindern durchgeführt. Gesell hat Kinder beobachtet, aber keine ernsthafte Theorie hervorgebracht. Im Gegensatz dazu hat Piaget Kinder jeden Alters nahezu 50 Jahre lang beobachtet, interviewt und getestet. Der eindrucksvolle Bestand an empirischen Daten ist die Basis seiner Theorie.

Deshalb sollten alle, die an der kindlichen Entwicklung interessiert sind, sich mit Piagets Werk vertraut machen. Leider ist dies keine einfache Aufgabe. In weiten Teilen seiner Schriften ist Piaget ein außerordentlich schwieriger Autor. Seine Ideen sind neu. Man eignet sie sich nur schwer an. Sein Stil läßt oft Klarheit vermissen. Viele seiner theoretischen Termini klingen selbst dem Berufspsychologen oder Erzieher fremd, dem Neuling natürlich in weit größerem Maße. Seine späteren Arbeiten sind in Begriffen der symbolischen Logik und Mathematik abgefaßt. Aus diesen Schwierigkeiten ergeben sich einige unglückliche Konsequenzen. Zum einen ist die Beschäftigung mit Piaget tatsächlich sehr mühsam. Der interessierte Leser scheint einen einführenden Text zu Piagets Ideen nötig zu haben, bevor er überhaupt in der Lage ist, sich mit den Originalschriften selbst nutzbringend zu befassen.

Wir haben dieses Buch in der Hoffnung geschrieben, dem Anfänger die Beschäftigung mit Piaget zu erleichtern. Es ist eine kurze Einführung in seine grundlegenden Ideen und Forschungsergebnisse, soweit sie die intellektuelle Entwicklung des Kindes betreffen. Wir hoffen, daß das Buch sich vor allem Studienanfängern in Psychologie, Pädagogik und benachbarten Bereichen nützlich erweisen wird. Das Buch könnte vollständig oder teilweise als ergänzende Lektüre in Übungen verwandt werden, die sich mit der Psychologie des Kindes, Kognition, pädagogischer Psychologie und ähnlichem befassen. Wir hoffen außerdem, daß das Buch auch von einem breiten Publikum mit Nutzen gelesen werden kann.

Obwohl das Buch als Einführung — und als kurze überdies — konzipiert ist, haben wir versucht, das Material in einer gewissen Dichte vorzulegen. Wir sind nämlich von der Voraussetzung ausgegangen, daß der Leser, obwohl er wenig über Psychologie und Piaget weiß, intelligent genug ist und den Vorsatz hat, sich ein bißchen um das Verständnis der Ideen Piagets zu bemühen. Zweitens fanden wir, man solle dem Leser nicht einfach bestimmte schwierige Aspekte von Piagets Theorie vorenthalten, wie z. B. die Verwendung der symbolischen Logik.

Natürlich mußten wir in einem Buch dieser Art selektiv vorgehen. Ohne Zweifel wird der mit Piaget vertraute Leser feststellen, daß wir eine beträchtliche Zahl bedeutender Themen übergangen haben. Wir gehen beispielsweise nicht auf die Arbeiten über Wahrnehmung oder die Untersuchung der geometrischen Begriffe ein. Wir erheben nicht den Anspruch, eine vollständige Darstellung von Piagets Werk anzubieten. Vielmehr haben wir versucht, Piagets bedeutendste Vorstellungen über die intellektuelle Entwicklung und einige Untersuchungen, auf denen sie basieren, so verständlich wie möglich darzustellen. Da mit diesem Buch die Absicht verbunden ist, Piagets Gedanken mit aller Klarheit darzustellen, haben wir unsere eigene Kritik auf ein Minimum beschränkt. Aus dem gleichen Grund sind wir nicht ausführlich auf andere Untersuchungen über Piagets Ideen eingegangen.

Kapitel 1 beginnt mit einer kurzen Biographie Piagets und skizziert einige seiner grundlegenden Ideen. Kapitel 2 befaßt sich mit seinem Beitrag zur intellektuellen Entwicklung im Säuglingsalter. Die Betonung liegt auf einem Aspekt der Theorie, der bisher noch nicht genügend hervorgehoben worden ist, vor allem auf der Darstellung des Lernens und der Motivation. Kapitel 3 beschreibt Piagets frühe Untersuchungen und Theorien zur Entwicklung des Kindes von ungefähr zwei bis elf Jahren. Dabei werden Themen wie die Entwicklung der Symbolfunktion, die kindlichen Weisen der Kommunikation und das moralische Urteil erörtert. Kapitel 4 hat ebenfalls mit dem Kind dieses Alters zu tun. In ihm werden jedoch die grundsätzlichen Probleme von Piagets späterem Werk untersucht, die sich deutlich unterscheiden. Ins Blickfeld geraten die Möglichkeiten des Kindes, Klassen, Relationen und Zahlen zu verstehen. Kapitel 5 untersucht das Denken des Jugendlichen und Piagets Verwendung der Logik als Modell dieses Denkens. Das Buch wird in Kapitel 6 mit einer Betrachtung seiner Arbeiten zur genetischen Epistemologie und der Anwendungsmöglichkeiten seines Werkes in der Erziehung beschlossen. Wir hoffen, daß die Studenten nach Lektüre des Buches zumindest einen gewissen Einblick in Piagets Ansichten gewonnen haben und die Bedeutung seines Beitrags zu schätzen wissen.

Viele haben zur Vollendung dieses Buches beigetragen, ohne jedoch für seine Schwächen verantwortlich zu sein. Zu allererst möchten wir unseren Lehrern danken. Herbert Ginsburg studierte Piaget unter der Anleitung von Lise Wallach, William Kessen, William Charlesworth und Halbert Robinson. Sylvia Opper hatte das Glück, Piaget bei Piaget und Bärbel Inhelder zu studieren. Zahlreiche Studenten und Kollegen haben frühe Fassungen des Manuskripts gelesen und nützliche Kommentare beigesteuert: Ross Geoghegan, David Hawkins, Dalton Jones, Madeline Kanter, Mari Peterson, Lise Wallach, Mary Wheeler und Cathy Widom. Unser Verlagslektor, John Wright, war sehr hilfreich. Guy Cellérier verdanken wir viele wertvolle Vorschläge. Mary Gill hat das Manuskript hervorragend getippt.

Teilweise wurde die Arbeit an diesem Buch durch das Cornell Research Program in Early Childhood Education unterstützt.

Ithaca, N. Y. — H. G.
Juni 1968 — S. O.

1. Biographie und grundlegende Ideen

Wir werden mit einem Rückblick auf Jean Piagets Leben beginnen, um eine Vorstellung davon zu vermitteln, welche Einflüsse auf sein Werk gewirkt haben, und um den weiten Horizont seiner wissenschaftlichen Tätigkeiten aufzuzeigen. Dann werden wir unter dem Vorbehalt der Vorläufigkeit einige grundlegende Ideen und Themen, auf denen seine Theorie der intellektuellen Entwicklung aufbaut, untersuchen.

Biographie

Jean Piaget[1] wurde am 9. August 1896 in der kleinen Universitätsstadt Neuchâtel in der Schweiz geboren. Sein Vater war Historiker, Spezialist für mittelalterliche Literatur, seine Mutter eine dynamische, intelligente und religiöse Frau. Piaget zeigte ein frühes Interesse an der Natur. Er beobachtete gerne Vögel, Fische und andere Tiere in ihrer natürlichen Umgebung. Auch in der Schule galt seine Neigung der Biologie. Aber es war nicht der gewöhnliche Enthusiasmus eines Schuljungen: Erst 11 Jahre alt, veröffentlichte er in einer naturwissenschaftlichen Zeitschrift seinen ersten Artikel, die Beschreibung eines im Park entdeckten Albino-Spatzen. Bald war er in der Lage, dem Direktor des naturgeschichtlichen Museums in Neuchâtel bei der Klassifizierung der zoologischen Sammlung des Museums zu helfen. Zu dieser Zeit begann er mit dem Studium der Mollusken, und im Alter von 15 bis 18 Jahren publizierte er eine Reihe von Artikeln über diese Schalentiere. Auf einen dieser Aufsätze hin — geschrieben vom 15jährigen Piaget — trug man ihm den Posten eines Konservators für die Sammlung von Mollusken im naturwissenschaftlichen Museum in Genf an. Piaget mußte ablehnen, um die Schule beenden zu können.

[1] Piaget hat zu einigen Bänden kurze Autobiographien beigesteuert. Eine — sicherlich veraltete — erschien auf Englisch: J. Piaget, „Autobiography“, in E. G. Boring, et al. (Hrsg.), History of Psychology in Autobiography, Vol. IV (Worcester, Mass.: Clark University Press, 1952), S. 237—256. Ein neuerer Aufriß seines Lebens erschien auf Französisch: Jean Piaget et les Sciences Sociales, Cahiers Vilfredo Pareto, No. 10 (Genf: Librairie Droz, 1966).

Als junger Mann verbrachte er seine Ferien bei seinem Patenonkel, Samuel Cornut, einem Schweizer Gelehrten, der einen beträchtlichen Einfluß auf seine geistige Entwicklung nehmen sollte. Cornut fand, daß Piagets Interessen zu eindeutig auf die Biologie gerichtet seien und beschloß, dem jungen Mann den Zugang zur Philosophie, besonders zum Werk Bergsons, zu eröffnen. Piaget, der sich bis dahin hauptsächlich mit der Biologie und dem natürlichen Verhalten von Organismen beschäftigt hatte, wandte sich nun konsequent anderen Gebieten zu. Seine Lektüre umfaßte die Philosophie, Religion und Logik. Die Berührung mit diesen Wissensgebieten führte schließlich zu einem besonderen Interesse an der Erkenntnistheorie, dem Zweig der Philosophie, der das Wissen selbst zum Gegenstand hat. Er suchte die Antworten auf einige der Grundfragen dieser Disziplinen zu finden: Was ist Wissen? Wie wird es erworben? Ist objektives Verstehen der Realität möglich? Oder ist dieses Wissen von der Welt durch interne Faktoren gefärbt und entstellt? Obwohl fasziniert von diesen Problemen, empfand Piaget, daß ihre Lösung nicht von der Philosophie allein geleistet werden könnte. Beim Vergleich der Eigenschaften von Philosophie und Einzelwissenschaften kam Piaget zum Schluß, daß „eine Idee nur eine Idee ist, während eine Tatsache nur eine Tatsache ist“ [2]. Mit anderen Worten, er war überzeugt, daß der philosophische Weg zu spekulativ und der wissenschaftliche manchmal zu sehr von den Fakten bestimmt war. Es war nötig, beide zu verbinden. Als Jüngling interessierte sich Piaget hauptsächlich für zwei wissenschaftliche Bereiche: die Biologie und die Erkenntnistheorie. Selbstverständlich unterschieden sich die beiden Disziplinen beträchtlich. Die eine betraf das Leben, die andere das Wissen. Die eine bediente sich wissenschaftlicher Methoden, die andere der Spekulation. Piaget begann sich zu fragen, ob es nicht möglich sein sollte, die Kluft zwischen den beiden Disziplinen zu überbrücken, einen Weg zu finden, um seine biologischen mit seinen erkenntnistheoretischen Interessen zu vereinen. Wie konnte man den außerordentlich faszinierenden Problemen des Wissens nachgehen und gleichzeitig im wissenschaftlichen Rahmen der Biologie bleiben? Obwohl an erkenntnistheoretischen Fragen interessiert, galt Piagets eigentliches Bemühen der Biologie. 1916 bestand er sein Vordiplom in Naturwissenschaften an der Universität seiner Heimatstadt, Neuchâtel. Nur zwei Jahre später, mit 21 Jahren, unterbreitete er derselben Universität seine Dissertation über die Mollusken des Schweizer Kantons Wallis und erhielt den Doktorgrad der Philosophie.

[2] Sagesse et Illusions de la Philosophie. Paris: Presses Universitaires de France, 1965. Deutsch: Weisheit und Illusionen der Philosophie. Frankfurt a. M.: Suhrkamp, 1974.

Nach Abschluß seines formellen Studiums beschloß Piaget, sich der Psychologie zuzuwenden. Er ging von Neuchâtel nach Zürich, um in zwei psychologischen Laboratorien und in Bleulers psychiatrischer Klinik zu studieren. Er entdeckte die Psychoanalyse, die Ideen von Freud, Jung und anderen. 1920 veröffentlichte er einen Artikel über die Beziehung zwischen Psychoanalyse und Kinderpsychologie. Im Jahr darauf ging er nach Paris, wo er zwei Jahre an der Sorbonne verbrachte. Dort widmete er sich der Psychopathologie, der Logik, der Erkenntnistheorie und der Wissenschaftstheorie. Seine Berührung mit der Philosophie überzeugte ihn einmal mehr von der Notwendigkeit, die reine Spekulation durch wissenschaftliche Verfahrensweisen zu ergänzen.

Während dieses Pariser Aufenthalts bot sich eine Möglichkeit, die den Weg seiner zukünftigen Arbeit bestimmen sollte. 1920 nahm er eine Stelle bei Doktor Theophile Simon in Binets Laboratorium in Paris an. (Mit Alfred Binet hatte Simon früher den ersten erfolgreichen Intelligenztest konstruiert.) Piaget oblag es, eine standardisierte französische Version gewisser englischer Tests des schlußfolgernden Denkens zu entwickeln. In einem standardisierten Test liegen Wortlaut und Reihenfolge der Fragen genau fest. Der Testleiter darf vom vorgegebenen Verfahren nicht abweichen. Der standardisierte Test soll jede Versuchsperson mit denselben Problemen konfrontieren. Die resultierenden Leistungsdifferenzen können dann nicht den Abweichungen in der Fragestellung zugeschrieben werden, sondern sind auf Unterschiede in der Intelligenz der Versuchspersonen (oder anderer zu messender Züge) zurückzuführen.

Piaget war anfangs von dieser Arbeit nicht sehr begeistert. Einen Test zu standardisieren, kann sehr mechanisch und langweilig sein. Aber dann ereigneten sich drei wichtige Dinge. Zuerst entdeckte Piaget, daß die falschen Antworten des Kindes weit faszinierender als die richtigen waren, obwohl bei Intelligenztests das Augenmerk gewöhnlich auf der Fähigkeit liegt, richtige Antworten zu geben. Beim Befragen der Kinder entdeckte Piaget, daß gleichartige falsche Antworten häufig bei Kindern gleichen Alters vorkamen. Mehr noch, es gab verschiedene Arten üblicher falscher Antworten auf verschiedenen Altersstufen. Piaget versuchte die Bedeutung dieser Fehler zu erfassen. Er kam zu dem Schluß, daß ältere Kinder nicht „gescheiter“ als jüngere waren: Die Gedanken jüngerer Kinder waren einfach qualitativ verschieden von denen älterer. Mit anderen Worten, Piaget wandte sich gegen eine quantitative Definition von Intelligenz — eine Definition, die sich auf die Anzahl richtiger Antworten in einem Test gründet. Das eigentliche Problem der Intelligenz sah Piaget darin, die verschiedenen Methoden des Denkens zu trennen, deren sich Kinder verschiedenen Alters bedienen.

Piaget suchte dann nach einer anderen Methode zur Untersuchung der Intelligenz. Er vermied es, standardisierte Tests zu verwenden. Diese Methode war ihm zu unbeweglich. Beispielsweise konnte es einen beträchtlichen Verlust an Information bedeuten, wenn das Kind die Frage nicht verstand. Piaget suchte also nach einer weniger strukturierten Methode, die ihm mehr Freiheit bei der Befragung des Kindes bot. Er löste dieses Problem, indem er seine Erfahrungen auf dem Gebiet der Psychopathologie nutzbar machte. Er übernahm die Methoden der Psychiatrie, um das kindliche Denken zu erforschen. Sie waren außerordentlich flexibel, weil es den Antworten des Kindes (und nicht irgendeinem vorgefaßten Plan) überlassen blieb, den Verlauf der Befragung zu bestimmen. Wenn das Kind etwas Interessantes sagte, konnte Piaget ohne Rücksicht auf ein standardisiertes Verfahren unmittelbar darauf eingehen. Ziel dieser Methode war es, dem roten Faden im Denken des Kindes zu folgen, ohne es in irgendeiner Weise zu dirigieren.

Etwa zur Zeit, als er in Binets Laboratorium arbeitete, untersuchte Piaget auch anomale Kinder in der Pariser Salpêtrière. Wie Freud glaubte er, daß die Kenntnis abnormer Funktionen Einsicht in die normalen geistigen Abläufe geben könne. Deshalb bediente sich Piaget der klinischen Methode, die in Binets Laboratorium entwickelt worden war, um die anomalen Kinder zu untersuchen. Er entdeckte jedoch, daß diese Methode das mangelhafte Verbalisierungsvermögen anomaler Kinder nicht genügend berücksichtigte. Für diese Kinder entwickelte er ein wichtiges Verfahren: Das Kind wurde nicht nur aufgefordert, Fragen zu beantworten, sondern auch, mit bestimmten Materialien zu hantieren. Leider wandte Piaget die ergänzte klinische Methode — freies verbales Befragen und der Umgang mit Materialien — nicht sofort auf die Tests mit normalen Kindern an. Erst als sich später das ausschließlich verbale Verfahren als unzureichend erwies, machte Piaget Gebrauch von seinen Erfahrungen an der Salpêtrière.

Schließlich beschäftigte sich Piaget, während er die klinische Methode auf die Untersuchung des kindlichen Denkens anwandte, ausführlich mit Logik. Er kam auf den Gedanken, daß abstrakte Logik in verschiedener Hinsicht relevant für kindliches Denken sein könnte. Beispielsweise konstatierte er, daß Kinder unter 11 Jahren nicht in der Lage waren, bestimmte elementare logische Operationen auszuführen. So nahm er die Möglichkeit wahr, diese offensichtliche Unfähigkeit ausführlich zu untersuchen. Außerdem war Piaget der Meinung, gedankliche Prozesse bildeten integrierte Strukturen (nicht ein Konglomerat isolierter Einheiten), deren grundlegende Eigenschaften in logischen Begriffen beschrieben werden könnten. Z. B. scheinen die logischen Operationen, die mit Deduktion zu tun haben, gewissen geistigen Strukturen bei älteren Kindern zu entsprechen. Piaget nahm sich vor, herauszufinden, wie weit das Denken sich der Logik annähert. Dies war eine neue Konzeption der Psychologie der Intelligenz.

Die Jahre in Binets Laboratorium waren sehr fruchtbar. Piaget veröffentlichte mehrere Berichte über seine psychologischen Untersuchungen mit Kindern. Aber wichtiger noch: der Aufenthalt in Paris lehrte Piaget, daß man Intelligenz durch das empirische Erforschen kindlichen Denkens erklären muß, daß die klinische Methode für die Untersuchung des Denkens brauchbar war und daß Logik eher als die ungenaue natürliche Sprache einen gangbaren Weg weisen könne, das Denken zu beschreiben. Piaget hatte darüber hinaus nun einen Weg entdeckt, auf dem er seine biologischen und erkenntnistheoretischen Interessen vereinen konnte. Als er das erkannte, wandte er sich sogleich der Psychologie der menschlichen Intelligenz zu. Als Psychologe konnte er das erforschen, was das Individuum von der Welt weiß, d. h. dessen Versuche, Wirklichkeit zu begreifen. Diese Art der Psychologie würde sich, mit anderen Worten, auf erkenntnistheoretische Probleme ausrichten und gleichzeitig biologisch orientiert sein. Für Piaget bedeutete dies vielerlei. Erstens: Psychologische Theorien würden von biologischen Begriffen Gebrauch machen können. Intelligenz könnte z. B. als Anpassung des Organismus an seine Umgebung gesehen werden. Zweitens würde die Psychologie sich dem Prozeß der individuellen Entwicklung zuwenden können. Piaget glaubte, ein zureichendes Verständnis des menschlichen Erkennens könne nur durch die Erforschung seiner Formung und Entwicklung in der Kindheit gewonnen werden. Wie sollte man den Endzustand begreifen, ohne seine Entwicklung zu kennen? Deshalb beschloß Piaget, zuerst das kindliche Verständnis von Wirklichkeit psychologisch zu untersuchen. Seiner ursprünglichen Absicht nach wollte er einige Jahre experimentellen Studien der kindlichen Intelligenz widmen und sich dann einem zweiten Objekt zuwenden: der Anwendung seiner psychologischen Befunde auf die theoretischen Probleme der Erkenntnistheorie. Er glaubte, er könne die epistemologischen Probleme klären, sobald er wisse, in welcher Weise die Erkenntnis der Person wächst. Wie wir sehen werden, sollte Piaget mehr als „einige Jahre“ seiner ersten Aufgabe widmen. Erst nach etwa 30 Jahren psychologischer Studien konnte er seine Aufmerksamkeit den theoretischen Fragen der Erkenntnistheorie zuwenden.

1921 bot ihm der Direktor des Jean-Jacques-Rousseau-Instituts in Genf, Edouard Claparède, beeindruckt von Piagets ersten Artikeln über Entwicklungspsychologie, einen Posten als Forschungsleiter am Institut an. Piaget nahm das Angebot an. Es bot ihm die günstige Gelegenheit, seine

Untersuchungen über das kindliche Denken weiterzuführen. Das Ergebnis seiner Forschung war eine Serie von Artikeln und die Veröffentlichung seiner ersten fünf Bücher über Kinder in der Zeit von 1923 bis 1932. Das erste, „Sprechen und Denken des Kindes“ [3], legt unmittelbare und experimentelle Beobachtungen über den kindlichen Sprachgebrauch vor. Piaget entdeckte zum Beispiel, daß ein grundlegendes Merkmal der kindlichen Sprache ihr Mangel an kommunikativem Charakter ist, und daß diese Tendenz graduell mit dem Alter des Kindes abnimmt. „Urteil und Denkprozeß des Kindes“ [4] behandelt die verschiedenen Ausprägungen des logischen Denkens, die sich während der Entwicklung von der frühen bis zur späten Kindheit zeigen. „La représentation du monde chez l'enfant“ [5] legt — ausschließlich durch die verbale klinische Methode erhobenes — Material über die Weise vor, wie das Kind die Umwelt sieht, was es für den Ursprung der Träume, der Bäume, der Sonne, des Mondes hält. In „La causalité physique chez l'enfant“ [6] beschreibt Piaget, was für Gedanken Kinder sich über die Ursprünge bestimmter Naturphänomene machen, wie zum Beispiel die Bewegung der Wolken und Flüsse, das Problem der Schatten oder die Wasserverdrängung beim Eintauchen eines Gegenstandes. „Das moralische Urteil beim Kinde“ [7] informiert schließlich über die Entwicklung des moralischen Verhaltens und Urteils. Hier behauptet Piaget, daß sich an Kindern zwei Arten moralischen Urteils beobachten ließen: Das Kleinkind orientiere sich überwiegend an seinem autoritären Moralkodex, während das ältere Kind eine sozialbezogene, kooperative Moral entwickle.
Im frühen Werk ist die Berührung mit der Psychoanalyse deutlich: Piaget nimmt Freudsche Ideen in seine Theorien auf und stellt diese manchmal sogar in Freudschen Begriffen dar. In diesen Büchern wird außerdem angedeutet, was Piaget später besonders betonen wird: die Ansicht, intellektuelle Entwicklung bestehe aus einer Abfolge von Stufen. Durch seine Forschungen wurden Piaget in wachsendem Maße die Unterschiede zwischen den gedanklichen Prozessen des Kindes und des Erwachsenen klar. Er stellte fest, daß das Kind nicht lediglich eine

---

[3] Le langage et la pensée chez l'enfant. Neuchâtel: Delachaux & Niestlé, 1923. Deutsch: Sprechen und Denken des Kindes. Düsseldorf: Schwann, 1972.

[4] Le jugement et le raisonnement chez l'enfant. Neuchâtel: Delachaux & Niestlé, 1924. Deutsch: Urteil und Denkprozeß des Kindes. Düsseldorf: Schwann, 1972.

[5] La représentation du monde chez l'enfant. Paris: Librairie F. Alcan, 1926. 4. Auflage Paris: Presses Universitaires de France, 1972.

[6] La causalité physique chez l'enfant. Paris: Librairie F. Alcan, 1927.

[7] Le jugement moral chez l'enfant. Paris: Librairie F. Alcan, 1932. Deutsch: Das moralische Urteil beim Kinde. Zürich: Rascher, 1954; jetzt Olten und Freiburg im Breisgau: Walter.

Miniaturausgabe des Erwachsenen ist: Das Kind denkt nicht nur ineffizienter als der Erwachsene, sondern es denkt auch anders. Piaget gewann so die Überzeugung, intellektuelle Entwicklung müsse unbedingt als eine Evolution beschrieben werden, die durch qualitativ unterschiedliche Stufen des Denkens führt.

Piaget versuchte die Triebkräfte dieser intellektuellen Evolution zu entdecken. Seiner ersten Interpretation zufolge würde sich intellektuelle Entwicklung im besonderen aus sozialen Faktoren wie Sprache und Kontakt mit Eltern und Gleichaltrigen ergeben. Später — nach der Untersuchung des Säuglingsalters, wo die Rolle der Sprache zu vernachlässigen ist, hingegen die eigene Aktivität des Kindes im Vordergrund steht — deutete er die Natur der intellektuellen Entwicklung anders. Er maß dem Einfluß der sozialen Faktoren weniger Bedeutung bei und vermutete im Handeln den Ursprung des Denkens.

Sehr zum Erstaunen Piagets brachten ihm diese ersten fünf Bücher, von ihm selbst Jugendwerke genannt, beträchtlichen Ruhm ein, vor allem unter Kinderpsychologen. Piaget, der nie in seinem Leben ein Examen in Psychologie abgelegt hatte, wurde plötzlich eine Autorität auf diesem Gebiet. Die Resonanz seiner Bücher überraschte ihn, da er sie lediglich als vorläufigen Versuch und nicht als Ausdruck einer endgültigen Ansicht über die Natur der Intelligenz verstand. Obwohl er die Schwächen seiner Bücher kannte, erklärte er sich mit ihrer Veröffentlichung einverstanden, weil er hoffte, sie könnten andere zu weiteren Forschungen anregen, die dann vielleicht zu einem besseren Verständnis des kindlichen Denkens beitragen würden.

In den Vereinigten Staaten wurden die Bücher zuerst begeistert aufgenommen. Während der zwanziger und dreißiger Jahre maß man Piagets Werk dort große Bedeutung zu. In der Folgezeit — bis Mitte der fünfziger Jahre — wurden seine Ansichten, die man aus den frühen Schriften kannte, vielfach kritisiert. Mit den englischen Übersetzungen zahlreicher späterer Bücher in den frühen fünfziger Jahren lebte das Interesse an seinem Werk jedoch wieder auf.

Von 1920 bis 1930 war Piagets Zeit ganz ausgefüllt. Intensiv widmete er sich seiner Forschungsarbeit. Außerdem hielt er gleichzeitig verschiedene Kurse in Psychologie, Soziologie und Wissenschaftstheorie in Genf und Neuchâtel. Seine drei Kinder wurden während dieser Jahre geboren: eine Tochter 1925, eine zweite Tochter 1927 und ein Sohn 1931. Piaget und seine Frau — eine seiner ehemaligen Studentinnen — beobachteten das Verhalten ihrer Kinder. Die Ergebnisse dieser Zeit — sie betraf die „sensomotorische Periode" von der Geburt bis ungefähr zwei Jahre — wurden in zwei Bänden dargelegt: „Das Erwachen der Intelligenz beim

Kinde“[8] und „Der Aufbau der Wirklichkeit beim Kinde“[9]. Piaget gewann beim Studium des Säuglingsalters die Überzeugung, daß das Denken seinen Ursprung im Handeln des Kindes und nicht im Sprechen hat. Die besondere Bedeutung, die er dem Handeln beimaß, veranlaßte ihn, seine Testtechnik für ältere Kinder zu modifizieren. Er erinnerte sich an seine Erfahrungen an der Salpêtrière. Dort hatte er ja eine Lösung für die Schwierigkeiten gefunden, auf die er bei der Anwendung der ausschließlich verbalen Methode bei anomalen Kindern stieß. Folgerichtig räumte er dem Umgang mit konkreten Materialien einen wichtigen Platz in der klinischen Methode ein, und zwar bei Kindern aller Altersstufen. Der Nachdruck lag also nicht länger auf der Sprache allein, sondern auf dem Manipulieren, das von der Sprache lediglich ergänzt wurde. Von 1929 bis 1939 widmete sich Piaget seinem Beruf noch intensiver. Er war ordentlicher Professor für Wissenschaftsgeschichte an der Universität Genf, wurde stellvertretender Direktor und kurz darauf Ko-Direktor des Jean-Jacques-Rousseau-Instituts, bei dessen Reorganisation er mitarbeitete, als es der Universität Genf angeschlossen wurde. Er lehrte experimentelle Psychologie an der Universität Lausanne. Außerdem wurde Piaget mit internationalen Aufgaben betraut: Er übernahm den Vorsitz des „Bureau International d'Education“, das später in die UNESCO eingegliedert wurde.

Piagets Erfahrungen leiteten einen mehrfachen Wandel seines Denkens ein. Das Studium des Säuglingsalters veranlaßte ihn, seine Forschungsinstrumente zu verändern und Nachdruck auf die Rolle des kindlichen Handelns beim Aufbau des Denkens zu legen. Auch seine Lehrtätigkeit eröffnete ihm neue Bereiche der Forschung und des Experimentes. Der Kurs der Geschichte des wissenschaftlichen Denkens regte ihn zum Studium des kindlichen Verständnisses für gewisse wissenschaftliche Begriffe an. Mit zwei bedeutenden Mitarbeitern, Bärbel Inhelder und Alina Szeminska, widmete er sich der Forschung auf diesem Feld und veröffentlichte 1941/42 zwei Bücher darüber. Das eine, unter Mitarbeit von Bärbel Inhelder, war „Die Entwicklung der physikalischen Mengenbegriffe beim Kinde“[10]. Es zeigt, wie das Kind schrittweise die Fähigkeit erwirbt, zu erkennen, daß gewisse physikalische Größen, wie Substanz oder Gewicht, sich nicht verändern, wenn ein Gegenstand lediglich seine

---

[8] La naissance de l'intelligence chez l'enfant. Neuchâtel: Delachaux & Niestlé, 1936. Deutsch: Das Erwachen der Intelligenz beim Kinde. Stuttgart: Klett (Ges. Werke 1).

[9] La construction du réel chez l'enfant. Neuchâtel: Delachaux & Niestlé, 1936. Deutsch: Der Aufbau der Wirklichkeit beim Kinde. Stuttgart: Klett (Ges. Werke 2).

[10] Jean Piaget und Bärbel Inhelder, Le développement des quantités physiques chez l'enfant. Neuchâtel: Delachaux & Niestlé, 1941. Deutsch: Die Entwicklung der physikalischen Mengenbegriffe beim Kinde. Stuttgart: Klett (Ges. Werke 4).

Form wechselt. Erstaunlicherweise vermögen kleinere Kinder die Erhaltung dieser Größen nicht wahrzunehmen. Das andere, gemeinsam mit A. Szeminska geschriebene Buch war „Die Entwicklung des Zahlbegriffs beim Kinde“ [11]. Hier beschreibt Piaget, welche Entwicklung das Bemühen des Kindes durchläuft, den Zahlbegriff zu meistern.

Das nächste Buch, 1942 veröffentlicht, „Classes, relations et nombres“ [12], weist die Entsprechungen zwischen gewissen Operationen der formalen Logik und den Denkoperationen nach. Piaget beschreibt einige Denkoperationen, die dem Kind von 7 bis 11 Jahren auf der Stufe der „konkreten Operationen“ zur Verfügung stehen, in Begriffen der Logik. Damit macht das Buch wahr, was Piaget sich im Binet-Laboratorium in Paris vorgenommen hatte, nämlich psychologische Sachverhalte mittels einer logischen Formelsprache zu beschreiben.

Dann verlegte Piaget sein Interesse auf die Wahrnehmungsforschung der Gestaltpsychologen. Theoretische Meinungsverschiedenheiten mit ihnen veranlaßten ihn und seine Mitarbeiter jedoch zu einer ausgedehnten Versuchsreihe über die Natur der Wahrnehmung. Zuerst wiederholten sie die Experimente der Gestaltpsychologen. Später erweiterten sie die Untersuchungen in dem Sinne, daß sie Wahrnehmung nicht nur als isolierten Prozeß verstanden, sondern auch ihre Beziehung zur Intelligenz berücksichtigten. Ungefähr 20 Jahre lang, von 1943 an, war die Wahrnehmung Gegenstand zahlreicher Artikel und Monographien Piagets und seiner Mitarbeiter. Diese Arbeiten gipfelten 1961 in der Veröffentlichung von „Les mécanismes perceptifs“ [13]. Dort werden die Strukturen und die Prozesse der Wahrnehmung beschrieben und zu denen des Denkens in Beziehung gesetzt.

Anfang der vierziger Jahre sprach Albert Einstein Piaget gegenüber seine Vermutung aus, es müsse vom erkenntnistheoretischen Standpunkt aus interessant sein, zu untersuchen, wie das Kind Zeit, Geschwindigkeit und Bewegung erfährt. Piaget folgte der Anregung. 1946 erschienen zwei Schriften über diese Themen: „Die Entwicklung des Zeitbegriffs beim Kinde“ [14] und „Les notions de mouvement et de vitesse chez l'enfant“ [15].

---

[11] Jean Piaget und Alina Szeminska, La genèse du nombre chez l'enfant. Neuchâtel: Delachaux & Niestlé, 1941. Deutsch: Die Entwicklung des Zahlbegriffs beim Kinde. Stuttgart: Klett (Ges. Werke 3).

[12] Classes, relations et nombres. Paris: Librairie Philosophique J. Vrin, 1942.

[13] Les méchanismes perceptifs. Paris: Presses Universitaires de France, 1961.

[14] Le développement de la notion de temps chez l'enfant. Paris: Presses Universitaires de France, 1946. Deutsch: Die Entwicklung des Zeitbegriffs beim Kinde. Zürich: Rascher, 1955; jetzt Olten und Freiburg im Breisgau: Walter.

[15] Les notions de mouvement et de vitesse chez l'enfant. Paris: Presses Universitaires de France, 1946, 2. Aufl. 1972.

Ein Jahr früher — 1945 — veröffentlichte Piaget sein Buch über symbolisches Denken „Nachahmung, Spiel und Traum“ [16], eine Zusammenfassung seiner Beobachtungen der eigenen Kinder im Alter von 2 bis 4 Jahren.

Nach dem Zweiten Weltkrieg erfuhr Piagets Werk zunehmende Wertschätzung in der ganzen Welt. Er erhielt Ehrendoktorate vieler Universitäten, darunter der Harvard-Universität, der Sorbonne und der Universitäten von Brüssel und von Brasilia. In den Vereinigten Staaten wurde Piaget zwar verehrt, aber nicht ganz verstanden. Nur seine ersten fünf Bücher waren übersetzt. Während der vierziger Jahre war Piaget weiterhin im „Bureau International d'Education“ tätig und wurde zum Leiter der schweizerischen UNESCO-Delegation ernannt. 1947 veröffentlichte Piaget einen schmalen Band unter dem Titel „Psychologie der Intelligenz“ [17]. Das Buch ist eine Sammlung von Vorlesungen, die er 1942 am Collège de France in Paris gehalten hat. Es gibt zum ersten Mal einen Überblick über seine Theorie der geistigen Entwicklung.

Während dieser Zeit setzte Piaget seine Forschungsarbeit über die verschiedenen Aspekte der Erkenntnis fort. Die Experimente über die Wahrnehmung veranlaßten ihn zur Untersuchung zweier eng verwandter Bereiche: Raum und Geometrie im Verständnis des Kindes. In Zusammenarbeit mit Inhelder und Szeminska publizierte er 1948 „Die Entwicklung des räumlichen Denkens beim Kinde“ [18] und „Die natürliche Geometrie des Kindes“ [19]. 1949 schrieb Piaget den „Traité de logique“ [20]. Dort erläutert er die grundlegenden Operationen, die zur Logik gehören. Das Buch ist die erste vollständige Zusammenfassung seines logischen Systems: Er beschreibt die bereits verwandten logischen Modelle und führt diejenigen neu ein, welche er später auf das Denken des Heranwachsenden anwendet.

Ungefähr von 1920 bis 1950 widmete sich Piaget der experimentellen Arbeit mit Kindern in der Absicht, der Entwicklung der menschlichen Intelligenz auf die Spur zu kommen. Nun fühlte er sich dazu in der

---

[16] La formation du symbole chez l'enfant. Neuchâtel: Delachaux & Niestlé, 1946. Deutsch: Nachahmung, Spiel und Traum. Stuttgart: Klett (Ges. Werke 5).

[17] La psychologie de l'intelligence. Paris: Librairie Armand Colin, 1947. Deutsch: Psychologie der Intelligenz. Zürich: Rascher, 1948. 5. Aufl. Olten und Freiburg im Breisgau: Walter, 1972.

[18] Jean Piaget und Bärbel Inhelder, La représentation de l'espace chez l'enfant. Paris: Presses Universitaires de France, 1948. Deutsch: Die Entwicklung des räumlichen Denkens beim Kinde. Stuttgart: Klett (Ges. Werke 6).

[19] Jean Piaget, Bärbel Inhelder und Alina Szeminska, La géometrie spontanée de l'enfant. Paris: Presses Universitaires de France, 1948. Deutsch: Die natürliche Geometrie des Kindes. Stuttgart: Klett (Ges. Werke 7).

[20] Traité de logique. Paris: Librairie Armand Colin, 1949.

Lage, die Resultate seiner psychologischen Studien auf die erkenntnistheoretischen Probleme anzuwenden, die ursprünglich sein Interesse für die Psychologie ausgelöst hatten. 1950 publizierte er eine dreibändige Einführung in die genetische Erkenntnistheorie[21]. Das Buch befaßt sich mit verschiedenen Aspekten des Wissens, einschließlich der Mathematik, Physik, Psychologie, Soziologie, Biologie und Logik. Piaget analysiert diese verschiedenen Erkenntnisweisen, indem er sie in die Beziehung zwischen dem Individuum und seiner Umwelt stellt, d. h. zwischen dem Erkennenden und dem Erkannten. Er versucht zu bestimmen, ob diese Beziehung durch den jeweiligen Wissenstypus geprägt wird, ob z. B. mathematisches Wissen eine andere Weise der Interaktion mit der Umwelt bedingt als physikalisches Wissen. Außerdem zieht Piaget eine Parallele zwischen der historischen und der individuellen Entwicklung des Wissens. Er entdeckt, daß die Evolution des individuellen Denkens manchmal den gleichen Weg nimmt wie die Geschichte des wissenschaftlichen Denkens.

Piaget untersuchte als nächstes den Bereich des Zufalls und die elementaren Begriffe der Wahrscheinlichkeit. 1951 publizieren er und Inhelder das Buch „La genèse de l'idée du hasard chez l'enfant"[22]. Dort wird das Verständnis des Kindes für zufällige Ereignisse in seiner Umgebung untersucht. 1952 wurde Piaget ordentlicher Professor für Enwicklungspsychologie an der Universität von Paris (Sorbonne), wo er bis 1962 blieb. Gleichzeitig lehrte er weiterhin an der Universität Genf und blieb Leiter des Jean-Jacques-Rousseau-Instituts. Er setzte aber auch seine Forschungsarbeiten über die Wahrnehmung und das logische Denken fort. 1952 veröffentlichte er einen „Essai sur les transformations des opérations logiques"[23], ein Buch über Aussagenlogik und logische Strukturen, wie Gruppe und Verband, die ihm als Modelle für das Denken von Heranwachsenden und Erwachsenen dienten. Nach der Untersuchung der frühen und mittleren Kindheit nahm Piaget seine Studien über die intellektuelle Entwicklung wieder auf, indem er sich dem Denken des Jugendlichen und des Erwachsenen zuwandte. 1955 publizierten Piaget und Inhelder ein Buch zu diesem Thema. „De la logique

[21] Introduction à l'épistémologie génétique, Vol. I, La pensée mathématique; Vol. II, La pensée physique; Vol. III, La pensée biologique, la pensée psychologique et la pensée sociologique. Paris: Presses Universitaires de France, 1950. Deutsch: Die Entwicklung des Erkennens. 3 Bde. Stuttgart: Klett (Ges. Werke 8, 9, 10).

[22] Jean Piaget und Bärbel Inhelder, La genèse de l'idée du hasard chez l'enfant. Paris: Presses Universitaires de France, 1951.

[23] Essai sur les transformations des opérations logiques. Les 265 opérations terminaires de la logique bivalente des propositions. Paris: Presses Universitaires de France, 1952.

de l'enfant à la logique de l'adolescent"[24]. Die Denkprozesse des Jugendlichen werden, wieder in logischen Begriffen, mit denen des jüngeren Kindes verglichen.

Das Jahr 1956 war für Piaget bedeutsam. Er konnte ein Projekt in die Wege leiten, das ihm schon lange vorgeschwebt hatte. Sein weiter Interessenhorizont, der die Biologie, Zoologie, Logik, Mathematik, Psychologie, Philosophie und Erkenntnistheorie umfaßte, ließ Piaget schon immer von der Möglichkeit träumen, die grundlegenden Probleme der Erkenntnis interdisziplinär zu lösen. Die Idee begegnete anfänglich einer gewissen Skepsis. Piaget gelang es jedoch schließlich, eine Institution zu gründen, wo diese interdisziplinäre Kooperation möglich war. An der Universität Genf wurde ein internationales Zentrum für genetische Erkenntnistheorie eingerichtet. In diesem Zentrum beabsichtigte man, jedes Jahr einige bedeutende Gelehrte verschiedener Bereiche zusammenzuführen — Biologen, Psychologen, Mathematiker und andere —, die in gemeinsamer Anstrengung ein gegebenes Problem untersuchen sollten. Jeder würde das Problem aus der Sicht seines Spezialgebietes behandeln. Die Forschungsarbeit sollte jedoch mittels regelmäßiger Diskussionen koordiniert werden. Am Ende des Jahres sollte ein Symposion stattfinden, das die Schlußfolgerungen der Forscher zu erörtern hätte. Die Ergebnisse eines jeden Symposions würden in einer Monographien-Reihe veröffentlicht werden, in den „Studien zur genetischen Erkenntnistheorie". Tatsächlich sind in den letzten Jahren schon eine größere Zahl dieser Bände publiziert worden. Sie befassen sich mit einer Vielzahl von Themen, wie z. B. dem Kausalitätsbegriff, den Lernprozessen und dem mathematischen Denken.

1959 publizierte Piaget „Die Entwicklung der elementaren logischen Strukturen"[25]. Auch hier werden logische Modelle herangezogen, um die geistigen Operationen des Kindes von 7 bis 11 Jahren zu beschreiben. Das Buch behandelt vor allem dessen Methoden des Klassifizierens und des Ordnens von Gegenständen. 1964 erschien ein schmaler Band mit sechs Aufsätzen zu verschiedenen psychologischen Themenbereichen[26]. Im folgenden Jahr, 1965, veröffentlichte Piaget „Weisheit und Illusionen der Philosophie". Er erörtert dort die grundsätzlichen Unter-

[24] Jean Piaget und Bärbel Inhelder, De la logique de l'enfant à la logique de l'adolescent. Essai sur la construction des structures opératoires formelles. Paris: Presses Universitaires de France, 1955. Deutsch i. Vorb.

[25] Jean Piaget und Bärbel Inhelder, La genèse des structures logiques élémentaires. Neuchâtel: Delachaux & Niestlé, 1959. Deutsch: Die Entwicklung der elementaren logischen Strukturen. 2 Bde. Düsseldorf: Schwann, 1973.

[26] Six études de psychologie. Genf: Editions Gonthiers, 1964. Deutsch in: Theorien und Methoden der modernen Erziehung. Wien etc.: Molden, 1972.

schiede zwischen Philosophie, die zu subjektiver „Weisheit", und Wissenschaft, die zu objektivem Wissen führt. Er erklärt auch, warum seine Neigung, die ursprünglich der Philosophie gehörte, sich dann den Wissenschaften zuwandte. Noch im selben Jahr, 1965, publizierte er vier soziologische Untersuchungen in einem Band[27], eine Zusammenstellung einiger seiner Vorlesungen aus den Soziologie-Kursen.
Die Titel dieser Bücher deuten an, daß in ihnen meistens äußerst schwierige Aspekte des Denkens oder der Erkenntnis erörtert werden. Jedes Buch beschäftigt sich mit einem besonderen Thema, wie der Geometrie oder der Zahl, in mehr oder weniger ähnlicher Weise. Dabei wird die Entwicklung des Begriffs von seinen Ursprüngen in der Kindheit bis zu seinem endgültigen Zustand — meist im Jugendalter — untersucht. Obgleich dieses Verfahren sicherlich mit dem Interesse von Psychologen und Erziehern rechnen kann, erweist es sich als schwierig für jemanden, dem es nur um ein allgemeines Verständnis von Piagets übergreifendem System geht. Deshalb publizierten Piaget und Inhelder 1966 im Bewußtsein, daß eine übersichtliche Einführung in ihr System not tat, einen schmalen Band mit dem Titel „Die Psychologie des Kindes"[28], der für das breite Publikum bestimmt war. Das Buch liefert einen kurzen Überblick über Piagets Theorie der intellektuellen Entwicklung und geht auch auf benachbarte Themen wie die Wahrnehmung ein. Ebenfalls 1966 veröffentlichten die beiden Autoren noch ein Buch über die Vorstellungsbilder beim Kinde[29], eine Untersuchung über die inneren Bilder und ihre Beziehung zur Intelligenzentwicklung. 1967 veröffentlichte er „Biologie und Erkenntnis"[30], wo er die Beziehung zwischen biologischen Faktoren und Erkenntnisprozessen erörtert. Das neueste Buch von Piaget und Inhelder, „Gedächtnis und Intelligenz"[31] behandelt die Erinnerungsprozesse beim Kind. Piaget bringt einen neuen Gedanken in die Gedächtnisforschung ein, indem er die Beziehungen, die zwischen der Erinnerung und der Entwicklung intellektueller Funktionen bestehen, auf das genaueste untersucht. Er entdeckt z. B., daß die Erinnerung nicht

[27] Etudes sociologiques. Genf: Librairie Droz, 1965.

[28] Jean Piaget und Bärbel Inhelder, La psychologie de l'enfant. Paris: Presses Universitaires de France, Collection „Que Sais-je", 1966. Deutsch: Die Psychologie des Kindes. Olten und Freiburg im Breisgau: Walter, 1972.

[29] Jean Piaget und Bärbel Inhelder, L'image mentale chez l'enfant. Paris: Presses Universitaires de France, 1966.

[30] Biologie et connaissance. Paris: Gallimard, 1967. Deutsch: Biologie und Erkenntnis. Frankfurt a. M.: Fischer, 1974.

[31] Jean Piaget und Bärbel Inhelder, Mémoire et intelligence. Paris: Presses Universitaires de France, 1968. Deutsch: Gedächtnis und Intelligenz. Olten und Freiburg im Breisgau: Walter, 1974.

immer mit der Zeit nachläßt. Sie kann sich, wenn bestimmte verwandte intellektuelle Fähigkeiten entwickelt werden, auch verbessern.
Die Entwicklung der Interessen von Piaget zeigt sich deutlich an den Titeln und Inhalten seiner Bücher und anderer Publikationen. Von seiner frühen biologischen Arbeit, vor allem über Weichtiere, wandte er sich Schritt für Schritt der psychologischen Entwicklung des Kindes zu. Er wollte eine Brücke von der biologischen Erforschung des Lebens zur philosophischen Untersuchung der Erkenntnis schlagen. Seine ersten Bücher über kindliches Denken waren eher Versuche, Ausdruck einer ersten Theorie der intellektuellen Entwicklung. Später jedoch begann er, seine Theorien in den Begriff einer formalen Sprache aufzustellen: der Logik. Das Generalthema seiner Bücher begann sich auch zu ändern. Er gewann Interesse am kindlichen Verständnis von wissenschaftlichen und mathematischen Begriffen. Sobald er ausreichende Klarheit über die intellektuellen Prozesse des Kindes gewonnen hatte, versuchte Piaget, seine psychologischen Theorien für die allgemeine Erforschung des Erkennens nutzbar zu machen. Nach mehr als dreißigjähriger Forschungsarbeit in der Psychologie kehrte er zu seinem Ausgangspunkt, den theoretischen Problemen der Erkenntnistheorie zurück. Es ist wirklich erstaunlich, daß Piaget heute, obwohl mehr als siebzig Jahre alt, seine beruflichen Aufgaben genauso aktiv wahrnimmt wie in der Vergangenheit. Er entwickelt immer neue Theorien und setzt seine Forschungen fort. Augenblicklich schreibt er an einem neuen Buch über den Kausalitätsbegriff.

Grundlegende Ideen

Im folgenden Abschnitt werden wir einige grundlegende Ideen einführen, die für Piaget bei der Untersuchung der intellektuellen Entwicklung wegweisend waren. Ein Wissenschaftler hält sich in seinen Experimenten und in der Theoriebildung gewöhnlich innerhalb eines bestimmten theoretischen Rahmens, der weniger durch eine detaillierte Theorie als durch einen Standpunkt oder Einstellungen gegeben ist, von denen er sich leiten läßt. Wenn ein Psychologe z. B. auf Freud und das Verfahren des Persönlichkeits-Tests schwört, werden diese Einstellungen wahrscheinlich die Richtung seiner Forschung und seiner Analyse bestimmen. Diese Ideen können ihn dazu veranlassen, die familiären Ursachen der Neurose eher als die organischen zu untersuchen. Fast mit Sicherheit läßt sich vermuten, daß er sich bei dieser Orientierung auf Tests „mit Papier und Bleistift“ verlassen wird. Seine Ergebnisse sind anders, als wenn er sie durch unmittelbares Beobachten des Kindes zu Hause gewonnen hätte. Natürlich ist es nicht zu leugnen, daß Wissenschaftler ihre Meinung ändern, wenn diese durch die Forschungsergebnisse nicht bestätigt werden. Dennoch ist es wahr, daß solche richtungsweisenden Einstellungen einflußreich sein können. Der Wissenschaftler beginnt seine Arbeit nicht ohne ein Vorverständnis.

Piagets Grundhaltungen, die er ziemlich explizit formuliert, betreffen das Wesen der Intelligenz, ihre Struktur und ihre Funktionen.

Intelligenz

Wie definiert Piaget das Wesen der Intelligenz? Der Leser sollte sich klarmachen, daß Piaget bei diesem Versuch fast völlig frei war. Vor den zwanziger Jahren, als er seine Untersuchungen begann, bemühte sich kaum jemand — empirisch oder theoretisch — um den Begriff der Intelligenz. Zwar praktizierte man bestimmte Testverfahren, wie z. B. den Binet-Simon-IQ-Test, auch gab es vereinzelte Experimente zu bestimmten intellektuellen Prozessen, wie dem Gedächtnis des Erwachsenen, doch war keine dieser Arbeiten sehr weit gediehen. Die Psychologen hatten sich kaum über den Gegenstand der Psychologie der Intelligenz geeinigt. (Es ist auch heute noch nicht geschehen.) Bezieht sich Intelligenz auf das mechanische Gedächtnis, auf die Kreativität, die IQ-Test-Leistung, das logische Denken beim Kind oder auf andere Eigenschaften? Da Piaget seine Studien in einer Pionierzeit begann, konnte er in den Intelligenzbegriff noch seine eigene Blickrichtung einbringen. Er war umsichtig genug, nicht mit einer allzu endgültigen und allzu genauen Definition von Intelligenz zu beginnen. Dazu war der Gegenstand zu wenig erforscht. Eine einschränkende Definition als Ausgangspunkt hätte die Forschungsarbeit behindert und Befunde erschwert. Piagets wirkliches Ziel war, herauszufinden, was Intelligenz konstituiert.

Im Bemühen, vorzeitige Einschränkungen zu vermeiden, bot Piaget mehrere Definitionen von Intelligenz an, die alle in allgemeinen Begriffen niedergelegt waren. In diesen Definitionen spiegelt sich seine biologische Ausrichtung. Da heißt es beispielsweise, Intelligenz sei ein „Sonderfall der biologischen Anpassung“ [32]. Damit stellt er klar, daß menschliche Intelligenz jene biologische Errungenschaft ist, die die Person befähigt, sich auf einer psychologischen Ebene effizient mit ihrer Umgebung auseinanderzusetzen. Eine andere Definition besagt, Intelligenz

[32] Das Erwachen der Intelligenz beim Kinde, S. 14.

sei „die Gleichgewichtsform, zu der alle [kognitiven] Strukturen hinstreben“ [33]. Die Verwendung des aus der Physik entlehnten Begriffs „Gleichgewicht“ impliziert Balance, die harmonische Angleichung zwischen zumindest zwei Faktoren, hier zwischen den Aktionen (den kognitiven Strukturen) der Person und ihrer Umwelt. Obwohl die Umwelt das Gleichgewicht stören kann, vermag die Person mit Aktionen die Balance wieder herzustellen. Die Definition besagt weiter, daß Gleichgewicht nicht unmittelbar und schlagartig erworben wird: die kognitiven Strukturen „streben“ Gleichgewicht lediglich an. Für den Biologen ist es von besonderem Interesse, diese Evolution und die ihr zugrundeliegenden Prozesse zu untersuchen. Es ließe sich also sagen, daß Piagets erstes Ziel war, zu untersuchen, wie das Kind schrittweise zunehmend leistungsfähige intellektuelle Strukturen erwirbt. Eine andere Definition besagt, daß Intelligenz „ein System von lebendigen und aktiven Operationen“ [34] sei. Piagets Interesse gilt der geistigen Aktivität, dem, was die Person in ihrer Interaktion mit der Welt tut. Piaget glaubt, daß Wissen dem passiven Beobachter unzugänglich bleibt. Kenntnis der Realität muß von der kindlichen Aktivität entdeckt und aufgebaut werden. Wie wir später sehen werden, bezieht Piaget mit dieser Überzeugung eine Gegenposition zur hauptsächlich passiv-mechanistischen Theorie der amerikanischen Behavioristen.

Wir haben also gesehen, daß Intelligenz mit biologischer Anpassung, Gleichgewicht zwischen der Person und der Umwelt, schrittweiser Entwicklung und geistiger Aktivität zu tun hat. Die Definitionen bleiben ziemlich allgemein. Es ist jedoch der Mühe wert, zu beachten, was diese Definitionen *nicht* behaupten. Sie legen keinen Nachdruck auf individuelle Intelligenzunterschiede. Obwohl solch ein Ansatz sich durchaus in Übereinstimmung mit einer biologischen Perspektive befände, befaßt Piaget sich nicht damit, ob jemand intelligenter oder klüger ist als ein anderer, oder warum sich das so verhält. Natürlich nimmt Piaget wahr, daß Unterschiede der intellektuellen Leistungsfähigkeit existieren. Diese Analyse interessiert ihn jedoch nicht besonders. Statt dessen versucht er, von den verschiedenen individuellen Manifestationen des Verhaltens eine Beschreibung der Grundform des Denkens zu abstrahieren. Auch beschreiben Piagets Theorien nicht die Durchschnittshöhe kognitiver Funktionen; sie stellen eher die äußerste Denkfähigkeit auf einer gegebenen Entwicklungsstufe dar.

---

[33] Psychologie der Intelligenz, S. 9.
[34] A.a.O., S. 10.

Es ist wichtig, darauf hinzuweisen, daß die Definitionen die Rolle der Emotionen kaum berücksichtigen. Dennoch anerkennt Piaget das Gewicht der Emotionen im Denken. Er stellt auch wiederholt fest, daß sich kein Intelligenzakt ganz ohne Emotionen vollzieht. Sie repräsentieren die energetische oder motivationale Seite intellektueller Aktivität. Piaget vernachlässigt aber in Empirie und Theorie grundsätzlich die Emotionen zugunsten der Struktur des Intellekts.
Bei der Erforschung der Intelligenz hat Piaget eine von mehreren möglichen Strategien gewählt. Er vernachlässigt individuelle Unterschiede und den Einfluß der Emotionen auf das Denken und stellt statt dessen die optimale Funktionshöhe in den Vordergrund. Viele Psychologen, besonders englische und amerikanische, widmeten ihre Aufmerksamkeit individuellen Unterschieden. Durch Test-Verfahren maßen sie die intellektuelle Aktivität. Andere wählten als Ausgangspunkt die Frage, inwieweit die Emotionen, insbesondere Angst, intellektuelle Leistung beinflussen. Welche Strategie ist die beste? Die Antwort liegt nahe, daß alle ihre Vorzüge haben. Jede betrachtet das Problem der Intelligenz aus einem anderen Blickwinkel und hat es mit anderen Fragen zu tun. Da ein Mensch sich nicht mit allem beschäftigen kann, entscheidet er sich besser für eine Sache, wenn er überhaupt etwas herausfinden will. Wie die folgenden Seiten zeigen werden, scheint Piaget die Berechtigung seiner Wahl überzeugend bewiesen zu haben.
Nicht allein durch allgemeine Definitionen hat Piaget seine Psychologie der Intelligenz strukturiert, sondern auch durch die Auswahl der einzelnen Forschungsgegenstände. Wie wir im biographischen Rückblick gesehen haben, befassen sich Piagets frühe Arbeiten mit Themen wie verbaler Kommunikation und moralischem Urteil. Im Laufe der Zeit wandte Piaget sich mehr dem kindlichen Verständnis verschiedener wissenschaftlicher und mathematischer Ideen zu, wie Geschwindigkeit und eindeutiger Zuordnung, eine Wendung, die Piagets Neigung für erkenntnistheoretische Probleme entspricht. Wenn wir wissen wollen, was Piaget unter Intelligenz versteht, genügt es nicht, lediglich seine Definitionen zu betrachten. Wir müssen uns auch für seine Forschungstätigkeit interessieren. Sie erweist sich, vor allem in seinen früheren Werken, als fast ausschließlich erkenntnistheoretisch ausgerichtet.
Wir können abschließend feststellen, daß die beiden Hauptinteressen Piagets — Biologie und Erkenntnistheorie — seine Beschäftigung mit der Psychologie der Intelligenz geprägt haben. Biologisches Interesse findet seinen Niederschlag in der Definition von Intelligenz als Wachstum, Stufenfolge, Anpassung, Gleichgewicht und ähnlichen Begriffen. Die erkenntnistheoretische Neigung kommt zur Geltung, wenn Piaget

das kindliche Verständnis von Raum, Zeit, Kausalität und verwandten Begriffen untersucht.
Intelligenz erscheint bei Piaget im wesentlichen als Inhalt, Struktur und Funktion. Wir werden einige Aspekte dieser drei Begriffe in den folgenden Abschnitten betrachten.

Inhalt

Ein einfacher Aspekt des Denkens ist sein manifester Inhalt: Worüber die Person nachdenkt, was sie zu einem gegebenen Zeitpunkt interessiert oder in welcher Weise sie ein bestimmtes Problem erwägt. Man frage z. B. einen Mechaniker, was ein Auto bewegt. Er würde von Gasexplosion, Kolbenbewegung, Kraftübertragung sprechen. Diese Aussagen geben den Inhalt seines Denkens wieder. Wenn man einem kleinen Kind dieselbe Frage stellt, so antwortet es ganz anders. Nicht vertraut mit der Funktionsweise des Motors, vermutet es vielleicht, die Bewegung des Motors rühre von den „Pferden" in dessen Innerem her. Offensichtlich unterscheidet sich der Inhalt seines Denkens wesentlich von dem des Erwachsenen.
Piagets frühe Forschungsarbeiten beschäftigen sich mit dem Inhalt des kindlichen Denkens. „La représentation du monde chez l'enfant" und „La causalité physique chez l'enfant", die beide in den zwanziger Jahren entstanden sind, stellen dar, wie das Kind die physikalische Welt sieht. Mit Hilfe der klinischen Methode bekam er von den Kindern Antworten auf Fragen wie: Woher kommen die Schatten? Was läßt die Ströme fließen oder die Wolken ziehen? Ungeachtet dieser anfänglichen Untersuchungen empfand Piaget, daß die Beschäftigung mit dem Inhalt keine wesentliche Bedeutung für die Psychologie der Intelligenz haben kann. Beschreibungen des Inhalts mochten zwar interessant sein, sie berührten jedoch nicht den Kern des Problems. Sie erklärten nicht, warum das Denken in jeweils bestimmten Formen auftritt. Deshalb sieht Piaget die eigentliche Aufgabe der Psychologie der Intelligenz nicht in der bloßen Beschreibung von Inhalten des Denkens, sondern in den Prozessen, die den Inhalten zugrundeliegen und sie bestimmen. Aus diesem Grund hat Piaget den größten Teil seiner psychologischen Arbeit darauf verwandt, die Strukturen und Funktionen der Intelligenz zu untersuchen.

Erblich angelegte Strukturen

Es sollte nicht überraschen, daß Piagets theoretischer Rahmen auch die Rolle biologischer Faktoren bei der Entwicklung der Intelligenz einbezieht. Diese Faktoren wirken sich unterschiedlich aus; einer von ihnen wird definiert als „Weitergabe physischer Strukturen durch Vererbung". Verschiedene Arten von Lebewesen sind natürlich durch die Erbanlage mit unterschiedlichen physischen Strukturen ausgestattet. Das Nervensystem von Wurm und Mensch z. B. weist beträchtliche Unterschiede auf. Es ist ohne weitere Erklärung deutlich, daß die erbbedingten physischen Strukturen gewisse intellektuelle Fähigkeiten begünstigen und die Entwicklung anderer blockieren. Das menschliche Auge ist Beispiel einer physischen Struktur. Sein Bau gestattet menschlichen Lebewesen, dreidimensionalen Raum wahrzunehmen. Es lassen sich jedoch Augen denken, die lediglich zweidimensional sehen könnten. Die Existenz einer solchen physischen Struktur würde sich zweifellos auf die Intelligenz auswirken.

Eine andere erbbedingte Struktur ist die *automatische Verhaltensreaktion.* Viele Spezies besitzen beispielsweise von Geburt an verschiedene *Reflexe.* Wenn ein besonderes Ereignis in der Umwelt (ein *Reiz*) auftritt, antwortet der Organismus automatisch mit einem festgelegten Verhalten. Lernen, Training oder andere Erfahrung mit der Umwelt sind gewöhnlich nicht notwendig, damit die Reflex-Antwort gegeben wird. Mehr noch, alle Mitglieder der Spezies besitzen, wenn sie normal sind, den Reflex. Die Grundlage dieses automatischen Verhaltens ist ein ererbter physischer Mechanismus. Der Reiz aktiviert den Mechanismus. Dieser bringt die Reaktion hervor. Ein Beispiel für solches Verhalten ist der lebensnotwendige Saugreflex. Wenn irgendein Gegenstand (der Reiz) die Lippen des Säuglings berührt, wird dieser automatisch mit Saugen reagieren. Dem Neugeborenen muß das Saugen nicht beigebracht werden. Ein anderes Beispiel ist die Fähigkeit zu schreien. Sie ist in der physischen Struktur des Neugeborenen angelegt, daß er, sobald Hunger sich einstellt, seinem Unbehagen durch Geschrei Ausdruck gibt. Oft sind die Reflexe adaptiv: Sie helfen dem Organismus bei seiner Interaktion mit der Umwelt.

Piaget glaubt, daß für die menschliche Intelligenz Reflexe und andere automatische Verhaltensmuster nur von geringer Bedeutung sind. Lediglich der Säugling, insbesondere der Neugeborene, ist in seinem Verhalten weitgehend abhängig von den elementaren Verhaltensstrukturen der beschriebenen Art. Piagets Forschung hat bewiesen, daß nach den ersten Lebenstagen die Reflexe durch die Erfahrung des Säuglings modifiziert und in einen neuen Typ von Mechanismus — in eine psychologische Struktur — umgewandelt werden. Diese Strukturen sind nicht unmittelbar durch die Erbanlage gegeben. Wie noch zu zeigen ist, bilden die psychologischen Strukturen die Grundlage der intellektuellen Aktivität. Sie sind das Ergebnis eines vielschichtigen Zusammenwirkens biologischer Faktoren und solcher der Erfahrung.

Allgemeine Prinzipien der Funktionen

Wie gezeigt, wirkt sich die Erbanlage in zweifacher Weise auf die Intelligenz aus. Ererbte physische Strukturen stecken die allgemeinen Grenzen der intellektuellen Funktionen ab. Ererbte Verhaltensreaktionen sind während der ersten Tage des menschlichen Lebens maßgebend. Später jedoch werden sie weitgehend modifiziert, wenn der Säugling mit seiner Umgebung interagiert. Piagets Theorie behauptet, daß biologische Faktoren sich noch in einer dritten Weise auf die Intelligenz auswirken: Allen Spezies wohnen zwei grundsätzliche Tendenzen oder „invariante Funktionen" inne: *Anpassung* und *Organisation.*

Betrachten wir zuerst die Organisation. Dieser Begriff bezeichnet die Tendenz bei allen Spezies, ihre Prozesse in geschlossenen Systemen zu systematisieren oder zu organisieren, die entweder physische oder psychologische sind. So besitzt zum Beispiel der Fisch eine Anzahl von Strukturen, die den Aufenthalt im Wasser gestatten: Kiemen etwa, einen besonderen Kreislauf und Temperaturmechanismen. Alle diese Strukturen sind in einem leistungsfähigen System koordiniert. Die Koordination ist Ergebnis der Organisationstendenz. Mit Nachdruck sei darauf hingewiesen, daß Organisation nicht Kiemen meint oder die Struktur des Kreislaufs allein, sondern die beobachtete Tendenz, daß alles Leben seine Strukturen in ein zusammengesetztes System (oder in eine Struktur höherer Ordnung) integriert.

Auch auf der Ebene der Psychologie ist die Tendenz zur Organisation gegenwärtig. Bei ihrer Interaktion mit der Welt ist die Person bemüht, ihre psychologischen Strukturen in zusammenhängende Systeme zu integrieren. Der Säugling zum Beispiel hat nur alternativ die voneinander unabhängigen Verhaltensstrukturen verfügbar, Gegenstände entweder anzusehen oder sie zu greifen. Anfangs vermag er die beiden nicht zu verbinden. Nach einer gewissen Zeit der Entwicklung organisiert er diese beiden unabhängigen Strukturen in einer Struktur höherer Ordnung, die ihn befähigt, etwas gleichzeitig zu greifen und zu betrachten. Organisation ist also die allen Formen des Lebens gemeinsame Tendenz,

Strukturen, die physisch oder psychologisch sein mögen, in Systemen oder Strukturen höherer Ordnung zu integrieren.
Das zweite allgemeine Prinzip der Funktion ist Anpassung. Alle Organismen werden mit der Tendenz geboren, sich der Umwelt anzupassen. Wie die Anpassung geschieht, ist von Spezies zu Spezies, von Geschöpf zu Geschöpf innerhalb einer Spezies oder von Stufe zu Stufe bei jedem einzelnen Geschöpf verschieden. Nichtdestoweniger ist die Tendenz, sich in der einen oder anderen Weise anzupassen, eine invariante Funktion und deshalb als Aspekt der Biologie zu betrachten. Anpassung kann durch die Begriffe zweier komplementärer Prozesse beschrieben werden: „Assimilation" und „Akkommodation".
Wir werden diese Prozesse zuerst mit Hilfe eines einfachen physiologischen Beispiels, der Verdauung nämlich, verdeutlichen. Wenn eine Person etwas ißt, reagiert ihr Verdauungssystem auf die einverleibten Substanzen. Beim Umgang mit den Fremdsubstanzen werden die Magenmuskeln in unterschiedlicher Weise kontrahiert, sondern gewisse Organe Säure ab usw. Wenn man den Vorgang in eine allgemeine Form bringen will, kann man sagen, daß die physische Struktur der Person (der Magen und die verwandten Organe) sich dem Ereignis in der Umwelt (der Nahrung) akkommodiert haben. Anders gesagt: Mit dem Prozeß der Akkommodation ist die Tendenz der Person gemeint, sich in Antwort auf Anforderungen der Umwelt zu verändern. Die funktionale Invariante *Assimilation* ist der komplementäre Prozeß. Die Person behandelt Ereignisse in der Umwelt so, daß sie für ihre Strukturen passender werden. Im Falle der Verdauung geben die Säuren der Nahrung eine Form, in der der Körper sie verwerten kann. Die Person modifiziert ihre Strukturen also nicht nur in Reaktion auf äußere Notwendigkeit (Akkommodation), ihre eigenen Strukturen dienen ihr auch dazu, sich Elemente der äußeren Welt einzuverleiben (Assimilation).
Intellektuelle Anpassung versteht Piaget auch als Interaktion oder Austausch zwischen einer Person und ihrer Umwelt. Dieselben beiden Prozesse wie in der Biologie, Assimilation und Akkommodation, konstituieren diese Anpassung. Einerseits bezieht die Person Züge der äußeren Realität in ihre eigenen psychologischen Strukturen ein: Sie assimiliert sie. Andererseits modifiziert oder akkommodiert sie ihre psychologische Struktur, um dem Druck der Umwelt zu begegnen. Betrachten wir ein Beispiel von Anpassung im Säuglingsalter. Ein Säugling von 4 Monaten sei mit einer Klapper konfrontiert. Nie zuvor hatte er Gelegenheit, mit einer Klapper oder einem ähnlichen Spielzeug zu spielen. Die Klapper ist also ein Element der Umwelt, dem er sich anpassen muß. Sein jetzt folgendes Verhalten zeigt die Tendenzen von Assimilation und

Akkommodation. Der Säugling versucht die Klapper zu greifen. Um erfolgreich zu sein, muß er sich in mehr Hinsichten als unmittelbar ersichtlich akkommodieren. Zuerst muß er seine visuellen Aktivitäten akkommodieren, um die Klapper richtig wahrzunehmen. Dann muß er sich ausstrecken und dabei seine Bewegungen an die Entfernung zwischen sich und der Klapper akkommodieren. Beim Zugreifen muß er seine Finger der Form der Klapper angleichen. Beim Anheben der Klapper muß er seine Muskelanstrengung ihrem Gewicht akkommodieren. Das Ergreifen der Klapper setzt sich also aus einer Reihe von Akten zusammen, die alle der Akkommodation dienen, d. h. Modifikationen der kindlichen Verhaltensstruktur sind und den Zweck haben, den Anforderungen der Umwelt zu genügen.

Das Ergreifen der Klapper ist auch Assimilation. In der Vergangenheit hat das Kind bereits Dinge ergriffen. Greifen ist für es eine wohlausgebildete Verhaltensstruktur. Wenn es die Klapper zum erstenmal sieht, versucht es, mit ihr umzugehen, indem es sie in ein habituelles Verhaltensmuster eingliedert. In gewissem Sinn versucht der Säugling, den neuen Gegenstand in etwas umzuwandeln, mit dem er vertraut ist, in ein Ding nämlich, das man ergreift. Wir können deshalb sagen, daß er den Gegenstand in seinen Verhaltensrahmen assimiliert.

Anpassung ist also eine grundlegende Tendenz des Organismus. Sie setzt sich aus den beiden Prozessen der Assimilation und Akkommodation zusammen. In welcher Beziehung stehen die beiden zueinander? Einmal ist es klar, daß sie komplementäre Prozesse sind. Assimilation ist die Behandlung der Umwelt durch die Person nach Maßgabe der eigenen Strukturen, während Akkommodation die Verwandlung dieser Strukturen in Antwort auf die Umwelt meint. Mehr noch, die Prozesse sind simultan gegenwärtig in jedem Akt. Wenn der Säugling die Klapper ergreift, akkommodieren sich seine Finger ihrer Form. Gleichzeitig assimiliert er die Klapper seinem Verhaltensrahmen, der Struktur des Greifens.

Zusammengefaßt: Piaget behauptet, daß es zwei allgemeine Funktionsprinzipien gibt, die sich in der Intelligenz auswirken: *Organisation* und *Anpassung* (Assimilation und Akkommodation). Dies sind biologische Faktoren in dem Sinne, daß sie allen Spezies gemeinsam sind. Wohl sind Organisation und Anpassung erbbedingt, jedoch sind sie keine Strukturen (wie Reflexe), sondern *Tendenzen.* Die besonderen Weisen, in denen ein Organismus seine Prozesse anpaßt und organisiert, hängt auch von seiner Umwelt und seiner Lerngeschichte ab. Nach Piagets Anschauung erbt das menschliche Wesen keine besonderen intellektuellen Reaktionen. Vielmehr erbt es eine Tendenz, seine intellektuellen Prozesse zu organisieren und sie gewissermaßen der Umwelt anzupassen.

Psychologische Strukturen

Wie gezeigt, strebt der Mensch dahin, sein Verhalten und Denken zu organisieren und sie der Umwelt anzupassen. Diese Tendenzen münden in eine Anzahl psychologischer Strukturen, die bei verschiedenen Altersstufen verschiedene Formen aufweisen. Bevor das Kind die Intelligenz des Erwachsenen besitzt, durchläuft es eine Reihe von Stufen, die jede durch andere psychologische Strukturen gekennzeichnet ist. Von der Geburt bis zu ungefähr zwei Jahren kann das Kind nicht denken. Es ist lediglich zu effektiven Handlungen imstande. Wenn zum Beispiel ein Spielzeug zerbricht, vermag es nicht zuerst zu überlegen, wie man dieses am besten wieder zusammensetzen könnte. Das Kind muß unmittelbar mit dem Spielzeug umgehen, muß versuchen, es wieder zusammenzufügen. Seine Handlungen sind jedoch nicht zufällig, sondern beweisen eine gewisse Ordnung und einen Zusammenhang. Bereits unmittelbar nach der Geburt zeigt der Säugling organisiertes Verhalten. Wie wir gesehen haben, gehen einige dieser Handlungsmuster, wie der Reflex, hauptsächlich auf vererbte Faktoren zurück. Spezielle Erbanlagen können jedoch nicht jede Folgerichtigkeit im Verhalten des Säuglings erklären. Der zwei Monate alte Säugling beispielsweise saugt gewöhnlich an seinem Daumen oder seinem andern Finger. Wenn er in sein Bettchen gelegt wird, bringt er regelmäßig verhältnismäßig schnell und sicher seine Hand an seinen Mund. In der Umgangssprache würde man wahrscheinlich sagen, er habe die Gewohnheit des Daumenlutschens angenommen. Das Wort ‚Gewohnheit' deutet eine Regelmäßigkeit, einen Zusammenhang in den Handlungen des Säuglings an. Es ist klar, daß das Daumenlutschen sich nicht vollständig auf ererbte physische Strukturen zurückführen läßt. Während es zwar einen Reflex gibt, an jedem Gegenstand zu saugen, der die Lippen berührt, ist die Tendenz, die Hand zum Munde zu führen, sicherlich nicht angeboren. Diese Handlung muß gelernt werden. In Piagets Theorie wird ein solches organisiertes Verhaltensmuster „Schema" *(schème)* genannt. Der Begriff Schema hat eine sehr weite Bedeutung. Er kann sich auf die Reflexe und andere bereits erwähnte Arten angeborenen Verhaltens beziehen. In diesem Sinne spricht Piaget vom „Saug-Schema". Aber die große Mehrzahl der Schemata ist nicht angeboren. Sie gründen sich in irgendeiner Weise auf Erfahrung, wie wir dies im Fall des Daumenlutsch-Schemas gesehen haben.

Bis jetzt haben wir vom Schema nur als einem Verhaltensmuster oder einer Handlung gesprochen, die Zusammenhang und Ordnung beweist. Es gibt jedoch noch einige zusätzliche Gesichtspunkte des Schemas. Erstens bedeutet es Aktivität des Kindes. Der Begriff beschreibt Dinge, die es *tut*. Meistens macht der Terminus, wenn er in diesem Sinne verwendet wird, keine Schwierigkeiten. Manchmal jedoch beschreibt Piaget mit Schema Handlungen, die nicht unmittelbar zu erkennen sind. Beispielsweise spricht er vom „Seh-Schema". Die Verwendung von „Schema" in diesem Zusammenhang ist wohlüberlegt. Piaget will deutlich machen, daß Sehen ein aktiver Prozeß ist. Die Augen des Kindes bewegen sich, wenn sie die Umgebung absuchen. Zweitens werden mit dem Begriff „Schema" die Strukturen erfaßt, die den effektiven Handlungen des Kindes zugrundeliegen. Schema wird gebraucht, um den Kern des kindlichen Verhaltens zu beschreiben. Als Beispiel diene uns das Daumenlutschen: Wenn wir das Verhalten des Kindes genau betrachten, können wir sehen, daß ein Kind nicht zweimal in gleicher Weise am Daumen lutscht. Einmal beginnt es mit den Saugbewegungen, wenn der Daumen 25 cm vom Mund entfernt ist, ein andermal, wenn die Entfernung 30 cm beträgt. Er kann geradewegs zum Mund geführt werden, dann wieder wird er weniger zielbewußt dorthin gebracht. Kurz, wenn wir ein Verhalten genau genug beschreiben, stellen wir fest, daß nicht zwei Handlungen identisch sind. Nicht *den* Akt des Daumenlutschens gibt es, sondern viele: tatsächlich so viele wie die Anzahl der Male, die das Kind den Daumen zum Munde bringt. Auf den ersten Blick scheint die Situation dem Psychologen unüberwindbare Schwierigkeiten zu bereiten. Wie kann er Verhalten beschreiben und erklären, wenn jeder Akt sich von jedem anderen unterscheidet? Glücklicherweise besteht die Schwierigkeit nur dem Anschein nach. Die meisten Psychologen sind nicht wirklich an den genauen Einzelheiten des Verhaltens interessiert. Wichtig ist — besonders für Piaget — die Verhaltensstruktur, d. h. eine Abstraktion von Merkmalen, die einer Vielzahl von im Detail unterschiedlichen Akten gemeinsam sind. Im Beispiel des Daumenlutschens bleibt es ohne Bedeutung, ob der Akt bei einer Entfernung des Daumens von 25 oder 30 cm einsetzt. Wesentlich ist allein, daß das Kind die Gewohnheit angenommen hat, den Daumen in den Mund zu nehmen. Diese „Gewohnheit" ist eine Abstraktion, die der Psychologe liefert. Der Säugling nimmt seine Hand auf viele verschiedene Arten in den Mund. Nicht zwei gleichen einander vollkommen. Der Psychologe erkennt in diesen spezifischen Handlungen eine gewisse Regelmäßigkeit, die er dann ein Schema nennt.

Ein anderer Typus der psychologischen Struktur sind die klassifizierenden *Operationen* des älteren Kindes von ungefähr 7 bis 11 Jahren. Angenommen, der Prüfer legt ihm eine ungeordnete Sammlung roter und blauer Perlen vor. Angesichts dieser Situation erblickt das ältere Kind in den Objekten sofort Elemente von Klassen. Es gibt die Klasse der roten Perlen und die Klasse der blauen. Anders als das jüngere Kind vermag das ältere sich weiterhin klar zu machen, daß die Klasse der roten Perlen in einer größeren Klasse eingeschlossen ist, der Klasse der Perlen im allgemeinen. Es nimmt die roten Perlen in eine Klasse und betrachtet diese als Teil einer Hierarchie von Klassen. Die Klasse unmittelbar „über" den roten Perlen (d. h. die übergeordnete Klasse) ist die der Perlen. Natürlich kann auch die Klasse der Perlen in einer Klassenhierarchie untergebracht werden. Die Klasse der festen Gegenstände würde die Klasse der Perlen enthalten.

Offensichtlich sind die operationalen Schemata vollkommen verschieden von den Verhaltensschemata des Säuglings. Die letzteren drücken sich in Verhaltensmustern aus, denn der Säugling setzt sich in effektiven Akten mit der Welt auseinander. Obwohl auch zu den Schemata des älteren Kindes die aktive Auseinandersetzung mit der Welt gehört, vollzieht sie sich intellektuell. Es denkt z. B. über das verhältnismäßig abstrakte Problem nach, ob gegebene Klassen in anderen enthalten sind. Piaget beschreibt diesen Aspekt des Denkens von älteren Kindern als Operationen des Klassifizierens. Wichtig ist für Piaget nicht, daß das Kind Fragen über Perlen beantworten kann (was in der Tat trivial ist), sondern daß sein Handeln die Existenz einer grundlegenden Struktur offenbart, die Operationen nämlich, Dinge zusammenzulegen, sie zu Klassen zu ordnen, Klassenhierarchien zu bilden usw. Klassifizierung ist also aus einer Reihe von intellektuellen Handlungen zusammengesetzt, die eine psychologische Struktur darstellen. Natürlich vermag das Kind sich nicht klarzumachen, daß es eine solche Struktur hat. Wahrscheinlich weiß es noch nicht einmal, was das Wort „Klassifizierung" bedeutet. Die Struktur und die Schemata sind beide auf die Vorstellung dessen zurückzuführen, der die den kindlichen Handlungen zugrundeliegenden Prozesse beobachtet. Dem Kind selbst bleiben diese Strukturen sicherlich unbewußt.

Die Beschreibung von Strukturen

Wenn wir akzeptieren, daß Piagets theoretischer Rahmen auf dem Konzept der psychologischen Strukturen aufbaut, wie kann es uns gelingen, sie zu beschreiben? Ein Weg wäre, sich der Umgangssprache zu bedienen. Man kann sagen, das Kind klassifiziert Gegenstände, oder sein moralisches Urteil ist „objektiv" usf. Manchmal vermittelt die Umgangssprache Bedeutungen hinreichend genau, aber manchmal kann sie es nicht. Unglücklicherweise gibt es Fälle, wo ein gebräuchliches Wort verschiedenen Leuten Unterschiedliches bezeichnet. Dann läuft der Wissenschaftler Gefahr, mißverstanden zu werden. In den Wissenschaften war man deshalb bemüht, formale Sprachen zu entwickeln, die für eindeutige Kommunikation Gewähr boten. Der Physiker sagt nicht, daß Gegenstände „sehr schnell fallen" oder „an Geschwindigkeit zunehmen", wenn man sie losgelassen hat. Statt dessen schreibt er eine Formel, in der jeder Begriff genau definiert ist und wo die Beziehung zwischen den Begriffen durch die formale Sprache der Mathematik genau festgelegt ist. Kennt der Benutzer der Formel die Bedeutung der Begriffe und verfügt er über die nötigen mathematischen Kenntnisse, kann ohne die Gefahr von Mißverständnissen exakt übermittelt werden, was der Physiker meint.

Piaget ist der Meinung, daß der Psychologe ebenfalls eine formale Sprache verwenden sollte, wenn er die dem Denken zugrundeliegenden Strukturen beschreibt. Wörter aus der Psychologie sind besonders vieldeutig.

Zwar mögen Theoretiker besondere Bedeutungen für Wörter wie „Gewohnheit", „Denken" oder „Klassifizierung" in Anspruch nehmen; es bleibt dennoch sehr wahrscheinlich, daß diese Begriffe anderen ganz unterschiedliche Interpretationen nahelegen würden. Deshalb hat Piaget versucht, formale Sprachen, besonders logische und mathematische Begriffe zu verwenden, um die Strukturen zu beschreiben, die Grundlage des kindlichen Handelns sind. In späteren Kapiteln werden sowohl die formale Beschreibung der Strukturen wie auch Piagets Gründe, sie zu benutzen, genauer zu betrachten sein.

Funktionen, Strukturen und Gleichgewicht

Die Unerschütterlichkeit, mit der Piaget glaubt, daß die funktionalen Invarianten — Organisation und Anpassung (Assimilation und Akkommodation) — und die psychologischen Strukturen unauflöslich verknüpft sind, kann nicht genug betont werden. Wie gezeigt, kommen Assimilation und Akkommodation, obwohl komplementär, doch gleichzeitig vor. Ein Gleichgewicht der beiden ist Bedingung der Anpassung. Mehr noch, Anpassung ist nicht von Organisation zu trennen. In dem Prozeß, durch den die Person ihr Handeln organisiert, assimiliert sie neue Ereignisse in vorhandene Strukturen und akkommodiert vorhandene Strukturen, um den Erfordernissen der neuen Situation gerecht zu werden. Die funktionalen Invarianten (Organisation und Anpassung) sind eng verwandt mit den Intelligenzstrukturen.

Durch diese Tendenz zur Anpassung und Organisation werden die alten Strukturen ständig in neue umgebildet, die das Individuum bei der Interaktion mit der Welt unterstützen. Bei Änderung des Blickwinkels erscheinen die Strukturen als Bedingung der Anpassung und Organisation. Weder kann man sich an die Umwelt anpassen, noch seine Prozesse organisieren, wenn nicht anfangs irgendwelche Strukturen als Grundlage vorhanden sind. Andererseits bedingt die bloße Existenz einer Struktur Organisation und Anpassung. Struktur ist nämlich nach Piagets Definition eine organisierte Totalität. Dennoch gibt es beträchtliche Unterschiede zwischen den invarianten Funktionen und den Strukturen. Im Laufe des Lebens bleiben die Funktionen gleich, die Strukturen jedoch verändern sich in einem nahezu regelmäßigen Rhythmus. Mit anderen Worten besteht die intellektuelle Entwicklung aus einer Folge von *Stadien.* Jedes Stadium wird durch eine andere Art psychologischer Strukturen gekennzeichnet. In jedem Alter muß die Person sich der Umgebung anpassen und ihre Reaktionen kontinuierlich organisieren. Die Instrumente jedoch, die dies bewerkstelligen, die psychologischen Strukturen, ändern sich von Altersstufe zu Altersstufe. Beide, Säugling und Erwachsener, organisieren und passen sich an. Aber die resultierenden psychologischen Strukturen sind sehr verschieden in beiden Lebensabschnitten.

Piaget behauptet weiter, daß Organismen ein Gleichgewicht mit der Umgebung anstreben. Der Organismus, sei er ein Mensch oder eine andere Form des Lebens, strebt danach, Strukturen in zusammenhängenden und stabilen Mustern zu organisieren. Die Beziehungen zur Umwelt lassen ein gewisses Bemühen um Gleichgewicht erkennen. Der Organismus sucht Strukturen zu entwickeln, die sich als wirksam bei seiner Interaktion mit der realen Umwelt erweisen. Er kann also, wenn ein neuer Umstand eintritt, die Lehren der Vergangenheit nutzbar machen (oder die Gegebenheit an bereits vorhandene Strukturen assimilieren), und er wird seine verfügbaren Verhaltensmuster ohne Schwierigkeiten abändern können, um auf die Anforderungen der neuen Situation zu antworten. Mit zunehmender Erfahrung erwirbt er mehr und mehr Strukturen und paßt sich deshalb immer leichter an eine wachsende Zahl von Situationen an.

Zusammenfassung und Schlußfolgerungen

Bereits früh in seinem Leben fand Piaget seine beiden geistigen Hauptinteressen: Biologie, das Studium des Lebens, und Epistemologie, das

Studium des Erkennens. Nachdem er beiden Forschungsbereichen einige Jahre gewidmet hatte, suchte er einen Weg, sie zu integrieren. Bei seiner Arbeit im Binet-Laboratorium in Paris kam er zum Schluß, in der Psychologie sei die Nahtstelle zwischen Biologie und Epistemologie (Erkenntnistheorie) zu sehen. Piaget beschloß, einige Jahre lang die Evolution des Wissens beim Kind zu untersuchen. Dann wollte er die Ergebnisse dieser Forschung für die Lösung der theoretischen Probleme fruchtbar machen, die ihn ursprünglich beschäftigt hatten. Zum Glück für die Kinderpsychologie wurden aus wenigen Jahren viele. Im Lauf dieser Zeit berichtete Piaget in über 30 Bänden über die Forschung auf Gebieten wie dem moralischen Urteil des Kindes, den Verhaltensmustern des Säuglings und der Art, wie Jugendliche wissenschaftliche Probleme lösen. Erst in den fünfziger Jahren gelang es Piaget, zu den theoretischen Fragen der Epistemologie zurückzukehren. Noch heute, mehr als 70 Jahre alt, arbeitet Piaget weiterhin in der psychologischen Forschung. So hat er erst kürzlich Arbeiten über das Vorstellungsbild, das Gedächtnis und andere Themen publiziert.
Piagets Forschung und Theorie hat sich an einem theoretischen Rahmen orientiert, den man als eine Reihe von Einstellungen beschreiben könnte. Seine Definition von Intelligenz ist nicht einschränkend, sondern behauptet, daß Intelligenz biologische Anpassung, das Gleichgewicht zwischen der Person und ihrer Umwelt und eine Reihe geistiger Operationen einschließt, die dieses Gleichgewicht herstellen. Piagets Forschungsarbeiten konzentrieren sich dann in zunehmendem Maße auf die Entwicklung des kindlichen Verständnisses für die grundlegenden Begriffe der Wissenschaft, der Mathematik und ähnlicher Fachbereiche. Piaget geht es weniger um die Inhalte des kindlichen Denkens als um die Prozesse, die ihnen zugrundeliegen.
Die Person erbt physische Strukturen, die den intellektuellen Funktionen allgemeine Grenzen setzen. Sie erbt außerdem einige automatische Verhaltensreaktionen oder Reflexe, die das Verhalten in den ersten wenigen Lebenstagen am deutlichsten bestimmen. Diese Reflexe werden schnell in Strukturen verwandelt, die sich die Resultate der Erfahrung einverleiben. Die dritte Form von Erbanlage — die allgemeinen Prinzipien der Funktionen — ist ein weiterer biologischer Aspekt der Intelligenz. Eines der allgemeinen Prinzipien der Funktionen ist Organisation. Allen Spezies ist die Tendenz gemeinsam, ihre Prozesse zu organisieren.

Ein zweiter Aspekt der allgemeinen Funktionen ist Anpassung, die weiter unterteilt werden kann in Assimilation und Akkommodation. Mit Akkommodation ist die Tendenz des Organismus gemeint, seine Struk-

turen gemäß den Einwirkungen der Umwelt abzuändern, während Assimilation die Verwendung verfügbarer Strukturen bedeutet, welche die Gegebenheiten der Umwelt in ihre Funktion einbeziehen. Die Prinzipien der Funktionen produzieren eine Folge von psychologischen Strukturen. Die Strukturen unterscheiden sich über die ganze Lebenszeit einer Person qualitativ voneinander. Beispielsweise stehen dem Säugling Verhaltensschemata oder Handlungsmuster zur Verfügung, während das Kind von ungefähr 7 bis 11 Jahren vorstellungsmäßige Operationen verwendet. Piaget geht es nicht um das kindliche Verhalten in all seinen Einzelheiten, sondern um die diesem Handeln zugrundeliegende Struktur. Um der Klarheit willen versuchte Piaget, diese Strukturen in den Begriffen formaler Sprachen — wie der Logik und der Mathematik — zu beschreiben. Die generellen Tendenzen — Anpassung und Organisation — und die Strukturen sind alle aufeinander bezogen.
Assimilation und Akkommodation sind komplementär, während Organisation und Anpassung eng zusammenhängen. Man assimiliert einen äußeren Umstand beispielsweise in eine Struktur und akkommodiert eine andere Struktur den Erfordernissen der Umwelt. Schließlich strebt der Organismus Gleichgewicht an. Er bemüht sich um eine Balance zwischen seinen Strukturen und den Erfordernissen der Welt. Die Strukturen sind in diesem Gleichgewicht so gut entwickelt, daß der Organismus sie mit geringer Anstrengung der Realität akkommodieren oder ihnen Ereignisse assimilieren kann.
Piagets theoretischer Rahmen ist ziemlich weitgesteckt. Es wird dem Leser nicht leicht fallen, ihn abzumessen. Auf den folgenden Seiten wird jedoch deutlich werden, wie fruchtbar die Grundorientierung Piagets war. Die Entwicklung der psychologischen Strukturen, die der kindlichen Intelligenz zugrundeliegen, werden noch einmal Gegenstand dieser Darstellung sein. Wir werden untersuchen, wie sich Assimilation und Akkommodation auf die Interaktion des Kindes mit der Welt auswirken. Schließlich werden wir auch Piagets Theorie des Gleichgewichts betrachten.

2. Das Säuglingsalter

Nach Piagets Theorie gibt es in der intellektuellen Entwicklung vier Stufen: die senso-motorische (Geburt bis 2 Jahre); die präoperative (2 bis 7 Jahre); die der konkreten Operationen (7 bis 11 Jahre); und schließlich die der formalen Operationen (11 Jahre und älter). In diesem Kapitel wird die erste dieser Entwicklungsstufen, die senso-motorische, behandelt, die das Säuglingsalter umfaßt.

Was wir über das Säuglingsalter zu berichten haben, wird neu und manchmal überraschend sein, überraschend in der einen oder anderen Weise: in manchen Fällen, weil der Säugling, nach Piaget, über ein weiterentwickeltes und präziseres Verhalten verfügt, als man erwarten würde; in anderen Fällen dagegen, weil der Säugling unerwartet unfertig erscheint. Hier ein Beispiel für überraschend weitentwickeltes Verhalten: Beobachtet jemand, der unerfahren ist, einen Säugling in den ersten Monaten, weiß er im allgemeinen von einigen typischen Eindrücken zu berichten. Das Baby ist viel kleiner als erwartet, erscheint schwach, zerbrechlich und außerordentlich passiv. Es scheint nicht sehr viel zu tun. Die meiste Zeit schläft es offenbar. Gewöhnlich wacht es nur auf, wenn es gefüttert wird. Selbst während es gefüttert wird, macht es nicht den Eindruck großer Lebhaftigkeit. Manchmal fällt es auch noch bei der Nahrungsaufnahme in Schlaf. Da der Säugling nur geringfügig auf Menschen und Dinge zu reagieren scheint, vermutet unser Beobachter vielleicht sogar, das Neugeborene nehme die Welt nur sehr unscharf wahr, wenn überhaupt. Ein solcher Säugling ist augenscheinlich kaum in der Lage, irgend etwas zu lernen.

Piaget entdeckt ganz gegensätzliche Züge am Neugeborenen. Für ihn ist der Säugling kein überwiegend hilfloses und untätiges Geschöpf, sondern aktiv und handelnd. Er lernt schnell zwischen den verschiedenen Zügen der unmittelbaren Umgebung zu unterscheiden und sein Verhalten auf ihre Forderungen abzustellen. In seinem Handeln werden die Ursprünge der Intelligenz deutlich.

Eine der ersten Fragen, die angesichts dieser überraschenden Befunde (tatsächlich bei jedem Befund) zu stellen ist, wäre: Woher weiß Piaget das? Welches sind die Methoden, die ihm gestatten, sich über die üblichen Annahmen hinwegzusetzen, um seine neue, verwirrende Auffassung vom Säuglingsalter zu vertreten? Bei Piaget ist die Frage besonders angebracht, weil er, zumindest nach heutigem Stand, methodologisch unorthodox ist.

Die Methode

Im Verlauf einer psychologischen Forschung hat Piaget viele Methoden angewandt. Er ging von der Überlegung aus, daß Methoden sich den Bedingungen der verschiedenen Probleme und Altersgruppen anpassen müßten. Für die Untersuchung des Säuglingsalters hatte er eine Methodologie, die teils naturalistisch, teils informell-experimentell war.
Viel Zeit wendete Piaget daran, das Verhalten seiner eigenen drei Kinder — Lucienne, Laurent und Jacqueline — unter natürlichen Bedingungen zu beobachten. Er saß etwa am Bettchen des Kindes und machte sorgsame Aufzeichnungen über dessen Spiel, oder seine Aufmerksamkeit galt den Augenbewegungen des Kindes, dessen Blickrichtung er zu bestimmen suchte. In solchen Momenten verzichtete Piaget auf spezielle Forschungsinstrumente und experimentelle Verfahren. Er wollte sich ohne Instrumente allein auf genaues Beobachten verlassen, um möglichst viel über den natürlichen Zustand des kindlichen Verhaltens zu erfahren. Das Verfahren hebt sich deutlich von den üblichen Experimenten ab, mit denen das Verhalten oder die physiologischen Reaktionen von Kindern, oft mit speziellen Instrumenten, unter sorgfältig kontrollierten Bedingungen im Laboratorium gemessen werden. Piagets Verfahren ist jedoch kein Sonderfall und verletzt kein wissenschaftliches Tabu. Naturalistische Methoden finden zum Beispiel in der Zoologie Anwendung, wenn das Interesse dem Verhalten der Tiere in der natürlichen Umgebung gilt. Auch in der Kinderpsychologie sind sie von den „Baby-Biographen“ verwendet worden, zu denen so bedeutende Wissenschaftler wie Charles Darwin gehört haben.
Piagets Verfahren hat seine besonderen Vor- und Nachteile. Oft hat man bei der Beurteilung die Vorteile zugunsten der Nachteile vernachlässigt. Piaget gründet seine Schlußfolgerung beispielsweise auf ein Sample von nur drei Kindern, kaum eine ausreichende Basis, um die Gültigkeit seiner Resultate abzusichern. Alle Beobachtungen wurden von Piaget und seiner Frau selbst durchgeführt. Obwohl seine Frau eine ausgebildete Psychologin ist, neigt man dazu, der allgemeinen Empfindung zuzustimmen, daß Eltern meistens zu befangen sind, die Leistung der eigenen Kinder zu beurteilen. Außerdem ist es bei naturalistischer Beobachtung unmöglich, die Beziehung von Ursache und Wirkung genau zu

bestimmen. Während irgendein Ereignis dem Anschein nach als Ursache fungieren mag, können andere unkontrollierte Ereignisse in Wahrheit das Geschehen bestimmen. Weiterhin wurden die grundlegenden statistischen Tests außer acht gelassen, obgleich sie heute als unentbehrliche Forschungsinstrumente angesehen werden.

Trotz dieser Mängel bieten Piagets Methoden einige ebenso deutliche Vorteile. Erstens und vor allem ist Piaget ein überdurchschnittlich sensitiver Beobachter von Kindern. Einige Menschen haben diese Fähigkeit, wahrscheinlich unabhängig von formeller Ausbildung, andere haben sie nicht. Piaget hat sie. Die Zuverlässigkeit seiner Beobachtungen wird von ihrer im allgemeinen erfolgreichen Wiederholung durch unabhängige Forscher bestätigt[1]. Zweitens war Piaget durch das intime Verhältnis zu den Probanden in der Lage, Phänomene zu entdecken, die in der Laboratoriumsarbeit sicherlich untergegangen wären. Beim kontrollierten Experiment neigt der Forscher dazu, seine Aufmerksamkeit auf das ihn interessierende Verhaltensspektrum zu beschränken. Oft werden dadurch andere Verhaltensäußerungen an der Entfaltung gehindert oder nicht wahrgenommen. Solche Ereignisse können natürlich unter Umständen von größerem Interesse sein als die, die der Versuchsleiter untersucht. Drittens lieferte Piagets große Vertrautheit mit seinen Kindern ihm oft den nötigen Einblick, um schwierig einzuordnende Beobachtungen zu interpretieren. Wenn beispielsweise eines der Kinder mit einem Spielzeug nicht umzugehen wußte, konnte Piaget, weil er das Kind genau kannte, entscheiden, ob das Versagen auf Mangel an Interesse, Müdigkeit oder wirkliche Unfähigkeit zurückging. Ein Versuchsleiter kann solche vernünftigen Entscheidungen oft nicht treffen, weil er die Probanden nicht genau genug kennt.

Viertens konnte Piaget seine Probanden über längere Zeit beobachten. Solche Längsschnitt-Untersuchungen sind selten in der Psychologie. Sie öffnen Perspektiven, die notwendigerweise anders sind als die der meisten experimentellen Studien. Fünftens glaubt Piaget, daß die Anwendung von statistischen Verfahren während der Aufbauphase eines Forschungsbereichs verfrüht sei. Am Anfang muß das Ziel, zu entdecken und zu beschreiben, gesetzt werden. Man will erst einmal die signifikanten Prozesse und Probleme aufspüren und identifizieren, die zu einem späteren Zeitpunkt der Forschung Gegenstand strikter statistischer Tests werden können. Sechstens versucht Piaget die offensichtlichen Mängel des naturalistischen Verfahrens dadurch auszugleichen, daß er informelle

---

[1] Vgl. zum Beispiel: Thérèse Gouin-Décarie, Intelligence et affectivité chez le jeune enfant. Neuchâtel: Delachaux & Niestlé, 1962.

Experimente durchführt. Wenn zum Beispiel durch die Beobachtung nahegelegt wird, das Kind könne nicht mit einer bestimmten Art von Hindernissen fertig werden, greift Piaget vielleicht in den natürlichen Ablauf der Ereignisse ein, indem er das Kind mit diesen Hindernissen konfrontiert und die Folgen beobachtet. Diese Experimente sind natürlich informell, weil sie nur mit einer sehr begrenzten Zahl von Probanden — höchstens drei — durchgeführt werden und weil die Kontrollen oft nicht ausreichend sind. Dennoch hat Piaget ein genaues Empfinden für die Grenzen der naturalistischen Beobachtung und versucht sie, soweit es der Sache dient, mit experimentellen Techniken zu ergänzen.

Die Bilanz dieser Forschung ist die Darstellung des Säuglingsalters als Folge von sechs senso-motorischen Stadien. Nachdruck muß darauf gelegt werden, daß die Altersgrenzen jedes Stadiums nur Annäherungen darstellen und weitgehenden individuellen Abweichungen unterworfen sein können. Piaget betont, daß die Altersnormen fließend sind und von individuellen Verschiedenheiten der physischen und sozialen Umgebung, der physiologischen Bedingungen und anderem beeinflußt werden können. Wichtig ist die regelmäßige Abfolge der Stadien, unabhängig von dem Alter, in dem sie vorzufinden sind.

Stadium 1: Der erste Monat

Das Neugeborene ist kein vollständig hilfloses Geschöpf. Es kommt mit gewissen Fähigkeiten auf die Welt, die ihm die Erbanlage sichert. (Tatsächlich hat die Forschung gerade in den letzten Jahren erwiesen, daß das Neugeborene zu weit mehr fähig ist — in der Sehfähigkeit, beispielsweise — als man jemals angenommen hatte[2].) Eine der angeborenen Fähigkeiten des Neugeborenen ist der Saugreflex. Werden ihre Lippen berührt, antworten die Neugeborenen in allen Kulturkreisen automatisch mit nicht gelernten Saugbewegungen. Wenn Piaget das Verhalten Neugeborener beschreibt, interessieren ihn folgende Themen: Erstens wird der Saugreflex, und andere auch, nicht einfach durch äußere Reize ausgelöst, sondern das Neugeborene beginnt oft die entsprechende Aktivität von sich aus; zweitens versorgen die physischen Strukturen den Säugling zwar mit fertigen Mechanismen — wie dem von Geburt an wachen, unentbehrlichen Saugreflex —, dienen ihm jedoch nur als

[2] Vgl. beispielsweise R. L. Fantz, The Origin of Form Perception, Scientific American, CCIV (1961), S. 66—72.

Ausgangspunkt künftiger Entwicklung. Sogar in den ersten Lebensmonaten spielt die Erfahrung bei der Abänderung und Ergänzung der ererbten Mechanismen eine bedeutende Rolle.
Das zeigt auch die folgende Beobachtung:

„Am zweiten Tag beginnt Laurent zwischen Mahlzeiten im Leeren zu saugen ... : Die Lippen öffnen und schließen sich wie beim richtigen Saugen, aber ohne Gegenstand. Dieses Verhalten ist bei ihm in der Folge immer häufiger geworden..."[3]

Die Beobachtung mag auf den ersten Blick äußerst trivial erscheinen. Doch sehen wir genauer hin! Warum saugte Laurent zwischen den Mahlzeiten? Es gibt einige Deutungsmöglichkeiten. Manchmal, so ließe sich sagen, sei der Reflex im Spiel. Automatisch werde der Saugreflex durch einen äußeren, nicht bedingten Reiz, etwa einen Finger ausgelöst. Das Verhalten von Laurent ist jedoch nicht als Reflex auszulegen. Kein äußerer Reiz ist der Aktivität vorausgegangen. Eine andere Erklärung mag Laurents Saugen dem Hunger zuschreiben. Auch diese Deutung leuchtet nicht ein. Manchmal trat Laurents Saugen nämlich bald nach der letzten Fütterung auf (wenn er wahrscheinlich nicht hungrig war) und nicht unmittelbar vor der nächsten Fütterung (wenn er vermutlich hungrig war). Eine dritte von Piaget verworfene Möglichkeit liefe in zwei Phasen ab: (a) Wir vermuten, das Saugen des Kindes während der Nahrungsaufnahme sei von Lust begleitet gewesen. Beim Saugen erhält es die Milch, die den Hunger lindert und deshalb als angenehm empfunden wird. (b) Durch die frühere Verbindung von Saugen und Lust vermag allmählich das Saugen allein — auch ohne Milch zu liefern — dem Säugling Lustgefühle zu vermitteln. Laurent könnte also in der angeführten Beobachtung allein deshalb saugen, weil das Saugen durch die frühere Verbindung mit Lust als angenehm empfunden wird. Aber auch diese Erklärung ist nicht zwingend, weil die Assoziation von Lust und Saugen auf eine sehr kurze Zeitspanne beschränkt war.
Da die verschiedenen Erklärungen — äußerer Reiz, Hunger und Assoziation mit Lust — für das Saugen ohne Nahrungsaufnahme nicht in Frage zu kommen scheinen, erklärt Piaget das vorliegende Verhalten mit einer Form der Assimilation. Es sei daran erinnert, daß in Kapitel 1 Assimilation als *funktionale Invariante* erklärt wurde, eine Tendenz, die allen Formen des Leben gemeinsam ist. Ganz allgemein wird mit Assimilation die Tendenz des Organismus bezeichnet, mit vorhandenen Strukturen auf Umweltereignisse zu antworten. Piaget sagt weiter, Assi-

[3] Das Erwachen der Intelligenz beim Kinde, S. 36.

milation komme in drei besonderen Weisen vor. Im vorliegenden Fall handelt es sich um *funktionale Assimilation.* (Die anderen beiden Formen sind *wiedererkennende Assimilation* und *verallgemeinernde Assimilation,* die später zu erläutern sind.) Das Prinzip der funktionalen Assimilation besagt, daß der Organismus die grundlegende Tendenz aufweist, eine Struktur — wenn er sie schon verfügbar hat — auch anzuwenden. Dies trifft besonders dann zu, wenn die Struktur nicht sehr ausgebildet oder in irgendeiner Hinsicht unvollständig ist. Das Prinzip gilt, ob die Struktur nun angeboren ist, wie im Fall des Saugreflexes, oder erworben, wie in anderen Beispielen, die später zur Sprache kommen werden. Bei Anwendung des Prinzips der funktionalen Assimilation auf die vorliegende Beobachtung hieße es, daß Laurents Saugen ohne Nahrungsaufnahme schlicht die Tendenz des Saugreflexes darstellt, sich selbst zur Anwendung zu bringen. Dieses einfache Verhaltensschema ist noch nicht genügend ausgebildet und bedarf der Übung, um sich selbst zu festigen. Mit anderen Worten, Laurent saugte nicht, weil er hungrig war oder ein äußerer Reiz den Reflex auslöste oder Saugen mit Lust assoziiert wurde. Er saugte, weil verfügbaren Schemata, wie dem Saugen, die Tendenz eigen ist, nach Anwendung zu verlangen.

Eine sehr verwandte Tendenz ist die *verallgemeinernde Assimilation.* Da Schemata der Übung und Wiederholung bedürfen, benötigen sie auch Gegenstände, die bei der Befriedigung dieses Bedürfnisses zu verwenden sind. Das Saug-Schema hat deshalb die Tendenz, sich auf eine Vielzahl von Gegenständen auszudehnen: es „verallgemeinert". Während das Neugeborene zuerst nur an der Brustwarze oder vielleicht an einem Finger saugt, mit dem man es zufällig berührt, wendet es sein Saugen später auf neue Objekte an, wie sein Laken oder verschiedene Spielzeuge. Piaget behauptet also Aktivität auf seiten des Kindes. Der Saugreflex wird nicht einfach durch eine Reihe von Reizen aktiviert, sondern das Kind sucht — seinerseits aktiv — im Bemühen, sein Schema zu üben (funktionale Assimilation), nach einem Gegenstand, der die Anwendung des Schemas erlaubt. Die Gegenstände dienen dem Saugbedürfnis als „Nahrung."

Die ersten beiden Prinzipien — funktionale und verallgemeinernde Assimilation — sind energetisch: Sie bringen das Verhalten des Neugeborenen in Gang. Über das Handeln hat es die Möglichkeit, etwas über die Umgebung zu lernen. Der Saugreflex wird „differenziert". Laurent

„... beißt in die Brust, die man ihm 5 cm neben der Brustwarze dargeboten hat. Er saugt einen Augenblick lang an der Haut, läßt sie dann los, verschiebt seinen Mund um zwei Zentimeter und beginnt wiederum zu saugen, um sofort damit aufzuhören. Beim weiteren Suchen berührt er die Brustwarze aber durch

Zufall mit der Schleimhaut der Unterlippe (sein Mund steht weit offen). Da bringt er seine Lippen sogleich in die richtige Stellung und beginnt zu saugen."[4]

Aus dieser und ähnlichen Beobachtungen schließt Piaget, das Kind vermöge in den ersten Lebensmonaten sehr einfache Akte des Wiedererkennens zu vollziehen. Er nennt dies *wiedererkennende Assimilation,* Wenn der Säugling nicht zu hungrig ist, wird er an irgend etwas saugen — den Fingern, dem Laken usw. —, um sein Schema anzuwenden. Wenn der Hunger sich jedoch stärker bemerkbar macht, übt der Säugling Selektivität und Unterscheidungsfähigkeit bei der Auswahl der Gegenstände, an denen er saugt. Er verweigert die Hautumgebung der Warze, bemächtigt sich jedoch der Warze selbst sofort. Dies geschieht so schnell, daß man es zu Recht eine Rohform des Wiedererkennens nennen kann. Eine Einschränkung: Piaget behaupt nicht, der Säugling „erkenne" die Brustwarze in gleicher Weise „wieder" wie ein Erwachsener. (Später werden wir sehen, daß Säuglinge nur sehr unvollkommene Vorstellungen von den Dingen haben). Im gegenwärtigen Fall beweist der Säugling lediglich, daß er, wenn nötig, den Unterschied zwischen der Brustwarze und anderen Dingen wahrnehmen kann.
Wie lernt das Kind, die Brustwarze wiederzuerkennen? Lernen muß eine Rolle spielen, denn das Neugeborene ist nicht von Anfang an zu dieser Art von Wiedererkennen imstande. Eine Reihe von Erfahrungen ist notwendig, die das Wiedererkennen entwickeln helfen. Piaget sagt, das Kind komme bei Anwendung und Verallgemeinerung seines Saugschemas mit vielen Reizen in Berührung. Einige sind visuell (die Wahrnehmung der Brüste u. ä.), einige taktil-kinästhetisch (Berührung der Lippen, das Gefühl von einströmender Milch u. ä.). Einige schließlich sind lagebedingt (der Säugling liegt gewöhnlich in einer bestimmten Lage). Während der Säugling diese Erfahrung sammelt, vermag er allmählich zwischen vielen Aspekten zu unterscheiden. Er entdeckt, daß einige Bereiche der Brust sich unterschiedlich anfühlen und unterschiedlich aussehen, daß einige Bereiche Milch liefern, andere nicht. Wenn der Säugling die Brustwarze wiedererkennt, unterscheidet er also zwischen mehreren Erinnerungen. Er kommt über wiederholte Erfahrungen, die die Folge funktionaler und verallgemeinernder Assimilation sind, zu dieser Unterscheidung. Wenn er dann hungrig ist, beweist er, was er gelernt hat. Er wählt den Bereich, dem er in der Vergangenheit Milch hatte abgewinnen können. Die anderen Hautstellen weist er zurück. Anders gesagt, der Säugling lernt bei seinen Versuchen und zeigt — sobald er motiviert ist — durch unterscheidende Reaktionen, daß er „es kann".

[4] A.a.O., S. 36.

Schließlich findet ein noch komplizierterer Lernprozeß auf der ersten Stufe statt. Denn auch das Prinzip der Akkommodation — der Abänderung des Schemas unter Berücksichtigung der Umweltanforderungen — wirkt sich aus. Infolge dieses Prinzips erwirbt der Säugling ein zunehmend effektives Verfahren, die Brustwarze zu finden.
Anfangs beweist Laurent, wenn man ihm die Brust gibt, wenig System bei der Suche nach der Brustwarze. Offensichtlich hat er nicht genügend Erfahrung, um sie wiederzuerkennen oder zu lokalisieren. Aber:

„Am dritten Tag macht Laurent neue Fortschritte in seinem Anpassungsverhalten an die Brust: Es genügt, daß er mit den Lippen die Brustwarze oder die umgebenden Gewebe streift, und schon beginnt er mit offenem Mund zu suchen, bis er Erfolg hat. Aber er sucht sowohl auf der falschen wie auf der richtigen Seite, d. h. auf der Seite, auf der der Kontakt hergestellt wurde.
Sobald Laurents Wange mit der Brust in Berührung kommt, beginnt er mit 0;0 (12) zu suchen, bis er zu trinken findet. Seine Bemühungen richten sich jetzt jedesmal nach der richtigen Seite, d. h. nach der Seite, auf der er die Berührung gespürt hat[5].
... bekommt er die Brustwarze in der Mitte der rechten Wange zu fühlen. Er versucht sofort nach ihr zu schnappen, aber man zieht sie um 10 cm zurück. Da bewegt er den Kopf noch weiter nach der richtigen Seite und sucht ganz offensichtlich. Diesmal rückt er soweit voran, bis er die Brustwarze spürt, zuerst in der Nasengegend, dann zwischen Nasenflügel und Mundwinkel. Er hebt den Kopf, um die Brustwarze zu fassen.“[6]

Das ausführliche Zitat der Beobachtungen soll deutlich machen, wie intensiv der Säugling während der ersten Monate lernt. Nicht nur lernt er, die Brustwarze wiederzuerkennen, sondern auch, wo er nach ihr suchen muß. Er akkommodiert sich also den *Erfordernissen* der Situation. Er entwickelt neue Handlungsmuster, die sich in nahezu systematischer Suche äußern. Wie werden solche Verhaltensmuster gelernt? Zu Beginn sind die eigentlichen Bewegungen des Kindes ohne „Zusammenhang“, d. h. prinzipiell ungeordnet in Beziehung zur Brustwarze. Zufällig enden einige Bewegungen damit, daß sie gefaßt wird. Andere bleiben erfolglos. Mit der Zeit lernt der Säugling durch Versuch und Irrtum, daß er mit der begehrten Milch belohnt wird, wenn er den Kopf dorthin wendet, wo die Brustwarze seine Wange berührt. Mit zunehmender Erfahrung zeigt sich der Säugling relativ geübt und flexibel bei der Suche. Er wendet sich jetzt nicht nur — von der Berührung seiner Wange dirigiert — zur Seite, sondern orientiert sich genausogut nach oben oder unten. Die letzte Beobachtung ist wichtig, weil einige Kopf-

[5] A.a.O., S. 36.
[6] A.a.O., S. 39.

bewegungen von Geburt an reflexgesteuert sind. Wenn der Säugling in der Nähe des Mundes an der Wange berührt wird, wendet er den Kopf automatisch in diese Richtung. Die Bewegung zur Seite hin ist der „verwurzelte Reflex". Diese Bewegung bedarf also der Erklärung durch Lernprozesse nicht unbedingt. Für die Bewegungen nach oben und unten kommt man ohne solche Erklärungen nicht aus.

Das dem Anschein nach primitive Verhalten des Säuglings im ersten Stadium — während der ersten Lebensmonate — erweist sich also tatsächlich als ziemlich komplex. Der Umfang des Erlernten wird nicht unmittelbar deutlich. Das erbbedingte Saugschema wird infolge von Erfahrungen zunehmend abgeändert und ausgebaut. Gegen Ende der ersten Stufe ist Saugen kein automatisches, nur der Erbanlage zu verdankendes Verhaltensmuster mehr. Das Saugschema ist gemäß dem Prinzip der Organisation ausgebaut und zu einer ziemlich vielschichtigen psychologischen Struktur entwickelt worden, in die bereits die Erfahrungen des Säuglings eingegangen sind.

Eindeutig also durchläuft der Säugling im ersten Stadium einen Lernprozeß. Andererseits ist seine Leistungsfähigkeit begrenzt. Lernen bleibt innerhalb der Reflexsphäre und geht zumindest nicht weit über sie hinaus. Erfahrung kommt den erbbedingten Mechanismen zu. Es wird zu zeigen sein, wie der Säugling im zweiten Stadium diese Begrenzung überwindet.

Piagets Auffassung vom Säuglingsalter war in mehreren Hinsichten neu. Die beiden einflußreichsten Theorien der Zeit — Freuds Psychoanalyse und Hulls Experimentalpsychologie — betonten übereinstimmend, der Organismus suche *Befreiung* von Stimulation und Erregung. Alle Motive werden als analog zum Sexual- oder Hungertrieb gesehen. Bei Verstärkung dieser Triebe handelt der Organismus, um sie zu beruhigen. Piaget dagegen weist mit Nachdruck darauf hin, daß der Säugling bereits in den ersten Lebenstagen oft *den Reiz sucht*. Wenn er zu bestimmten Handlungen fähig ist, ist er bemüht, sie auszuführen (funktionale Assimilation); wenn ihm eine Struktur zur Verfügung steht, strebt er danach, sie gegenüber neuen Objekten zu verallgemeinern (verallgemeinernde Assimilation). Nach Piagets Meinung kann nicht jedes Verhalten des Säuglings als Reaktion auf einen als unangenehm empfundenen Zustand erklärt werden. Manchmal sucht er von sich aus den Reiz, der ein bestimmtes Verhalten auslöst. Die jüngere psychologische Forschung hat wohl bewiesen, daß Hulls und Freuds Vorstellungen den wirklichen Bedingungen nicht ganz entsprechen. Alternative Begriffe müssen entwickelt werden, um die Vorliebe des Individuums für Aktivität und Reiz zu erklären.

Stadium 2: Erster bis vierter Monat

Auf der zweiten Stufe der senso-motorischen Entwicklung erwirbt der Säugling gewisse Gewohnheiten. Sie sind zwar ziemlich einfach und auf den eigenen Körper gerichtet, erweisen sich jedoch als den Fähigkeiten des ersten Stadiums überlegen. Das Saugen etwa entwickelt sich über die Situation der Nahrungsaufnahme hinaus.

Primäre Zirkulärreaktionen

Zu Piagets Theorie gehört auch der Begriff *primäre Zirkulärreaktion*. Der Säugling wird durch zufälliges Verhalten zu angenehmen oder interessanten Ergebnissen geführt. Sofort versucht er dieses wirkungsvolle Verhalten zu wiederholen oder nochmals zu entdecken. Nach einer Phase von Versuch und Irrtum gelingt ihm das. Danach können Verhalten und Resultat beliebig wiederholt werden. Sie sind „Gewohnheiten" geworden. Betrachten wir die folgenden Beispiele:

„Mit 0;1 (1) wird Laurent kurze Zeit vor der Mahlzeit vom Kindermädchen beinahe senkrecht gehalten. Er hat großen Hunger ... Zweimal hintereinander, nachdem seine Hand einen Augenblick lang die rechte Wange berührt hat, dreht Laurent den Kopf und versucht, seine Finger mit dem Mund zu ergreifen. Das mißlingt ihm das erste Mal, gelingt ihm aber beim zweiten Versuch. Doch sind die Armbewegungen nicht mit denen des Kopfes koordiniert, daher entweicht die Hand dem Zugriff wieder, während der Mund den Kontakt weiterhin aufrechtzuerhalten versucht.
Mit 0;1 (3) beugt er nach einer seiner Mahlzeiten seine Arme unaufhörlich in Richtung des Mundes. Mehrmals hatte ich den Eindruck, als ob der zufällige Kontakt der Hand mit dem Mund diese nach dem Mund ausrichte und als ob dann (und nur dann) die Hand versuchen würde, zum Mund zurückzugelangen. Dabei hat nicht bloß der Mund nach der Hand gesucht, die Hand hat sich selber nach dem Mund ausgestreckt. Ich konnte 13mal hintereinander beobachten, wie die Hand zu den Lippen zurückkehrte und in den Mund eingeführt wurde. Es liegt also diesmal zweifelsohne eine Koordination vor.
Mit 0;1 (4) sieht man, wie seine rechte Hand sich dem Mund nähert. Da aber nur der Zeigefinger ergriffen wurde, entweicht die Hand wieder. Sie entfernt sich, kehrt aber schneller wieder zurück. Diesmal gelangt der Daumen in den Mund. Ich ziehe die Hand heraus und führe sie an die Seite hinunter. Aber nach einigen Minuten beginnen sich die Lippen wieder zu bewegen, und sogleich nähert sich ihnen die Hand. Es folgt eine ganze Reihe von Mißerfolgen ... Beim 8. Mal bleibt der Daumen allein zurück, und es folgt pausenloses Lutschen. Ich entführe die Hand noch einmal. Neue Pause ohne Bewegung der Lippen, dann neue Versuche, 9. und 10. Erfolg, worauf der Versuch abgebrochen wird." [7]

---

[7] A.a.O., S. 61 ff.

Diese Beobachtungen beleuchten Piagets Doppelrolle als Beobachter und Versuchsleiter. Es ist zu beachten, wie Piaget als unbeteiligter Beobachter registriert, daß der Säugling 13mal hintereinander spontan die Hand in den Mund nimmt; daß er dann, als Versuchsleiter, in den natürlichen Ablauf der Ereignisse dadurch eingreift, daß er die Hand des Säuglings in die Nähe der Körpermitte bringt, um zu ermitteln, ob der Säugling auch unter den veränderten Bedingungen die Hand in den Mund bringen kann.

Die Beobachtung enthüllt auch die schrittweise, stetige Entwicklung des Daumen-Lutschens. Anfangs gelingt es dem Säugling nicht willkürlich, die Hand in den Mund zu bekommen. Langsam lernt er es. Anschließend lernt er, an dem Daumen allein — und nicht an der ganzen Hand — zu lutschen. Schließlich, nach einem langen, kontinuierlichen Lernprozeß bewältigt er den ganzen Handlungsablauf mühelos und schnell.

Piagets Deutung des Daumen-Lutschens stützt sich wiederum auf die Prinzipien Assimilation und Akkommodation. Die Folge beginnt jedoch mit einem unvorhergesehenen, unbeabsichtigten Ereignis. Es sei daran erinnert, daß ursprünglich ein anderer Laurents Hand auf seine Wange legte. Er tat es nicht selbst. Nachdem die Hand dort lag, übernahm Laurent die Initiative, indem er die Hand mit dem Mund zu fassen suchte. Dieser Akt stellte natürlich ein vorher erlerntes Schema dar: Schon früher hatte Laurent Verhaltensmuster erworben, die ihn befähigten, nach der Brustwarze zu suchen. Andere oben nicht wiedergegebene Beobachtungen zeigen, daß das ursprüngliche Verhalten in einigen Fällen ein zufälliges Vorkommnis ist, nicht durch das Eingreifen eines anderen verursacht wird. Jedesmal führt das unbeabsichtigte Verhalten zu einem vom Säugling als angenehm empfundenen Ergebnis. Im Falle Laurents ermöglicht die Hand im Mund die Anwendung des Saug-Schemas. Dies ist angenehm, weil das Saug-Schema gemäß dem Prinzip der funktionalen Assimilation nach Anwendung verlangt. Mit anderen Worten, ein zufälliges Ereignis gibt dem Säugling die Möglichkeit, ein bereits aufgebautes Schema zu betätigen. Die Handlung selbst befriedigt. Aber Laurents Bewegungen sind noch nicht ganz koordiniert. Manchmal gleitet die Hand aus dem Mund und entspricht dem Ablauf des Saug-Schemas. Das Kind will dann die Lust vermittelnde Tätigkeit wiederaufnehmen, möchte weiter am Daumen lutschen. Dieses Begehren — von der Unterbrechung geweckt — *leitet* dann das Verhalten des Kindes. Laurent versucht nun von sich aus die Hand in den Mund zu schieben. In doppelter Hinsicht ist das Lernen des Säuglings aktiv: Sein Begehren löst den Ablauf der Ereignisse aus, und es setzt Verhalten frei, um sein Begehren zu erfüllen.

Hier wirkt das Prinzip der Akkommodation. Das Kind ändert die vorher ziellosen Bewegungen seiner Hand, um diese zum Munde führen zu können. Laurent beginnt am falschen Ende. Er versucht den Mund zur Hand zu bringen. Schon nach wenigen Fehlschlägen jedoch kehrt er das Verfahren um. Langsam lernt er die beiden entscheidenden Dinge: Muskelkoordination und das Erkennen der richtigen Orientierungszeichen. Der Säugling muß gewisse genau abgestimmte Muskelbewegungen ausführen lernen und muß lernen, diese Begrenzung in die notwendige Richtung zu lenken. Beim Berühren des Lakens muß die Hand in eine bestimmte Richtung geführt werden, beim Berühren der Wange in eine andere. Der Säugling lernt, daß gewisse Hinweise und gewisse Bewegungen nützlich sind, andere nicht. Die nützlichen sind natürlich jene, die ermöglichen, die Hand in den Mund zu nehmen. Erfolg „bestätigt" also einige der Bewegungen und Orientierungszeichen. Fehlschläge dagegen eliminieren andere Versuche zur Akkommodation. Die Beobachtungen zeigen, daß der Lernprozeß noch nicht abgeschlossen ist. Offensichtlich befriedigt es Laurent mehr, am Daumen als an den anderen Fingern zu lutschen. Durch einen Lernvorgang ähnlich dem oben beschriebenen kommt er in die Lage, den Daumen allein in den Mund zu stecken. Das Verhalten beweist weiterhin, daß Laurent den Daumen vom Rest der Hand unterscheidet (wiedererkennende Assimilation). Das Ergebnis dieses Lernens ist eine reibungslos organisierte und gelenkte Bewegungsfolge, ein neues Schema, eine neue Struktur, die beliebig wiederholt werden kann.

Die primäre Zirkulärreaktion beginnt also mit einem Akt des Säuglings, der zufällig ein als angenehm empfundenes Ereignis bewirkt und auf den eigenen Körper gerichtet ist. Der Säugling lernt dann — im Bestreben, das Ereignis herbeizuführen —, sein Verhalten zu wiederholen.

Einfache Antizipation

Während das Neugeborene bei der Nahrungsaufnahme nur saugt, wenn seine Lippen die Brust berühren, weist das ältere Kind ein anderes Verhaltensmuster auf. Die folgende Beobachtung wurde gemacht, als Laurent am Beginn des zweiten Monats war:

„Sobald es aber in die Eßstellung gebracht wird (in die Arme seiner Mutter oder aufs Bett gelegt wird usw.) verlieren die Hände alle Anziehungskraft, sie entfernen sich vom Mund, und es ist deutlich sichtbar, daß das Kind nichts anderes mehr sucht als die Brust selbst, d. h. also den Kontakt mit der Nahrung. So versucht Laurent ab Ende des zweiten Monats nur noch zu saugen, wenn er sich in den Armen seiner Mutter befindet, aber nicht mehr auf dem Toilettentisch[8]. Wenn man ihn zwischen 0;3 (15) und 0;4 nach der gewöhnlichen Reinigung und unmittelbar vor der Fütterung in meine Arme legt, und zwar in der Stillstellung, so schaut er mich an und sucht rundherum, schaut mich wieder an, versucht aber nicht, an der Brust zu saugen. Wenn ich ihn daraufhin in die Arme seiner Mama lege, schaut er sie an, und noch bevor er die Brust berührt, öffnet er weit den Mund.[9]."

Der Säugling saugt also ursprünglich nur, wenn ihm die Brustwarze in den Mund geschoben wird. Sie stellt einen äußeren Reiz dar, der automatisch Saugen auslöst. Nach einer Zeit der Erfahrung mit der Nahrungsaufnahme produziert er saug-ähnliche Bewegungen, *bevor* der äußere Reiz sich auswirken kann. Während des zweiten Monats beginnt Laurent zu saugen, sobald er in die Arme seiner Mutter oder auf das Bett gelegt wird. Später zeigt Laurent diese saug-ähnlichen Bewegungen nur noch, wenn er sich in den Armen seiner Mutter befindet. Man könnte dies so deuten, daß anfangs nur die Brustwarze als Hinweis oder Signal zum Saugen diente, später die Tatsache, sich in den Armen der Mutter zu befinden, die Brustwarze als Signal zum Saugen ablöste. Man könnte es aber auch so sehen, daß der Säugling die Nahrungsaufnahme *antizipiert* und daß diese Vorwegnahme im Lauf der Zeit durch immer weniger und verwandtere Ereignisse provoziert wird. Das Phänomen ähnelt dem, was man „klassische Konditionierung" genannt hat, obwohl Piagets Deutung der Fakten sich von der traditionellen unterscheidet.
Piaget betont, daß die Assoziation zwischen dem Saugen und den verschiedenen Signalen (d. h. dem Liegen in den Armen der Mutter), die ihm vorausgehen, nicht mechanisch erworben wird. Folgendes ereignet sich: Das Saug-Schema wird erweitert, besteht schließlich aus mehr als nur dem Saugen. Es umfaßt auch eine Reihe von lagebedingten kinästhetischen Hinweisen. Wenn der Säugling in den ersten Monaten gestillt wird, hält man ihn meist unverändert in der gleichen Lage. Die Empfindungen im Körper assoziiert mit dieser Lage werden Teil des Saug-Akts. Die Körperempfindungen und die Lippenbewegungen bilden eine Einheit. Wird der Säugling dann in die Lage gebracht, in der er normalerweise gestillt wird, werden also die lagebedingten und kinästhetischen Empfindungen geweckt, so wird der gesamte Zyklus des Saug-Akts ausgelöst. Da beide Aspekte des Zyklus — Körperempfindungen und Lippenbewegungen — eine Einheit bilden, ruft das Vorkommen des einen Aspekts gewöhnlich den anderen hervor. Piaget glaubt nicht, daß der

[8] A.a.O., S. 68.
[9] A.a.O., S. 69.

Säugling an diesem Prozeß nur durch „passives Geschehenlassen" beteiligt ist. Der Säugling selbst *erweitert* das ursprünglich begrenzte Saug-Schema so, daß andere Komponenten, wie etwa Körpersignale darin Platz finden. Die Assoziation ist außerdem ohne Bestand, wenn sie nicht ständig von der Umgebung „bestätigt" wird; wenn also lagebedingte Signale antizipierendes Saugen beim Kind auslösen sollen, muß dem Saugen gewöhnlich das Milchtrinken folgen. Die Assoziation zwischen lagebedingten Signalen und Saugen gewinnt ihre Bedeutung also nur aus der wiederholt bewiesenen Beziehung zwischen dem Saug-Schema und einer Befriedigung. Der Reflex muß die Möglichkeit haben, mit Wirkung (Milchtrinken) stattzufinden, bevor irgendeine Assoziation sich bilden kann. Die Folge *Körpersignale → Saugen → Bedürfnisbefriedigung* bilden eine Einheit. Die beiden ersten Begriffe der Folge zu isolieren und sie einen bedingten Reflex zu nennen, hieße vieles ausschließen, was relevant ist.

Neugier

In die Erörterung des zweiten Stadiums führt Piaget ein sehr bedeutendes Motivationsprinzip ein. Nachfolgend steht eine vorläufige Beobachtung, die das Problem des Sehens betrifft.

„Mit 0;0 (24) betrachtet Laurent meinen unbeweglichen Handrücken so aufmerksam und mit so stark vorgestreckten Lippen, daß ich darauf gefaßt bin, er beginne gleich zu saugen. Aber es handelt sich um ein visuelles Interesse. Mit 0;0 (25) verbringt er beinahe eine ganze Stunde, ohne zu weinen und mit weit offenen Augen in seiner Wiege. Er betrachtet unaufhörlich einen Punkt an einer Franse seiner Wiege ..." [10]

Warum beschäftigt sich der Säugling mit solch konkreten Zügen seiner Umgebung? Er wird dafür nicht belohnt. Und auch in anderer Weise wird er nicht ermutigt, seine Aufmerksamkeit einem Objekt wie der Franse seiner Wiege zuzuwenden. Wieder beruft Piaget sich auf das Prinzip der funktionalen Assimilation und erklärt auch diesen Sachverhalt damit. Die Augen sind von der Erbanlage gelieferte Strukturen, die geübt werden müssen. Hier meint Übung, Dinge betrachten. Die betrachteten Dinge sind für das Funktionieren der Augen notwendig.
Soweit wird das Prinzip der funktionalen Assimilation auf den Fall des Sehens in fast derselben Weise angewendet, wie es zur Erklärung eini-

[10] A.a.O., S. 73.

ger Merkmale des Saugens herangezogen wurde: Beide Schemata bedurften der Anwendung. Ein Ergebnis des wiederholten Betrachtens von Dingen ist, daß sie dem Säugling vertraut werden. Bei dem Prozeß, in dem er Wahrnehmung lernt, wird ihm seine Umgebung bekannt. Allmählich erkennt er Dinge. Diese Beobachtungen finden sich in der nächsten Textstelle:

„Mit 0;1 (15) erforscht er systematisch das Dach seiner Wiege, dem ich einen leichten Stoß versetzt habe: Er beginnt am Rand und kommt dann Schritt für Schritt dazu, die hintere Wand des Daches zu betrachten. Vier Tage später vollzieht er diese Erforschung in der umgekehrten Richtung. In der Folge fängt er dieses prüfende Erforschen seiner Wiege immer wieder von neuem an, aber im dritten Monat fixiert er die am Dach befestigten Spielklappern und auch das Dach selbst nur noch, wenn eine ungewohnte Bewegung seine Neugier erweckt hat oder wenn er einen neuen, auffallenden Punkt daran entdeckt (eine bestimmte Falte des Stoffes usw.).“ [11]

Es ist zu betonen, wie genau der Säugling seinen Wagen untersucht, bevor er vertraut mit ihm ist. Dann, während des dritten Monats, zeigt er sich gegenüber den Dingen, denen er seine Aufmerksamkeit schenkt, wählerisch. Er erforscht nicht mehr den Wagen selbst, sondern neue Gegenstände oder Bewegungen, die mit dem Wagen verbunden sind. Er starrt beispielsweise auf vom Verdeck herabhängendes Spielzeug oder bisher unbemerkte Falten im Stoff.

Die Erklärung, die Piaget für die Neugier des Säuglings findet, verlangt eine Erweiterung, oder besser weitere Aufgliederung des Prinzips der verallgemeinernden Assimilation. Das Seh-Schema des Säuglings strebt nach Piaget danach, die Anzahl der Gegenstände, die es „benutzt“, zu vergrößern. Doch der Säugling betrachtet nicht einfach mehr und mehr Dinge. Er entwickelt visuelle Präferenzen, verhält sich selektiv. Seine Aufmerksamkeit ziehen solche Dinge an, die *gemäßigt neu* sind: „. . . man kann feststellen, daß das Kind weder allzu bekannte Gegenstände fixiert, weil es von ihnen gleichsam übersättigt ist, noch allzu neue, weil sie keinem seiner Schemata entsprechen.“ [12] Dieses Motivationsprinzip mag enttäuschend einfach und abgegriffen erscheinen. Tatsächlich verrät es jedoch einen Standpunkt, der sich vollkommen von früheren (und einigen noch geltenden) Theorien unterscheidet und dem erst heute die angemessene Aufmerksamkeit gewidmet wird. Erstens widerspricht das Prinzip der gemäßigten Neuartigkeit — wie das Assimilationsprinzip — entschieden den Theorien, die Reiz-Vermeidung als einzige Motivations-

[11] A.a.O., S. 78.
[12] A.a.O., S. 77.

form anerkennen. Statt dessen sagt Piaget, das Kind suche aktiv nach neuen Reizen. Es ist nicht gezwungen, neue Gegenstände zu betrachten. Zweitens hebt sich dies Prinzip von anderen Motivationstheorien insofern ab, als es auf einem relativistischen Konzept basiert. Nicht die physische Beschaffenheit des Gegenstandes erregt die Neugier des Individuums, nicht der Gegenstand per se zieht die Aufmerksamkeit an, sondern Neugier ist eine Funktion der *Beziehung* zwischen dem neuen Gegenstand und der bisherigen Erfahrung des Individuums. Ein gegebenes Spielzeug kann in einem Kind Interesse wachrufen, in einem anderen auf Gleichgültigkeit treffen. Vermutlich ist das erste Kind erfahren mit Spielzeug, das sich von dem in Frage stehenden mäßig unterscheidet. Das zweite Kind ist entweder mit Spielzeug, das dem neuen *sehr* ähnlich ist, vertraut, oder hat keine Erfahrung mit Spielzeug. Dann entspricht der neue Gegenstand vermutlich „keinem seiner Schemata". Das Neuheitsprinzip besagt also, daß Neugier nicht von der physischen Beschaffenheit des Gegenstandes abhängig ist, sondern vom Ausmaß der Verschiedenheit zwischen ihm und solchen Gegenständen, die der Person vertraut sind. Dies ist natürlich von der Erfahrung des Individuums abhängig.

Nachahmung

Ein bedeutender Aspekt des Säuglingsverhaltens ist Nachahmung. Piaget sieht Nachahmung, wie jedes andere Verhalten, als Ausdruck von Anstrengungen des Säuglings, Wirklichkeit zu verstehen und wirksam mit seiner Welt zu interagieren. Deshalb entwickelt sich Nachahmung in Konkurrenz zu anderen Aspekten des Säuglingsverhaltens.

Während Stadium 2 werden die Reflexe, wie gezeigt, abgeändert. Sie wandeln sich zu Gewohnheiten oder primären Zirkularreaktionen. Dieser Ausbau der erbbedingten Schemata des Kindes führt zu einer rudimentären und sporadischen Form von Nachahmung. Auf dieser Stufe imitiert das Kind lediglich Handlungen, die es selbst bereits ausgeführt hat. Da sein Handlungsrepertoire noch begrenzt ist, beschränkt sich Nachahmung auf einfache stimmliche und visuelle Bewegungen und auf das Greifen. Im Folgenden ein Beispiel von Nachahmung in diesem Stadium:

„L. bringt von 0;1 (21) spontan den Ton ‚rra', aber reagiert nicht sofort, wenn ich ihn reproduziere. Mit 0;1 (24) bringt sie hingegen zweimal einen analogen Ton hervor, wenn ich ein langgezogenes ‚âa' spreche, obwohl sie sich seit etwa einer viertel Stunde ruhig verhält. Mit 0;1 (25) beobachtet Sie mich, wenn ich ‚a, ha, ha, rra' usw. mache. Ich beobachte einige Mundbewegungen, die keine

Saugbewegungen, sondern Lautbildungsbewegungen sind. Sie formt schließlich ein- oder zweimal ziemlich unbestimmbare Töne, allerdings ohne eigentliche Nachahmung, aber mit deutlicher Vokalanstrengung.
Mit 0;3 (5) beobachte ich eine Differenzierung in ihrem Lachen durch gewisse tiefere, volle Töne. Ich ahme diese nach: Sie reagiert und reproduziert diese Laute ziemlich deutlich, aber nur dann, wenn sie selbst kurz zuvor diese Laute hervorgebracht hat.
Mit 0;3 (24) imitiert sie ‚aa' und ziemlich undeutlich ‚arr' in ähnlichen Situationen, d. h. bei wechselseitiger Nachahmung." [13]

Diese Frühform von Lautimitation weist zwei charakteristische Merkmale auf. Erstens liegt das Phänomen der „Vokalansteckung" vor. Jemand, „Modell" genannt, gibt einen Laut ab. Der Säugling versucht, ihn zu reproduzieren. Die Grenzen seiner Fähigkeit hindern den Säugling jedoch an der einwandfreien Reproduktion der Laute. Dennoch produziert der Säugling, von den Lauten des Modells angetrieben, weiterhin viele verschiedene Vokalisationen, die wenig mit den Lauten des Modells zu tun haben. „Vokalansteckung" heißt also, daß das Modell verschwommene stimmliche Aktivität beim Säugling verursacht.
Zweitens liegt „wechselseitige Nachahmung" vor. Wenn das Modell einen Laut reproduziert, den der Säugling gerade ausstößt, wird das Kind veranlaßt, den gleichen Laut zu wiederholen. Ahmt das Modell nun seinerseits wieder das Kind nach, wird ein Muster von sich zwischen Kind und Modell ablösender Nachahmungen in Bewegung gesetzt, das solange abläuft, bis das eine oder andere ermüdet oder die Lust verliert. Dieses Verhaltensmuster stellt sich nicht ein, wenn das Modell einen Laut hervorbringt, der dem Kind neu ist.
Piaget erklärt beide Erscheinungen — die Übertragung und die wechselseitige Imitation — unter Rückgriff auf das Prinzip der funktionalen Assimilation. Es sei daran erinnert, daß dem Kind die Tendenz innewohnt, Schemata zu wiederholen, sobald sie erworben sind. Im Falle der Vokalansteckung wirkt sich das Prinzip der funktionalen Assimilation wie folgt aus: Gibt das Modell einen Laut von sich, unterscheidet der Säugling ihn nicht von seinen eigenen. Ihm ist, als habe er selbst ihn ausgestoßen. Dem Prozeß der funktionalen Assimilation zufolge ist der Säugling bemüht, die Handlung (die er für die eigene hält), die bereits angelegt ist, zu wiederholen; der Säugling greift die Handlung auf, er produziert nicht näher qualifizierte Laute.

[13] Nachahmung, Spiel und Traum, S. 28.

Kategorien der Wirklichkeit

Bisher wurden einige Aspekte des Säuglingsverhaltens in ihren Anfängen beschrieben. Besonders wurde die Rolle betont, die der Erfahrung bei der Entwicklung der Handlungen des Säuglings zukommt. Es wurde gezeigt, wie er Verhalten jenseits der Situation der Nahrungsaufnahme entfaltet. Wenn der Säugling mit den ihn umgebenden Gegenständen umzugehen beginnt, entwickelt er schrittweise ein praktisches „Verständnis" der äußeren Wirklichkeit. Beim Spiel mit Spielzeug, Bettzeug, mit seinem eigenen Körper und dem von Erwachsenen lernt er etwas über die Eigenschaften dieser Dinge und ihre Beziehung zueinander. Mit der Zunahme seiner Fähigkeiten nach Zahl und Ausmaß erwirbt er eine zunehmend vielschichtige praktische Kenntnis bestimmter Merkmale seiner Umwelt.
Auf der senso-motorischen Stufe entwickelt der Säugling einige grundlegende Dimensionen der Wirklichkeit, besonders die einfachen Begriffe vom *permanenten Objekt,* dem *Raum,* der *Zeit* und der *Kausalität.* Zuerst sind diese grundlegenden Dimensionen den körperlichen Akten des Säuglings eng verbunden, d. h. den Bewegungen seiner Arme, Finger, Beine und Augen. Das ursprüngliche Welt-„Verständnis" des Säuglings baut ausschließlich auf dem auf, was Piaget die „Handlungsebene" nennt. Erst später, nach einem kontinuierlichen Entwicklungsprozeß, vermag der Säugling die Kategorien der Wirklichkeit auf die „Gedankenebene" zu heben. Eines der zentralen Themen von Piaget ist die Tatsache, daß konkretes Handeln dem Gebrauch des Verstandes vorausgeht und ihn erst ermöglicht. Der Ertrag der senso-motorischen Phase bildet also das Fundament der geistigen Entwicklung des Individuums. Hier soll nur eine der Kategorien erörtert werden, der Begriff des permanenten Objekts. Die anderen Begriffe durchlaufen ähnliche Entwicklungen.

Objektbegriff (Stadium 1 und 2)

Um zu verstehen, wie sich das entwickelt, was Piaget den *Objektbegriff* nennt, muß ein wichtiger Punkt beachtet werden. Ein „Objekt" ist nach Piaget, was nach Vorstellung der Person Realität an sich hat und außerhalb der eigenen Wahrnehmung da ist. Ein Mann zum Beispiel, der seine Jacke in einen Schrank gehängt hat, weiß einige Stunden später, daß sie höchstwahrscheinlich noch dort hängt. Obwohl er die Jacke weder sehen noch fühlen kann, weiß er, daß sie hinter der Schranktür bleibt. Objekt bedeutet also mehr als die unmittelbare Wahrnehmung äußerer Wirklichkeit. Das Objekt existiert, so begriffen, unabhängig von einer Person, die es wahrnimmt. So merkwürdig es klingen mag, der Säugling ist anfangs zu dieser offensichtlich einfachen Feststellung nicht in der Lage. Erst nach einem langen Entwicklungsprozeß ist das Erkenntnisvermögen erworben, das ein reifer Objektbegriff voraussetzt. Während Stadium 1 werden die Reaktionen des Säuglings nur von unmittelbar gegenwärtigen Empfindungserlebnissen ausgelöst, die intern oder extern sich ereignen können. Wenn der Säugling Hunger spürt, schreit er. Bemerkt er, daß seine Lippen berührt werden, saugt er. So ist es auch im Falle der visuellen Wahrnehmung: Wenn das Gesicht seiner Mutter plötzlich in seinem Blickfeld erscheint, starrt der Säugling es an. Bewegt sich das Gesicht jedoch plötzlich aus diesem Bereich hinaus, hört der Säugling sofort auf zu starren und wendet sich anderen Tätigkeiten zu. Offensichtlich weiß er nicht, daß das Gesicht noch existiert, wenn er den visuellen Kontakt mit ihm verloren hat. Statt dessen erblickt das Kind eine Folge von Bildern oder „Abbildungen", wie Piaget sie nennt, die erscheinen und verschwinden.

Einige Verhaltensmuster, die während des zweiten Stadiums erscheinen, bereiten die Formung des Objektbegriffs vor. Das Kind koordiniert verschiedene bis dahin beziehungslos eingesetzte Wahrnehmungs-Schemata. Betrachten wir die Koordination von Sehen und Hören. Während Stadium 1 wäre einem Neugeborenen deutlich anzumerken, wenn es einen Laut in seiner Nähe gehört hätte — es wäre zum Beispiel erschrocken. Doch hätte es nicht versucht, die Ursache des Lauts zu erblicken. Im Stadium 2 jedoch wird der Säugling versuchen, sich dem Laut, den er gehört hat, zuzuwenden, um zu sehen, was ihn hervorgebracht hat. Zuerst wird er sich dabei ungeschickt anstellen, aber die Übung macht ihn zunehmend sicher und erfolgreich. Dieser Koordination von Sehen und Hören zufolge wird äußere Wirklichkeit nicht länger nur von jeweils einem Sinnesorgan erfaßt, sondern von zwei oder mehr Sinnen gleichzeitig. Als Ergebnis wird der Säugling nach einiger Zeit eine Beziehung herstellen zwischen dem, was er hört, und dem, was er sieht. Er entdeckt, daß gewisse Laute, wie die Stimme, gewöhnlich von bestimmten Punkten, wie dem Mund, herkommen. Er beginnt Zusammenhänge in seiner Welt zu entdecken. Nicht länger nimmt er isolierte, beziehungslose Aspekte der Wirklichkeit wahr, sondern lernt, daß Gesehenes und Gehörtes (und andere Erscheinungen auch) sich oft nach gewissen Regeln zusammenfügen. Diese Koordination grundlegender Schemata ist ein wichtiger erster Schritt zur Aneignung des Objektbegriffs, weil sie dem Säugling die Zusammenhänge seiner Welt anzeigt.

Ein anderes sich in Stadium 2 einstellendes Vermögen ist die *passive Erwartung*. Am Sehen wird das besonders deutlich. Der Säugling kann während dieses Stadiums einem sich bewegenden Gegenstand mit den Augen folgen. Oder, wie Piaget es formuliert, der Säugling akkommodiert sein Seh-Schema an die Bewegung des Dings. Hier ist die Beobachtung wichtig, daß der Säugling — hat der Gegenstand das Blickfeld verlassen — weiterhin auf den Ort starrt, wo er verschwunden ist. Man mag sogar zur Annahme neigen, er verfüge bereits über den Objektbegriff, hoffe auf die Rückkehr des Dings. Piaget hält diese Erklärung jedoch für irreführend, weil der Säugling nicht, wie auf späteren Stufen, aktiv nach dem verschwundenen Gegenstand *sucht*. Der Säugling des Stadiums 2 führt dagegen einfach eine unterbrochene Handlung (Betrachten) fort. Wenn nach einer gewissen Zeit das Ding nicht wieder auftaucht, gibt der Säugling die Beobachtung auf und wendet die Aufmerksamkeit anderen Elementen seiner Umgebung zu. Aber die passive Erwartung, die nicht über die bloße Wiederholung des bereits in Bewegung gesetzten Seh-Schemas hinausgeht, bereitet die aktive Suche des vermißten Gegenstands vor — und damit die Formung des Objektbegriffs.
Die beiden ersten Stufen sind dadurch gekennzeichnet, daß sich hier der Säugling Gegenständen gegenüber, die aus seinem Wahrnehmungsbereich verschwinden, passiv verhält. Während Stadium 1 widmet er seine Aufmerksamkeit ausschließlich solchen Gegenständen, die er sehen kann. In Stadium 2 wiederholt er Handlungen, die er unmittelbar ausgeführt hat, als der Gegenstand noch vorhanden war. Während diese zweite Reaktion eine höhere Entwicklung als die erste darstellt, zeigen doch beide an, daß ein reifer Objektbegriff noch fehlt.

Stadium 3: 4 bis 10 Monate

Sekundäre Zirkulärreaktionen

Die primäre Zirkulärreaktion des Stadiums 2 ist immer auf des Säuglings eigenen Körper ausgerichtet. Er lernt zum Beispiel, seinen Daumen an seinen Mund zu bringen. In Stadium 3 erweitert sich sein Horizont. Er beginnt zu krabbeln und ausführlich mit den Dingen zu hantieren. Die Zirkulärreaktionen dieses Stadiums werden „sekundär“ genannt, weil jetzt Ereignisse und Gegenstände der äußeren Umgebung einbezogen werden. Sekundäre Zirkulärreaktionen gehen zurück auf die neuerworbene Fähigkeit, Schemata zu entwickeln, die interessante — ursprünglich zufällig in der äußeren Umgebung entdeckte — Ereignisse reproduzieren. Das folgende Zitat ist eine längere Aufzeichnung solch einer Reaktion und zeigt, wie exakt und behutsam Piaget beobachtet:

„Noch mit 0;2 (17) bemerke ich, daß Laurent staunend innehält, um zu schauen, wenn seine Bewegungen die Spielsachen in Schwingungen versetzt haben, ohne zu begreifen, daß er selber diese Schwingungen verursacht hat. Mit 0;2 (24) mache ich dagegen folgendes Experiment: Ich ertappe Laurent dabei, daß er sich auf die Brust schlägt und seine Hände schüttelt, die bandagiert und durch eine am Wiegengriff befestigte Schnur festgehalten werden (um ihn am Lutschen zu hindern). Da komme ich auf die Idee, dieses Verhalten zu einem Versuch zu benützen. Ich verbinde die Schnüre mit den am Dach hängenden Zelluloidkugeln. Laurent erschüttert natürlich zuerst ganz zufällig die Kugeln und staunt sie groß an (als die Schrotkörner in ihrem Innern erklirren), und seine Augen bleiben an diesem Spielzeug hängen. Die Stöße folgen dann immer schneller aufeinander, und Laurent beginnt sich zu krümmen vor Lust und mit Armen und Beinen zu strampeln, kurz, ein immer größeres Vergnügen an den Tag zu legen, wobei er natürlich gerade dadurch das interessante Resultat unterhält. Aber auch jetzt erlaubt noch gar nichts, von sekundären Zirkulärreaktionen zu sprechen ...

Es könnte sich um einen einfachen Ausdruck der Freude und nicht um eine bewußte Verbindung handeln.

Am folgenden Tag, Laurent ist 0;2 (15) alt, verbinde ich mittels einer Schnur die rechte Hand mit den Zelluloidkugeln. Die linke Hand bleibt frei. Anfänglich reichen die Bewegungen des Arms nicht aus, und die Spielklapper bewegt sich nicht. Nach und nach holen die Bewegungen aber weiter aus und bringen so die Spielklapper periodisch zum Schwanken ... Jetzt scheint tatsächlich eine bewußte Koordination zu entstehen, aber noch immer bewegen sich beide Arme gleichzeitig, und man kann nicht mit Sicherheit entscheiden, ob es sich nicht doch bloß um eine einfache Lustreaktion handelt. Am folgenden Tag noch immer die gleichen Reaktionen.

Mit 0;2 (27) scheint sich dagegen die bewußte Koordination zu präzisieren, und zwar aus den folgenden vier Gründen: 1. Laurent wurde durch die erste Erschütterung der Klapper überrascht und war erschrocken, da er sie nicht erwartet hatte. Nach der zweiten und dritten Erschütterung schwenkte er jedoch regelmäßig seinen rechten Arm hin und her (der mit der Klapper verbunden war), während der linke beinahe unbeweglich blieb. 2. Laurent zwinkert schon im voraus mit den Augen, sobald die Hand sich zu bewegen beginnt, und noch bevor die Klapper erschüttert wird, wie wenn er wüßte, daß er sie selber anstößt. 3. Nachdem er für eine Weile das Spiel aufgegeben und seine ‚Hände vereinigt' hat, beginnt darauf die rechte Hand (die mit der Klapper verbunden war) wieder allein, während die linke unbeweglich bleibt. 4. Die regelmäßigen Stöße, die Laurent der Klapper versetzt, zeugen von einer gewissen Geschicklichkeit.

Als Laurent 0;3 (0) alt ist, befestige ich die Schnur am linken Arm, nachdem ich sechs Tage lang hintereinander mit dem rechten Arm experimentiert habe. Die erste Erschütterung erfolgt zufällig: Erschrecken, Neugierde, usw., dann folgt unmittelbar eine geordnete Zirkulärreaktion. Und zwar ist es diesmal der rechte Arm, der gestreckt und unbewegt bleibt, während der linke hin und her geschwenkt wird. Diesmal kann man also mit Bestimmtheit von einer sekundären Zirkulärreaktion sprechen ..." [14]

Die Interpretation also führt das Verhalten des Säuglings auf eine sekundäre Zirkulärreaktion zurück. Der Säugling liegt in seinem Stubenwagen und bewegt unwillkürlich seinen Arm. Die Schnur an diesem Arm bringt das Spielzeug in Bewegung und zum Rasseln. Laurent hatte dies natürlich nicht ursprünglich im Sinn. Dann aber interessieren ihn Bewegung und Rasseln. Er wünscht, sie fortzuführen. Nach einer gewissen Zeit hat er die für die Reproduktion des interessierenden Ereignisses notwendigen Armbewegungen gelernt. Das Verhalten wird intentional.

Eine andere Interpretation ist jedoch auch möglich. Es ist außerordentlich faszinierend, Piaget zu beobachten, wie er sie auszuschließen versucht. Die Alternativ-Erklärung geht davon aus, daß den Armbewegungen des Säuglings nicht die Absicht zugrunde liegt, das interessierende Ereignis hervorzubringen. Doch genau das Gegenteil ist wahr: Dieses Ereignis veranlaßt den Säugling zu den Armbewegungen. Mit anderen Worten, der Säugling bewegt den Arm ursprünglich ohne bestimmte Absicht. Die Bälle schaukeln und erfreuen ihn. Infolge der Freude gerät der Säugling in physische Erregung. Diese setzt — wiederum unbeabsichtigt — die Bälle in neue Bewegung, die den Zyklus zum drittenmal auslöst und die Handbewegungen des Säuglings *begründet.*

Die Beobachtungen beweisen die Vorsicht, die Piaget bei seinen Interpretationen walten ließ. Er wies die erste Erklärung (sekundäre Zirkulärreaktion) solange zurück, bis die Fakten die Alternativ-Erklärung nicht in aller Klarheit widerlegt hatten. Piaget beobachtete beispielsweise, daß Laurent das Ergebnis, schon bevor es eintrat, zu antizipieren schien. Das Resultat konnte also kein Zufall sein. Die Beobachtungsfolge zeigt, warum Piagets Verfahren nicht notwendig der Methode des formalen Experiments unterlegen ist. Es zeigt sich deutlich, wie vorteilhaft es ist, daß er die Geschichte des Kindes genau kennt. Viele von den Beobachtungen leisten dieselbe Bedeutung wie die Kontrollgruppen im Experiment.

Viele schon früher entwickelte Prinzipien dienen ebenfalls zur Erklärung, wie der Säugling sekundäre Zirkulärreaktionen erlernt. Die zufällige Bewegung des Säuglings bewirkt erstens ein gemäßigt neues und deshalb interessantes Ereignis. Zweitens nimmt der Säugling wahr, daß seine Handlungen zu deren Ergebnis in Beziehung stehen. Piaget sagt,

[14] Das Erwachen der Intelligenz beim Kinde, S. 166 f.

kein weiteres Lernen sei möglich, wenn der Säugling den Zusammenhang nicht wahrnähme. Wenn drittens das Interesse geweckt und die Verbindung zwischen Akt und Resultat erfaßt ist, wünscht der Säugling den Fortbestand des interessierenden Ereignisses zu sichern. Nachdem, mit anderen Worten, der Säugling das Spielzeug rasseln sah und hörte (oder, in Piagets Terminologie: das interessierende Ereignis in seine visuellen und auditiven Schemata assimiliert hat), möchte er die Ereignisse wiederholen, sie aufs Neue in seine Seh- und Hör-Schemata assimilieren. Dies ist natürlich das wohlbekannte Prinzip der funktionalen Assimilation: Wenn einmal ein Schema (hier das Sehen und Hören des Spielzeugs) funktionsfähig ist, strebt es die Wiederholung an. Von jetzt an wird der Säugling in seinem Handeln von dem Ziel geleitet, die als angenehm empfundenen Ereignisse wiederherzustellen.

Der Säugling hat also ein interessantes Ereignis wahrgenommen, hat bemerkt, daß es zu seinen Handlungen in Beziehung steht, und wünscht, das Ereignis zu wiederholen. Dem vierten Schritt liegt Akkommodation zugrunde. Der Säugling muß die Handbewegungen lernen, die für die beständige Reproduktion des Ereignisses notwendig sind. Ein Teil dieses Prozesses macht das Wiedererkennen der vorher erfolgreichen Bewegungen aus. Obwohl Piaget es nicht ausführt, wird aus seinen Beobachtungen deutlich, daß sich ein zielstrebiger Prozeß von Versuch und Irrtum ereignet. Zielstrebig ist das Verhalten des Säuglings, insofern der Wunsch, das angenehme Ergebnis zu reproduzieren, seine Handlungen leitet und er sich nur um eindeutig relevantes Verhalten bemüht: Er stößt nicht mit dem Fuß, sondern beschränkt seine Anstrengungen auf Armbewegungen. Unter diesen Einschränkungen orientiert der Säugling sich durch Versuch und Irrtum, denn er weiß anfangs nicht genau, welchen Arm er bewegen muß, damit sich die gewünschte Wirkung einstellt. Er muß ausprobieren, mit welchem er erfolgreich ist und mit welchem nicht. Die Beobachtungen zeigen ebenfalls — und wieder verzichtet Piaget auf eine ausführliche Erklärung —, daß der Säugling nicht lediglich bekannte Bewegungen wiederentdeckt. Das mag zwar seine ursprüngliche Absicht sein, aber durch die Übung entwickelt er Bewegungen, die genauer und wirksamer sind als jene, die anfangs und zufällig zum Erfolg führten.

Diese Handlungen schließen sich zuletzt zu einer sekundären Zirkulärreaktion zusammen, die eine weit vielschichtigere Struktur als jede frühere Leistung des Säuglings darstellt. Er interessiert sich jetzt für die äußere Umgebung. Er verfügt über Verhalten, das ihm — in einfacher Form — einige ihrer Bereiche zugänglich macht. Die sekundäre Zirkulärreaktion hat jedoch zwei Schwächen. Sie ist erstens nicht in vollem

Umfang intentional, denn der Säugling hat sich zu Beginn noch kein Ziel gesetzt. Es wird vielmehr zufällig entdeckt. Ohne dieses unbeabsichtigte Ereignis kann das Ziel nicht das Verhalten leiten, das Verhalten nicht willkürlich werden. Ein zweiter Mangel besteht darin, daß solches Verhalten wesentlich konservativer ist. Der Säugling beabsichtigt, ein Verhalten zu reproduzieren, zu kopieren, das in der Vergangenheit angenehme Ergebnisse zeitigte. Er hat nicht vor, neues Verhalten zu erfinden. Dieser beiden Schwächen wegen besteht Piaget darauf, daß die sekundäre Zirkulärreaktion noch kein *intelligentes* Verhalten repräsentiere.

Primitive Klassen

Einer der interessantesten Aspekte von Piagets Theorie beschäftigt sich mit der Bildung von Klassen oder Bedeutungen durch den Säugling. Die Ursprünge dieses Vermögens lassen sich, nach Piaget, sehr früh feststellen. Folgende Beobachtungen mögen den Sachverhalt erläutern:

„Mit 0;6 (12) nimmt Lucienne von weitem zwei Zelluloid-Papageien wahr, die an einen Leuchter gebunden sind und die sie manchmal in ihrer Wiege hatte. Sobald sie sie erblickt, schüttelt sie deutlich, aber ganz kurz ihre Beine, versucht jedoch nicht weiter, aus der Distanz auf sie einzuwirken. Ebenso braucht sie mit 0;6 (19) nur von weitem ihre Puppen zu sehen, und sogleich deutet sie mit der Hand die Geste des Hin- und Herschwenkens an.
Von 0;7 (27) an lösen bestimmte, allzu vertraute Situationen keine sekundären Zirkulärreaktionen mehr aus, sondern nur noch Andeutungen dieser Verhaltensschemata. Als Lucienne eine Puppe sieht, die sie oft geschüttelt hat, begnügt sie sich damit, ihre Hände zu öffnen und zu schließen oder mit den Beinen zu strampeln, aber nur kurz und ohne sich anzustrengen.“ [15]

Piaget hat beobachtet, daß der Säugling — kommt er mit vertrauten Gegenständen in Kontakt — nicht auf die eigentlich zu erwartende Zirkulärreaktion zurückgreift. Lucienne begnügt sich mit einer Verkürzung dieses Verhaltens. Ihr scheint es nicht um das bekannte Ergebnis zu gehen. Andererseits macht die verkürzte Handlung auch nicht den mechanischen Eindruck eines bedingten Reflexes. Weiter ist der Säugling „vollkommen ernst“ und wiederholt den Akt bei vielen verschiedenen Gelegenheiten.
Piaget sieht in den verkürzten Akten Sonderfälle wiedererkennender Assimilation. Es sei daran erinnert, daß das eindeutige Verhalten des

[15] A.a.O., S. 192.

Säuglings auf früheren Stufen sein Vermögen bewies, zwischen verschiedenen Gegenständen zu unterscheiden. Er saugte beispielsweise bei Hunger an der Brustwarze, verweigerte dagegen den Schnuller. Das Säuglingsverhalten offenbart also wiedererkennende Assimilation, wenn die Schemata den verschiedenen Aspekten der Umgebung selektiv zugeordnet werden.

Auch im Fall der verkürzten Bewegungen gibt es diese Selektivität. Lucienne etwa strampelt in Reaktion auf Spielzeug, das sie geschaukelt hat, nicht bei anderem. Dennoch leistet sie mehr als bloße Auswahl. Ihr Verhalten ist verkürzt; sie entscheidet gegen die Anwendung des ganzen Schemas, wo das nahegelegen hätte. Piaget versteht die Verkürzung als eine im Verhalten sich zeigende Vorform von *Klassifizierung* oder *Bedeutung*. Lucienne hat natürlich keinen abstrakten Begriff vom Papageien. Weder kann sie seine Eigenschaften verbalisieren, noch ihn als ein Element der Klasse der Spielzeugtiere identifizieren. Doch das verkürzte Verhalten beweist, daß Lucienne die Klassifizierung des Gegenstands zu versuchen beginnt. Das kurze Strampeln zum Beispiel ist der Ursprung des Gedankens: „Das ist der Papagei. Das ist etwas zum Schaukeln." Ihr „Verstehen" ist natürlich sehr primitiv: Es ereignet sich noch nicht auf einer geistigen Ebene. Dennoch ist Lucienne über Stadium 1 und 2 hinaus, denn ihr Verhalten legt offen, daß der Anfang zur Interiorisierung von Handlung gemacht ist. Das verkürzte Schema ist eine erste Annäherung an das Denken.

Piaget entwickelt bei Beschreibung dieser Vorgänge eine strenge Terminologie. Er setzt als den *Signifikanten* einen Gegenstand[16], ein Ereignis usw., die für etwas anderes stehen. Die Reaktion des Kindes auf den Gegenstand oder das Ereignis wird *Signifikat* genannt. Im gegebenen Beispiel ist der Signifikant der Papagei und das Signifikat ist das kurze Strampeln des Kindes. Der Signifikant ist das Ding, das Signifikat seine Bedeutung für das Kind. In der weiteren Entwicklung wird das Ding als Signifikant durch das das Wort(zeichen), das Verhalten als Signifikat durch den Akt intellektuellen Verstehens ersetzt.

Primitive Relationen

Wie später — im Kapitel vier — zu zeigen sein wird, betrachtet man Klassifizierung als vitalen Aspekt des kindlichen Denkens; dieser ist

[16] Genauer müßte es heißen, daß der Gegenstand das physikalische Energiemuster ist, das auf den Sinnesapparat des Säuglings einwirkt. Wie vorher gezeigt, ist der „Gegenstand" für uns ein permanentes Objekt, jedoch nicht unbedingt für den Säugling.

ziemlich genau erforscht. Außerdem wird im selben Kapitel gezeigt werden, daß der Begriff der *Relationen* einen hervorragenden Platz in Piagets Theorie einnimmt. Auch Relationen zeigen sich im Verhalten während der ersten Stadien. Ein Beispiel:

„Am Abend des Tages, an dem Laurent 0;3 (13) alt wird, stößt er zufällig an die Kette, während er an seinen Fingern lutscht. Er faßt sie an und verschiebt sie langsam, wobei er die Klappern anguckt. Dann beginnt er noch einmal, indem er die Kette sachte hin und her schwenkt, was eine leichte Bewegung der aufgehängten Klappern und ein schwaches Rascheln der Schrotkugeln verursacht. Laurent stuft daraufhin deutlich seine eigenen Bewegungen ab: er schüttelt immer stärker und stärker an der Kette und bricht angesichts des erzielten Resultats in ein helles Lachen aus. — Der Gesichtsausdruck des Kindes verrät deutlich, daß die Abstufung gewollt (intentional) geschieht." [17]

Mit anderen Worten, der Säugling scheint den Unterschied zwischen geringen und heftigen Bewegungen, die er ausführt, zu bemerken. Ebenso vermag er zwischen lautem und leisem Rasseln zu unterscheiden. Er kann zwei Laute oder zwei Bewegungen miteinander in Verbindung bringen. Es hat weiter den Anschein, als begreife der Säugling den Zusammenhang zwischen der Heftigkeit seiner Bewegungen und der Lautstärke des Rasselns. Diese Wahrnehmung von Intensitätsunterschieden ist der Ursprung quantitativen Denkens. Es wird noch zu zeigen sein, wie in Stadium 4 diese Beziehungen entwickelt werden.

Nachahmung

Während Stadium 3 werden die Nachahmungsversuche des Säuglings zunehmend systematisch. Die sekundären Zirkulärreaktionen erwerben immer extensivere Erfahrung der Umgebung. Die Schemata des Kindes nehmen an Zahl und Reichweite zu und erlauben ihm, sein Verhalten besser als früher an das des Modells anzugleichen. Weil es mehr Modelle assimilieren kann, bieten sich auch mehr Gelegenheiten zur Nachahmung. Dennoch ahmt das Kind auch weiterhin nur nach, was vertraut ist. Es ist auf Handlungen angewiesen, die es beherrscht, und kann neuartige Akte noch nicht reproduzieren. Dieser konservative Zug der Nachahmung entspricht dem, der in den sekundären Zirkulärreaktionen sichtbar wurde.

[17] Das Erwachen der Intelligenz beim Kinde, S. 190 f.

Objektbegriff

In Stadium 2, so wurde gezeigt, machte der Säugling keine Anstalten, einen verschwundenen Gegenstand zu suchen. Das Kennzeichen von Stadium 3 ist der Erwerb von vier neuen Verhaltensmustern, die wesentlich bei der Vorbereitung des Objektbegriffs beteiligt sind.
Erstens leistet der Säugling die visuelle Antizipation zukünftiger Positionen von Gegenständen. Wenn ein Objekt zum Beispiel sehr schnell fällt, so daß der Säugling die Bewegung nicht im Einzelnen verfolgen kann, vermag er doch vorher den Ort zu bestimmen, wo der Gegenstand schließlich zu liegen kommt. Anfangs gelingt es dem Säugling am besten, wenn er selbst den Gegenstand hat fallen lassen. Später kann er auch die Lage eines Gegenstandes vorwegnehmen, der von einer anderen Person geworfen wird.

„Mit 0;6 (2) hält Laurent liegend eine Schachtel von 5 cm Durchmesser in der Hand. Als sie ihm entfällt, sucht er sie mit dem Blick in der richtigen Richtung (neben sich). Ich nehme die Schachtel und lasse sie selber senkrecht und zu schnell, als daß er ihrer Bahn folgen könnte, fallen. Nun sucht er sie spontan mit dem Blick auf dem Diwan, auf dem er liegt. Ich bemühe mich, jedes Geräusch und jeden Aufprall zu vermeiden und mache den Versuch einmal an seiner rechten und einmal an seiner linken Seite: das Ergebnis ist immer positiv.“ [18]

Es wird deutlich, daß der Säugling nicht länger (wie im vorangegangenen Stadium) nur passiv seine Aufmerksamkeit auf den Ort richtet, wo er den Gegenstand gesehen hat, sondern daß er ihn jetzt an anderer Stelle sucht. Er antipiziert also, daß die Bewegung des Gegenstandes andauern wird, auch wenn er ihn nicht mehr sieht. Er billigt dem Gegenstand eine vorläufige Art einer diesem selbst innewohnenden Permanenz zu. Sie bleibt subjektiv, weil sie noch in hohem Maße auf die eigenen Handlungen bezogen ist. Besonders intensiv sucht der Säugling, wenn er selbst das Verschwinden des Objekts verursacht hat.
Eine zweite Errungenschaft dieses Stadiums ist das, was Piaget *unterbrochenes Greifen* nennt, das taktile Gegenstück zur visuellen Akkommodation an schnelle Bewegungen. Wenn der Säugling, mit anderen Worten, bereits zu bestimmten Bewegungen der Hand und der Finger angesetzt hat, um einen Gegenstand zu greifen, und er ihn dann verliert oder es ihm nicht gelingt, ihn zu greifen, wird er, indem er die Bewegungen fortführt, den Gegenstand suchen.
Wie im Falle der visuellen Akkommodation unterstellt der Säugling dem Objekt nur eine subjektive Permanenz. Es ist nur vorhanden, insofern

[18] Der Aufbau der Wirklichkeit beim Kinde, S. 25.

es in Verbindung mit der Handlung gesehen wird, die der Säugling ausführte, als der Gegenstand verschwand, bzw. ihm entglitt. Der Säugling versucht den verlorenen Gegenstand nicht durch neue Bewegungen wiederzubekommen, sondern wiederholt nur die ursprüngliche Geste des Haltens oder des Greifens. Wenn keine Bewegung stattgefunden hat, um den Gegenstand am ersten Ort zu erreichen, macht der Säugling keinen Versuch, das Objekt zu suchen, wenn es verschwindet.

Als drittes könen wir in diesem Stadium ein Verhalten beobachten, das *aufgeschobene Zirkulärreaktion* genannt wird. Hier wird eine auf einen Gegenstand gerichtete Zirkulärreaktion unterbrochen und später vom Säugling spontan wieder aufgenommen. Daß Handlungen, die einem Gegenstand gelten, nach einiger Unterbrechung zu Ende geführt werden, setzt voraus, daß der Säugling erwartet, über diesen Gegenstand auch weiterhin zu verfügen. Ein Beispiel:

„Lucienne, 0;8 (30), ist damit beschäftigt, an einer Puderdose, die an ihrer linken Seite liegt, zu kratzen, hört aber mit dem Spiel auf, als sie mich an ihrer rechten Seite auftauchen sieht. Sie läßt die Dose los und spielt eine Weile mit mir, flüstert usw. Dann schaut sie mich plötzlich nicht mehr an und dreht sich gleich in der richtigen Richtung, um nach der Dose zu greifen; sie zweifelt also nicht daran, daß die Dose in der Lage ‚zur Verfügung' ist, in der sie kurz zuvor mit ihr gespielt hat.“ [19]

Ein entscheidender Fortschritt zeichnet sich ab, denn solches Verhalten ist mehr als die bloße Fortsetzung bestimmter Bewegungen, wenn ein Gegenstand aus dem Blickfeld oder aus Griffnähe verschwindet. Hier ist die Handlung ganz unterbrochen und durch ein ganz anderes Verhaltensmuster ersetzt worden. Später jedoch — es darf allerdings nicht allzu viel Zeit verstrichen sein — wendet sich der Säugling aus eigenem Antrieb wieder dem Ort zu, wo er gespielt hat, und erwartet, das noch vorzufinden, womit er gespielt hat — ein Beweis dafür, daß der Säugling dem Gegenstand zumindest eine gewisse Permanenz zutraut. Trotz dieser Fortschritte ist der Objektbegriff des Säuglings noch nicht vollständig entwickelt. Im Unterschied zu noch auszubildenden Fähigkeiten ist das Verhalten des Säuglings im gegenwärtigen Stadium noch zu ausschließlich auf praktische Situationen und vorangegangene Handlungen angewiesen. Der Säugling verfügt noch nicht über den reifen Objektbegriff.

Mittels einer vierten für die in Erörterung stehende Stufe typischen Reaktion kann der Säugling einen nicht vollständig sichtbaren Gegen-

[19] A.a.O., S. 34.

stand an wenigen Teilen, die man ihm zeigt, erkennen. Wenn ihm ein Spielzeug gezeigt wird, das (während er guckt) vollständig mit einem Tuch verhängt ist, macht er keine Anstalten, das Spielzeug zu suchen. Wenn jedoch einige Teile sichtbar bleiben, versucht er das Tuch zu heben, um den Rest zu entdecken. Aber selbst diese Fähigkeit bleibt eigenartig beschränkt. Nur anhand bestimmter Teile ist er in der Lage, das Ganze wiederzuerkennen. Eines von Piagets Kindern war zum Beispiel nur fähig, die Flasche wiederzuerkennen, wenn eines ihrer Enden sichtbar und die Mitte verborgen war. Wenn nur der mittlere Teil gezeigt wurde, konnte es sie nicht identifizieren und versuchte nicht, an ihr zu saugen. Das Kind erkennt teilweise verborgene Gegenstände erst wieder, nachdem es eine gewisse Fertigkeit darin erworben hat, mit ihnen zu hantieren. Das Hantieren mit Spielzeug und anderen Gegenständen befähigt den Säugling, die Dinge, die er in der Hand hält, auch visuell besser kennenzulernen. Indem er Entfernung und Blickwinkel verändert, die Dinge von nahem betrachtet, sie dreht, hin- und herbewegt, verbessert er allmählich seine Vorstellung von ihrer Form und ihren Eigenschaften. Diese Erkenntnis ist natürlich Voraussetzung für das Wiedererkennen teilweise verborgener Gegenstände. Sie unterstützt also die Entwicklung eines echten Objektbegriffs.

Folgende vier Verhaltenstypen zeigen sich also auf dieser Stufe: 1. visuelle Vorwegnahme schneller Bewegungen, 2. unterbrochenes Greifen, 3. aufgeschobene Zirkulärreaktionen und 4. Rekonstruktion der unsichtbaren Form des Ganzen aus sichtbaren Teilen. Alle vier Typen weisen ähnliche Grenzen und Unzulänglichkeiten auf, mißt man sie am Objektbegriff. Sie legen nahe, daß das Objekt in diesem Stadium noch nicht vollständig unabhängig und für sich gesehen wird, sondern noch ganz in das Handeln des Säuglings einbezogen ist. Verschwindet der Gegenstand, gibt der Säugling sich damit zufrieden, Handlungen zu wiederholen, die er zum Zeitpunkt des Verschwindens ausführte. Seine Versuche, den verlorenen Gegenstand wiederzufinden, erschöpfen sich in der bloßen Wiederholung der vorhergehenden mit dem Gegenstand assoziierten Handlungen. Neues Verhalten wird nicht herangezogen.

Stadium 4: 10 bis 12 Monate

Koordination der sekundären Schemata

Die folgenden Beobachtungen zeigen, wie das Kind nach anfänglichen Fehlschlägen die für Stadium 4 charakteristischen Verhaltensmuster entwickelt:

„Mit 0;6 (0) biete ich Laurent beispielsweise eine Zündholzschachtel an, wobei ich seinen Greifakt mit meiner quergestellten Hand behindere. Laurent versucht, über meine Hand hinwegzukommen oder an ihr vorbeizugelangen, aber er versucht nicht, sie beiseite zu schieben. Als ich ihm jedesmal den Weg versperre, begnügt er sich schließlich damit, die Schachtel mit seinen Augen zu fixieren ... Dieselben Reaktionen zeigt er mit 0;6 (8), 0;6 (10), 0;6 (21) usw. Mit 0;7 (13) reagiert Laurent endlich anders, und zwar beinahe von Anfang des Versuches an. Ich biete ihm eine Zündholzschachtel auf meiner Handfläche an, aber ganz hinten, so daß er sie nicht erreichen kann, ohne das Hindernis der Finger zu beseitigen. Zuerst versucht Laurent über die Finger hinwegzulangen, dann aber beginnt er ganz plötzlich auf meine Hand einzuschlagen, wie um sie zu entfernen oder zu senken. Ich lasse es geschehen und er ergreift die Schachtel. — Ich baue nun mit einem Kissen ein Hindernis, das ziemlich weich ist und die Eindrücke der kindlichen Schläge bewahrt. Laurent versucht sogleich, an die Schachtel zu gelangen, wird aber durch das Hindernis behindert. Sogleich schlägt er darauf ein und drückt es so weit herunter, bis ihm der Weg freisteht.
Die verbindende Handlung, die als Mittel dient (das Hindernis beiseite zu schieben), wird zudem ganz einfach einem bestehenden Verhaltensschema entliehen: hier dem Schema des Schlagens. Man erinnere sich daran, daß Laurent schon mit 0;4 (7) und vor allem mit 0;4 (19) die Gewohnheit ausgebildet hat, auf die aufgehängten Gegenstände einzuschlagen, um sie zum Schwanken zu bringen ... Dieses sehr vertraute Verhaltensschema benützt Laurent jetzt meistens, aber nicht mehr um seiner selbst willen, als Zielschema, sondern als ein Mittel- oder Übergangsschema ..." [20]

Für die Deutung von Laurents Verhalten werden einige Prinzipien herangezogen, die bei Stadium 3 erörtert wurden. Es gibt jedoch einige bedeutende Unterschiede. Einer ist darin zu sehen, daß Laurent von Beginn an den Unterschied im Sinn hat. Es sei in Erinnerung gerufen, daß der Säugling in Stadium 3 nur ein bestimmtes Ziel verfolgt, nachdem er zufällig darauf gestoßen ist. In Stadium 4 dagegen nimmt Laurent den vorgelegten Gegenstand sofort als vertrautes Ziel wahr. Der Säugling hat bereits Schemata entwickelt, mit dem Zielgegenstand zu hantieren. Er versucht sofort, es in diese Schemata zu assimilieren. Oder einfacher, der Säugling weiß, was er nicht mit dem Gegenstand tun kann, und möchte es tun. Die richtungweisende Kraft in seinem Verhalten — sein Wunsch, das Ziel zu erreichen — gehört natürlich wieder zur funktionalen Assimilation. Sobald das Schema des Zieles — Greifen der Streichholzschachtel — aktiviert ist, muß es angewendet werden.
Ein Hindernis (die Hand des Vaters oder das Kissen) stellt sich jedoch in den Weg, hindert das Kind daran, das Ziel zu erreichen. Ein zweites Merkmal, das das Verhalten in Stadium 4 und Stadium 3 unterscheidet, kommt damit in den Blick. Der Säugling muß jetzt neue Mittel ent-

[20] Das Erwachen der Intelligenz, S. 223.

wickeln, um das Hindernis beiseite zu räumen. Erst dann erreicht er, was er vorhat. Anders als im Stadium 3 geht es nun nicht mehr einfach darum, irgendein Verhalten wiederzuentdecken, das früher (zufällig) zum Ziel geführt hat. Der Säugling muß einige Originalität entwickeln, um das Hindernis fortzubewegen. Seine Originalität ist jedoch von sehr begrenzter Art. Er erfindet keine neuen Mittel, um sich mit dem Hindernis auseinanderzusetzen. Er versucht vielmehr, als Mittel solche Schemata einzusetzen, die in anderen Situationen entwickelt wurden. Er wendet also früher erlernte Verhaltensmuster verallgemeinernd auf neue Probleme an (verallgemeinernde Assimilation). Bei der Verallgemeinerung können die alten Schemata teilweise, aber nicht grundsätzlich, modifiziert werden. Auch mag er mehrere Schemata ausprobieren, bleibt jedoch am Ende bei dem, das sich bei der Wegschaffung des Hindernisses am erfolgreichsten zeigt. Das Ergebnis ist die Koordination zweier sekundärer Schemata. Beide hat er früher erlernt; beide sind für die gegebene Situation leicht verändert worden. Ein Schema dient als Mittel, das andere als Ziel. Originalität des Kindes heißt hier nicht, daß es zwei separate Schemata erfindet, sondern daß zwei früher erlernte Verhaltensmuster in neuer Weise kombiniert werden.

Piaget hebt einige Merkmale solcher Koordination hervor. Erstens erweist sie sich im wesentlichen noch als konservativ. Der Säugling möchte das Zielobjekt genauso behandeln wie früher. Sobald das Hindernis beiseite geräumt ist, verwendet der Säugling ein *vertrautes* Schema. Zweitens ist das Verhalten des Säuglings in diesem Stadium zum erstenmal wirklich intentional und deshalb intelligent. Piaget hat drei Kriterien für die Existenz von Intention: a) Der Säugling hat schon zu Beginn das Ziel im Auge. Er entdeckt es nicht wie in Stadium 3 durch Zufall. b) Ein Hindernis zeigt sich, verwehrt den direkten Zugang zum Ziel und macht eine indirekte Annäherung notwendig. c) Um das Hindernis zu überwinden, stützt er sich auf ein Schema (Mittel), das anders ist als jenes, das sich auf das Ziel richtet (Zweck).

Ein drittes von Piaget betontes Merkmal dieser Koordination ist die Mobilität des Verhaltens. Die erstmalige Verbindung zweier ursprünglich nicht assoziierter Schemata wird ermöglicht durch die relativ neue Fähigkeit des Säuglings, seine Schemata aus ihrem gewohnten Zusammenhang herauszulösen. Mit anderen Worten, das als Mittel dienende Schema wird verallgemeinert, übertragen aus der Situation, in der es ursprünglich gelernt wurde. In der Flexibilität, mit der das Schema angewendet wird, liegt der Grund für die Beweglichkeit.

Relationen

Bei Stadium 3 wurden die allerersten Hinweise auf Relationen beim Säugling erörtert. In Stadium 4 wird er durch die Koordination von Schemata in die Lage gebracht, vielschichtigere Relationen herzustellen.

Wie gezeigt, koordinierte Laurent sekundäre Schemata: er räumte ein Hindernis beiseite, um ein Ziel zu erreichen, als verstünde er, daß das Hindernis in bestimmter Relation zum Ziel steht. Das Hindernis befindet sich *vor* dem Ziel. Es muß beiseite geräumt werden, *bevor* das Ziel erreicht werden kann. Wie die verkürzte Ausführung eines Schemas primitive Klassifizierung andeutet, impliziert die *Koordination* zweier Schemata, daß der Säugling auf der Ebene des Verhaltens Relationen erkennt.
Ein anderes Beispiel:

„Mit 0;9 (17) hebt Laurent gleichfalls ein Kissen auf, um darauf eine Zigarettenschachtel zu suchen. Wenn der Gegenstand vollständig verborgen ist, hebt das Kind das Hindernis nur zögernd. Wenn aber noch ein Ende der Schachtel herausschaut, schiebt Laurent mit einer Hand das Kissen beiseite und versucht, mit der anderen den Gegenstand freizukriegen. Die Handlung ‚Das Kissen heben' ist also vollständig verschieden zu derjenigen ‚Den gewünschten Gegenstand ergreifen' und stellt ein selbständiges ‚Mittel' dar, das sich ohne Zweifel aus früheren Handlungen ähnlicher Art (das Hindernis beiseite schieben, Gegenstände, die den Weg versperren, verschieben oder wegstoßen usw.) herleitet." [21]

Es handelt sich bei der Folge also eindeutig um eine sekundäre Zirkulärreaktion. Laurent hat gelernt, das Ziel zu erreichen. Aber hat er ebenfalls etwas über die Beziehung zwischen dem Hindernis und dem Ziel gelernt? Laurents Verhalten könnte als der Beweis für ein konkretes Verständnis gewisser Relationen gedeutet werden: Das Kissen ist *auf* der Zigarrenkiste, die sich demzufolge darunter befindet. Es sei noch einmal darauf hingewiesen, daß das „Verständnis" von Beziehungen beim Kinde nicht abstrakt ist wie beim Erwachsenen. Es ist ganz an sein Mittel-Zweck Verhalten gebunden.
Vielleicht das Bemerkenswerteste an den Relationen ist, daß schon in den ersten Stadien ein Element der Quantität ins Spiel kommt. Zum Beispiel:

„Mit 0;9 (4) ahmt Laurent die Laute nach, die er auf spontane Weise hervorzubringen vermag. Ich spreche ihm ‚Papa' vor, er antwortet mit ‚Papa' oder ‚baba'.

[21] A.a.O., S. 228.

Wenn ich ‚Papapapa' sage, antwortet er ‚Apapa' oder ‚Bababa'. Sage ich schließlich ‚Papapapapapapa', dann antwortet er manchmal ‚Papapa' usw. Es liegt also eine globale Abschätzung der Silben vor. Die Menge, die 2 Silben entspricht, wird in jedem Fall von den 3, 4 oder 5 Silben, die als viel empfunden werden, unterschieden." [22]

Der Säugling besitzt also ein primitives Schätzungsvermögen für Zahlen. Er kann zwischen verschiedenen Silbenzahlen unterscheiden.

Antizipation

Im Zusammenhang mit den verkürzten Schemata des Stadiums 3 wurde dargestellt, wie sich die Operation des Klassifizierens, die Beziehung zwischen dem Bezeichnenden und dem Bezeichneten entwickeln. Wenn Lucienne beispielsweise kurz mit ihren Beinen in Richtung der herabhängenden Papageien strampelt, ist das Sichtbarwerden des Spielzeugs das Bezeichnende und die verkürzte Bewegung das Bezeichnete — die primitive Bedeutung der Papageien für das Kind. Auf der gegebenen Stufe wird das System der Bedeutung in den Dienst der Antizipation gestellt. (Dies geschieht zwar auch im Stadium 3, jedoch in sehr vorläufiger Form.) Hier ist ein Beispiel, das Jacqueline betrifft:

„Sie liebt den Traubensaft, den man in ihr Glas gießt, aber schätzt die Suppe gar nicht, die sich in ihrer Schale befindet. Sie achtet nun genau auf das, was die Mutter tut: Wenn der Löffel vom Glas kommt, öffnet sie weit den Mund, wenn er dagegen aus der Schale kommt, bleibt der Mund geschlossen. Mit 0;9 (18) braucht Jacqueline den Löffel überhaupt nicht mehr zu sehen, sie merkt am Geräusch, ob der Löffel aus dem Glas oder aus der Schale kommt, und schließt im letzten Fall hartnäckig den Mund.
Die meisten dieser Beobachtungen machten wir auch bei Lucienne. So schließt sie mit 0;8 (23) in gleicher Weise den Mund vor dem Löffel, wenn er aus der Suppenschale kommt." [23]

Wie lassen sich diese Reaktionen deuten? Es ist erstens zu betonen, daß sie antizipatorisch sind. Der Säugling lehnt die Suppe nicht ab, wenn er sie im Munde spürt, sondern schon vorher. Offensichtlich ist das Sichtbarwerden der Suppe oder sogar der ihr eigene Laut ein Signifikant. Das Signifikat ist der unwillkommene Geschmack der Suppe. Mit anderen Worten, der Säugling sieht oder hört die Suppe. Sie bedeutet für ihn eine unangenehme Erfahrung. Er schließt seinen Mund und antwortet

[22] A.a.O., S. 246.
[23] A.a.O., S. 254.

damit nicht auf den augenblicklichen Suppengeschmack, sondern auf die Bedeutung, die Suppe bereits für ihn hat, bevor sie in seinen Mund gelangt. Die Akte von Antizipation, die der Säugling auf dieser Stufe vollzieht, sind nicht immer an seine eigenen Handlungen gebunden. Jacqueline schrie beispielsweise einmal, als sie jemanden, der in ihrer Nähe saß, aufstehen sah. Offensichtlich bezeichnete für Jacqueline das Aufstehen der Person deren unmittelbar zu erwartenden Aufbruch. Auf dieses Signifikat reagierte sie.

Wie entwickeln sich diese Vorwegnahmen? Früher konnte Jacqueline beobachten, daß der Signifikant — in diesem Fall das Aufstehen der Person — von einem anderen Ereignis gefolgt wurde, dem Fortgehen. Sie registrierte also folgerichtig eine Verbindung zwischen den beiden Ereignissen. Der Signifikant löste nun die Antizipation des folgenden Ereignisses aus.

Nachahmung

Beträchtlicher Fortschritt bei der Nachahmung ist auf der vierten Stufe zu verzeichnen. Der Säugling vermag nun Beziehungen zwischen den Bewegungen eines Modells und den entsprechenden Bewegungen unsichtbarer Teile des eigenen Körpers herzustellen. Auch beginnt er ganz neue Akte des Modells nachzuahmen.

Es sei ein Beispiel für die erste Form betrachtet:

„Jacqueline hat mit 0;8 (4) damit begonnen, ihre Lippen bewegend, ein leichtes Schmatzgeräusch mit dem Speichel zu produzieren, was wegen des Reibens der Lippen an den Zähnen entstand, ein Geräusch, das ich meinerseits anfangs auch nachgeahmt habe.[24]

... bewegt Jacqueline die Lippen, indem sie auf den Kiefern kaut. Ich tue dasselbe, wobei sie mich sehr aufmerksam ansieht und mit ihren eigenen Bewegungen aufhört. Sobald ich innehalte, nimmt sie ihrerseits die Bewegungen wieder auf, und so ist es auch in der Folge.“ [25]

Es ist zu erkennen, daß Jacqueline eine Verbindung herstellt zwischen dem, was sie an dem Modell beobachtet (seiner Lippenbewegung), und dem, was sie an sich selbst nicht sehen, sondern nur fühlen kann, den eigenen Lippenbewegungen. Wie gelingt ihr das? Zuerst macht sie ein — von Piaget imitiertes — Geräusch mit ihrem Speichel. Jacqueline wieder-

[24] Nachahmung, Spiel und Traum, S. 53.
[25] A.a.O., S. 53.

holt den Laut, wobei sie gleichzeitig die Mundbewegungen des Modells sorgsam beobachtet. Während sie nun das Speichelgeräusch reproduziert, registriert sie gewisse taktilkinästhetische Empfindungen. Das Geräusch assoziiert sie einerseits mit diesen Empfindungen, andererseits mit dem Sehen der Lippenbewegungen des Modells. Das Geräusch ist also der Hauptnenner, der die visuellen und kinästhetischen Signale miteinander vereint. Später wird das Geräusch überflüssig. Sie vermag Mundbewegungen zu imitieren, ohne daß das Modell oder sie das Geräusch vorher erzeugen müßten.
Im Folgenden ein Beispiel für die Nachahmung ganz neuer Handlungen eines Modells:

„Mit 0;9 (12) strecke ich abwechselnd meinen Finger aus oder krümme ihn zusammen: Sie öffnet und schließt ihre Hand. Mit 0;9 (16) löst das gleiche Modell in mehreren Versuchen ein Adieuwinken aus, aber in dem Augenblick, wo J. keinen Versuch der Nachahmung mehr macht, streckt sie korrekt ihren Zeigefinger aus. Als ich wieder beginne, beginnt sie wieder ‚Adieu' zu winken. Mit 0;9 (22) schließlich gelingt es ihr, die Zeigefingerbewegung zu isolieren und korrekt nachzuahmen." [26]

Hier führt Piaget eine neue Bewegung vor dem Kind aus. Im Gegensatz zu ihren Reaktionen auf den vorhergehenden Stufen ignoriert Jacqueline die neue Bewegung nicht länger, sondern versucht sie nachzuahmen. Die anfängliche Nachahmung neuen Verhaltens in dem obigen Beispiel unterliegt zwei Einschränkungen. Vor allem ahmt der Säugling nur Bewegungen nach, die denen ähnlich sind, die er bereits ausführen kann. Beugen und Strecken des Fingers beispielsweise unterscheidet sich nicht sehr vom Beugen und Strecken der Hand. Der Säugling ist folglich daran interessiert, solches Verhalten nachzuahmen, weil er es in ein bekanntes Schema einordnen kann. Weiterhin stellt Nachahmung zu diesem Zeitpunkt nur eine vage Annäherung dar. Der Säugling kann kaum jemals die richtige Bewegung beim ersten Versuch reproduzieren. Durch eine Folge von Berichtigungen akkommodiert er seine Schemata an die neue Bewegung.

Objektbegriff

Das Verhalten des Säuglings in Stadium 4 gegenüber Objekten weist einen deutlichen Fortschritt auf, verglichen mit dem vorangegangenen Stadium. Dies ist das Ergebnis der größeren motorischen Geschicklich-

[26] A.a.O., S. 69.

keit des Säuglings. Weil er jetzt seine Hand- und Augenbewegungen besser koordinieren kann, hat er die Möglichkeit, mehr Gegenstände genauer zu erforschen als früher. Indem er einen Gegenstand hält, ihn von nahem oder weitem betrachtet, indem er ihn in der Hand dreht, lernt er, daß der Gegenstand derselbe bleibt, auch wenn er vielen visuellen Veränderungen unterliegt. Die Entdeckung veranlaßt ihn, dem Gegenstand die Qualitäten der Permanenz und der Substanz zuzuschreiben. So folgt hieraus, daß der Säugling, wenn ein Gegenstand verschwindet, ihn durch aktives Suchen wiederzufinden versucht. Er begnügt sich nicht länger, die beim Verschwinden des Gegenstandes abgelaufene Aktion zu verlängern oder zu wiederholen. Er setzt neue Bewegungen und Aktionen ein, die anzeigen, daß der Gegenstand aus der früheren subjektiven Beziehung zum eigenen Handeln herausgelöst ist.
Unter gewissen Bedingungen scheint der Objektbegriff jedoch einige seiner subjektiven Eigenschaften beizubehalten. Dieses Phänomen wird in der folgenden Beobachtung deutlich:

„Mit 0;10 (18) sitzt Jacqueline auf einer Matratze, ohne daß irgend etwas sie hindern oder ablenken könnte (keine Decken usw.). Ich nehme ihr ihren Papagei aus den Händen und verstecke ihn zweimal nacheinander unter der Matratze an ihrer linken Seite, an Stelle A. Beide Male sucht Jacqueline sofort das Objekt wieder und nimmt es an sich. Dann nehme ich es ihr wieder aus den Händen und führe es sehr langsam und vor ihren Augen an den entsprechenden Platz an ihrer rechten Seite unter der Matratze, an Stelle B. Jacqueline schaut dieser Bewegung sehr aufmerksam zu, aber in dem Moment, in dem der Papagei bei B verschwindet, dreht sie sich nach links und sucht ihn da, wo er vorher versteckt war, bei A." [27]

Jacqueline zeigt eine in diesem Stadium typische Reaktion. In gewissen Situationen ist der Säugling nicht imstande, der Zahl oder Vielschichtigkeit von Objektbewegungen Rechnung zu tragen. Er sucht nach dem Gegenstand, wo es ihm vorher gelang, ihn zu finden. Mit anderen Worten, wenn die Situation zu komplex ist, neigt er dazu, dem Gegenstand eine Art absoluten oder bevorzugten Rang beizumessen, der mit den vorher erfolgreichen Entdeckungen assoziiert ist. Wenn andererseits der Gegenstand einfach nur an einer Stelle verschwindet, wird der Säugling ihn am richtigen Ort suchen.
Im Stadium 4 ordnet der Säugling dem Gegenstand also die Qualität von Substanz und Permanenz zu. In eindeutigen Situationen hat sich der Gegenstand aus den kindlichen Handlungen gelöst. Er ist dann eine objektive Größe. Wenn seine Bewegungen zu kompliziert werden, als daß

[27] Aufbau der Wirklichkeit, S. 57.

der Säugling ihnen noch folgen könnte, nimmt der Gegenstand jedoch wieder gewisse subjektive Eigenschaften an, vor allem solche, die sich früher beim Wiederfinden des Gegenstandes als erfolgreich erwiesen hatten.

Stadium 5: 12 bis 18 Monate

Tertiäre Zirkulärreaktionen

In Stadium 5 verliert das Verhalten seinen konservativen Grundzug. Das Kind, das jetzt gehen kann, beginnt das Neue zu suchen. Hier eine Beobachtung, die an Laurent gemacht wurde:

„Mit 0;10 (2) hat Laurent beim ‚Explorieren' einer Seifenschale die Möglichkeit entdeckt, diesen Gegenstand loszulassen und ihn dann fallen zu lassen. Dabei hat ihn anfänglich nicht das objektive Phänomen des Falles, d. h. die Bahn des Gegenstandes, interessiert, sondern vielmehr die Handlung des Loslassens selbst. Er beschränkte sich zu Beginn ganz einfach darauf, das zufällig erfahrene Resultat zu reproduzieren.
Mit 0;10 (10) manipuliert Laurent ein Stück weiches Brot... Im Gegensatz zu den vorangegangenen Tagen gewährt er aber der Handlung des Loslassens selbst gar keine Aufmerksamkeit mehr, verfolgt jedoch mit den Augen sehr interessiert den fallenden Gegenstand.
Mit 0;10 (11) liegt Laurent auf dem Rücken, ergreift nacheinander einen Schwan aus Zelluloid, eine Schachtel usw., streckt den Arm aus und läßt sie fallen. Dabei variiert er ganz deutlich die Fallstellungen. Bald streckt er den Arm senkrecht hoch, bald hält er ihn schräg nach vorne oder nach hinten (relativ zu den Augen) usw. Wenn der Gegenstand auf einen neuen Platz fällt (z. B. auf das Kopfkissen), läßt er ihn zweimal oder dreimal hintereinander auf diesen Ort fallen, wie um diese spezielle Relation genau zu studieren; dann verändert er die Situation. Einmal landet der Schwan auch nahe bei seinem Mund. Er beginnt jedoch nicht etwa daran zu lutschen (obwohl der Gegenstand für gewöhnlich diesem Zweck dient), sondern läßt ihn dreimal auf dieser Bahn hinunterfallen, wobei er nur undeutlich die Geste des Mundöffnens andeutet." [28]

An diesen Beobachtungen fällt Laurents Neugier auf, die den Gegenständen in seiner Welt gilt. Laurent richtet sein Interesse nicht auf die eigene Person oder auf Eigenschaften eines Gegenstandes, die ihm beim Erreichen eines Ziels helfen könnten. Ihn scheint der Gegenstand als solcher zu interessieren. Er scheint soviel als möglich über seine Eigenschaften lernen zu wollen. Dieses Interesse am Neuen um seiner selbst willen wird tertiäre Zirkulärreaktion genannt.

---

[28] Das Erwachen der Intelligenz, S. 272.

Piagets Erklärung beginnt mit der Feststellung, daß das Kind das ursprüngliche Ergebnis oft zufällig entdeckt. Beim Spiel mit der Seifenschachtel beispielsweise ließ Laurent sie zufällig fallen und beobachtete den Fall. Das ursprünglich zufällige Ereignis interessiert den Säugling. Dieses Interesse kann durch das oben beschriebene Prinzip der gemäßigten Neuartigkeit erklärt werden. Der Säugling möchte das interessante Ereignis natürlich reproduzieren, was sich aus dem Prinzip der funktionalen Assimilation ergibt. Laurent wiederholt den ursprünglichen Akt; er läßt die Seifenschale mehrmals hintereinander fallen.

Bis hierhin unterscheidet sich das Verhalten des Säuglings nicht von dem in Stadium 3: Ein interessantes Ergebnis stellt sich zufällig ein. Der Säugling sucht ein Mittel, es andauern zu lassen. An diesem Punkt jedoch werden zwei charakteristische Merkmale der tertiären Reaktion sichtbar. Anstatt das interessante Ereignis einfach zu wiederholen, verändert Laurent sein Verhalten und damit das Ereignis selbst. Laurent läßt das Brot und das Spielzeug aus verschiedenen Höhen oder verschiedenen Positionen fallen. Zweitens handelt er, als ginge es ihm jetzt um die neuen Aktionen der Gegenstände selbst, als suche er das Neue, das Unerwartete. Es scheint ihm um das Verständnis der nicht vorgesehenen Wege des Spielzeugs zu gehen.

Die Erklärung der tertiären Zirkulärreaktion vollzieht sich in mehreren Schritten.

a) Zuerst versucht der Säugling, die neuen Gegenstände in das vertraute Schema des Fallenlassens zu assimilieren. Er entdeckt, daß das gewohnte Schema nicht ausreicht; er spürt den Widerstand: Er versucht, das Stück Brot genauso fallen zu lassen wie die Seifenschachtel, dann den Schwan genauso wie das Brot. Da jedoch alle diese Gegenstände nicht in derselben Weise fallen, begegnet er einem Widerstand, der sich aus der eigenen Realität der Gegenstände ergibt. Laurent erfährt, daß sein verfügbares Schema des Fallenlassens sich nicht in gleicher Weise auf alle Gegenstände anwenden läßt. Jeder Gegenstand hat bestimmte Eigenschaften, die berücksichtigt werden müssen.

b) Der Säugling findet Interesse an diesen Widerständen. Piaget betont, daß der Säugling in diesem Entwicklungsstadium eher fähig ist, sich für Neues zu interessieren. Wir möchten daran erinnern, daß als „interessant" zu gelten hat, was sich in gemäßigter Weise von Dingen oder Vorgängen unterscheidet, die der Säugling als vertraut wiedererkennt. Je mehr Dinge der Säugling also kennt und je mehr Schemata er hat, um so mehr Gegenstände und Ereignisse werden ihm neu und interessant vorkommen. Die Welt der Neugeborenen ist auf das Saugen beschränkt. Ereignisse außerhalb der oralen Sphäre (wie es die meisten sind) interessieren es nicht, weil ihm die Schemata fehlen, die auf sie anwendbar wären. Der Säugling in Stadium 5 entwickelt jedoch Fähigkeiten, die ihm erlauben, mit zunehmend größer werdenden Ausschnitten der Welt in Berührung zu kommen. Es gibt also viel, was ihn interessiert.

Je vielschichtiger das System der Schemata ist, desto größer ist die Anziehungskraft des Neuen auf den Säugling. Er ist an den Widerständen interessiert, die sich einstellen, wenn er seine alten Schemata auf neue Ereignisse anwendet.

c) Auch von einem anderen Gesichtspunkt her interessiert er sich für die Objekteigenschaften. Der Säugling in diesem Stadium hat bereits begonnen, den Gegenständen Permanenz zuzuschreiben. Er erkennt, daß sie eine von seiner eigenen unabhängige Existenz besitzen. Tatsächlich sind Gegenstände sogar „Kräftezentren" mit eigener Macht und besonderen Eigenschaften. Diese neue Objektivierung der Welt verstärkt den Wunsch des Säuglings, Entdeckungen zu machen.

Sobald der Säugling die potentielle Neuheit einer Situation erkennt und sich für sie interessiert, beginnt er zu akkommodieren. Er „tastet", er bedient sich des Verfahrens von Versuch und Irrtum, um die Eigenschaften der Gegenstände zu entdecken. Das Tasten des Säuglings erzeugt nicht vollständig zufällige Ergebnisse, sondern jede seiner Entdeckungen führt zu der nächsten. Das Ergebnis eines „Experiments" zieht neue Experimente nach sich. Laurent läßt zum Beispiel den Schwan von Punkten aus fallen, die sich immer weiter über seinem Kopf befinden. Er beobachtet, wie hoch der Schwan zurückprallt, wenn er auf das Bett fällt. Der Säugling weiß natürlich nicht vorher, was passieren wird. Er modifiziert sein Verhalten, weil er das herausbekommen möchte. Dadurch, daß er den Gegenstand erforscht und sein eigenes Verhalten an ihn akkommodiert, gelingt es dem Säugling, durch Zufall des Gegenstandes Herr zu werden — ihn ohne Schwierigkeit an seine (modifizierten) Schemata zu assimilieren. So beginnt er neuartige Aspekte seiner Welt zu erforschen und zu verstehen.

Entdeckung neuer Mittel

Die Neigung des Säuglings, zu experimentieren, führt ihn zur Entdekkung neuer Mittel, mit denen sich ein Ziel erreichen läßt. Piaget beobachtet bei Lucienne mit 1;0 (5) das Folgende: Er stellt sie vor das Problem, daß auf dem Tisch ein großer umgedrehter Pappdeckel liegt, der sich nur bewegt, wenn man ihn um den Mittelpunkt dreht. Auf dem Pappdeckel, außer Reichweite des Säuglings, befindet sich ein attraktives Spielzeug, eine Flasche. Piaget hatte zuvor ein Schema an dem Kind beobachtet, das aus dem Ziehen eines Taschentuchs bestand. Lucienne versucht sofort,

„den Pappdeckel zu greifen, aber sie stellt sich an, als ob es sich noch um das Taschentuch handle. Sie versucht, ihn in der Mitte mit zwei Fingern zu fassen, und müht sich einen Augenblick ab, ohne einen Ansatz zu finden. Dann berührt sie ihn mit einer schnellen und ohne Zögern ausgeführten Bewegung am rechten Rand. (Da Lucienne den Pappdeckel nicht in der Mitte fassen konnte, wollte sie ihn offensichtlich zu einer Kugel zusammenknüllen, ihn freibekommen oder ihn ganz einfach verschieben, deshalb hat sie den Rand berührt.) Dabei stellt sie das Gleiten des Deckels fest und läßt ihn sich drehen, ohne zu versuchen, ihn aufzuheben. Nachdem der Deckel sich auf diese Weise gedreht hat, gelingt es ihr leicht, die Flasche zu bekommen.“ [29]

Um in den Besitz des Gegenstandes zu gelangen, versuchte Lucienne anfangs, ein bereits verfügbares Schema anzuwenden, nämlich die Schachtel zwischen zwei Finger zu nehmen wie ein Handtuch. Dann aber „tastete“ sie und akkommodierte ihr Verhalten und verfuhr dabei in der Art von Versuch und Irrtum. Das Ergebnis war die Entdeckung neuer Mittel. Lucienne stieß die Schachtel. Mit dieser Handlung gelang es, das Spielzeug näher zu bringen. Obgleich ihr Verhalten in einem gewissen Rahmen sich durch Tasten — oder Versuch und Irrtum — auszeichnete, waren ihre Handlungen *zielstrebig* in zweierlei Hinsicht. Erstens waren ihre Akkommodationen auf das Ziel ausgerichtet: Lucienne wollte die Flasche haben und probierte zu diesem Zweck verschiedene Mittel aus. Die Mittel wurden kaum zufällig ausgewählt. Beispielsweise versuchte sie nicht, das Spielzeug dadurch zu erhalten, daß sie ihre Socken auszog. Zweitens deutete Lucienne das Tasten mittels ihrer bereits verfügbaren Schemata. Nachdem sie zufällig die Schachtel angestoßen und gesehen hatte, wie diese sich bewegte, war sie aufgrund früherer Erfahrung imstande, die Bedeutung ihrer Handlung zu „verstehen“. Sie deutete das Stoßen als ein neues Verfahren, Lageveränderungen von Gegenständen zu bewirken. Das Tasten des Kindes wird also sowohl durch das Ziel wie durch bereits vorhandene Schemata geleitet; auf diese Weise lernt es zu verstehen, was geschieht. Deshalb erklärt Lernen sich nicht allein aus der Berührung mit der Umgebung, d. h. durch die Erfahrung einer Welt, die dem Verhalten des Säuglings gewisse Formen einfach aufzwingt. Der Säugling selbst leistet einen wichtigen Beitrag, indem er die Erfahrungsdaten interpretiert, ihnen Bedeutung verleiht.

[29] A.a.O., S. 289 f.

Nachahmung

In Stadium 5 erwirbt das Kind die Fähigkeit systematischer Nachahmung neuer Modelle. Im vorhergehenden Stadium hatte es begonnen, neue Modelle, die sich nicht zu stark von den eigenen spontanen Handlungen unterschieden, nachzuahmen. Selten gelang es beim ersten Versuch richtig. Die Nachahmungstechnik des Kindes wird nun systematischer. Ein Beispiel:

„Mit 0;11 (20) betrachtet Jacqueline mich interessiert, als ich meine Stirn mit dem Zeigefinger berühre. Dann legt sie ihren rechten Zeigefinger auf das linke Auge. führt ihn über den Augenbrauenbogen, reibt sich dann mit dem Handrücken die linke Stirnseite, doch sucht sie anscheinend mehr. Danach berührt sie das Ohr, kehrt aber in Richtung auf das Auge zurück.
Mit 0;11 (28) fährt J., das gleiche Vorbild vor Augen, damit fort, sich einfach das Auge und den Augenbrauenbogen zu reiben. Aber dann, als ich eine Strähne meiner Haare greife und sie (über der Schläfe) bewege, gelingt es ihr zum erstenmal, das gleiche zu tun: Sie läßt plötzlich den Augenbrauenbogen, den sie berührte, los, sucht darüber, kommt zu ihren Haaren und greift in die Haare. Diese Suche ist deutlich absichtlich.
Mit 0;11 (30) zieht sie sich sofort an den Haaren, wenn ich das bei mir mache. Sie fährt auch an den Kopf als Reaktion auf diese gleiche Anregung. Aber wenn ich mir die Stirn reibe, verläßt sie diesen Teil des Kopfes. Es bleibt festzustellen, daß sie plötzlich den Kopf dreht, um zu versuchen, die Haare zu sehen, wenn sie sich an den Haaren zieht! Eine solche Bewegung zeigt sehr deutlich die Suche nach der Entsprechung zwischen den taktilen Wahrnehmungen und den visuellen Wahrnehmungen.
Mit 1;0 (16) schließlich entdeckt J. ihre Stirn: Als ich die Mitte meiner Stirn berühre, reibt sie sich zunächst das Auge, sucht dann darüber und berührt ihre Haare; danach schiebt sie ihre Hand ein wenig herunter und drückt schließlich ihren Finger auf ihre Stirne. An den folgenden Tagen gelingt es ihr von Anfang an, diese Bewegung zu imitieren, und lokalisiert selbst mehr oder weniger genau die Regionen der Stirn in Anlehnung an das Vorbild.“ [30]

Zwei Erkenntnisse aus diesen Beispielen sind wichtig. Erstens zeigen sie deutlich, daß der Säugling nun besser als früher neue Handlungen und Modelle sofort nachahmen kann. Systematisch versucht er diese Bewegungen unter Kontrolle zu bringen. Beispielsweise versucht Jacqueline ihr Haar zu sehen, während sie an ihm zieht. Zweitens illustrieren diese Beispiele einige allgemeine Nachahmungsprozesse. Das eigentliche Ziel der Nachahmung ist, den Akt eines Modells zu wiederholen. Wenn die Handlungen des Modells, wie im gegebenen Fall, neu sind, bedarf es notwendig der Akkommodation; der Säugling muß seine Bewegungen modifizieren, um sie denen des Modells anzugleichen. Akkommodation

[30] Nachahmung, Spiel und Traum, S. 78.

hat also Vorrang vor Assimilation. Bei intelligentem Verhalten andererseits befinden sich die Prozesse von Akkommodation und Assimilation im Gleichgewicht. Der Säugling versucht gleichzeitig, sein Verhalten in Antwort auf die Anforderungen der Umgebung zu modifizieren (Akkommodation) und diese Umgebung nach Maßgabe seiner eigenen Schemata zu verstehen (Assimilation).

Objektbegriff

Im Stadium 5 ist der Säugling schließlich einwandfrei in der Lage, den sichtbaren Bewegungen eines Gegenstandes zu folgen. Er versteht die Lagebeziehung zwischen dem Objekt und anderen Elementen der Umgebung. Der Säugling wird jetzt, selbst wenn der Gegenstand nacheinander an mehreren verschiedenen Orten verschwunden ist, stets dort nach ihm suchen, wo er ihn zuletzt gesehen hat, und nicht mehr — wie in Stadium 4 — an jenem Ort, wo es ihm früher gelungen war, ihn zu finden. Der Gegenstand ist also nicht mehr an eine praktische Situation gebunden (den früheren Erfolg des Säuglings), sondern hat eine eigene Permanenz gewonnen. Dennoch kann der Säugling in diesem Stadium nur sichtbare Bewegungen des Gegenstandes verstehen. Wenn er nicht in der Lage ist, alle Lageveränderungen zu verfolgen, und deshalb zu dem Schluß gezwungen ist, daß einige sich unsichtbar vollziehen, greift er auf eine ältere Reaktion zurück — er sucht den Gegenstand, wo er ihn früher gefunden hatte. Er versagt, weil er in diesem Fall gezwungen wäre, auf räumliche Beziehungen zu *schließen,* was er in diesem Stadium noch nicht kann. Dazu eine Illustration:

„Mit 1;1 (18) sitzt Lucienne auf einem Bett zwischen einem Schal A und einem Tuch B. Ich verstecke eine Sicherheitsnadel in meiner Hand und die Hand unter dem Schal. Ich ziehe die Hand geschlossen und leer hervor, Lucienne öffnet sie sofort und sucht die Nadel. Da sie sie nicht findet, sucht sie unter dem Schal und findet sie.
Mit einer Baskenmütze jedoch wird es komplizierter. Ich lege meine Uhr in die Mütze und die Mütze unter ein Kissen A (rechts): Lucienne hebt das Kissen hoch, nimmt die Mütze und zieht die Uhr daraus hervor. Dann lege ich die Mütze, die wieder meine Uhr enthält, unter ein Kissen B zu ihrer Linken: Lucienne sucht die Mütze bei B, aber da sie zu tief versteckt ist, um sogleich gefunden zu werden, kehrt sie zu A zurück.
Bei zwei Wiederholungen hebe ich dann das Kissen B hoch, bis Lucienne die Mütze sieht, die das Objekt sichtbar enthält: Beide Male schickt sie sich an, bei B zu suchen; dann kehrt sie, da sie es nicht sofort findet, zu A zurück! Sie sucht sogar länger bei A als bei B, obwohl sie das Objekt selbst bei B gesehen hat!“ [31]

[31] Aufbau der Wirklichkeit beim Kinde, S. 80.

Es ist zu erkennen, daß der Gegenstand hier mit einer zwiefachen Natur ausgestattet zu sein scheint. Einerseits glaubt der Säugling an die Permanenz und ununterbrochene Existenz des Gegenstands, vorausgesetzt, er kann den Bewegungen des Gegenstandes folgen. Wenn er jedoch den Bewegungen visuell nicht folgen kann, sondern sie sich vorstellen muß, entzieht er dem Gegenstand wieder die Eigenschaft der Permanenz. Dieser erhält seinen älteren Status zurück: Er wird erneut einem früher erfolgreichen Schema zugeordnet.

Stadium 6: 18 bis 24 Monate

Beginn des Denkens

Im Laufe seiner fünf Entwicklungsstadien hat der Säugling sicherlich große Fortschritte gemacht. Während das Neugeborene lediglich einfache Lernmuster in den Grenzen der ererbten Mechanismen entwickelt, zeigt der Säugling im Stadium 5 bereits großes Interesse für die Dinge seiner Umgebung, lernt sie dadurch kennen und entwickelt sogar neue Verfahren, um sich mit der Welt auseinanderzusetzen. Aber die Fähigkeiten, die der Säugling bis zu diesem Zeitpunkt erworben hat, halten einem Vergleich mit dem nächsten Entwicklungsstadium nicht stand. Vor Stadium 6 konnte er weder denken noch sprechen und war deshalb weitgehend auf die unmittelbaren Erfahrungsdaten angewiesen. Stadium 6 jedoch bildet den Übergang zum nächsten Entwicklungsabschnitt, in dem der Säugling sich mittels symbolischer Vorstellungen und Wörter auch auf abwesende Gegenstände bezieht. Das symbolische Denken wird den Säugling langsam vom konkreten Hier und Jetzt befreien und ihm die Welt des Möglichen erschließen. Wir werden das symbolische Denken ausführlich im dritten Kapitel erörtern; hier werden wir uns darauf beschränken, die Anfänge des Denkens kurz zu beschreiben, wie sie durch die folgenden Beobachtungen veranschaulicht werden:
Piaget spielt mit Lucienne, die 1;4 (0) ist, und versteckt eine für das Kind sehr attraktive Uhrkette in einer leeren Streichholzschachtel.

„Ich lege die Kette wieder in die Schachtel zurück und verkleinere den Spalt auf 3 mm. Wir müssen hinzufügen, daß Lucienne selbstverständlich den Vorgang des Schließens und Öffnens von Zündholzschachteln nicht kennt und daß sie nicht gesehen hat, wie ich den Versuch vorbereitet habe. Sie verfügt nur über die beiden eben genannten Verhaltensschemata ‚Die Schachtel umkippen, um ihren Inhalt auszuleeren‘ und ‚Den Finger in die Spalt hineinstecken, um die Kette herauszuholen‘. Natürlich probiert sie zuerst die letztgenannte Vorgehensweise: sie steckt ihren Finger hinein und müht sich ab, die Kette zu erreichen, hat aber keinen Erfolg. Es folgt eine Untersuchung, währenddessen Lucienne eine seltsame Reaktion zeigt. Sie betrachtet aufmerksam den Spalt, dann öffnet und schließt sie den Mund mehrmals hintereinander, zuerst nur ganz wenig, dann immer mehr und mehr. Dann steckt Lucienne ohne Zögern ihren Finger in den Spalt und zieht, statt wie bisher nach der Kette zu angeln, an der Schachtel, um die Öffnung zu vergrößern. Sie hat Erfolg und kann die Kette in Besitz nehmen." [32]

Diese Beobachtung weist auf einen bedeutenden Fortschritt des Kindes hin. Lucienne sah sich einer Situation gegenüber, die eine neue Lösung verlangte. Um die Kette aus der Schachtel zu holen, griff sie zunächst auf Verhaltensweisen zurück, die sie früher in ähnlichen Situationen zum Erfolg geführt hatten. Aber das neue Problem ließ sich mit diesem Schema nicht lösen. Wie würde sich unter diesen Umständen der Säugling im Stadium 5 verhalten? Er würde neue Verhaltensformen ausprobieren, bis einer dieser tastenden Versuche sich als erfolgreich erweist.
Lucienne dagegen bewegt sich nicht und sieht die Schachtel gespannt an. Zu diesem Zeitpunkt läßt sich lediglich wahrnehmen, daß sie ihren Mund öffnet und schließt. Danach löst sie das Problem auf Anhieb. Was bedeutet das Öffnen und Schließen des Mundes? Nach Piaget zeigt es, daß sie über das Verfahren nachzudenken versucht, mit dessen Hilfe sich das Problem lösen läßt. Lucienne ist im Denken noch nicht sehr geübt. Sie kann sich die Situation noch nicht ganz auf der Vorstellungsebene vergegenwärtigen. Folglich hilft sie sich beim Denken dadurch, daß sie den Mund bewegt. Obwohl ihr Denken also noch nicht vollständig verinnerlicht ist, kürzt sie mit seiner Hilfe das zufällige Verhalten von Stadium 5 ab. Sie braucht jetzt die Lösungen, die sie für möglich hält, nicht mehr tatsächlich zu erproben, da sie zumindest teilweise ein rationelleres Verfahren anwenden kann: das Denken. Damit steht sie am Anfang eines neuen intellektuellen Entwicklungsabschnitts, in dem der Erwerb der Symbolfunktion die geistige Regsamkeit fördert.

Nachahmung

Ein bemerkenswertes Ergebnis von Stadium 6 ist die Fähigkeit, sich einen Gegenstand oder eine Handlung vorstellen zu können, ohne sie wahrzunehmen. Die Fähigkeit zur „Repräsentation" erzeugt in diesem Stadium zwei neue Reaktionsweisen, die dem Säugling bei der Nachahmung zustatten kommen. Erstens braucht er in neuen Situationen

[32] Das Erwachen der Intelligenz beim Kinde, S. 339 f.

seine Nachahmungsversuche nicht mehr offen auszuführen, sondern kann jetzt die verschiedenen Bewegungen in der Vorstellung ausprobieren. Wenn er dort die notwendigen Korrekturen vorgenommen hat, kann er handeln, wie die Situation es erfordert. Da sich der Säugling im Stadium 6 dieses geistige Verfahren weitgehend angeeignet hat, ist er schneller zur Nachahmung fähig als das kleinere Kind, das erst alle Bewegungen konkret erproben muß. Folglich läßt sich das, was eine unmittelbare Nachahmung von Vorbildern zu sein scheint, auf die Verinnerlichung von Versuch und Irrtum zurückführen.
Als zweites Merkmal dieses Stadiums ist die Fähigkeit anzusehen, erstmals ein abwesendes Vorbild nachahmen zu können. Die „aufgeschobene Nachahmung" ist dem Säugling möglich, weil er sich das Vorbild auch dann noch vorzustellen vermag, wenn dieses nicht mehr zugegen ist. In der symbolischen Form, zum Beispiel als Bild kann er jetzt in seinem Inneren das Vorbild hervorrufen (repräsentieren). Betrachten wir das folgende Beispiel für aufgeschobene Nachahmung:

„Mit 1;4 (3) bekommt J. Besuch, und zwar von einem kleinen Jungen von 1;6, den sie von Zeit zu Zeit sieht und der sich im Verlauf des Nachmittags in eine fürchterliche Wut hineinsteigert: Er heult und versucht, aus seinem Laufställchen herauszukommen, und stampft mit den Füßen auf den Boden des Ställchens. J., die noch niemals solche Szenen gesehen hat, betrachtet ihn überrascht und bewegungslos. Doch am folgenden Tag ist sie es, die im Laufställchen schreit und es zu verschieben versucht, wobei sie mehrfach nacheinander leicht mit dem Fuß aufstampft." [33]

Die Verinnerlichung der Handlung ist augenfällig. Der Säugling wiederholt die Szene nicht in dem Moment, als sie stattfindet, sondern einige Zeit später. Also muß er die ursprüngliche Szene in seiner Vorstellung bewahrt haben, um sie sich zu einem späteren Zeitpunkt wieder vergegenwärtigen zu können. Dafür brauchte er die Repräsentation.

Objektbegriff

Im Stadium 6 ist der Begriff des permanenten Objekts schließlich ganz ausgebildet. Der Säugling berücksichtigt nicht nur sichtbare Bewegungen des Gegenstandes, sondern kann auch eine Folge unsichtbarer Ortswechsel rekonstruieren:

„Mit 1;7 (23) sitzt Jacqueline drei als Schirmwand dienenden Objekten A, B und C gegenüber, die im gleichen Abstand voneinander in einer Reihe aufgestellt sind

[33] Nachahmung, Spiel und Traum, S. 85.

(eine Baskenmütze, ein Taschentuch und ihre Jacke). Ich verstecke einen kleinen Bleistift in meiner Hand und sage dabei: „Kuckuck, Bleistift." Ich zeige ihr meine geschlossene Hand, lege sie unter A, dann unter B, dann unter C (den Bleistift lasse ich unter C). Nach jeder Etappe zeige ich ihr wieder meine geschlossene Hand und wiederhole „Kuckuck, Bleistift." Jacueline sucht daraufhin den Bleistift direkt bei C, findet ihn und lacht."[34]

Jacqueline hat den Bleistift nur ein einziges Mal verschwinden sehen, und zwar in Piagets Hand. Jedoch sucht sie nicht dort nach ihm, sondern unter dem Gegenstand, auf den Piaget seine Hand zuletzt gelegt hatte. Wie diese Reaktion zeigt, ist sie davon überzeugt, daß der Stift während aller Ortsverlagerungen in der Hand geblieben ist. Sie folgert also, der unsichtbare Gegenstand sei von A nach B nach C bewegt worden. Jacqueline hat sich also ein Vorstellungsbild vom Bleistift gemacht und kann diesem Bild durch eine Reihe komplexer Ortsveränderungen folgen.

Zusammenfassung und Schlußfolgerung

Die kindliche Entwicklung nimmt auf der sensomotorischen Stufe einen bemerkenswerten Verlauf. Im *Stadium* 1 ist das Neugeborene weitgehend auf seine Reflexe angewiesen, wenn es mit seiner Umgebung in Beziehung treten will. Jedoch schaltet die Umgebung diesen ererbten Apparat nicht einfach ein und aus: Bereits in den ersten Lebensmonaten benützt der Säugling seine Erfahrung auch dazu, die Reflexschemata aktiv zu verändern. Er lernt zum Beispiel, die Brustwarze zu erkennen und nach ihr zu suchen.

Im *Stadium* 2 zeigt der Säugling Verhaltensmuster, die er aus der Situation der Nahrungsaufnahme übernommen hat. Er entwickelt (a) die primären Zirkulärreaktionen, zum Beispiel die motorische Koordination, die notwendig ist, um die Hand zum Munde zu führen. Er lernt (b), zukünftige Ereignisse auf einfache Weise zu antizipieren. Wenn er entsprechend gehalten wird, nimmt er das Stillen dadurch vorweg, daß er die Saugbewegungen auszuführen beginnt. Dann treten (c) erste Anzeichen der Neugierde auf. Der Säugling interessiert sich für neue Ereignisse, wenn sie sich nicht zu sehr von bekannten unterscheiden. Manchmal wiederholt er (d) das Verhalten von Vorbildern. Das ist eine sehr einfache Form der Nachahmung, denn sie ist dem Säugling nur dann möglich, wenn die Handlung des Vorbilds in hohem Maße einem

[34] Der Aufbau der Wirklichkeit beim Kinde, S. 83.

Verhaltensschema ähnelt, über das er selbst verfügt. Es hat den Anschein, als unterscheide der Säugling nicht zwischen den Handlungen des Vorbilds und seinen eigenen. Bei der vermeintlichen Nachahmung wiederholt der Säugling eigentlich nur ein Verhalten, das er für sein eigenes hält. Der Säugling läßt (e) zwar einen ausgereiften Objektbegriff vermissen, kündigt ihn aber durch einige Verhaltensformen an. Unter anderem koordiniert er die ursprünglich voneinander unabhängigen Schemata des Sehens und Hörens. Er verrät eine Art passiver Erwartung, wenn er noch für einen Moment auf die Stelle sieht, wo ein Gegenstand verschwunden ist.

Im *Stadium* 3 wendet der Säugling sein Verhalten und Interesse auch Dingen zu, die nicht mehr zu seinem Körper gehören. Seine Beziehung zur Außenwelt wird reicher, wenn sie sich auch noch nicht voll entfaltet. Der Säugling bildet (a) sekundäre Zirkulärreaktionen aus. Wenn er zufällig auf ein Ereignis in seiner Umgebung stößt, das ihm gefällt, versucht er, die Handlung zu wiederholen, die das Ereignis herbeigeführt hat. Der Säugling beginnt (b) Klassen oder Bedeutungen zu bilden. Wenn ihm ein vertrauter Gegenstand gezeigt wird, antwortet er oft nur noch mit einer Andeutung des Verhaltens, zu dem ihn der Gegenstand normalerweise bewegt. Damit scheint eine Vorstufe der Fähigkeit erreicht zu sein, Gegenstände zu erkennen und zu verstehen. Der Säugling ahmt (c) Vorbilder systematischer und genauer nach. Dies gelingt ihm jetzt viel besser als früher, aber nur wenn es sich um vertraute Verhaltensmuster handelt. Schließlich vervollständigt sich (d), der Objektbegriff weitgehend. Wenn der Säugling einen Gegenstand verloren hat, versucht er selbst, ihn durch visuelle oder taktile Anstrengungen wiederzufinden. Diese Suche bedeutet allerdings nur, daß er eine einmal begonnene Handlung (wie das Sehen und Greifen) einfach weiterführt. Insofern bleibt der Objektbegriff subjektiv und im wesentlichen an das Verhalten des Kindes gebunden.

Im *Stadium* 4 lernt der Säugling, sein Verhalten noch besser zu systematisieren und zu organisieren. Er kann (a) sekundäre Schemata koordinieren: Nachdem er sich einen Gegenstand als Ziel gesetzt hat, benutzt er ein Schema dazu, um den Gegenstand zu bekommen, und ein zweites, um mit ihm etwas anzufangen. Sein Verhalten ist zielstrebig und damit intelligent. Durch die Interaktion mit seiner Umgebung lernt der Säugling (b), welche Beziehungen zwischen den Gegenständen bestehen. Wenn er zum Beispiel ein Hindernis entfernt, das ihn von seinem Ziel trennt, versteht er — wenn auch erst auf vorläufige und konkrete Weise — daß der Gegenstand sich *vor* dem Ziel befindet und er ihn entfernen muß, bevor er ihn erreichen kann. Sein wachsendes Verständnis für seine Umgebung ist auch daran zu erkennen, daß er (c) in der Lage ist, Ereignisse zu antizipieren, die mit seinen eigenen Handlungen nichts zu tun haben. Er erwartet jetzt von den Menschen, daß sie auf ihre eigene Weise handeln. Er beginnt wahrzunehmen, daß sie unabhängige „Kraftzentren" sind. Er versucht (d) auch solches Verhalten von Vorbildern nachzuahmen, das ihm neu ist, doch der Erfolg ist noch gering. Er ahmt auch Handlungen nach, bei denen er nicht sehen kann, wie er sie ausführt: zum Beispiel wenn er die Zunge ausstreckt. Der Säugling hat (e) den Objektbegriff nahezu ganz ausgebildet. Mit einer Vielfalt von Verhaltensweisen sucht er nach verschwundenen Gegenständen. Er ordnet den Dingen in hohem Maße Substanz und Dauer zu und begreift sie als autonom und als unabhängig von den eigenen subjektiven Zuständen. Dennoch vermag er einem Gegenstand noch nicht zu folgen, wenn dessen Bewegungen zu komplex werden.

Im *Stadium* 5 erreicht die sensomotorische Phase ihren Höhepunkt Der Säugling bemüht sich (a) aktiv, neue Verhaltensweisen und neue Ereignisse hervorzubringen. Vor diesem Stadium war er im Grunde neuen Verhaltensweisen abgeneigt. Er bemühte sich lediglich, schon einmal ausgeführte Handlungen nachzuahmen, wenn ihm ihre Resultate gefallen hatten. Wenn er (b) auf ein Hindernis stößt, versucht er neue Verfahren zu finden, um es zu überwinden, anstatt sich bloß auf Schemata zu verlassen, mit denen er früher Erfolg hatte. Dem Säugling gelingt es jetzt (c) in zunehmendem Maße, auch neue Handlungsweisen des Vorbilds nachzuahmen. Er versucht zum Beispiel, Laute zu bilden, die er vorher noch nie hervorgebracht hat. Der Säugling hat eine noch höhere Stufe (d) der sensomotorischen Entwicklung des Objektbegriffs erreicht. Er kann jetzt komplexen Bewegungen eines Gegenstandes folgen und diesen dann am richtigen Ort suchen.

Stadium 6 bildet den Übergang zum symbolischen Denken. In einer vorläufigen Darstellung sahen wir, daß der Säugling (a) versuchte, über ein Problem *nachzudenken*. Er löste es mehr auf der Vorstellungsebene als in der Wirklichkeit. Aus einem ähnlichen Grund konnte er nun auch (b) ein Vorbild nachahmen, wenn es nicht mehr anwesend war. Augenscheinlich gewinnt der Säugling, nachdem er ein Vorbild beobachtet hat, eine gewisse Vorstellung von diesem. Wenn er es später nachahmt, geht er also nicht mehr von dessen tatsächlicher Erscheinung, sondern von seinem Vorstellungsbild aus. Weil er diese neue Fähigkeit besitzt, kann der Säugling jetzt auch die Bewegungen eines Gegenstandes nachvollziehen, die er nicht sieht.

Die Entwicklung stellt im weitesten Sinne einen Prozeß der *Dezentrierung* dar. Der Säugling beginnt sein Leben in einem sehr undifferenzierten Zustand. Er unterscheidet weder zwischen Selbst und Umgebung, noch zwischen Wunsch und Realität. Er ist völlig *zentriert* auf sich selbst. Wir haben zum Beispiel gesehen, wie unzulänglich der Objektbegriff während der ersten Lebensmonate ist. Wenn ein Gegenstand aus dem Bereich der unmittelbaren Wahrnehmung des Säuglings verschwindet, hört er auf, für ihn vorhanden zu sein. Der Säugling erfährt die Welt als eine Folge wechselnder und unverbundener Bilder. Weder Selbst noch Außenwelt sind als autonome Wirklichkeit vorhanden. Die „nichtdualistische" oder undifferenzierte Verfassung des Säuglings geht im Laufe der Entwicklung in einen Zustand über, in dem er deutlich zwischen Selbst und Umgebung unterscheidet. Sein Verhalten wird *dezentriert.* Zum Beispiel zeigt die Entwicklung des Objektbegriffs, daß der Säugling schließlich begreift, daß die Dinge selbständig vorhanden sind, als Kraftzentren, deren Eigenschaften nicht von seinem Willen abhängen. Mit dem wachsenden Verständnis für die Außenwelt lernt der Säugling auch sich selbst besser kennen. Die Erkenntnis, daß die Dinge von ihm getrennt sind, hilft ihm, sich selbst besser wahrzunehmen. Wenn also das Individuum glaubt, seine Wünsche beeinflußten die Bewegung der Dinge, versteht es weder sich selbst noch die Dinge; es versteht beide erst, wenn es weiß, daß sie voneinander unabhängig sind.

Piaget weist mit Nachdruck auf einige Punkte hin, die die Entwicklung auf der sensomotorischen Stufe betreffen. Erstens können die Altersangaben nur annähernd gelten. Wie erwähnt, ist es unmöglich, die Altersgrenzen genau zu bestimmen, wenn die Untersuchungsdaten nur von drei Kindern stammen. Piaget weiß wohl, daß die zeitliche Abgrenzung der Stadien von vielen Faktoren abhängt, die von Kind zu Kind variieren. Die Entwicklung hängt vom komplexen Zusammenwirken vieler Faktoren ab, wie zum Beispiel des Milieus, des körperlichen Entwicklungsstandes und anderer. Es versteht sich bei der Vielschichtigkeit des Wirkungszusammenhangs von selbst, daß verschiedene Säuglinge die Stadien in unterschiedlicher Weise durchlaufen. So führt Piaget das Beispiel der im Winter geborenen Jacqueline an. Da man sie in ihrem Wagen dick einwickelte, um sie gegen die Kälte zu schützen, konnte sie die Koordination von Hand und Auge nicht in dem Maße ausbilden wie die anderen Kinder, die in wärmeren Jahreszeiten geboren wurden. Aus dieser Beobachtung schloß Piaget, daß die sensomotorischen Stadien wohl nicht zu genau bestimmbaren Zeiten im Leben des Säuglings aufträten.

Zweitens besteht Piaget jedoch darauf, daß die Abfolge der Stadien invariant ist. Ein Kind muß Stadium 3 durchlaufen haben, bevor es Stadium 4 erreicht. Der Vorgang ist irreversibel. Kein Stadium kann ganz übersprungen werden. Piaget begründet diese Ausage empirisch und theoretisch. Empirisch: Seine Beobachtungen zeigten, daß bei allen drei Kindern die Entwicklungsabschnitte in der beschriebenen Reihenfolge auftraten. Theoretisch: Jedes Stadium ist sowohl Höhepunkt des vorangehenden, wie auch die Vorbereitung des folgenden. Da jedes Stadium die Basis für das nächstfolgende darstellt, schließt die Logik aus, daß sich die Reihenfolge zweier beliebiger Stadien umkehren könnte.

Drittens betont Piaget, daß die Entwicklung sich graduell und kontinuierlich vollziehe. Die Veränderungen im Verhalten des Säuglins vollziehen sich nicht so schroff, daß die Merkmale des einen Stadiums durch die des nächsten von einem Tag auf den anderen abgelöst würden. Die Entwicklung geht vielmehr langsam vonstatten. Deshalb sind die typischen Verhaltensweisen der einzelnen Stadien selten so zu beobachten, wie Piaget sie beschreibt. Seine Stadien sind in Wirklichkeit Idealtypen, die er von dem kontinuierlichen Zusammenhang der Säuglingsentwicklung abstrahiert hat. Obwohl das Verfahren legitim und nützlich ist, legt Piaget Wert darauf, uns daran zu erinnern, daß das Säuglingsverhalten in der Realität viele Zwischenformen annimmt, die nicht den Definitionen der Stadien entsprechen. Außerdem verläuft die Entwicklung nicht in jeder Verhaltensdimension parallel. Das „Kind im Stadium 4" ist ebenfalls nur eine Abstraktion. Tatsächlich kann man Kinder beobachten, die ihrem Objektbegriff nach in Stadium 4 einzuordnen wären, während die Art, wie sie nachahmen, dem Entwicklungsstand von Stadium 3 entspricht.

Viertens betont Piaget, daß die Verhaltensmerkmale eines gegebenen Stadiums nicht verschwinden, wenn der Säugling das nächste Stadium erreicht. Selbst wenn das Kind neue Fähigkeiten erwirbt, hält es an den alten fest. Wenn das Kind von Stadium 5 beispielsweise einem Hindernis begegnet und versucht, es zu entfernen, wendet es möglicherweise erst Verhaltensschemata an, die ihm in früheren Situationen zum Erfolg verholfen haben (Verhalten von Stadium 4). Erst dann würde es möglicherweise neue Verfahren entwickeln (Verhalten von Stadium 5).

Abschließend seien uns noch einige allgemeine Anmerkungen zu den Schriften Piagets über das Säuglingsalter gestattet, mit denen wir einige häufig mißverstandene Aspekte seiner Theorie erklären möchten. Erstens hat Piaget eine sehr differenzierte Einstellung zur Rolle der Umwelt in der kindlichen Entwicklung. Deshalb hat man ihn in diesem Punkt oft mißverstanden. Er ist natürlich auch der Meinung, daß die Umgebung sich auf den Säugling auswirke. Doch die Feststellung allein löst die Probleme noch nicht. Piaget glaubt nämlich nicht, die Umwelt beeinflusse das Verhalten einfach dadurch, daß sie sich einem passiven

Subjekt aufzwinge, indem sie dessen Reaktionen hervorrufe und sie belohne. Sondern er vertritt immer wieder die Auffassung, daß der Säugling sich *aktiv* verhalte und den Kontakt mit seiner Umwelt suche. Der Säugling ist neugierig und wartet nicht darauf, daß sich in seiner Umwelt irgend etwas ereignet, sondern macht die Ereignisse selbst ausfindig und ist immer um Verhältnisse bemüht, die ihn stimulieren und anregen. Wenn sich in seiner Umwelt etwas ereignet, nimmt der Säugling es nicht passiv zur Kenntnis, sondern interpretiert es auch. Und diese Interpretation, nicht das Ereignis selbst, beeinflußt sein Verhalten. Nehmen wir zwei Kinder an, von denen das eine in der Lage ist, das Verhalten von Erwachsenen zu antizipieren, das andere nicht. Beide beobachten einen Erwachsenen, der aufsteht und sich einen Mantel anzieht. Ein Säugling schreit daraufhin, während der andere ruhig bleibt. Die gleiche „Erfahrung" — die Beobachtung, daß der Erwachsene aufgestanden ist und sich einen Mantel angezogen hat — hat die Säuglinge unterschiedlich beeinflußt. Dies können wir damit erklären, daß der eine Säugling erwartet hatte, der Erwachsene würde fortgehen, der andere nicht. Die Säuglinge interpretieren die Ereignisse unterschiedlich. Wir könnten sogar sagen, daß sie zwei verschiedene „Realitäten" konstruiert hätten. Die Säuglinge assimilierten das wahrgenommene Ereignis an die Erwartungen, die sie hinsichtlich des Verhaltens von Erwachsenen hegten. Diese Assimilation oder Interpretation verlieh dem Ereignis seine Bedeutung und rief das jeweilige Antwortverhalten hervor. Die Säuglinge nahmen also nicht nur passiv ein bloßes „Abbild" der Wirklichkeit zur Kenntnis, sondern sie interpretierten, konstruierten und assimilierten diese, kurz, sie gaben ihr eine Bedeutung. Danach wirkt Erfahrung sich nicht *auf* ein Kind aus, sondern bringt *zusammen mit* diesem die Wirkungen hervor. Das Kind modifiziert die ursprüngliche Erfahrung in dem Maße, in dem es selbst von dieser verändert wird.

Zweitens werden Piagets Ansichten über die Rolle der Reifung und des Lernens manchmal mißverstanden. Es sollte hinreichend deutlich geworden sein, daß Piaget nicht eine simple Reifetheorie vertritt. Er versteht die Säuglingsentwicklung nicht nur als Ergebnis eines organischen Reifeprozesses, sondern ist der Ansicht, daß die Reifung zwar eine Rolle spielt, aber sicherlich nicht der einzige Entwicklungsfaktor ist. Wie wir gesehen haben, ist er genauso von der Bedeutung der Umwelt überzeugt. In dieser Beziehung stimmt er also mit den Vertretern der Umwelttheorie überein. Aber Piagets Einstellung zum Problem des Lernen ist, wie erwähnt, sehr differenziert und unterscheidet sich in vielen Hinsichten von anderen Lerntheorien. So führt er die Prinzipien der Motivation durch Neuartigkeit ein, wie zum Beispiel die Assimilation und das Prinzip der gemäßigten Neuartigkeit, und legt Nachdruck darauf, daß der Säugling die ursprünglichen Daten der Sinneserfahrung interpretiere. Piaget folgt also weder der Reife- noch der Umwelttheorie, zumindest nicht im Sinne der vorherrschenden behavioristischen Tradition. Seine Auffassung enthält Elemente beider Theorien, mit denen er in höchst persönlicher Weise umgeht. Er versteht sich selbst als „Interaktionisten" und betont in seiner Theorie, daß die intellektuelle Entwicklung sich aus einem Zusammenwirken äußerer und innerer Faktoren ergebe.

Wie wir in Kapitel vier sehen werden, hat Piaget, seit er seine ersten Bücher über das Säuglingsalter geschrieben hat, seine Auffassung über Erfahrung und Reifung ausgearbeitet und ergänzt. Die spätere Gleichgewichtstheorie berücksichtigt die Rolle der Erfahrung in noch höherem Maße und führt zusätzlich noch den Begriff der inneren kognitiven Veränderung ein.

Drittens werden Piagets Stadien manchmal falsch verstanden. Man vergleicht Piaget mit Gesell, der das Säuglingsalter ebenfalls als eine Folge von Entwicklungsstadien beschrieben hat. Allerdings stellte Gesell seine Stadien lediglich als Kataloge der in bestimmten Altersstufen auftretenden Verhaltensweisen dar. Beispielsweise ist zu beobachten, daß das Kind in einem bestimmten Alter kriecht, in einem anderen geht, in wieder einem anderen die ersten Laufschritte macht usw. Obwohl solche Informationen wertvoll sein können, wird deutlich, daß Gesell, wenn er seine Stadien beschreibt, lediglich die empirischen Phänomene aufzählt, ohne sie in einen wie auch immer beschaffenen theoretischen Zusammenhang zu stellen. Piagets Stadien dagegen stehen in einer taxonomischen Beziehung zueinander. Betrachten wir zum Beispiel Stadium vier, in dem sich die Koordination sekundärer Schemata vollzieht. Piaget behauptet, daß das Kind in diesem Stadium zwei ursprünglich getrennte Verhaltensweisen koordinieren könne, um ein vorher festgelegte Ziel zu erreichen. Diese Feststellung — die Theorie des Stadiums — ist eine Abstraktion, die alle Einzelheiten einer besonderen Verhaltensweise transzendiert, durch die sich das Stadium höchstens beschreiben ließe. Durch die Theorie sollen wir jedoch verstehen, was das Kind tut, unabhängig von den verschiedenen Verhaltensweisen, die es zeigt. Piagets Stadien sind deshalb theoretischer oder erklärender Art und insofern völlig verschieden von denen Gesells.

3. Die Jahre von 2 bis 11: Die Symbolfunktion und Piagets Frühwerk

Das vorliegende Kapitel beschäftigt sich hauptsächlich mit zwei Themen. Zuerst werden wir die Entwicklung der kognitiven Prozesse beim Kind von ungefähr zwei bis vier Jahren betrachten. In dieser Zeit macht das kindliche Denken einige wichtige Fortschritte. Zum Beispiel werden wir beobachten können, wie die ersten Symbole auftreten. In diesem Zusammenhang werden wir besonders darauf achten, wie das Kleinkind symbolische Vorstellungen und Wörter gebraucht und wie es spielt. Das zweite Thema, mit dem wir uns befassen werden, ist die Entwicklung bestimmter Merkmale im Denken des Kindes von vier bis elf Jahren. Wir werden Piagets frühes Werk zu diesem Thema durchsehen und Probleme erörtern wie Egozentrik, Kommunikation und moralisches Urteil.

Die Symbolfunktion

Auf der sensomotorischen Stufe entwickeln sich die Verhaltensschemata in bemerkenswerter Weise. Das Neugeborene kam mit nichts als einem begrenzten Repertoire ererbter automatischer Verhaltensmuster zur Welt. Nach intensiver zweijähriger Entwicklung kann das Kind höchst wirkungsvoll mit den Dingen und Menschen seiner unmittelbaren Umwelt interagieren. Es verfügt über Schemata, die ihm erlauben, mit Gegenständen zu manipulieren und sie als Mittel zu benutzen, um seine Ziele zu erreichen. Außerdem erwirbt es durch den experimentellen Umgang mit den Dingen ein praktisches Verständnis ihrer Eigenschaften. Aber alle diese Fähigkeiten bleiben — obwohl sie ihm nützen — konkreter Art: Sie sind nur auf unmittelbar vorhandene Objekte anzuwenden. Während der Säugling zum Beispiel fähig sein kann, mit einem Stock einen Gegenstand zu sich heranzuziehen, der sich außerhalb seiner Reichweite befindet, begreift er nicht, welche Beziehungen zwischen den Gegenständen bestehen, die sich außerhalb seines Blickfeldes befinden. Er kann in sein Handeln nur unmittelbar wahrzunehmende Dinge einbeziehen. Gegen Ende des zweiten Lebensjahres beginnt das Kind neue kognitive oder geistige Fähigkeiten zu entwickeln.

Ein wichtiges Ereignis in der kognitiven Entwicklung ist das Auftreten der *Symbolfunktion*. Das Kind erwirbt nämlich zwischen zwei und vier Jahren die Fähigkeit, durch bestimmte Dinge — eine symbolische Vorstellung, ein Wort oder einen Gegenstand — andere Dinge zu ersetzen, bzw. zu repräsentieren, die nicht gegenwärtig sind. Das Kind kann zum Beispiel die symbolische Vorstellung eines Fahrrads, das Wort „Fahrrad" oder ein kleines schematisches Spielzeug dazu benutzen, das wirkliche Fahrrad zu ersetzen, wenn es dieses nicht sieht. Das Symbolvermögen erschließt dem Kind neue Handlungsebenen. In diesem Stadium braucht es sein Handeln nicht länger auf die Dinge seiner unmittelbaren Umgebung zu beschränken, weil ihm die Symbolfunktion den Rückgriff auf die Vergangenheit ermöglicht. Da es beispielsweise über ein Symbol verfügt, das ihm erlaubt, sich das Fahrrad vorzustellen, kann es sich seine früheren Erfahrungen mit diesem Spielzeug zunutze machen.
Die Symbolfunktion nimmt verschiedene Formen an. Während der Zeit von zwei bis vier Jahren beginnt das Kind symbolische Vorstellungen zu verwenden, symbolische Spiele zu entwickeln und Wörter zu gebrauchen. Wir wollen diese Fähigkeiten nacheinander betrachten.

Symbolische Vorstellung

Ein Beispiel für den Gebrauch von symbolischen Vorstellungen ist die aufgeschobene Nachahmung. Wir wollen noch einmal das Beispiel des Wutanfalls betrachten:

„Mit 1;4 (3) bekommt J. Besuch, und zwar von einem kleinen Jungen von 1;6, den sie von Zeit zu Zeit sieht und der sich im Verlauf des Nachmittags in eine fürchterliche Wut hineinsteigert: Er heult und versucht, aus seinem Laufställchen herauszukommen, und stampft mit den Füßen auf den Boden des Ställchens. J., die noch niemals solche Szenen gesehen hat, betrachtet ihn überrascht und bewegungslos. Doch am folgenden Tag ist sie es, die im Laufställchen schreit und es zu verschieben versucht, wobei sie mehrfach nacheinander leicht mit dem Fuß aufstampft." [1]

Bei dieser Beobachtung ist wichtig, daß Jacqueline die Nachahmung aufschiebt: Sie führt sie erst einige Zeit nach dem Wutausbruch des Jungen durch. Sie ahmt mit ihrem Verhalten also nicht ein unmittelbar zu beobachtendes Vorbild nach. Worauf geht dann aber ihr Verhalten zurück? Wie können wir die aufgeschobene Nachahmung erklären? Nach einer

[1] Nachahmung, Spiel und Traum, S. 85.

möglichen Interpretation hätte Piaget Jacqueline gerade beobachtet, als sie zufällig zum ersten Mal einen Wutanfall bekam, der vollkommen unabhängig von dem war, was der Junge getan hatte. Die Erklärung ist jedoch nicht sehr stichhaltig, weil Jacquelines Verhalten dem des Jungen auffällig glich. Folglich müssen wir nach einer besseren Erklärung suchen, bei der wir die symbolischen Vorstellungen zu berücksichtigen haben. Denn wir wissen, daß Jacueline, als sie ihren Wutanfall zeigte, nicht einfach ein unmittelbar vorhandenes Vorbild nachahmte. Trotzdem ähnelte ihr Verhalten offensichtlich dem des Jungen. Daraus können wir schließen, daß Jacqueline sich eine symbolische Vorstellung von dem Wutanfall gebildet hat und dann ihr Verhalten nach diesem Symbol ausgerichtet hat. Jacqueline muß also in ihrer Vorstellung über ein Ereignis verfügt haben, das an die Stelle der wirklichen Handlung des Jungen getreten war oder diese repräsentierte. Die Fähigkeit, sich in dieser Weise Symbole zu schaffen, gestattete ihr, das Verhalten des Jungen zu einem späteren Zeitpunkt nachzuahmen.

Wie sind die symbolischen Vorstellungen beschaffen? Die Antwort auf diese Frage wird noch so lange Schwierigkeiten bereiten, bis wir eine Methode haben, die uns erlaubt, in das kindliche Denken direkt „hineinzusehen". Wir könnten das so erklären, daß die symbolischen Vorstellungen des Kindes, zumindest teilweise, visuelle Bilder sind. Vielleicht „bildet" Jacqueline den Wutanfall „ab". Obwohl manchmal auf visuelle Bilder tatsächlich zurückgegriffen wird (und es offen bleibt, ob Jacqueline sie verwendet hat oder nicht), weist Piaget darauf hin, daß symbolische Vorstellungen genausogut andere Formen annehmen können. Während ein Individuum sich in manchen Fällen durchaus visueller Bilder bedienen mag, um bestimmte Gegenstände zu repräsentieren, kann es in anderen Fällen typische Geräusche benutzen oder auch mit den betreffenden Gegenständen verknüpfte Bewegungen, die es verkürzt. Piaget hält es sogar für möglich, daß sich das Individuum seiner symbolischen Vorstellungen gar nicht bewußt ist. Ein Kind könnte demnach ein Vorbild nachahmen, ohne zu wissen, daß es sich an den Handlungen eines anderen Individuums orientiert. Nach Freuds Arbeiten sollte es allerdings keine Überraschung mehr sein, daß viele unserer Denkprozesse unbewußt verlaufen.

Wir sehen also, daß die symbolische Vorstellung bewußt oder unbewußt sein kann und daß es visuelle Bilder enthalten kann oder auch nicht. Bezieht die symbolische Vorstellung die Sprache ein? Konnte Jacqueline den Wutanfall nachahmen, weil sie sich die Wörter, „Er hebt die Arme, er schreit" usw. einprägte? Obwohl diese Deutungsweise, vor allem unter amerikanischen Psychologen, sehr verbreitet ist, weist Piaget sie zurück. Er führt dafür hauptsächlich zwei Gründe an. Erstens hat sich in Tierexperimenten gezeigt, daß beispielsweise Schimpansen mit symbolischen Objekten umgehen, die natürlich nicht sprachlicher Natur sein können. Wenn nicht-sprachlicher Symbolismus bei Tieren möglich ist, warum sollte er es nicht auch bei Menschen sein? Zweitens zeigt die Beobachtung, daß das Kind bereits Verhaltensweisen wie die Nachahmung an den Tag legt, wenn sein Sprachvermögen noch sehr begrenzt ist. Es ist höchst unwahrscheinlich, daß Jacqueline zu dieser Zeit in der Lage gewesen wäre, den Wutausbruch des Jungen in verständlicher Weise sprachlich darzustellen. Dennoch ahmte sie ihn sehr genau nach. Wenn eine symbolische Vorstellung, die allein auf der unzulänglichen Sprache des Kindes beruhen würde, keine hinreichende Voraussetzung für eine so genaue Nachahmung wäre, kann eine linguistische Erklärung nicht genügen. Wir müssen dann zwar davon ausgehen, daß Jacqueline symbolische Vorstellungen verwendet, wenn wir die aufgeschobene Nachahmung erklären wollen. Außerdem wissen wir, daß am Aufbau dieser Symbole die Sprache nur geringfügig beteiligt sein kann. Aber wir können ihre Beschaffenheit nicht exakt bestimmen.

Als ein zweites Beispiel für die Symbolfunktion kann die Reaktionsweise angesehen werden, die Jacqueline zeigte, wenn man Gegenstände vor ihr versteckte. Wir wollen uns daran erinnern, daß das Kind im Stadium 6 der sensomotorischen Stufe eine unsichtbare Bewegungsfolge eines Gegenstandes rekonstruieren konnte. In Kapitel zwei haben wir beschrieben, wie Piaget einen kleinen Bleistift in seiner Hand verbarg und die Hand nacheinander unter eine Baskenmütze, unter ein Handtuch und schließlich unter eine Jacke legte, wo er den Bleistift zurückließ. Jacqueline suchte nicht in der Hand ihres Vaters nach dem Bleistift, wie es ein jüngeres Kind getan hätte, weil dies der Ort war, an dem der Bleistift zuletzt zu sehen war, sondern griff sofort unter die Jacke und fand den Bleistift. Wie können wir Jacquelines Verhalten erklären? Es war nicht zufällig, weil sie sich bei vielen Gelegenheiten im wesentlichen gleich verhalten hatte. Piaget nimmt an, Jacqueline habe sich eine symbolische Vorstellung vom Bleistift gebildet. Als Piaget den Bleistift in seiner Hand verbarg, war Jacqueline davon überzeugt, daß er weiterexistierte. Als Piaget die Hand nacheinander unter eine Reihe von Gegenständen legte, war Jacqueline durch den Gebrauch der symbolischen Vorstellung in der Lage, den unsichtbaren Ortsveränderungen in ihrer Vorstellung zu folgen. Die Verfügbarkeit von symbolischen Vorstellungen ist also die Voraussetzung für einen ausgereiften Objektbegriff.

Bisher haben wir zwei Verhaltensweisen kennengelernt — aufgeschobene

Nachahmung und Suchen —, die wir als Beweis dafür gewertet haben, daß das Kind über symbolische Vorstellungen verfügt. Wir können nun fragen, wie sich die symbolischen Vorstellungen entwickeln.

Die Bildung von symbolischen Vorstellungen

Wie bildet das Kind symbolische Vorstellungen? Zumindest zwei Antworten auf diese schwierige Frage scheinen möglich. Einmal können wir das Symbolvermögen als eine völlig neue Funktion erklären, die plötzlich auftritt, wenn das Kind etwa zwei Jahre alt ist. Andererseits wäre es auch möglich, daß die Symbolfunktion ihre Vorläufer auf der sensomotorischen Stufe hat. Weil Piaget die Kontinuität der intellektuellen Entwicklung betont, entscheidet er sich für die zweite Erklärung. Er meint, daß die Symbolfunktion aus der Nachahmung entstehe. Betrachten wir die folgende Beobachtung auf der sensomotorischen Stufe:

„Mit 1;3 (8) spielt J. mit einem Clown mit langen Füßen und hängt ihn zufällig mit den Füßen in den Ausschnitt ihres Kleides. Sie hat Mühe, ihn loszuhaken, aber sobald er frei ist, versucht sie, ihn wieder in die gleiche Stellung zu bringen. Doch es gelingt J. nicht, den Clown richtig an ihrem Kleid aufzuhängen. Sie steckt dann die Hand aus, krümmt den Zeigefinger rechtwinklig ab, um die Form der Füße der Puppe zu reproduzieren, dann beschreibt sie genau die gleiche Bewegungsbahn wie der Clown, und es gelingt ihr so, den Finger in ihren Ausschnitt zu stecken. Sie betrachtet einen Augenblick den Finger still, zieht dann am Kleid, selbstverständlich ohne zu sehen, was sie tut. Danach nimmt sie den Finger weg, ist befriedigt und wendet sich etwas anderem zu.“ [2]

Hier sehen wir, wie das Kind die Nachahmung dazu benutzte, um sich eine unbekannte Erscheinung zu erklären. Beim Spiel mit dem vertrauten Spielzeug entdeckte Jacqueline, daß der Clown etwas tat, was sie nicht erwartet hatte und ursprünglich nicht erklären konnte. Sein Fuß verfing sich in ungewohnter Weise in ihrem Kleid. Jacqueline versuchte sofort, den Grund für das unerwartete Ereignis zu verstehen. Das Verfahren, das sie dazu benutzte, war die Nachahmung: Sie reproduzierte mit einem Finger die Form der Clownfüße, steckte ihn ins Kleid und versuchte dann, ihn herauszuziehen, um zu sehen, was passieren würde. Sie entdeckte, daß der Finger sich verfing und die Bewegungsfreiheit des Armes einschränkte. Auf diese Weise verstand sie, daß die Form des Clownfußes entsprechend die Bewegung der Puppe behinderte. Wir könnten die Beobachtung auch als eine besondere Form der Nachahmung

[2] A.a.O., S. 87.

interpretieren: Jacqueline benutzte ihren Körper, um die Bewegungen des Clowns darzustellen oder um sie zu repräsentieren. Ihr Tun symbolisierte das des Clowns. Dies ist keine isolierte Beobachtung; Piaget betont, daß das Kind oft Dinge nachahmt. Er bemerkte zum Beispiel, daß Lucienne, als sie beobachtete, daß das Fahrrad ihres Vaters vorwärts und rückwärts bewegt werden konnte, die gleichen Bewegungen ausführte. Sie schwankte im Rythmus des Fahrrads hin und zurück. Piaget meint, diese Nachahmung von Dingen sei der sensomotorische Vorläufer des Symbols. Wenn der Säugling vor- und zurückschwankt, ist dies auf der Verhaltensebene ein Äquivalent zur symbolischen Vorstellung des Fahrrades, die sich das ältere Kind bildet. Dem Säugling bezeichnet also die Handlung des Schwankens ein Fahrrad, während für das ältere Kind eine symbolische Vorstellung diese Funktion erfüllt. Gegen Ende der sensomotorischen Stufe verlagert das Kind die Nachahmung — bildlich gesprochen — unter die Oberfläche. Anstatt die Dinge auf der Ebene overten Verhaltens nachzuahmen, verinnerlicht das ältere Kind diesen Vorgang. Es würde zum Beispiel nicht mehr hin- und zurückschwanken, um das Fahrrad nachzuahmen, sondern vielleicht sehr schwache, beinahe unmerkliche Muskelbewegungen zu diesem Zweck ausführen. Oder statt mit den Fingern die Form des Clownfußes nachzubilden, würde das ältere Kind möglicherweise die Fingermuskeln so schwach innervieren, daß ein Beobachter es nicht wahrnehmen könnte. Diese innere Nachahmung ist nicht etwa nur eine Begleiterscheinung. Vielmehr konstituieren die inneren, kaum wahrnehmbaren Bewegungen des Kindes die symbolische Vorstellung. Die Muskeln des Kindes führen eine abgekürzte Nachahmung des Schwankens aus, und diese körperlichen Empfindungen symbolisieren ihm das Fahrrad. Wenn das Kind seine Finger unmerklich spannt, bezeichnet diese innere Nachahmung, die nicht notwendigerweise ein visuelles Bild sein muß, den Clown.

Wir sehen also, daß das sensomotorische Kind sich die Dinge dadurch vorstellt, daß es ihre Bewegungen ausführt. Das ältere Kind verinnerlicht die Nachahmung. Diese abgekürzten Körperbewegungen konstituieren die symbolische Vorstellung. Schließlich beherrscht es die innere Nachahmung in einem Maße, das ihm erlaubt, die Bewegungen bis zur Unmerklichkeit abzukürzen.

Wir können einige interessante Feststellungen über den Aufbau der symbolischen Vorstellung treffen. Erstens gibt Piagets Theorie uns weiteren Aufschluß über die Beschaffenheit der kindlichen symbolischen Vorstellungen. Wir sagten oben, daß sie eine visuelle Komponente enthalten könnten und daß sie wahrscheinlich nicht linguistisch zu erklären seien. Jetzt wissen wir, daß die symbolischen Vorstellungen sich ursprünglich weitgehend aus dem Handeln des Kindes entwickeln. Die symbolische Vorstellung des Fahrrads besteht nicht nur aus einem visuellen Bild, sondern kann auch körperliche Empfindungen einbeziehen, die den Bewegungen des Fahrrades entsprechen.

Zweitens verwendet Piaget den Begriff Nachahmung in einem sehr weiten Sinne, um die visuellen Bilder zu erklären. Denn auch diese versteht er als interiorisierte Nachahmung. Betrachten wir das folgende hypothetische Beispiel: Wenn ein Individuum einen Tisch sieht, akkommodiert es diesem seine Wahrnehmung. Seine Augen müssen dem Umriß des Tisches folgen, seine Farbe bestimmen, sich scharf einstellen, um ihn zu lokalisieren und entsprechendes mehr tun. Auf diese Weise stellt des Individuum eine Reihe von Beziehungen her, die sich auf den Tisch beziehen (Raum, Farbe usw.) und die zusammen dessen Wahrnehmung ausmachen. Mit anderen Worten zwingt ihm die Umwelt nicht einfach die Wahrnehmung des Tisches auf, sondern diese beruht auf dem Handeln des Individuums, auf einer Folge komplizierter Augenbewegungen und einer komplexen Aktivität seines Nervensystems. Visuelle Wahrnehmung ist genauso Handeln wie das Schwanken des Kindes. Nun wird die Rolle der Wahrnehmung deutlich. Wenn der Tisch später nicht mehr zu sehen ist, wiederholt das Individuum die Bewegungen in abgekürzter Form, die es ursprünglich bei der Wahrnehmung des Tisches ausführte, d. h. seine Augen bewegen sich in derselben Weise, in der sie die Kontur des Tisches nachzeichneten und sich auf seine Entfernung einstellten. Diese interiorisierte und abgekürzte Nachahmung der Wahrnehmungsaktivität *konstituiert* das visuelle Bild des Tisches. Da das Bild eines Gegenstandes selten so ausführlich und genau ist wie die originale Wahrnehmung, stellt das Bild den realen Gegenstand bloß vor oder symbolisiert ihn. Die symbolische Vorstellung kann also visuelle Bilder einbeziehen, und diese können als die innere Nachahmung des ursprünglich wahrgenommenen Gegenstandes verstanden werden.

Drittens führt Piaget bei der Behandlung der symbolischen Vorstellungen eine besondere Nomenklatur ein. Wir sahen bereits, daß einer der Symboltypen das *visuelle Bild* ist. Entsprechend gibt es auditive *Bilder* und andere Typen. Das Symbol ist ein *Signifikant:* es bezeichnet dem Individuum etwas oder stellt es ihm vor. Das Symbol umfaßt auch die *Akkommodation,* denn es geht auf die interiorisierte Nachahmung zurück, und Nachahmung wiederum bedeutet, daß das Individuum das eigene Verhalten so modifiziert, daß es dem eines anderen entspricht oder — allgemeiner gesagt — daß es den Erfordernissen entspricht, die die soziale oder physische Umwelt auferlegt. Schließlich ist das Symbol individuell und *gleicht* in irgendeiner Weise dem, wofür es steht.

Einem Kind mag das Schwanken (das den Fahrradbewegungen gleicht) das Fahrrad symbolisieren, einem anderen mag zu diesem Zweck das visuelle Bild (das der Erscheinung des Fahrrads gleicht) genügen. Folglich ist es durchaus möglich, daß das Symbol, das ein Individuum benützt, ein anderes Individuum nicht über das informiert, auf was es verweist. Zum Vergleich wollen wir das Wort betrachten (in Piagets Terminologie heißt es Zeichen). Das Wort ist sozial, nicht individuell, und wird willkürlich den Dingen zugeordnet, für die es steht. „Fahrrad" zum Beispiel ist kein Ausdruck, der eine individuelle Besonderheit verrät: Die meisten von uns würden in dem Gegenstand übereinstimmen, für den „Fahrrad" steht. Deshalb übermittelt der Gebrauch des Wortes wertvolle Information. Außerdem hat das Wort „Fahrrad" keinerlei Ähnlichkeit mit der realen Sache; wenn unsere Sprachgemeinschaft es beschließen würde, könnten wir „Fahrrad" ebensogut durch „Elefant" ersetzen. Zusammenfassend läßt sich sagen, daß das Bild ein Typ von symbolischer Vorstellung ist. Die symbolische Vorstellung ist — anders als das Wort — individuell und gleicht der Sache, auf die es verweist. Das Symbol ist ein Signifikant, der auf etwas verweist, und beruht auf Nachahmung und deshalb auch auf Akkommodation.

Wir sollten über den Schwierigkeiten, die Piagets Terminologie bereitet, nicht übersehen, welche Bedeutung dem Erwerb der Fähigkeit zukommt, symbolische Vorstellungen zu bilden. In der sensomotorischen Phase fehlte diese Fähigkeit. Wir erinnern uns daran, daß die einzigen Signifikanten die konkreten Eigenschaften der Dinge waren. Zum Beispiel zeigten dem Kind die Stimme oder die Schritte der Mutter an, daß diese bald kommen würde. Dieser primitive Signifikant oder „Zeiger" konnte jedoch nur in Erscheinung treten, wenn der Säugling die Stimme oder die Schritte gerade hörte. Der Säugling verfügte über keine symbolische Vorstellung dieser Ereignisse. Deshalb bedeutete ihm der Signifikant nur dann etwas, wenn das Ereignis gerade stattfand. Im Gegensatz dazu kann sich das ältere Kind auch solcher symbolischer Vorstellungen bedienen, die ihm abwesende Ereignisse oder Dinge ersetzen. Die Dinge brauchen nicht länger vorhanden zu sein, damit das Kind sie in sein Handeln einbezieht. Insofern befreit die Symbolfunktion das Kind von der unmittelbaren Gegenwart. Es vermag sich Dinge vorzustellen, von denen es sowohl räumlich wie zeitlich getrennt ist. Wie können deshalb sagen, daß der Gebrauch der symbolischen Vorstellungen dem Kind gestattet, sich den Zwängen von Raum und Zeit zu entziehen.

Bedeutung

Wir wissen jetzt, wie nach Piagets Theorie die symbolischen Vorstellungen gebildet werden und können als nächstes den Prozeß betrachten, durch den diesen Symbolen Bedeutungen zugeordnet werden. Sehen wir uns eine anscheinend einfache Frage an: Worauf bezieht sich die symbolische Vorstellung des Kindes, wenn es zum Beispiel vor- und zurückschwankt? Wir können diese Frage auch auf das Wort beziehen: Was bezeichnet „Fahrrad"? Wir sind versucht, diese Frage dadurch zu beantworten, daß wir sagen, sowohl die symbolischen Vorstellungen wie das Wort bezögen sich offensichtlich auf das wirkliche Fahrrad. Nach Piaget ist die Sachlage jedoch komplizierter. Das „Signifikat" (die Sache, für die Symbol oder Wort stehen, deren Bedeutung) ist nicht der reale Gegenstand, sondern eher das, was das Kind unter ihm versteht, oder das intellektuelle Konstrukt des realen Gegenstandes. Anders gesagt: Symbole oder Wörter beziehen sich nicht auf Dinge, sondern eher auf das, was wir von ihnen wissen. Nehmen wir an, daß ein Kind das Wort „Fahrrad" gebraucht. Für dieses Kind besteht Fahrrad aus zwei Rädern, einem Sitz und dem Lenker. Ein Fahrrad ist etwas, was herrlich schnell fährt und zu den Fahrzeugen gehört. In einem anderen Kind kann das Wort jedoch ein anderes Signifikat hervorrufen. Dieses Kind stimmt mit dem ersten zwar darin überein, daß ein Fahrrad zwei Räder, einen Sitz und einen Lenker hat, doch es ist öfter von Fahrrädern heruntergefallen und empfindet sie als furchterregend und gefährlich. Außerdem versteht es das Fahrrad nicht als Fahrzeug. Halten wir fest, daß in beiden Kindern das Wort „Fahrrad" einige gemeinsame Bedeutungen hervorruft: zwei Räder, Lenker usw. Beide Kinder können also ein Fahrrad leicht identifizieren. Insofern verweist das Wort auf einen realen Gegenstand. Aber den Kindern bedeutet das Wort auch Unterschiedliches: Das eine empfindet es als erfreulich, das andere als furchterregend. Außerdem ist es für eines der Kinder Element der Klasse der Fahrräder die ihrerseits von der größeren Klasse der Fahrzeuge eingeschlossen wird. Das andere Kind verfügt noch über keine Klassenhierarchie. In Piagets Ausdrucksweise: Jedes Kind hat das Wort „Fahrrad" einer anderen Anordnung von Schemata assimiliert (dem Signifikat oder der Bedeutung). Folglich bezieht sich das Wort „Fahrrad" oder die entsprechenden individuellen symbolischen Vorstellungen der Kinder nicht auf die reale Sache, sondern auf das, was sie unter ihr verstehen.

Zusammenfassend können wir sagen, daß innere Nachahmung (Akkommodation) dem Kind Symbole liefert. Darauf versieht das Kind diese Symbole und Wörter mit Bedeutung. Es assimiliert sie dann seinen geistigen Schemata. Deshalb ist das, worauf sich das Symbol oder das Wort bezieht, immer zumindest teilweise individuell, wenn nicht sogar völlig individuell. Bei den Wörtern muß allerdings immer ein ausreichender Teil gemeinsamer Bedeutungen sein, sonst würde keine sprachliche Kommunikation zwischen den Individuen möglich sein.

Symbolspiel

Ein weiteres Beispiel für die Aktivität, die sich der Symbolfunktion bedient, ist das Symbolspiel. Hier eine Beobachtung:

„Mit 1;3 (12) bemerkt Jacqueline ein Wäschestück, dessen Randfransen sie vage an die Fransen ihres Kopfkissens erinnern: Sie bemächtigt sich dessen, hält einen Zipfel in der rechten Hand, saugt am Daumen derselben Hand und legt sich lachend auf die Seite. Sie hält die Augen offen aber schließt sie von Zeit zu Zeit, wie um geschlossene Augen vorzutäuschen.“ [3]

Die Beobachtung zeigt einige interessante Züge. Erstens ging Jacqueline mit dem Tuch in ungefähr derselben Weise um wie mit ihrem Kopfkissen. Sie legte ihren Kopf darauf, nahm den Daumen usw. Zweitens zeigte Jacqueline in ihrem Verhalten eine gewisse Spielfreude, d. h. sie lachte über das, was sie tat.

Wir können dieses Verhalten einfach so deuten, daß das Kind das Tuch mit dem Kopfkissen verwechselt hat. Aber diese Erklärung ist nicht sehr triftig, weil sie nicht erklärt, warum das Kind gelacht hat. Denn Jacqueline pflegte nicht gerade zu lachen, wenn sie ins Bett mußte.

Piaget interpretiert das Verhalten als ein Beispiel für den spielerischen Gebrauch konkreter Symbole (und nicht symbolischer Vorstellungen). Aus Jacquelines Lachen und ihrem spielerischen Verhalten geht hervor, daß sie sehr gut wußte, daß das Tuch nicht wirklich ein Kopfkissen war. Ihre Spielfreude weist darauf hin, daß sie das Tuch als Stellvertreter für etwas anderes verstand. Das Tuch war also ein Symbol oder Signifikant, und das Signifikat war das Kopfkissen. Das Tuch war natürlich ein konkreter Gegenstand und keine symbolische Vorstellung.

Auf welche Weise erhielt das Tuch diese Bedeutung? Piaget meint, daß Bedeutung durch Assimilation erworben wird. Während Jacqueline sich bislang nur hinlegte, die Augen schloß usw., wenn das Kopfkissen in enger Beziehung zu diesen Handlungen stand, überträgt sie diese Schemata jetzt auf einen Gegenstand, von dem sie weiß, daß er kein Kopf-

[3] A.a.O., S. 128.

kissen ist. Wir können deshalb sagen, daß Jacqueline das Tuch an jene Schemata assimiliert hat, die sie bis dahin nur auf das Kopfkissen angewendet hat. Also erhält das Symbol seine Bedeutung durch den Prozeß, in dem es an die Schemata (die Signifikate) assimiliert wird. Jacqueline ist sich sogar des Scheincharakters ihrer Handlungen bewußt. Ihre Spielfreude sollte uns nicht dazu veranlassen, Ernst und Bedeutung ihrer Leistung zu unterschätzen: es ist ihr gelungen, auf einfache Weise das Wesen der Symbole zu verstehen. Wir finden tatsächlich häufig, daß das Kind im „Spiel" sehr wichtige intellektuelle Aktivitäten entwickelt.

Wir sollten außerdem erwähnen, daß Piaget den Symbolspielen die gleiche Bedeutung im emotionalen Leben des Kindes beilegt. Das Kind von zwei bis vier Jahren ist in diesem Entwicklungsstadium leicht verwundbar, weil es viele neue Verhaltensweisen erwerben muß, um sich mit seiner Umwelt auseinanderzusetzen. Außerdem macht es die Erfahrung, daß es sich einer Reihe von sozialen Regeln anpassen muß, von denen die Sprache nicht die unwichtigste ist. Es muß hinnehmen, daß Wörter ohne augenscheinliche Rechtfertigung für bestimmte Dinge stehen. Seine Fähigkeit zur Selbstdarstellung durch die Sprache ist außerordentlich begrenzt und rudimentär. Die ihm verfügbaren Wörter genügen oft nicht, seine Bedürfnisse und Gefühle auszudrücken. Es muß Anordnungen folgen, deren Zweck es nicht verstehen kann. Seine natürliche Spontaneität wird in die soziale Form seiner Kultur gezwungen. Im allgemeinen kann er dem keinen Widerstand entgegensetzen.

Das Erlebnis seiner Unzulänglichkeit führt zur Frustration und in der Folge zu Konflikten mit den Individuen seiner Umgebung. Das Symbolspiel, das in einem bedeutenden Ausmaß die Aktivität des Kindes in diesem Stadium bestimmt, ist ein angemessenes Mittel bei dem Versuch, sich der Wirklichkeit anzupassen. Bei dieser Interaktionsform kann das Kind die Außenwelt beinahe vollständig seinen Wünschen assimilieren, statt diese der Welt akkommodieren zu müssen. Es kann die Welt also nach Maßgabe der eigenen Bedürfnisse verändern. Weiterhin kann es im Symbolspiel die realen Konfliktsituationen so reproduzieren, daß sie befriedigend ausgehen und daß es selbst in ihnen die Oberhand behält, statt — wie in der Wirklichkeit — meist zu unterliegen. Dadurch daß das Symbolspiel also diese wichtige kathartische Funktion erfüllt, sorgt es für die emotionale Stabilität des Kindes und hilft ihm, sich auf die Realität einzustellen.

Sprache

Wir haben zwei verschiedene Erscheinungsformen der Symbolfunktion betrachtet. Jetzt wollen wir uns ihrem dritten Aspekt zuwenden und uns damit befassen, wie das Kind die Sprache gebraucht und ihr Bedeutung verleiht.

Im sechsten Stadium der sensomotorischen Entwicklung verwendet das Kind die Wörter anfangs nicht als Symbole, sondern bezieht sie unmittelbar auf die Handlungen, die es gerade ausführt. Betrachten wir das folgende Beispiel, in dem Laurent beobachtet wird:

„Mit 1;5 (19) bedeutet ‚a plus' ein Weggehen, dann das Zubodenwerfen eines Gegenstandes und wird schließlich auf ein Objekt, das umfällt (ohne aus dem Gesichtsfeld zu verschwinden), angewendet. Er sagt so ‚a plus' zu seinen Klötzen. Dann bezeichnet ‚a plus' einfach die Entfernung (außerhalb seines Greiffeldes), dann das Spiel, einen Gegenstand hinzuhalten, damit man ihm diesen wegnehme. Mit 1;6 (23) sagt er sogar ‚a plus', wenn man einen Gegenstand in den Händen hält und er ihn verlangt. Schließlich mit 1;7 ist ‚a plus' zu einem Synonym für ‚Wiederanfangen' geworden." [4]

Halten wir fest, daß Laurent, „a plus" nicht symbolisch verwendete. Er gebraucht die Wörter nicht für abwesende Dinge oder Ereignisse wie in dem Satz „Das Wasser ist nicht mehr im Garten", sondern bedient sich ihrer konkret im doppelten Sinne: Erstens wendete er die Wörter auf unmittelbar gegenwärtige Dinge, wie die umgefallenen Klötze, an. Zweitens waren die Wörter Ausdruck seines unmittelbaren Verlangens, wenn er zum Beispiel etwas haben wollte, was jemand anders hatte. Die ersten Wörter des Kindes sind nicht nur an konkrete Dinge und Handlungen gebunden, sondern sind auch sehr unbestimmt. Der Ausdruck „a plus" wurde gebraucht, um zu bezeichnen, daß jemand wegging, daß etwas umfiel, daß sich etwas in einiger Entfernung befand usw. Wortbedeutungen sind für Kleinkinder nicht festgelegt. Sie verstehen die Wortbedeutungen nicht als soziale Übereinkünfte, sondern ganz individuell. Insofern ähneln die Wörter des Kleinkindes den symbolischen Vorstellungen dieser Phase.

Im folgenden Abschnitt der sprachlichen Entwicklung erwirbt das Kind die Fähigkeit, Wörter symbolisch zu gebrauchen. Im Alter von ungefähr zwei Jahren beginnt es langsam, Wörter für abwesende Dinge oder Ereignisse zu verwenden. Als Jacqueline zum Beispiel mit 1;11 (11) von einem Ausflug zurückkam, erzählte sie ihrem Vater davon. Sie sagte: „Robert hat geweint, Ente ist im See geschwommen, sie ist sehr weit

[4] A.a.O., S. 278.

geschwommen“[5]. Die Ereignisse hatten vor dem Zeitpunkt der Erzählung stattgefunden, und Jacqueline war nicht nur dazu in der Lage, sich an sie zu erinnern, sondern auch dazu, durch bestimmte Wörter die Vergangenheit zu markieren. Im Verlauf einer stetigen Entwicklung gelingt es dem Kind nun, Wörter auch für Signifikate zu gebrauchen, die außerhalb des Bereichs von gerade stattfindenden Handlungen oder von unmittelbaren Wünschen und Ereignissen liegen.
Da die Wörter jetzt einen symbolischen Charakter angenommen haben, sollten wir fragen, ob das Kind sie in derselben Weise wie ein Erwachsener verwendet. Wir sahen zum Beispiel, daß Jacqueline die Wörter „Ente ist im See geschwommen“ verwendete, um auf Ereignisse in der Vergangenheit zu verweisen. Ungeachtet der Tatsache, daß die Wörter symbolisch verwendet werden, müssen wir uns fragen, ob das Kind ihnen dieselben Bedeutungen wie ein Erwachsener verleiht. Anders gefragt: Entspricht der Begriff, den das Kind von der Ente hat, oder die Bedeutung, die es dem Wort „Ente“ zuweist, denen des Erwachsenen? Die bloße Tatsache, daß das Kind das Wort gebraucht ,impliziert nicht unbedingt, daß es ihm auch die Bedeutung unterlegt, die wir ihm gewöhnlich geben. Es folgen einige Beobachtungen, die unseren Gegenstand verdeutlichen können:

„J. sieht L. in einem neuen Badekostüm mit Mütze und fragt: „Wie heißt das Baby?“ Ihre Mutter antwortet ihr, daß es sich um ein Badekostüm handelt, aber J. zeigt auf L. selbst und sagt: „Aber wie heißt die da?“ (und zeigt auf das Gesicht von L.), und wiederholt dann mehrere Male die gleiche Frage. Sobald L. ihren Badeanzug auszieht, ruft J. ganz ernsthaft: „Jetzt ist es wieder Lucienne“, als ob ihre Schwester ihre Identität mit dem Kostüm gewechselt hätte.“[6]

Die Beobachtung zeigt, daß Jacquelines Begriff von ihrer Schwester oder der Gebrauch, den sie vom Wort „Lucienne“ macht, sich sehr von denen des Erwachsenen unterscheiden. Wenn Jacqueline an ihre Schwester denkt, billigt sie ihr wenig Individualität zu. Für sie gibt es keine Lucienne, die unbeschadet oberflächlicher Veränderungen dasselbe Individuum bliebe, sondern sie betrachtet diese, wenn sie unterschiedliche Kleidung trägt, als die Erscheinung zweier verschiedener kleiner Mädchen. Sobald ein Individuum oder ein Gegenstand seine Erscheinung auch nur geringfügig verändert, kann das Kind dieses Alters nicht mehr erkennen, daß der Wahrnehmungsgegenstand er selbst bleibt oder seine Identität bewahrt.

[5] A.a.O., S. 283.
[6] A.a.O., S. 224.

Neben der unzureichenden Fähigkeit, Dinge und Personen zu identifizieren, zeigen sich beim Kind noch andere ungewohnte Weisen des Wortgebrauchs.
Einmal war Jacqueline im Garten und trat auf die Blumen des Hausbesitzers. Sie sagte: „Du wirst (= ich werde) den Garten von Onkel Alfred verderben“[7]. Sie war früher im Garten ihres Onkels gewesen und benutzte in dieser Situation den Ausdruck „Garten von Onkel Alfred“, um den des Hausbesitzers zu bezeichnen. Sie verwendete also einen Ausdruck zur Bezeichnung zweier verschiedener Dinge. Alle Gärten sind Gärten „von Onkel Alfred“. Im Falle ihrer Schwester sah Jacqueline dasselbe Individuum, wenn es seine Kleidung wechselte, als unterschiedliche Individuen an; in der gegebenen Situation betrachtete sie verschiedene „Individuen“ (Gärten) als dasselbe „Individuum“. Es ist offensichtlich, daß in keinem der Fälle Jacquelines Wortgebrauch dem eines Erwachsenen entsprach. Die Begriffe oder Bedeutungen, die durch „Lucienne“ oder „Garten von Onkel Alfred“ hervorgerufen wurden, waren noch ziemlich primitiv.

Schlußfolgerungen

Während der Zeit von zwei bis vier Jahren zeigt das Kind drei verschiedene Arten von Schlußfolgerungen. Beim ersten Typ sieht sich das Kind einer Situation gegenüber, die es unmittelbar vorher erfahren hat. Dann zieht es sehr konkrete Schlüsse aus ihr, indem es äußert, was sich in der Vergangenheit ereignet hat. Zum Beispiel rief Jacqueline mit 2;4 (16) nach ihrem Vater, der nicht anwortete. Daraus schloß sie: „Papa hört nicht.“ Etwa zur gleichen Zeit sah Jacqueline, wie ihr Vater sich heißes Wasser nahm und folgerte: „Papa nimmt sich heißes Wasser, also rasiert er sich“[8]. In beiden Fällen konnte Jacqueline auf Erfahrungen zurückgreifen, die sie früher mit ihrem Vater in ähnlichen Situationen gemacht hatte. Ihre Schlußfolgerungen beschränkten sich lediglich auf die bloße Erinnerung an das, was in diesen Situationen früher passiert war.

Piaget meint, daß dieser Typ des Schließens eine einfache Anwendung früherer Erfahrung auf eine gegenwärtige Situation bedeute und nicht verwechselt werden dürfe mit den eigentlichen deduktiven Schlußfolgerungen des reifen Individuums.

---

[7] A.a.O., S. 286.
[8] Nachahmung, Spiel und Traum, S. 294.

In der zweiten Form kindlicher Schlußfolgerungen verzerren die Wünsche des Kindes sein Denken. Jacqueline wollte zum Beispiel mit 2;10 (8) Apfelsinen essen. Ihre Eltern erklärten ihr, daß es unmöglich sei, weil die Orangen noch grün und unreif seien. „Jacqueline scheint zuerst zu resignieren, aber einen Augenblick später, während sie ihren Kamillentee trinkt, sagt sie: ‚Die Kamillen sind nicht grün, sie sind schon gelb, gib mir Orangen!'" [9]. Augenscheinlich verspürte Jacqueline den heftigen Wunsch nach Apfelsinen und schloß deshalb aus der Tatsache, daß der Tee gelb war, darauf, daß auch die Apfelsinen gelb sein müßten und daß sie sie deshalb auch essen könne. In diesem Stadium versucht das Kind durch seine Schlußfolgerungen bestimmte Ziele zu erreichen, aber sein Denken verzerrt die Wirklichkeit entsprechend seinen Wünschen. (Wie wir unten zeigen werden, ist die Tee-Beobachtung auch ein Beispiel für Transduktion.)

Eine dritte Form des Schließens nennt Piaget (mit William Stern, Anm. d. Ü.) „transduktiv". In der Logik wird manchmal zwischen Deduktion und Induktion unterschieden. Unter Deduktion wird im allgemeinen der Schluß vom Allgemeinen auf das Besondere verstanden. Wenn wir beispielsweise annehmen, daß alle Menschen goldene Herzen haben, und wenn uns dann ein bestimmter Mensch gezeigt wird, deduzieren wir, das er ein goldenes Herz hat. Die Induktion wird gewöhnlich als eine Methode berachtet, durch die man vom Besonderen auf das Allgemeine schließt, um durch die Beobachtung besonderer Fälle allgemeine Prinzipien begründen zu können. Wenn wir zum Beispiel einer großen Zahl von Menschen begegnet sind, die alle goldene Herzen hatten, können wir daraus schließen, daß alle Menschen goldene Herzen haben. Nach Piaget (bzw. W. Stern, Anm. d. Ü.) nehmen die Schlußfolgerungen des kleineren Kindes eine Zwischenstellung zwischen Induktion und Deduktion ein. Es bewegt sich nicht vom Allgemeinen zum Besonderen (Deduktion) oder vom Besonderen zum Allgemeinen (Induktion), sondern eher vom Besonderen zum Besonderen, ohne das Allgemeine zu berühren. Das transduktive Urteil stellt zwischen zwei oder mehr konkreten (besonderen) Erscheinungen Beziehungen her, wo keine vorliegen. Zum Beispiel sagte Lucienne eines Nachmittags, als sie nicht, wie gewöhnlich, nach dem Essen geschlafen hatte: „Ich habe nicht geruht, also ist es nicht Nachmittag" [10]. In diesem Fall bewegte sich Luciennes Denken vom Schlaf (dem einen Besonderen) zum Nachmittag (dem anderen Besonderen) und kam zu dem Schluß, daß der Nachmittag vom Schlaf nach dem Essen abhinge, obwohl die Beziehung natürlich von anderer Art ist.

[9] A.a.O., S. 293.
[10] A.a.O., S. 294.

Zusammenfassung und Schluß

Im Alter von zwei bis vier Jahren erwirbt das Kind die Fähigkeit, symbolische Vorstellungen zu bilden, die für abwesende Dinge oder Ereignisse stehen oder sie repräsentieren. Wenn es sich mit den Dingen auseinandersetzen will, müssen sie nicht mehr unmittelbar gegenwärtig sein, sondern das Kind vermag sich in der Vorstellung einen Ersatz für die wirklichen Dinge zu schaffen. Dieses Vermögen befreit das Kind vom unmittelbaren Hier und Jetzt. Anstatt mit den Dingen hantieren zu müssen, arbeitet es mit ihren Substituten. Das Kind bildet die symbolischen Vorstellungen durch Nachahmung. Es sieht die Dinge an, hantiert mit ihnen und verhält sich wie sie. Auf diesem Wege eignet es sich viele Informationen über sie an. Diese Handlungen des Kindes begründen die symbolische Vorstellung. Wir können die Nachahmung tatsächlich als die Brücke zwischen der sensomotorischen und der späteren Intelligenz betrachten. Während der sensomotorischen Phase entwickelt der Säugling seine Fähigkeit zu imitatorischem Verhalten. Wenn er zu einem späteren Zeitpunkt die Nachahmung beherrscht, beginnt er, sie zu interiorisieren und bildet auf diese Weise die symbolische Vorstellung. In Piagets Terminologie sind Symbole *Signifikanten*. Das Symbol ist individuell und ähnelt der Sache, die es bezeichnet. Lucienne schwankte zum Beispiel vor und zurück, um sich ein Fahrrad vorzustellen. Wenn das Kind symbolische Vorstellungen gebildet hat, verleiht es ihnen durch das Assimilationsverfahren Bedeutung. Es assimiliert sie in bereits verfügbare Schemata. Deshalb ist das, was das Symbol bezeichnet (das Signifikat), immer individuell und steht in enger Beziehung zur Erfahrung des Kindes. Ein gutes Beispiel für die Beziehung zwischen dem Symbol und seiner Bedeutung ist der spielerische Gebrauch, den das Kind von Symbolen macht. Ohne selbst daran zu glauben, läßt das Kind einige Dinge (Symbole) für andere figurieren. Das Kind assimiliert im Spiel einige Gegenstände in Schemata, die eigentlich auf andere Gegenstände angewendet werden. Ein anderer Typ des Signifikanten ist das Wort, das ebenfalls gebraucht wird, um etwas anderes zu bezeichnen. Das Wort ähnelt seinem Referenten jedoch gewöhnlich nicht, sondern erhält seine Bedeutung aus einer konventionalisierten Übereinkunft, die die sprachliche Kommunikation erleichtern soll.

Während dieser Phase spricht das Kind seine ersten Wörter. Nach einem Vorstadium, in dem die Wörter eng an Handlungen, die das Kind gerade ausführt, oder an Wünsche, die es gerade hegt, gebunden sind, beginnt das Kind die Sprache auch zu verwenden, um auf abwesende Dinge und Ereignisse zu verweisen. Das Kind weicht jedoch in seinem Wortgebrauch von dem des Erwachsenen ab. Die Bedeutung, die den Wörtern verliehen wird, oder der Begriff, der ihnen zugeordnet wird, bleibt noch sehr primitiv. Die Begriffe des Kindes sind in Wirklichkeit vorbegrifflich: manchmal sind sie zu allgemein und manchmal zu begrenzt. Das Kind versucht außerdem seine ersten Schlüsse zu ziehen. Manchmal hat es Erfolg darin, jedoch nur, wenn es nicht über die bloße Erinnerung an geschehene Ereignisse hinausgeht. Sonst geht es in seinen Schlußfolgerungen fehl. Dies ist entweder seiner Neigung zuzuschreiben, sein Denken durch seine Wünsche zu verzerren, oder der transduktiven Beschaffenheit seines Denkens: Es schließt vom Besonderen auf das Besondere. Dieser Beginn symbolischer Aktivität beim Kleinkind ist anfangs unvollkommen und enthält vom Standpunkt des Erwachsenen aus viele „Fehler". Eine lange Entwicklung ist nötig, bevor das Kind über eine ausgereifte Denkfähigkeit verfügt. Logisches Denken tritt beim zweijährigen Kind nicht in seiner späteren Gestalt auf.

Piaget vertritt die Auffassung, daß die Sprache eine zwar begrenzte aber nicht zu vernachlässigende Rolle bei der Ausbildung des kindlichen Denkens spielt. Sicherlich bestimmt die Sprache nicht allein die geistigen Aktivitäten des Kindes. Trotz der neuen Fähigkeit zu sprechen, denkt das Kind oft nonverbal. Es bildet symbolische Vorstellungen, die auf der Nachahmung der Dinge und nicht auf ihrem Namen beruhen. Jedoch auch die Sprache leistet ihren Beitrag. Wenn ein Erwachsener beispielsweise ein Wort gebraucht, das eine *Klasse* von Dingen bezeichnet, gewinnt das Kind einen Eindruck von einem Aspekt der Schlußfolgerungen des Erwachsenen. Die Sprache eines Erwachsenen zwingt das Kind, die Welt in einem gewissen Maße unter einem neuen Gesichtswinkel zu betrachten. Dennoch können wir mit Recht sagen, daß das kindliche Denken weniger auf der kindlichen Sprache beruht als umgekehrt die kindliche Sprache auf dem kindlichen Denken. Wir sahen oben, daß das Kind die Wörter entsprechend seinem individuellen Bedeutungssystem interpretiert und daß das Kind möglicherweise andere Bedeutungen als der Erwachsene benutzt. Obwohl die Kultur dem Kind die Sprache vermittelt, ist letztere nicht der ausschlaggebende Sozialisationsfaktor für das kindliche Denken. Die Sprache bestimmt also nicht allein über die kulturell erwünschten Denkweisen, sondern das Kind verzerrt die Sprache so, daß sie zu seiner eigenen geistigen Struktur paßt. Er erwirbt seine spätere Denkfähigkeit in einem langen Entwicklungsprozeß, in dem die Sprache nur ein Faktor unter anderen ist.

Das Kind im Alter von vier bis elf Jahren (Piagets Frühwerk)

Wir haben jetzt die Fähigkeiten betrachtet, die das Kind auf der sensomotorischen Stufe (0 bis 2 Jahre) erwirbt, und erlebt, wie es sich die Symbolfunktion aneignet (von 2 bis 4 Jahren). Es ist schwierig, die Bedeutung dieser Entwicklung genügend deutlich zu machen. Im Zeitraum von nur wenigen Jahren ist aus einem Organismus, der beinahe gänzlich von Reflexen und anderen ererbten Fertigkeiten abhing, ein Individuum geworden, das über die Fähigkeit des symbolischen Denkens verfügt. Während der folgenden Jahre (also denen, die auf die vier ersten folgen) bleiben sowohl die sensomotorischen wie auch die symbolischen Aktivitäten erhalten. Das Kind entwickelt weiterhin sensomotorische Schemata und wendet sie auf eine große Zahl von Gegenständen an, um seine Sprachfähigkeit zu verbessern und symbolische Vorstellungen für einen immer größer werdenden Bereich der Umwelt zu erwerben. Gleichzeitig aber entwickelt sich das Kind auch in neue Richtungen.

Der folgende Abschnitt enthält eine Zusammenfassung des intellektuellen Wachstums, das das Kind im Alter von vier bis elf erlebt. Erinnern wir uns daran, daß die ersten fünf Bücher Piagets diese Altersspanne betreffen und den vorläufigen Versuch darstellen, dafür einen Begriffsrahmen zu schaffen. In späteren Werken gelingt Piaget eine weitergehende theoretische Durchdringung dieser Altersstufe. Hier wollen wir Piagets frühere Anschauung über das Kind im Alter von vier bis elf Jahren beschreiben. In Kapitel vier werden wir das spätere Werk betrachten. Wie wir sehen werden, ist Piagets frühes Werk — obwohl es vorläufigen Charakter hat — sehr beeindruckend und gehört, wenn wir nach gewissen Kriterien urteilen, zum Besten, was wir ihm verdanken.

Der Sprachgebrauch

Piagets frühes Werk beginnt mit einer Untersuchung des kindlichen Sprachgebrauchs[11]. Es geht von einer grundsätzlichen Fragestellung aus: Welche Funktion erfüllt die Sprache des Kindes? Unsere erste Antwort wäre sicherlich, daß die Sprache der Kommunikation diene. Das Kind

[11] Erinnern wir uns daran, daß er dieses Werk schrieb, bevor er den Sprachgebrauch des Kindes im Alter von zwei bis vier Jahren untersuchte. (Von dieser Untersuchung haben wir oben berichtet.) Deshalb verwendet er im früheren Werk die Begriffe Signifikant und Signifikat noch nicht.

benützt die Sprache höchstwahrscheinlich wie der Erwachsene dazu, seine Gedanken auszudrücken, d. h. anderen Informationen zu übermitteln. Wenn wir jedoch etwas genauer über diese Frage nachdenken, merken wir schnell, daß selbst der Erwachsene die Sprache nicht nur kommunikativ verwendet. Wenn Erwachsene allein sind, sprechen sie innerlich oft mit sich selbst. Wenn jemand zugegen ist, führen sie manchmal sogar laute Selbstgespräche. Unsere ursprüngliche Hypothese über den Verwendungszweck der Sprache trifft also nicht immer zu.

Damit stellen sich aber sogleich einige Fragen. Welcher Teil der Sprache — vor allem der kindlichen Sprache — ist kommunikativ und welcher nicht? Wie ist die nicht-kommunikative Sprache beschaffen? Und wenn sie nicht-kommunikativ ist, welchem Zweck dient sie dann? Um diese und andere Fragen zu beantworten, führte Piaget eine Reihe von Untersuchungen durch. Er begann damit, ungefähr einen Monat lang zwei sechsjährige Jungen während des Unterrichts zu beobachten. Die beiden Kinder kamen aus einem der ärmeren Stadtteile von Genf und besuchten eine Versuchsschule. Die Schüler durften zeichnen oder tun, was sie wollten, konnten allein mit „Mathematikspielen" arbeiten, lesen oder miteinander reden und spielen; sie durften sogar ohne Erlaubnis die Räume wechseln. Während die beiden Jungen diesen Tätigkeiten nachgingen, hielten Piaget und ein anderer Beobachter den vollen Wortlaut dessen fest, was die Kinder sagten, sowie den Kontext, in den er gehörte. Piaget bemühte sich darum, die Aktivität der Kinder nicht einzuschränken und ihr Verhalten in keiner Weise zu beeinflussen. Seine Absicht war natürlich, eine möglichst getreue Aufzeichnung des kindlichen Sprachgebrauchs in der natürlichen Umgebung der Schule zu erhalten. Wir erinnern uns, daß Piaget die Methode der naturalistischen Beobachtung auch bei seinen Untersuchungen des Säuglingsalters und der Phase von zwei bis vier Jahren angewandt hat. Einige der Vor- und Nachteile dieser Methode sind bereits im zweiten Kapitel erörtert worden. Eine Frage, die wir außer acht gelassen haben, ist jedoch, ob Piaget mit Recht annimmt, daß das Verhalten der Kinder durch die Anwesenheit eines Beobachters nicht beeinträchtigt wird. Handeln und sprechen Kinder anders, wenn ein Erwachsener sie beobachtet? Leider gibt es nur wenig empirisches Material zu dieser Frage. Im Augenblick können wir nur auf unsere informelle Erfahrung in ähnlichen Situationen zurückgreifen und die Vermutung wagen, daß nach einer kurzen Zeit jüngere Kinder im allgemeinen die Anwesenheit erwachsener Beobachter vergessen und sich ganz natürlich verhalten.

Nachdem Piaget die Äußerungen beider Kinder aufgezeichnet hatte, versuchte er jeden Satz von jedem Kind zu katalogisieren. Er entdeckte ver-

schiedene Spielarten sowohl der kommunikativen wie der nicht-kommunikativen Sprache. Beim nicht-kommunikativen oder „egozentrischen" Sprechen lassen sich drei Redeweisen unterscheiden. Eine Redeweise ist die *Wiederholung*, bei der das Kind nachspricht, was es gerade gehört hat; zum Beispiel: „Jac sagt zu Ez: ‚*Sieh mal Ez, deine Hose guckt heraus!*' Pie, der an einer anderen Stelle im Zimmer steht (Anm. d. Ü.: einer der beiden Jungen, die Piaget beobachtet), wiederholt sofort: ‚*Sieh mal, meine Hose guckt heraus und auch mein Hemd.*'" [12] Die Bemerkung kopierte offensichtlich die Äußerung von jemand anderem, denn Pie war einwandfrei gekleidet. Also ist Pies Äußerung ein augenfälliges Beispiel für Wiederholung, ohne dabei eine kommunikative Funktion wahrzunehmen. Sehr oft macht sich das Kind nicht bewußt, daß es lediglich wiederholt, was ein anderer gesagt hat, sondern glaubt, die Bemerkung realisiere die eigene Intention. Nach Piagets Aufzeichnungen machen die Wiederholungen ein bis zwei Prozent der Gesamtmenge der Äußerungen aus.
Eine zweite Redeweise des egozentrischen Sprechens ist der *Monolog*. Dieser Redeweise bedient sich das Kind, wenn es allein ist. Es führt dann laute Selbstgespräche von oft beträchtlicher Länge. Ein Beispiel: „Lev (setzt sich an seinen Tisch — ohne Spielkameraden): ‚*Ich, ich will das da zeichnen . . . Ich will was malen . . . Dafür brauch ich ein großes Stück Papier.*'" [13] Da niemand mit Ausnahme des Beobachters zugegen war und dieser das Kind zu diesem Zeitpunkt vermutlich nicht mehr störte, hatte Levs Äußerung sicherlich keine kommunikative Funktion. Der Monolog betrug fünf Prozent aller Äußerungen bei Pie, bei Lev sogar 15 Prozent.

Die vielleicht interessanteste Redeweise des egozentrischen Sprechens ist der *kollektive* Monolog. Er findet statt, wenn zwei oder mehr Kinder zusammen sind und eines von ihnen ein Selbstgespräch führt, dem die anderen nicht zuhören. Der Sprecher mag vielleicht beabsichtigen, die anderen für seine Bemerkungen zu interessieren, und möglicherweise sogar glauben, sie würden ihm zuhören. Die egozentrische Beschaffenheit des Monologs würde die anderen jedoch daran hindern, ihn zu verstehen, selbst wenn sie es wollten. Obwohl der Sprecher sich in einer Gruppe befindet, sind seine Äußerungen nicht kommunikativ; er spricht nur laut mit sich selbst. Lev sagte zum Beispiel, als er mit einigen anderen Kindern zusammen saß und ganz offensichtlich mit Spielzeug oder mit Malen beschäftigt war: „*Ich habe ein Gewehr und kann ihn totschie-*

[12] Sprechen und Denken des Kindes, S. 24. [Piaget hat die Gewohnheit, seine kleinen Versuchspersonen mit den ersten Buchstaben ihres Vor- oder Geschlechtsnamens zu bezeichnen. Anm. d. Ü.]
[13] Sprechen und Denken des Kindes, S. 26.

ßen. Ich bin der Hauptmann und reite. Ich habe ein Pferd und auch ein Gewehr." [14] Wir sollten beachten, daß Lev die Sätze fortlaufend mit „Ich (moi je)" begann, was darauf hinzuweisen scheint, daß er bei den anderen Gehör finden und Information übermitteln wollte. Zugleich ist Levs Äußerung jedoch unklar: Wir wissen nicht, wen er mit dem Gewehr zu erschießen beabsichtigte, wer der Hauptmann war, der auf dem Pferd ritt usw. Levs Bemerkungen standen nicht im Zusammenhang mit Äußerungen anderer Kinder und brachten diese auch nicht dazu, ihm zuzuhören. Tatsächlich führten alle diese Kinder Selbstgespräche, obwohl sie offensichtlich dasselbe taten und sich beim Sprechen an die anderen wendeten. Die Gruppenmitglieder gingen nicht aufeinander ein und konnten deshalb kein kontinuierliches Gespräch miteinander führen. Jedes Kind redete von dem, wofür es sich gerade interessierte, und das betraf meistens nur seine eigene Beschäftigung. Der kollektive Monolog ist folglich weder wirklich sozial noch kommunikativ, weil er sich nur aus wenigstens zwei gleichzeitig gehaltenen Monologen zusammensetzt. Nach Piagets Rechnung bestand Levs Sprechen zu 23 Prozent und Pies Sprechen zu 30 Prozent aus der Redeweise des kollektiven Monologs. Das egozentrische Sprechen überhaupt — Wiederholung, Monolog und kollektiver Monolog — umfaßte 39 Prozent der Gesamtmenge von Levs Sätzen und 37 Prozent der von Pies Sätzen.

Das übrige Sprechen der Kinder ist kommunikativ oder „sozialisiert". Hierbei berücksichtigt das Kind den Standpunkt des Hörers und versucht, ihm Informationen zu übermitteln. So teilt es einem anderen Kind einfache Sachverhalte mit, wie es beispielsweise mit einem Spielzeug umzugehen habe, kritisiert es, stellt ihm Fragen oder interagiert auf andere Weise mit ihm. Obwohl solches Sprechen der Kommunikation dient, zeigt es doch noch gewisse Unzulänglichkeiten. Die Kinder versuchen nicht, einander Ereignisse zu erklären, d. h. sie vernachlässigen in ihrer sprachlichen Darstellung die Ursachen von Ereignissen. Außerdem versuchen sie Vorschläge, die sie machen, weder empirisch noch logisch zu rechtfertigen, weil sie die Möglichkeit nicht in Betracht ziehen, daß der Hörer anderer Meinung sein könnte.

Nachdem Piaget durch die Beobachtung Levs und Pies zu den dargestellten Ergebnissen gekommen war, untersuchte er eine größere Gruppe von 20 Kindern im Alter von vier bis sieben Jahren. Wieder war die Methode naturalistisch und wieder bestand sie darin, die spontanen Äußerungen der Kinder aufzuzeichnen. Generell bestätigten die Ergebnisse die Daten, die die Beobachtung Levs und Pies geliefert hatte. Ein beträchtlicher

[14] Sprechen und Denken des Kindes, S. 29.

Teil des Sprechens war egozentrisch, und dieser Anteil war besonders groß beim Sprechen der jüngsten Kinder, die etwa vier Jahre alt waren. Seine naturalistischen Beobachtungen führten Piaget zu folgenden Ergebnissen: Bei zunehmendem Alter des Kindes scheint die Egozentrik ab- und die Kommunikation zuzunehmen. Die Sprache des Kindes erfüllt nicht nur kommunikative Funktionen, besonders wenn es sich um jüngere Kinder im Alter von vier bis sechs Jahren handelt. Häufig zieht das Kind den Standpunkt des Beobachters nicht in Betracht. Es spricht von, für und zu sich selbst.

Wie können wir den nicht-kommunikativen Zuschnitt des kindlichen Sprechens erklären? Welchen Zwecken dient es? Piaget bietet einige interessante Hypothesen an, die er für nur vorläufige Erklärungen ansieht. Betrachten wir die verbale Wiederholung, in der das Kind einfach nachspricht, was andere sagen, oder einige Wendungen wiederholt. Nach Piagets Interpretation ist die Wiederholung zurückzuführen auf „... die Freude an der Wiederholung, ... die Freude daran, sich der gehörten Worte zu bedienen, ... um mit ihnen zu spielen“ [15]. Zweifellos wird niemandem entgangen sein, daß diese Erklärung dem Prinzip der funktionalen Assimilation entspricht — dem Bestreben, Schemata zu wiederholen und zu üben. Hier ahmt das Kind sowohl seine eigenen wie auch die Wörter anderer nach. Genauso hat es früher auf der sensomotorischen Stufe Verhaltensmuster wiederholt. Folglich wird die Wiederholung nicht durch den Wunsch nach kommunikativen Beziehungen motiviert, sondern durch die Notwendigkeit, verbale Schemata zu üben.

Aber die Wiederholung umfaßt nur einen geringen Teil der Äußerungen des Kindes. Wenden wir uns deshalb dem Monolog zu, der viel mehr Raum im kindlichen Sprechen einnimmt. Piaget stellt zwei Hypothesen über den Monolog zur Wahl, die einander nicht ausschließen. Nach der einen Hypothese dient der Monolog der Wunscherfüllung. Wenn es dem Kind nicht gelingt, mit seinen Handlungen die erwünschten Ergebnisse herbeizuführen, benützt es Wörter, um sein Ziel zu erreichen. Wenn es zum Beispiel gerne eine Schachtel von der Stelle bringen würde, diese aber zu schwer ist, würde es der Schachtel vielleicht sagen, sie solle sich bewegen. Das Kind möchte also mit Wörtern verrichten, was es durch sein Handeln nicht vollbringen kann. Insofern ist die kindliche Sprache illusionär, eine Wortmagie. Nach der zweiten Erklärung kann das Kind noch nicht völlig zwischen Wörtern und Handlungen unterscheiden. Wenn das Kind sprechen lernt, wenn es also zwei oder drei Jahre alt ist, nennt es die unmittelbar gegenwärtigen Dinge bei ihrem Namen

[15] A.a.O., S. 24.

oder bezeichnet eine Handlung, die es gerade vollzieht, mit einem Wort. Deshalb sind in seinen Augen Ding (oder Handlung) und Wort immer gleichzeitig vorhanden. Es sieht die beiden als Einheit. In gewissem Sinn ist das Wort ein Teil des Dinges und umgekehrt. Das Kind braucht lange Zeit, um das Wort von seinem Referenten zu trennen. Es muß lernen, daß das Wort die Beziehung zu dem, was es bezeichnet, vollkommen willkürlich herstellt, und nicht zu dieser Sache gehört. Selbst in dem Alter, das wir behandeln (vier bis sieben Jahre), hat das Kind die Beziehung zwischen Wort und Ding noch nicht ganz verstanden. Deshalb neigt es, wenn es handelt — wenn es sich mit Spielzeug beschäftigt, malt usw. —, noch dazu, diesem Verhalten die entsprechenden Wörter zu assoziieren. Der Monolog ist insofern Teil der kindlichen Handlungen und dient nicht zur Aufnahme kommunikativer Beziehungen.

Den kollektiven Monolog können wir weitgehend genauso erklären. Manchmal wiederholt ein Kind in einer Gruppe nur, um sich entsprechend der funktionalen Assimilation zu üben, was jemand anders sagt; manchmal sollen seine Äußerungen magisch verrichten, was es anders nicht zu tun vermag; schließlich begleitet es mit seinem Sprechen oft nur die Tätigkeiten, die es gerade ausführt.

Alle drei Redeweisen — Wiederholung, Monolog und kollektiver Monolog — lassen sich als *egozentrisch* charakterisieren. Piaget gebraucht den Ausdruck nicht im Sinne von selbstsüchtig oder eigennützig. Er bezeichnet das kleine Kind nicht als egozentrisch, weil es von sich eingenommen wäre oder weil es die eigenen Wünsche auf Kosten anderer befriedigen wollte, sondern weil es auf sich selbst (oder auf sein Ego im weitesten Sinne) zentriert ist und die Standpunkte anderer nicht in sein Handeln und Denken einbeziehen kann. Wenn man in Kommunikation zu jemandem treten möchte, muß man berücksichtigen, welche Information der Hörer hat und welche nicht und woran er interessiert ist und woran nicht. Dies versäumt das Kleinkind zu tun.

Man mag die naturalistische Untersuchungsmethode der kindlichen Sprache auf mancherlei Weise kritisieren können. Vielleicht ist der Anteil der nicht kommunikativen Sprache nur deshalb so groß, weil die Schule sehr liberal geführt wurde und aus diesem Grunde der Nachdruck eher auf den individuellen als auf den Gruppenaktivitäten lag. Wir erinnern uns, daß die Kinder tun durften, was sie wollten, und daß man Situationen zu schaffen suchte, in denen sie durch individuelles Spiel lernen konnten, Es ist also möglich, daß die Kinder unter diesen Umständen keine Bedürfnisse nach Kommunikation empfanden und deshalb die entsprechenden Fähigkeiten auch nicht ausbildeten.

Gegen dieses Argument können wir jedoch ein Experiment Piagets an-

führen, in dem er die sprachliche Kommunikation untersuchte. Die Aufgabe bestand darin, daß der Versuchsleiter einem Kinde (dem Sprecher) eine bestimmte Information gab, die es dann einem anderen Kind (dem Hörer) übermitteln sollte. Piaget machte dem Sprecher klar, daß seine Aufgabe darin bestand, die Nachricht weiterzugeben. Diese Anweisung sollte die Aufmerksamkeit des Kindes auf das eigentliche Ziel, die Kommunikation, lenken und verhindern, daß es sie im Spiel vergaß. Deshalb war anzunehmen, daß das Experiment Aufschluß darüber geben konnte, ob das Kind Informationen übermitteln kann, wenn es das Bedürfnis dazu verspürt. Außerdem sollte das Experiment über die Fähigkeit des Hörers informieren, den Sprecher zu verstehen. Selbst wenn sich der Sprecher kommunikativ verhielte, würde der Hörer verstehen, was der Sprecher sagte? Da das Verständnis des Hörers jedoch nur mit unzureichenden Methoden gemessen wurde, werden wir diesem Aspekt der Untersuchung keine besondere Aufmerksamkeit schenken.
Wir wollen das Experiment etwas genauer betrachten. Einer der Versuche wurde mit paarweise zusammengestellten Kindern durchgeführt. Es handelte sich um 30 Kinder im Alter von sieben bis acht Jahren und um 20 im Alter von sechs bis sieben Jahren. Der Versuchsleiter schickte jeweils ein Kind eines Paares aus dem Raum und erzählte dem zurückbleibenden eine Geschichte. Dieses Kind — im folgenden als Sprecher bezeichnet — erhielt die Anweisung, aufmerksam zuzuhören, weil es dieselbe Geschichte dem anderen Kind, das wir Hörer nennen wollen, zu erzählen haben werde. Dann las der Versuchsleiter eine Geschichte vor, wiederholte die schwierigen Teile und bemühte sich, den Sprecher zum aufmerksamen Zuhören zu bewegen. Es wurden mehrere verschiedene Geschichten benutzt, die zwischen sechs und neun Sätzen lang waren. Der Sprecher brauchte dem Hörer allerdings nur jeweils eine Geschichte zu erzählen. Anschließend wurde der Hörer in den Raum gelassen, und der Sprecher erzählte ihm die Geschichte. Der Versuchsleiter notierte alles, was gesagt wurde, und stellte außerdem durch Fragen an den Sprecher und den Hörer fest, inwieweit sie die Geschichte verstanden hatten. Dieselben Kinderpaare, an denen der Test mit den Geschichten durchgeführt worden war, wurden zur Untersuchung der Kommunikation über technische Objekte herangezogen. Dieses Mal erklärte der Versuchsleiter, wie ein Wasserhahn oder eine Spritze funktionierte. Diagramme wurden benutzt, um den Sachverhalt zu verdeutlichen, und der Sprecher durfte seinerseits die Diagramme verwenden, um dem Hörer die Funktionsweise zu erklären. Wieder zeichnete der Versuchsleiter alles auf, was der Sprecher sagte.
Obwohl das Experiment verschiedene Fragen der sprachlichen Kommu-

nikation klären sollte, werden wir uns auf das beschränken, was der Sprecher verbalisierte. Zeigten die Kinder sich im Experiment fähig, kommunikativ zu sprechen, und wenn nicht, wie war ihre Sprache dann beschaffen? Im großen und ganzen bestätigte das Experiment die Resultate der früheren naturalistischen Beobachtungen Piagets. In beiden Fällen war also ein wesentlicher Anteil des Sprechens nicht-kommunikativ oder egozentrisch. Das Experiment zum Kommunikationsverhalten zeigte unter anderem, daß die jüngeren Kinder häufig Pronomen und demonstrative Adjektive benutzen — wie *er, sie, es, das da, dieses* — ohne deutlich zu machen, auf was sie sich beziehen. Während er den Wasserhahn erklärte, mochte der Sprecher zum Beispiel sagen: „Wenn du es mit dem anderen Ding da bewegst, fängt es an." Dieses Kind berücksichtigte nicht, daß der Hörer möglicherweise nicht wußte, was „es" und „das andere Ding da" bezeichneten. Diese Tendenz geht so weit, daß der Sprecher oft vollständig versäumt, die Dinge zu benennen, die in einer technischen Erläuterung vorkommen. Außerdem zeigt das Kind Schwächen, wenn es die Reihenfolge von Ereignissen wiedergibt. Ein Kind, das erklären sollte, wie der Wasserhahn arbeitet, begann damit, daß das Wasser ins Becken fließt, und dachte erst dann daran, zu beschreiben, wie das Wasser durch die Leitung fließt. Oder wenn das Kind eine Geschichte erzählte, begann es vielleicht mit dem Ende und hörte mit dem Anfang auf.

Auch können Kinder Kausalbeziehungen nur unzulänglich darstellen und verbinden nur selten die Ursache mit der Wirkung. Als ein Kind eine Geschichte erzählte, in der eine Fee einige Kinder in Schwäne verwandelte, sagte es: *„Da war eine Fee, eine böse Fee. Sie haben sich in Schwäne verwandelt."* [16] Wir sehen, daß das Kind die eigentliche Kausalbeziehung nicht nennt, die nämlich darin besteht, daß die Fee die Kinder in Schwäne verwandelt. Das Kind nennt die beiden Ereignisse, ohne ihre Beziehung zu kennzeichnen. Der zweite Satz ist außerdem ein Beispiel für die Neigung, Pronomen zu verwenden, ohne die Referenten deutlich zu machen. Worauf bezieht sich „sie"?

Häufig kommt es auch vor, daß das Kind große Teile der Erklärung oder der Geschichte ausläßt. Selbst wenn es diese Teile versteht und erinnert (wie Piaget mit den Fragen zum Verständnis anschließend zeigen konnte), versäumt das Kind, sie zu erwähnen. Es setzt nämlich die Kenntnis bestimmter Teile der Erklärung oder der Geschichte beim Hörer voraus. Auslassungen dieser Art zeigen deutlich, daß das Kind kein Empfinden für die Bedürfnisse des Hörers besitzt.

[16] Sprechen und Denken, S. 147.

Zu einem anderen Aspekt des egozentrischen Sprechens führt uns die Beobachtung, daß die Geschichte oder Erklärung des Kindes sich nicht zu einer zusammenhängenden Einheit fügt. Sein Bericht ist fragmentarisch; er besteht aus vielen gesonderten und beziehungslosen Einzelheiten, die parataktisch aufgereiht werden. Hier zum Beispiel erzählt ein Kind, wie ein Wasserhahn funktioniert:

„Die Flügel, die sind auf, und dann fließt das Wasser, das kleine Rohr ist auf, und das Wasser fließt. Da, da fließt das Wasser nicht, da sind die Flügel zu, und dann, da fließt das Wasser nicht und da fließt das Wasser. Da fließt das Wasser nicht, und da fließt das Wasser." [17]

Diese Erklärung besteht aus einer bloßen Häufung einzelner Feststellungen, die nicht zu einer folgerichtigen Darstellung zusammengefügt werden. Ein Grund für die Parataxe ist die bereits erwähnte Unfähigkeit, Kausalbeziehungen darzustellen.
Zusammenfassend können wir sagen, daß die fünf oben beschriebenen Eigenschaften des Sprechens jüngerer Kinder — die falsche Verwendung von Pronomen und demonstrativen Adjektiven, die unzutreffende Reihenfolge der Ereignisse, die unzulängliche Wiedergabe der Kausalbeziehungen, die Neigung, wichtige Teile fortzulassen, und schließlich die Parataxe — alles konkrete Manifestationen der kindlichen Egozentrik sind, der Unfähigkeit des Kindes also, den Standpunkt anderer Individuen einzunehmen. Während der späteren Entwicklung gehen die egozentrischen Äußerungen zurück. Das Sprechen wird kommunikativer. Der Sprecher macht sich die Sichtweisen anderer zu eigen und paßt ihnen sein Sprechen an.
Piaget untersuchte im Experiment über sprachliche Kommunikation auch das Verständnis des Hörers. Obwohl die Methode fragwürdig war, sind einige Eindrücke Piagets doch von Interesse. Die Ergebnisse zeigen, daß der Hörer den Sprecher im allgemeinen nicht sehr gut versteht. Teilweise ist diese Unfähigkeit des Hörers sicherlich auf die fehlerhafte Ausdrucksweise des Sprechers zurückzuführen. Wenige Menschen nur würden die oben angeführte Erklärung des Wasserhahns verstehen können. Aber Piaget meint, daß die Schwierigkeit des Hörers zum Teil auch dessen eigener Denkweise und nicht nur dem egozentrischen Sprechen des Sprechers zuzuschreiben sind. Selbst wenn der Sprecher sich verhältnismäßig deutlich ausdrückt, entstellt der Hörer seine Äußerungen noch in mancherlei Hinsicht. Einmal rufen die Bemerkungen des Sprechers im Hörer eine Art freie Assoziation hervor. Nach Piaget assimiliert der

[17] Sprechen und Denken, S. 151.

Hörer die Äußerung in seine eigenen Schemata, die häufig wenig Ähnlichkeit mit dem aufweisen, was der Sprecher mitteilen möchte. Nachdem ein sechsjähriges Kind zum Beispiel die Geschichte gehört hatte, in der die böse Fee mehrere Kinder in Schwäne verwandelt hatte, entstellte es die Geschichte ganz entscheidend. Es sagte nicht, die Kinder seien in Schwäne verwandelt worden, sondern behauptete, man habe ihnen weiße Kleider angezogen. Dann spann es diese Behauptung solange aus, bis das Ende der Geschichte nicht mehr kenntlich war. Es veränderte einen Teil der Geschichte und erfand im Fortgang eine neue, eigene Erzählung, wobei es sich ganz seiner Phantasie überließ. Während also der Sprecher die Bedürfnisse des Hörers vernachlässigte, verzerrt der Hörer seinerseits, was er wahrnimmt, spinnt es weiter und glaubt, er habe die Nachricht verstanden, was ihm in Wirklichkeit natürlich nicht gelungen ist.

Offensichtlich ist Piagets Experiment über das Kommunikationsverhalten unzulänglich in mehr als einer Hinsicht. Er gibt uns keine Auskunft über die Methode, die er verwendete, um zu bewerten, inwieweit Sprecher oder Hörer die Geschichte oder Erklärung verstanden haben. Die Messung des Verständnisses ist eine schwierige und mit Vorsicht zu behandelnde Frage, die mehr Aufmerksamkeit verlangt, als Piaget ihr schenkte. Außerdem hat Piaget die Möglichkeit nicht ganz ausschließen können, daß die Kommunikationsschwäche des Sprechers in einigen Fällen mehr durch ein schlechtes Gedächtnis als durch Egozentrik verursacht wurde. Vielleicht kann ein Kind in diesem Alter einfach deshalb keine längere Geschichte erzählen, weil es sich an große Teile nicht erinnern kann. Zwar hat Piaget versucht, den Erinnerungsfaktor durch Kontrollfragen zu isolieren, aber dem Leser wird nicht völlig klar, in welchem Maße er dabei Erfolg hatte.

Weiterhin müssen wir berücksichtigen, daß Piagets Versuchspersonen aus der Unterschicht kamen. Ist es nicht möglich, daß das Sprachvermögen der Unterschichtskinder sich von dem der Mittelschichtskinder unterscheidet? Wenn das zutrifft, hat Piaget seine Ergebnisse vorschnell verallgemeinert. Obwohl diese und noch andere Einwände vorgebracht werden können und gewichtig zu sein scheinen, ist zu bedenken, daß Piaget seine ersten Arbeiten als exploratorische Untersuchung verstand. Sie sollten Ausgangspunkt für weitere Forschung sein, vorläufige Hypothesen anbieten und keine endgültigen Resultate liefern. Dieser ursprünglichen Aufgabenstellung scheint Piaget mit seinen Studien zum Kommunikationsverhalten gerecht geworden zu sein. Aus seinen Untersuchungen ergeben sich interessante Fragen. Ist es zum Beispiel richtig, daß das kleinere Kind die Beziehung von Ursache und Wirkung nicht ausdrük-

ken kann, oder daß der Hörer in so hohem Maße entstellt, was der Sprecher sagt? Ungeachtet ihrer Unzulänglichkeiten ist Piagets Untersuchung von außerordentlichem Wert, weil sie einen der wenigen Versuche in der Kinderpsychologie darstellt, sich mit der schwierigen Frage nach der Funktion der menschlichen Sprache zu befassen.
Wir haben also bisher gesehen, daß das kleinere Kind von vier bis sieben Jahren in beträchtlichem Maße egozentrisch spricht und daß das ältere Kind etwa vom achten Lebensjahr an die sprachliche Kommunikation in zunehmendem Maße bewältigt. Warum nimmt das egozentrische Sprechen ab, wenn das Kind älter wird? Piaget schlägt eine interessante Hypothese vor, um die Abnahme der Egozentrik zu erklären. Wenn das Kind klein ist, besonders wenn es noch ein Säugling ist, geben sich Erwachsene große Mühe, seine Gedanken und Wünsche zu verstehen. Die Mutter muß wissen, welches Spielzeug der Säugling wünscht oder was ihn quält, ohne daß sie sich ausschließlich auf die Sprache verlassen könnte, wenn sie ihn verstehen will. Folglich muß sich das jüngere Kind nicht allzu klar ausdrücken; selbst wenn sein Sprechen undeutlich ist, werden die Erwachsenen alle Anstrengungen unternehmen, um es zu verstehen. Wenn das Kind jedoch älter wird, geht es mehr und mehr mit älteren Kindern um, die sich mit ihm nicht so viel Mühe geben wie Erwachsene. Andere Kinder bemühen sich nicht so intensiv, zu verstehen, was in seinen Äußerungen unklar bleibt. Statt dessen argumentieren sie mit ihm; sie bezweifeln was das Kind sagt, und zwingen es dazu, sich zu verteidigen. Durch diese sozialen Zwänge wird das Kind allmählich dazu gebracht, sich bessere Kommunikationsweisen anzueignen. Wenn es versucht, sich selbst darzustellen, lernt es vielleicht, den Standpunkt des anderen zu berücksichtigen. Wer anders verfährt, wird mißverstanden und hat von vornherein die schlechteren Argumente. Auf diese Weise verliert sich die Egozentrik.

Klinische Methode

Piaget beschäftigte sich in seinem frühen Werk teilweise mit den Inhalten des kindlichen Denkens. Er versuchte zu entdecken, was für spontane Gedanken das Kind in den verschiedenen Entwicklungsstadien hervorbringt. Welchen Begriff macht sich das Kind von der Beschaffenheit der Träume oder wie erklärt es sich, daß Boote auf dem Wasser schwimmen? Die Inhaltsforschung stößt auf besondere Schwierigkeiten, weil es jüngeren Kindern — wie wir im vorigen Abschnitt gesehen haben — große Schwierigkeiten bereitet, ihre Gedanken mitzuteilen. Deshalb braucht der Inhaltsforscher unbedingt eine empfindliche und genaue Methode. Piaget hat der Wahl der geeigneten Methode sehr viel Aufmerksamkeit geschenkt. Er hat das Testverfahren verworfen, der naturalistischen Beobachtung nur eine untergeordnete Rolle zukommen lassen und sich statt dessen für das klinische Verfahren entschieden. Wir wollen diese Entscheidungen nacheinander betrachten.

Das besondere Merkmal des Testverfahrens ist eine Fragesequenz, die in derselben Weise allen Personen gestellt wird, die dem Test unterzogen werden. Wenn wir beispielsweise untersuchen, welche Vorstellungen sich Kinder über den Ursprung der Sonne machen, müssen wir sie fragen: „Woher kam die Sonne?" Es ist wichtig, daß die Frage allen Kindern in genau derselben Weise gestellt wird. Die Frage sollte sogar jedesmal so ähnlich wie möglich vorgelesen werden (hinsichtlich der Intonation, der Hervorhebungen usw.). Wenn ein Kind nicht zu verstehen scheint, kann der Versuchsleiter die Frage wiederholen. Aber das bedeutet schon das Äußerste an erlaubter Flexibilität: Der Versuchsleiter darf die Frage nicht umformulieren oder sie in anderer Weise abändern. Das standardisierte Verfahren soll alle Versuchspersonen vor dieselben Probleme stellen. Wenn dann vierjährige Kinder im allgemeinen andere Antworttypen erkennen lassen, als achtjährige, kann der Versuchsleiter daraus zu Recht schließen, daß es einen realen Unterschied zwischen den Altersgruppen gibt. Wenn andererseits den Altersgruppen unterschiedliche Fragen gestellt worden wären, könnte der Versuchsleiter nicht unterscheiden, ob der Unterschied in den Antworten tatsächlich auf den Altersunterschied oder einfach auf den unterschiedlichen Wortlaut der Fragen zurückgeführt werden muß. Obwohl die Testmethode in der Psychologie vielseitig verwendet wird, meint Piaget, daß sie sich für seine Aufgabe, die Inhaltsforschung, nicht eigne (übrigens auch nicht für die Strukturforschung, ein Problem, für das er ebenfalls die klinische Methode wählte).

Der Nachteil des Testverfahrens liegt in seiner Unbeweglichkeit. Wenn ein Kind eine aufschlußreiche Antwort gibt, kann der Versuchsleiter sie nicht weiter verfolgen. Wenn ein Kind die Frage mißversteht, kann der Untersuchende sie nicht erklären. Wenn eine Antwort des Kindes nahelegt, weiter nachzuforschen, kann der Untersuchende sich dem Gegenstand nicht weiter widmen. Obendrein kann das Testverfahren suggestiv sein. Wenn das Kind gefragt wird: „Woher kam die Sonne?", impliziert die Frage, daß die Sonne einen Ursprung hat. Diese Idee muß das Kind nicht schon vorher gehabt haben. Folglich gibt seine Antwort nicht unbedingt Aufschluß über die spontanen Inhalte seines Denkens, sondern ist möglicherweise nur eine hastige Reaktion auf eine Frage, die ihm zum ersten Mal begegnet. Schließlich gestattet das Testverfahren dem Versuchsleiter gewöhnlich keine Rückschlüsse auf die Konsistenz der jeweiligen Antwort. Wenn ein Kind nach der Summe von zwei und zwei gefragt wird und es antwortet: „vier", kann es seiner Antwort sicher sein oder sie versuchsweise äußern. Wenn das Kind unsicher ist, könnten es weitere Fragen veranlassen, seine Meinung zu ändern. Wenn es seiner Sache sicher ist, wird es durch nichts zu beirren sein. Beim Testverfahren gibt das Kind eine Antwort und das ist alles: Eine gemutmaßte „vier" wird genauso bewertet wie eine sichere. Aus diesen Gründen lehnt Piaget den Test ab.

Eine andere Methode, die spontanen Inhalte zu erforschen, ist das naturalistische Verfahren, wie Piaget es beim Studium des Säuglingsalters oder der Sprache benutzt hat. In bestimmter Hinsicht ist es eine ideale Methode. Nehmen wir an, wir würden beobachten, daß ein Kind spontan fragt: „Wer hat die Sonne gemacht?" Die Bemerkung gibt unmißverständlich vom Inhalt des Denkens Kunde. Ganz offensichtlich glaubt das Kind, irgendeine wirkende Kraft, vielleicht ein Mensch, vielleicht Gott, habe die Sonne erschaffen und sie habe keinen natürlichen Ursprung. Sicherlich ist diese spontane Frage viel aufschlußreicher als eine Antwort auf eine standardisierte Frage.

Doch hat die naturalistische Methode einige Nachteile. Man kann ein Kind sehr lange beobachten, ohne daß es irgend etwas von Interesse sagt. Nehmen wir an, wir seien an dem Begriff interessiert, den sich das Kind vom Ursprung der Sonne macht. Es ist höchst unwahrscheinlich, daß es die betreffende Frage stellt, während wir es beobachten. Folglich kann die naturalistische Methode, trotz ihrer unbestreitbaren Vorteile, nicht als hauptsächliches Forschungsinstrument verwendet werden. Bestenfalls kann die naturalistische Methode zwei Hilfsaufgaben übernehmen. Mit ihrer Hilfe lassen sich Fragen für klinische Intensivinterviews finden. Wenn wir beispielsweise hören, daß ein Kind fragt: „Wer hat die Sonne gemacht?", können wir eine größere Zahl von Kindern interviewen, um zu prüfen, wie allgemein die Annahme vorkommt, die der Frage dieses einen Kindes zugrunde liegt. Zweitens kann die naturalistische Beobachtung dazu dienen, die Ergebnisse der klinischen Befragung zu überprüfen. Wenn die Interviews nahelegen, daß Kinder glauben, Wolken seien lebendig, kann geduldige, naturalistische Beobachtung Daten erbringen, die diese Hypothese stützen oder widerlegen.

Piaget meint, daß die klinische Methode frei sei von den Schwächen des Testverfahrens und der naturalistischen Beobachtung und darüber hinaus noch einige Vorteile biete. Die klinische Methode läßt sich nur schwer beschreiben, weil sie sehr flexibel gehandhabt wird und eher einen allgemeinen Rahmen für die Befragung absteckt, statt das Interview auf eine standardisierte Form festzulegen. Die folgende Darstellung der klinischen Methode ist deshalb nur als Skizze zu verstehen. Das Hauptziel der Methode besteht darin, dem kindlichen Denken zu folgen, ohne es suggestiv zu verformen oder ihm den Standpunkt des Erwachsenen aufzuzwingen. Der Versuchsleiter muß unbedingt darauf achten, sich nach Möglichkeit der Sprache des Kindes zu bedienen und die Fragen auf einer Ebene zu stellen, die dem Kind zugänglich ist. Ihm nicht geläufige Ausdrücke werden nach Möglichkeit vermieden und durch solche ersetzt, die das Kind von sich aus benutzt hat. Der Versuchsleiter beginnt gewöhnlich mit einer indirekten Frage. Statt zu fragen „Wer hat die Sonne gemacht?" oder „Wie ist die Sonne entstanden?", könnte der Versuchsleiter fragen: „Wie ist die Sonne hergekommen?" Wenn das Kind nicht versteht, steht es dem Versuchsleiter frei, die Frage anders zu fassen, indem er zum Beispiel fragt: „Wie kommt die Sonne dorthin?" Nach den Antworten des Kindes bildet der Versuchsleiter dann eine Hypothese, in der er die Auffassung des Kindes näher bestimmt. Diese Hypothese wird durch weitere Fragen überprüft. Der Versuchsleiter könnte fragen: „Kannst du mir sagen, wie sie dorthin gebracht wurde?" Wenn das Kind sagt: „Gott hat sie dorthin gebracht", könnte der Versuchsleiter die mit dieser Antwort eröffnete Perspektive weiterverfolgen. Glaubt das Kind wirklich an göttliche Einwirkung oder zeigt sich in der Antwort nur ein oberflächlicher Reflex dessen, was ihm in der Sonntagsschule beigebracht worden ist? Um eine Antwort auf diese Frage zu finden, kann der Versuchsleiter den Glauben des Kindes in Zweifel ziehen, um zu sehen, ob er zu erschüttern ist. Oder der Versuchsleiter kann sich fragen, ob das Kind mit seinen Äußerungen sagen will, daß es die Sonne bereits gab, bevor Gott „sie dorthin gebracht hat", oder daß Gott sie auch erschaffen hat. Weitere Fragen müssen gestellt werden, um zwischen den Alternativen zu entscheiden. Wenn die Hypothese des Versuchsleiters nicht bestätigt wird, muß er wieder den Antworten des Kindes folgen, damit sie ihn zur korrekten Interpretation führen. Es liegt auf der Hand, daß nicht zwei Forscher, die sich der klinischen Methode bedienen, selbst wenn sie dasselbe Kind befragen, denselben Frageverlauf zu verzeichnen haben. Es versteht sich außerdem, daß die klinische Befragung sehr behutsam durchgeführt werden muß und anfällig für Fehler verschiedener Art ist. Der Versuchsleiter kann zu viel reden und dadurch dem Kind bestimmte Antworten suggerieren. Genauso gut kann der Versuchsleiter auch zuwenig sagen und auf diese Weise versäumen, die Fragen zu stellen, durch die allein die Anschauung des Kindes zu ermitteln wäre. Piaget meint, daß mindestens ein Jahr

täglicher Praxis von Nöten sei, bevor der Untersuchende in der Lage sei, die klinische Befragung mit dem nötigen Geschick durchzuführen.
Wir können die klinische Methode in vielen Punkten kritisieren. Woher wissen wir, daß Piaget die klinische Befragung beherrscht? Seine Bücher geben nur ausgewählte Teile der klinischen Interviews wieder. Möglicherweise stellen die veröffentlichten Interviews Ausnahmen dar — ausgewählt, weil sie methodisch überzeugend oder weil sie Piagets Theorie unterstützen —, während die unveröffentlichten Protokolle viele Mängel offenbaren würden. In diesen Interviews hat der Untersuchende dem Kind vielleicht Antworten suggeriert, die falschen Fragen gestellt oder andere Fehler begangen. Auch können wir uns fragen, wie zuverlässig Piagets Diagnosen sind — die Urteile also, die er aus den Interviews gewinnt. Würden andere seinen Interpretationen zustimmen, oder sind Piagets Diagnosen persönliche Wertungen? Außerdem trifft es zu, daß andere Forscher Piagets Arbeiten nur sehr schwer überprüfen können, weil die klinischen Interviews nicht standardisiert sind. Wenn ein anderer Psychologe versuchen würde, Piagets Untersuchungen zu wiederholen, und zu anderen Ergebnissen käme, könnte Piaget dem immer entgegenhalten, daß dieser Forscher die klinische Methode nicht sachgemäß angewendet habe. Weiterhin wird vorgebracht, daß Piaget sich auch vieler methodischer Vergehen schuldig macht, die mit der klinischen Methode nichts mehr zu tun haben. Zum Beispiel gibt er gewöhnlich weder die Anzahl der Probanden an, mit denen er in einer Untersuchung gearbeitet hat, noch ihr genaues Alter, noch ihre soziale Herkunft. Wenn er die Ergebnisse darstellt, gibt er die Interviews nur fragmentarisch wieder und versäumt es, alle Reaktionen der Kinder statistisch aufzuführen. Insgesamt gesehen ist die klinische Methode unzulänglich. Vielleicht läßt sich vor allem gegen sie einwenden, daß sie sehr viel Vertrauen von uns verlangt; wir müssen glauben, daß Piaget die Interviews frei von Suggestion führt, daß er die Ergebnisse sachlich interpretiert usw. Wie wir wissen, ziehen Wissenschaftler es vor, niemandem zu vertrauen.

Diese Unzulänglichkeiten in Piagets Untersuchungen sind vorhanden. Dennoch sollten wir uns davor hüten, sie zu übertreiben. Wir müssen die klinische Methode im Kontext seines Gesamtwerkes bewerten. Piaget hielt seine früheren Untersuchungen vor allem für exploratorische Arbeiten. Er wollte neue Forschungsbereiche entdecken und zur späteren Überprüfung vorläufige Hypothesen aufstellen. Das frühe Werk sollte keine Theorie beweisen oder endgültige Ansichten über die Intelligenz darlegen. Piaget benötigte in diesen vorläufigen Untersuchungsstadien eine möglichst wandlungsfähige Methode. Er hielt es für verfrüht, nach starren Verfahrensregeln vorzugehen, wenn so gut wie nichts über den Untersuchungsgegenstand bekannt war und wenn keinesfalls bekannt war, welches die geeigneten Methoden waren. Wenn Piaget versucht hätte, jeden Punkt zu beweisen, wäre er wahrscheinlich nicht über das Studium der verbalen Kommunikation von Kindern hinausgekommen (eines seiner ersten Forschungsgebiete). Sobald die Pionierarbeit getan ist, ist es immer möglich, die Resultate durch standardisierte Methoden zu überprüfen und die ersten vorläufigen Hypothesen zu revidieren.

Der Inhalt des Denkens

Piagets frühe Inhaltsforschungen sind sehr umfangreich. Seine beiden Bücher[18] enthalten eine große Zahl von Einzelthemen, wie zum Beispiel die Vorstellungen, die sich das Kind über die Träume, die Meteorologie, den Ursprung der Bäume, über die Beschaffenheit der Schatten, die Arbeitsweise der Dampfmaschine und über viele andere Dinge macht. Um einen Eindruck von dieser Arbeit zu geben, werden wir nur ein Thema beschreiben — Ursprung von Sonne und Mond.

Piaget kam zu dem Ergebnis, daß man drei Stadien des Begriffes unterscheiden müsse, den sich das Kind von Sonne und Mond macht. Die Stadien treten nacheinander in der Zeit zwischen dem dritten und dem zwölften Lebensjahr auf. Piaget versucht nicht, die Altersgruppen genauer festzulegen, weil die Antworten sehr unterschiedlich ausfallen. Hier folgt das Beispiel eines Protokolls von Stadium 1 — die Vorstellungen eines Sechsjährigen:

„*Wie hat die Sonne begonnen?* — Das war, als das Leben begann. — *Hat es immer eine Sonne gegeben?* — Nein. — *Wie hat sie begonnen?* — Weil sie wußte, daß das Leben begonnen hatte. — *Wie ist das geschehen?* — Mit Feuer. — *Aber wie?* — Weil es dort oben Feuer gab. — *Woher kam das Feuer?* — Vom Himmel. — *Wie machte man das Feuer am Himmel?* — Man hat es mit einem Streichholz angezündet. — *Woher kam das Streichholz?* — Gott hat es weggeworfen ... — *Wie hat der Mond begonnen?* — Weil wir begonnen haben zu leben. — *Was hat das getan?* — Es hat den Mond größer gemacht. — *Ist der Mond lebendig?* — Nein ... Ja?. — *Warum?* — Weil wir lebendig sind ...“[19]

Das Protokoll ist ein Beleg für drei Vorstellungsweisen, die bei Kindern des ersten Entwicklungsstadiums auftreten. Die erste Vorstellungsweise

[18] La représentation du monde chez l'enfant. 4. Aufl., Paris (P.U.F.) 1972.
La causalité physique chez l'enfant. Paris 1927.
[19] La représentation du monde chez l'enfant, S. 261 f.

ist der *Animismus.* Das Kind glaubt, daß Sonne und Mond lebendig seien, so wie Menschen lebendig sind; die Sonne verfügt seiner Vorstellung nach über das *Wissen,* daß das Leben begann. Die zweite Vorstellungsweise ist der *Artifizialismus.* Das Kind meint, die Sonne sei aus den Handlungen einer von ihr unabhängigen Person hervorgegangen. Die Sonne bildete sich nicht in einem natürlichen Prozeß, sondern ist dem aktiven Eingriff Gottes zu verdanken. Die dritte Vorstellungsweise, die das Protokoll belegt, ist die der *Partizipation.* Das Kind ist überzeugt, daß eine fortwährende Verbindung, eine Partizipation, zwischen den Aktivitäten der Menschen und denen der Dinge bestehe. Es glaubt, daß der Mond begann, weil die Menschen zu leben begannen. Wir betonen, daß diese Erklärung kein Artifizialismus ist, weil das Kind nicht behauptet, die Menschen hätten den Mond geschaffen. Es hat nur eine vage Vorstellung und vermutet eine verschwommene Beziehung zwischen den Menschen und den Planeten; es glaubt, es gäbe eine Art von Einfluß oder Partizipation zwischen ihnen.

Das zweite Stadium des Begriffs, den sich das Kind von Sonne und Mond macht, ist eine Übergangsphase. Zwar sind die Vorstellungen noch artifizialistisch und animistisch, doch nicht mehr im selben Maße wie vorher. Der folgende Auszug stammt von einem achtjährigen Kind:

„*Wie hat die Sonne begonnen* — Eine große Wolke hat sie gemacht. — *Woher ist die Wolke gekommen?* — Aus dem Rauch. — *Und woher ist der Rauch gekommen?* — Aus Häusern ... — *Wie haben die Wolken gemacht, daß die Sonne scheint?* — Ein Licht macht, daß sie scheint. — *Was für ein Licht?* — Ein großes Licht; im Himmel ist einer, der hat es angezündet ...“ [20]

Beachten wir, daß das Kind den Ursprung der Sonne anfangs nur mit natürlichen Erscheinungen zu erklären versucht. Die Sonne wurde von Wolken erzeugt, die ihrerseits aus dem Rauch entstanden. Als das Kind jedoch gefragt wurde, woher der Rauch komme, erklärte es diesen artifizialistisch. Der Rauch kam aus Häusern und folglich von Feuern, die Menschen angezündet hatten. Noch auffälliger tritt der Artifizialismus im zweiten Teil des Protokolls in Erscheinung, wo das Kind behauptet, jemand im Himmel habe ein Licht entzündet, das die Sonne scheinen lasse.

Im dritten Stadium hat sich das Kind von allen Vorstellungen der Artifizialismus, Animismus und der Partizipation befreit. Zwar sind seine Erklärungen noch grob und unzutreffend, doch es macht natürliche Prozesse für die Entstehung der Sonne verantwortlich, an denen menschliche

[20] A.a.O., S. 280.

oder göttliche Wesen nicht beteiligt sind. Manchmal geht die Darstellung des Kindes natürlich auf Dinge zurück, die es in der Schule gehört hat. Aber selbst wenn es diese Möglichkeit nicht hat, verwendet es physikalische Prozesse, um den Ursprung der Planeten zu erklären.

Moralisches Urteil und Verhalten

Piaget widmet sein frühes Werk einer Vielzahl von Themen, zu denen die sprachliche Kommunikation, die Begriffe der physikalischen Kausalität und des moralischen Urteils und Verhaltens gehören. Das letzte Thema werden wir im Folgenden betrachten. Piaget beginnt seine Studie über moralisches Urteil und Verhalten mit einer genauen Erörterung der kindlichen Murmelspiele. Er beschreibt, welche Regeln die Kinder festlegen und wie sie sie befolgen. Auf den ersten Blick mag es merkwürdig erscheinen, daß Piaget die Moral ausgerechnet am offenkundig trivialen Beispiel des Murmelspiels untersucht. Unser Vorverständnis vom Begriff der Moral würde uns wahrscheinlich eher Dinge wie Lügen und Stehlen nahelegen als harmlose Spiele. Nach Piaget besteht jedoch der entscheidende Gesichtspunkt der Moral in der Tendenz, ein Regelsystem anzunehmen und zu befolgen, das gewöhnlich intersubjektives Verhalten regelt. Unsere Gesellschaft hat nach und nach Normen entwickelt, die kontrollieren, wie die Individuen sich untereinander verhalten, welche Haltung sie dem Eigentum gegenüber einnehmen und anderes mehr. Diese Prinzipien bilden zusammen mit den eigenen Begriffen des Individuums dessen moralisches System. Bei genauer Betrachtung will es scheinen, als ob die Regeln, die den Ablauf der Murmelspiele festlegen, der Definition eines moralischen Systems völlig entsprächen. Die Regeln legen fest, wie die Individuen sich gegeneinander zu verhalten haben, indem sie die Handlungen beschreiben, aus denen das Spiel besteht. Sie bestimmen die Privat- und Eigentumsrechte und sind ein Produkt der Kultur, das von Generation zu Generation überliefert wurde. Außerdem hat das Murmelspiel vom Standpunkt der Kinderpsychologen aus einen einzigartigen Vorteil. Die Regeln sind weitgehend von Kindern entwickelt worden, und das Spiel wird beinahe ausschließlich von Kindern ausgeübt. Deshalb reflektieren der Begriff, den sich das Kind von dem Spiel macht, und die Art, wie es dieses spielt, seine eigene geistige Verfassung, fast ohne daß der Einfluß von Erwachsenen sich bemerkbar machte. Anders als die Regeln, die das Lügen oder Stehlen betreffen, ist Murmeln ein Spiel von Kindern und nicht von Erwachsenen. Wenn wir das Kind über das Spiel befragen, plappert es in seinen Antworten nicht einfach nach, was Erwachsene ihm beigebracht haben, sondern gibt uns unverfälschte Hinweise auf sein eigenes Denken. Aber fehlt dem Spiel nicht die Ernsthaftigkeit und damit die Beziehung zur Moral, die eine ernstzunehmende Angelegenheit ist? Wir können diesem Einwand mit dem Hinweis darauf begegnen, daß das Kind das Spiel ernst nimmt. Während ein Spiel durchaus unterhaltsame Aspekte aufweist, wenn man Kinder beim Spiel beobachtet, kann man doch feststellen, daß sie tief in ihre Tätigkeit versunken sind, den Handlungen der anderen Spieler beträchtliche Bedeutung beimessen und an den Ergebnissen nicht uninteressiert sind. Verhält sich der Erwachsene anders, der an der Börse „spielt"?

Um das Verhalten der Kinder beim Murmelspiel untersuchen zu können, erwarb Piaget erst einmal eine gründliche Kenntnis der Spielregeln. Dann bat er etwa 20 Jungen im Alter von vier bis zwölf oder dreizehn Jahren, ihm zu zeigen, wie Murmeln gespielt wird. (In der Schweiz wird Murmeln ausschließlich von Jungen gespielt.) Während Piaget mit einem Kind spielte, war er bemüht, als möglichst unwissend hinsichtlich der Regeln zu erscheinen, um dem Kind das Gefühl zu geben, es müsse sie ihm erklären. Auf diese Weise konnte Piaget sowohl bestimmen, ob das Kind die Regeln verstand, wie auch ob es sie befolgte. Manchmal beobachtete er Kinderpaare, vor allem jüngere, während sie ohne ihn spielten. Er fragte das Kind auch nach der besonderen Art der Regeln. Zum Beispiel interessierte er sich dafür, ob das Kind glaubte, daß man die Regeln verändern könne, und für den Begriff, den sich das Kind vom Ursprung der Regeln machte.

Wir wollen die Praxis der Regeln oder das moralische Verhalten betrachten. Im Alter von vier bis sieben Jahren liegt ein *egozentrisches* Stadium vor, in dem die Kinder die Regeln nicht kennen oder befolgen, aber vorgeben, es zu tun. Wir wollen im Folgenden ein Beispiel für dieses Stadium untersuchen:

Piaget befragte getrennt zwei Jungen, die in dieselbe Klasse gingen, im selben Haus wohnten und oft Murmeln miteinander spielten. Der erste Junge beschrieb und spielte das Spiel nach einer Spielregel, die höchst ungewöhnlich und individuell war. Der zweite Junge verstand die Regeln des ersten nicht und legte darüber hinaus noch ein eigenes unübliches System dar. Jeder der Jungen, die oft „zusammen" spielten, befolgte also tatsächlich sein eigenes Regelsystem, das in nur oberflächlicher Beziehung zu dem des anderen Kindes stand. Der Begriff des „Gewinnens", so wie Erwachsene ihn verstehen, kam kaum zur Anwendung, und ein wirklicher Wettkampf fand eigentlich nicht zwischen den beiden Spielern statt. Für das kleine Kind bedeutet „gewinnen", „sich gut unterhalten", und deshalb war es allen Mitspielern möglich, in diesem besonderen Spiel zu gewinnen. Jedes Kind war mit seinem eigenen Spiel beschäftigt und brauchte den anderen nicht wirklich. Gleichzeitig glaubten die Kinder aber, daß sie wie andere Kinder spielten und daß sie die Regeln kannten und befolgten, wie es sich gehörte.

Kinder dieses Alters verhalten sich beim Murmeln so ähnlich wie beim Sprechen. Deshalb wird dieses Verhalten ebenfalls egozentrisch genannt. In beiden Fällen konzentriert sich das Kind ganz auf sich selbst und versäumt es, den Standpunkt anderer Individuen in Rechnung zu stellen. Beim Murmelspiel spielt das Kind mit sich selbst und nicht mit anderen. Es hat seine eigenen Spielregeln und wird kaum durch das beeinflußt, was der andere tut. Beim Sprechen redet das Kind mit sich selbst und nicht mit anderen. Es berücksichtigt beim Sprechen nur die eigenen Absichten, und sein Monolog erleidet keine Veränderungen durch die Bemerkungen der anderen. Egozentrismus ist also eine Tendenz, die sowohl das Sprechen wie das moralische Verhalten prägt.

Das nächste Stadium, das der *beginnenden Zusammenarbeit*, dauert vom siebten bis zum zehnten oder elften Lebensjahr. Das Spiel beginnt Züge echten sozialen Charakters anzunehmen; das Kind zeigt ein sehr viel besseres Regelverständnis. Obwohl es das Spiel noch nicht völlig beherrscht, verfügt es über die Grundregeln und versucht, die übrigen zu lernen. Gleichzeitig kooperiert und konkurriert das Kind dieses Alters mit seinem Partner. Zusammenarbeit liegt insofern vor, als das Kind mit seinem Partner in einem gemeinsamen Regelsatz übereinstimmt, der dann auch befolgt wird. (Zusammenarbeit heißt hier nicht, daß zwei oder mehr Kinder einander dabei helfen, ein gemeinsames Vorhaben zu verwirklichen.) Wettbewerb liegt insofern vor, als jedes Kind allein zu gewinnen trachtet, während es gleichzeitig an dem auf gegenseitigem Übereinkommen beruhenden System festhält. Dennoch ist die Fähigkeit zum Spielen nicht ganz ausgebildet. Da das Kind noch nicht alle Regeln beherrscht, verläuft das Spiel nicht reibungslos. Schwierigkeiten und Konflikte treten auf. Wieder läßt sich eine Parallele zwischen Spiel und Sprechen ziehen. In beiden Fällen beginnt das Kind mit ungefähr sieben Jahren fremde Standpunkte zu berücksichtigen. Beim Murmeln gestattet es einem Regelsatz, sein Verhalten zu lenken, und interagiert mit seinem Partner. Beim Sprechen versucht es zu antizipieren, was der Hörer wissen muß, und akzeptiert die Sprachkonventionen, die eine wirkliche Interaktion erleichtern.

Das Endstadium des moralischen Verhaltens ist das der *eigentlichen Zusammenarbeit*. Sie beginnt ungefähr mit dem elften oder zwölften Lebensjahr. In diesem Stadium lernt das Kind, die Regeln perfekt zu beherrschen. Wie schon vorher hat es sich mit den anderen darüber geeinigt, wie gespielt werden soll, und innerhalb dieses gemeinsamen Rahmens versucht es zu gewinnen. Zusätzlich scheinen die Regeln jedoch eine legalistische Faszination auf das Kind auszuüben. Mit Vorliebe ficht es Meinungsverschiedenheiten aus, die die Regeln betreffen, erfindet es neue Regeln oder verfeinert es alte. Es versucht sogar, alle denkbaren Möglichkeiten des Spiels vorher einzuplanen. Piaget erzählt köstliche Anekdoten über die legalistischen Neigungen dieses Stadiums. Er beobachtete eine Gruppe zehn- bis elfjähriger Jungen, die eine Schneeballschlacht vorbereiteten. Bevor sie zu ihrem eigentlichen Vorhaben kamen, benötigten sie beträchtliche Zeit, um sich in Parteien aufzuteilen, Offiziere zu wählen, ein Regelwerk zu entwerfen, das bis ins Einzelne festlegte, wie die Schneebälle zu werfen waren, und einen Strafkatalog für Rechtsbrecher aufzustellen. Bevor sie sich endgültig über alle legalistischen Aspekte des Spiels geeinigt hatten, war es Zeit, nach Hause zu gehen, so daß die Schneeballschlacht nicht stattfinden konnte. Dennoch schienen alle Spieler mit diesem Nachmittag zufrieden zu sein.

Zusammenfassend können wir feststellen, daß es drei Hauptstadien der Praxis der Regeln gibt. *Egozentrik:* kein Kind kennt die Regeln oder weiß, wie es sie anzuwenden hat, aber jedes Kind meint, es könne beides; *beginnende Zusammenarbeit:* die Regelbeherrschung hat sich verbessert, und die Kinder beginnen, bestimmte Regeln übereinstimmend anzuerkennen, um miteinander in Wettbewerb treten zu können; schließlich das Stadium der *eigentlichen Zusammenarbeit:* die Kinder kennen die Regeln genau und finden Vergnügen daran, sie zu erweitern.

Nachdem Piaget festgestellt hatte, wie weit das Kind Regeln kennt und wie es sie anwendet, setzte er seine Untersuchng damit fort, daß er die Kinder nach der Unverletzlichkeit von Regeln fragte. Er wollte von ihnen wissen, ob Regeln verändert werden dürften, ob sie schon immer in ihrer gegenwärtigen Gestalt existiert hätten, und wie sie entstanden seien. Als Piaget den Regelbegriff des Kindes bestimmte, benutzte er natürlich die klinische Methode (wie er es immer bei der Ermittlung des Regelwissens tat). Er kam zu dem Ergebnis, daß die Entwicklung der Vorstellungen, die sich das Kind von der Unverletzlichkeit der Regeln macht, zwei Hauptstadien durchläuft. Das erste Stadium, das seinerseits in zwei Abschnitte zerfällt, dauert ungefähr vom vierten oder fünften Lebensjahr bis zum neunten oder zehnten. Es überschneidet sich also mit zwei Stadien der Praxis der Regeln (Egozentrik und beginnende Zusammenarbeit). Im ersten Abschnitt des ersten Stadiums, das wir das *absolutistische* Stadium nennen werden, glaubt das Kind, daß irgendeine Autorität die Regeln des Murmelns geschaffen habe, und daß vor dieser

Autorität niemand jemals Murmeln gespielt habe. Diese Autorität macht die Regeln darüber hinaus heilig und unantastbar: Sie sind absolut und dürfen nicht verändert werden. Hier folgt der Auszug aus dem Protokoll eines Fünfjährigen, in dem einige dieser Anschauungen belegt werden:

„Wie hast Du denn die Regeln gewußt? — *Als ich ganz klein war, hat mein Bruder es mir gezeigt. Mein Papa hat es meinem Bruder gezeigt.* — Und wie hat es Dein Papa gewußt? — *Mein Papa hat es von selbst gewußt. Man hat es ihm nicht gesagt.* — Sage mir, wer ist vorher geboren, Dein Papa oder Dein Großpapa? — *Mein Papa ist vor meinem Großpapa geboren.* — Wer hat das Murmelspiel erfunden? — *Mein Papa hat es erfunden.*" [21]

Wir sehen, daß das Kind glaubt, die Regeln seien in ihrer endgültigen Gestalt eine Schöpfung des Vaters, der soviel Prestige bei seinem Kinde besitzt, daß seine Geburt vor die seines eigenen Vaters verlegt wird.
Obwohl das jüngere Kind im Alter von vier bis sechs Jahren an die Unantastbarkeit der Regeln glaubt, ist es doch im ersten Abschnitt von Stadium 1 bereit, Regelveränderungen hinzunehmen. Er erklärt sich damit einverstanden, die Murmeln im Kreise anzuordnen, obwohl ein Quadrat üblich ist. Es scheint paradox zu sein, daß das Kind einerseits die Regeln für heilig hält und andererseits ihrer Modifikation bereitwillig zustimmt. Piaget meint, daß das Kind die Veränderung nur scheinbar akzeptiert. Es hat ein so lückenhaftes Verständnis von der Bedeutung der Regeln, daß es glaubt, die Veränderungen seien nur Alternativen und ganz legitime Fassungen der Regeln. Das Kind willigt in Regelveränderungen also nur deshalb ein, weil es nicht weiß, daß es sich um Änderungen handelt.
Im zweiten Abschnitt des ersten Stadiums (ungefähr vom sechsten bis zum zehnten Jahr), verstärkt sich das Regelbewußtsein des Kindes. Dann ist es in der Lage, eine wirkliche Änderung der Regeln zu erkennen, wenn sie vorgeschlagen wird. Es gestattet nicht, die Regeln zu verändern, und erklärt die Regeln für unwandelbar. Zum Beispiel forderte Piaget einen sechsjährigen Jungen auf, ein neues Spiel zu erfinden. Was dieser ablehnte, indem er sagte: „Ich habe niemals Spiele erfunden." Als Piaget ihm ein neues Murmelspiel vorschlug, spielte der Junge es eine Zeitlang. Als er aber gefragt wurde: „Könnte dieses Spiel ein richtiges Spiel werden?", antwortete der Junge: „Nein, weil das nicht dasselbe [wie das übliche Murmelspiel] ist" [22].

---

[21] Das moralische Urteil beim Kinde, S. 54 f.
[22] A.a.O., S. 61.

Wir erinnern uns daran, daß viele Kinder, die im Stadium 1 des Regelbewußtseins sind, gleichzeitig in Stadium 1 der Praxis der Regeln (Egozentrik) sind. Dies bedeutet, daß das Kind zur selben Zeit, da es die Regeln für heilig und unantastbar hält, diese nicht allzu genau kennt und sie nicht befolgt. Wieder stehen wir vor einem Paradoxon: Wie kann das Kind dieselben Regeln, denen es soviel Bedeutung beimißt, fortwährend verletzen? Um diesen offensichtlichen Widerspruch auflösen zu können, müssen wir uns genauer ansehen, wie das Kind die Regeln erwirbt. Gewöhnlich lernt es sie von einem älteren Kinde, das es den Erwachsenen gleichsetzt und das er deshalb mit derselben Achtung und derselben Autorität ausstattet, wie jene in seinen Augen besitzen. In Piagets Worten: es liegt eine Beziehung der *erzwungenen* oder *einseitigen Achtung* zwischen älteren und kleineren Kindern vor. Die Autorität der älteren wird bedingungslos anerkannt. Das kleinere Kind überträgt dann die Autorität, die es dem älteren Kind zuschreibt, auch auf die Regeln. Da der Erwachsene und das ältere Kind unfehlbar sind, sind es auch die Regeln, die sie verkünden. Außerdem ist das Kind egozentrisch. Wie wir am Beispiel der Sprache sahen, kann es den Standpunkt anderer nicht einnehmen. Da es in seine eigenen Belange verstrickt ist, kann es die Bedeutung von Regeln nicht begreifen, die die Interessen anderer schützen; nicht weil es selbstsüchtig wäre, sondern weil es die berechtigten Bedürfnisse nicht wahrnimmt, die andere Individuen empfinden. Deshalb versteht es den Zweck von Regeln nicht. In seinen Augen sind sie ganz äußerliche Erscheinungen, die nicht verändert werden können.

Wir können also sagen, daß das jüngere Kind den Regeln uneingeschränkte Achtung entgegenbringt, weil sie von einem Individuum stammen, das in seinen Augen hohes Prestige besitzt, und daß es die Regeln als äußerliche Dinge versteht, weil seine Egozentrik es daran hindert, ihren Zweck zu begreifen.

Piaget stellt dann fest, daß alle oben erwähnten Faktoren — die Beziehung der einseitigen Achtung, Egozentrik, das autoritäre und äußerliche Regelbewußtsein — das kleinere Kind daran hindern, sich am Erfinden von Regeln zu beteiligen. Da der Standpunkt des älteren Kindes unzugänglich bleibt, wie sollte es mit diesem bei der Entwicklung praktikabler Regeln zusammenarbeiten können? Weil das jüngere Kind sich nicht beteiligt, wenn neue Regeln aufgestellt werden, bleiben sie ihm äußerlich. Sie werden nicht Teil seiner selbst, sondern ähneln einem Fremdkörper, der ihm eingesetzt wurde. Deshalb sollte es nicht überraschen, daß sie sein Verhalten nicht spürbar verändern. Weil das Kind also am Entwurf der Regeln nicht mitgearbeitet hat, versteht es sie nicht und kann es sie nicht befolgen.

Im zweiten Stadium des Regelbewußtseins, das im Alter von 10 oder 11 Jahren beginnt, glaubt das Kind, daß Regeln verändert werden können, daß Menschen sie erfunden haben und daß ihre Geltung auf dem gegenseitigen Einverständnis gleichberechtigter Partner beruht. Folglich wird das Kind Veränderungen des Spiels so lange zustimmen, wie ihnen alle Mitspieler zustimmen und wie sie praktikabel sind. Weil es selbst gleichberechtigt an der Erfindung neuer Regeln teilnimmt, fühlt es sich verpflichtet, sie zu befolgen.
Um zu erklären, wie aus der absolutistischen Moral des kleineren Kindes die flexible des größeren wird, schlägt Piaget eine Theorie des sozialen Lernens vor. Er stellt fest, daß sich das Kind in der Gesellschaft der westlichen Welt, wenn es älter wird, zunehmend von der Beaufsichtigung durch die Eltern und durch andere Erwachsene befreit. Während der ersten fünf Lebensjahre ist die Bindung an die Eltern sehr eng. Danach geht das Kind zur Schule, verbringt immer mehr Zeit mit Gleichaltrigen und übernimmt im allgemeinen mehr Verantwortung für sein eigenes Leben. Dadurch lernt es allmählich, für sich selbst zu entscheiden. Es hält die Ansichten anderer nicht mehr für so maßgeblich, weil es die anderen jetzt für gleichgestellt ansieht. Mit anderen Worten legt das Kind die Haltung einseitiger Achtung Älteren gegenüber ab und gewöhnt sich langsam an ein Verhältnis gegenseitiger Achtung. Diese Entwicklung hat zur Folge, daß es Regeln nicht mehr ohne zu fragen als bindend und unveränderbar hinnimmt. Weil das Kind sich selbst jetzt als den anderen gleichgestellt versteht, möchte es bei der Herstellung und Modifikation des Moralkodexes mitwirken.
Ein anderer und verwandter Faktor, der zur Schwächung des absolutistischen Regelbewußtseins beiträgt, ist die Tatsache, daß das Kind in zunehmendem Maße mit abweichenden Standpunkten in Berührung kommt. Wenn das Kind sich seinen Umgang auch außerhalb der eigenen Familie zu suchen beginnt, entdeckt es, daß es voneinander abweichende und unverträgliche Haltungen und Sitten gibt. Es bemerkt, daß nicht alle die Ansichten anerkennen, die es seine Eltern hat äußern hören. Dieser Konflikt zwischen dem, was man es gelehrt hat, und dem, was andere Leute glauben, zwingt das Kind, seine eigene Position neu zu bestimmen und die Konflikte zwischen den verschiedenen Ansichten zu bewältigen. Dabei denkt es über Regeln nach und kommt zu dem Schluß, daß sie bis zu einem gewissen Grad willkürlich sind und deshalb zu verändern sein müssen.
Zusammenfassend können wir feststellen, daß die anfänglich untergeordnete Stellung des Kindes gegenüber seinen Eltern sich, wenn es älter wird, zu einer gleichberechtigten Position entwickelt. Es begegnet außer-

dem Anschauungen, die denen widersprechen, die man es gelehrt hat. Beide Erfahrungen bewirken, daß das Kind den Regeln einen menschlichen, und folglich fehlbaren, Ursprung zuschreibt und bereitwillig an ihrer Herstellung und Veränderung mitwirkt. Da das Kind jetzt an der Herstellung der Regeln beteiligt ist, stellen sie keine fremde Erscheinung mehr dar, die seinem Bewußtsein aufgedrängt wird; sie bedeuten keinen Kodex mehr, der unbefragt hingenommen, manchmal befolgt werden kann und selten verstanden wird. Das Kind zieht es jetzt vor, eigene Regeln zu befolgen oder zumindest solche, denen es aus freien Stücken zugestimmt hat.

Piaget untersucht im Fortgang seiner Arbeit, wie sich das Urteil über ausgesprochen moralische Situationen entwickelt. Zu diesem Zweck erzählte er Kindern Geschichten, die ein moralisches Dilemma enthielten, und forderte sie auf, es zu lösen. Wie sollte zum Beispiel ein Kind für den Diebstahl einiger Äpfel bestraft werden? Auf diese Weise versuchte Piaget herauszufinden, welchen Begriff das Kind von Gerechtigkeit, von Strafe, von Lüge und ähnlichen Dingen hat. Um einen Eindruck von diesen Untersuchungen zu vermitteln, wollen wir uns auf den Begriff von Artigkeit und Ungezogenheit konzentrieren.

Piaget erzählte seinen Versuchspersonen eine Reihe von Geschichten, bei denen zwei Typen zu unterscheiden waren. Im einen Typ verursacht die Hauptperson mit ihrer Handlung unabsichtlich einen beträchtlichen Schaden; im anderen Typ bleibt der Schaden, den sie hervorruft, zwar unerheblich, resultiert jedoch aus einer vorsätzlich falschen Handlungsweise. Die Versuchsperson sollte entscheiden, wer artig und wer ungezogen sei.

Hier ein Beispiel für den ersten Typ:

„Ein kleiner Junge namens August sah, daß das Tintenfaß seines Vaters leer war. Eines Tages war sein Vater fort, da hatte er den Einfall, um ihm einen Gefallen zu tun, das Tintenfaß zu füllen, damit sein Vater, wenn er zurückkäme, darin Tinte fände. Nur machte er beim Öffnen der Tintenflasche einen großen Klecks auf die Tischdecke.“ [23]

Die entsprechende Geschichte, in der der Schaden zu vernachlässigen ist, war die folgende:

„Es war einmal ein kleiner Junge, der hieß Julius. Sein Papa war fortgegangen. Da hatte Julius den Einfall, mit dem Tintenfaß seines Vaters zu spielen. Er spielte einen Augenblick mit der Feder und machte dann einen kleinen Klecks auf die Tischdecke.“ [24]

---

[23] A.a.O., S. 134.
[24] A.a.O., S. 134.

Jedesmal wenn Piaget ein Geschichtenpaar erzählt hatte, fragte er, ob die beiden Kinder in gleicher Weise schuldig seien oder welches der beiden schuldiger sei und warum. Dann ging er den Antworten der Kinder mittels der klinischen Methode nach. Dabei fand er heraus, daß Kinder bis zum zehnten Lebensjahr zwei Arten von Antworten geben. In der ersten Form behauptet das Kind, über die Schuld der Person entscheide die Art ihrer Motive. Der Junge, der seinem Vater helfen wollte und dabei einen großen Schaden anrichtete, ist weniger schuldig als der Junge, der inkorrekt handelte, ohne großen Schaden zu verursachen. Piaget nennt dies einen „subjektiven" Begriff von Verantwortlichkeit, weil das Kind die Motive (die subjektive Verfassung) der Person in der Geschichte berücksichtigt. Der zweite Urteilstyp, der in diesem Stadium vorkommt (und sogar bei vielen Kindern vorkommt, die manchmal auch eine subjektive Antwort geben) ist weniger reif. Bei diesen Antworten meint das Kind, die Schuld der Person werde nicht durch ihre Motive bestimmt, sondern nur durch das Ausmaß des Schadens, den sie anrichtet. Der Junge, der seinem Vater helfen wollte, ist trotzdem schuldig, weil er einen großen Fleck machte, während der Junge, der mit der Feder spielte, nicht schuldig ist, weil sein Fleck so klein war. Betrachten wir das Protokoll eines siebenjährigen Mädchens:

„Welcher ist schlimmer? — *Der den großen Klecks gemacht hat.* — Warum? — *Weil er groß war.* — Warum hat er einen großen Klecks gemacht? — *Um einen Gefallen zu tun.* — Und der zweite? Warum hat er einen kleinen Klecks gemacht? — *Weil er alles angerührt hat. Er hat einen kleinen Klecks gemacht.* — Welcher ist also der Schlimmere? — *Der den großen Klecks gemacht hat.*" [25]

Das Protokoll macht deutlich, daß das Kind die Absichten aller Personen durchaus wahrnahm, aber sie dennoch ignorierte. Nicht die Absicht, sondern die Quantität des Schadens bestimmt die Schuld. Solche Antwort bezeichnet Piaget als einen Fall von *moralischem Realismus.* Das Urteil ist „realistisch", insofern das Kriterium für Schuld nicht subjektiv (die Intention) ist, sondern materiell oder „real" (das Ausmaß des Schadens) ist. Das Kind berücksichtigt nur die Fakten des Schadens, nicht die subjektive Verfassung, das Motiv. Außerdem stützt sich das Urteil des Kindes allein auf den Buchstaben des Gesetzes, nicht auf seinen Geist. Die Regel (in diesem Fall: „Du sollst keine Tinte verschütten!") gilt uneingeschränkt, so daß jede Handlung, die ihr entspricht, gut ist, und jede, die ihr widerspricht, schlecht ist.
Piaget entdeckt, daß der moralische Realismus bei jüngeren Kindern vor-

[25] A.a.O., S. 139.

herrscht. Betrachten wir die Definition einer Lüge. Ein Sechsjähriger gab eine typische Antwort, als er sagte: „Wenn man häßliche Worte sagt.“ [26] Anschließend bejahte er, daß „Dummkopf“ eine Lüge sei, weil es sich um ein Wort handle, daß man nicht sagen dürfe. Wir erkennen, daß die Definition des Kindes „realistisch“ ist: eine Lüge ist eine schlimme Sache und hat überhaupt nichts mit der Absicht zu täuschen zu tun. In einem zweiten Beisiel vergleichen jüngere Kinder die Bedeutungen von Lügen. Um diese Art des Urteils zu untersuchen, las Piaget den Kindern zwei Geschichten vor. In einer der Geschichten hatte ein Junge Angst vor einem Hund und erzählte seiner Mutter, das der Hund „so groß wie eine Kuh“ sei. In einer zweiten Geschichte täuscht ein Junge seine Mutter absichtlich über seine Noten. Jüngere Kinder meinten oft, die Geschichte mit dem Hund sei eine größere Lüge als die Geschichte mit den Noten, weil die Wahrscheinlichkeit weniger für einen Hund spricht, der so groß wie eine Kuh ist, als für gute Noten. Im Falle des Hundes ist die Diskrepanz zwischen den Tatsachen (der wirklichen Größe des Hundes) und der Lüge (dem Hund, der so groß ist wie eine Kuh) weit größer als im Falle der Noten, wo die Lüge (eine gute Note) genau so glaubhaft scheint wie die Tatsache (eine schlechte Note). Es ist mit anderen Worten weniger glaubhaft, einen Hund zu sehen, der so groß ist wie eine Kuh, als gute Noten zu haben, und deshalb scheint es auch die größere Lüge zu sein. Die Täuschungsabsicht bleibt irrelevant. Das entscheidende Kriterium ist die Vorkommenswahrscheinlichkeit der Fakten. Das Urteil des kleineren Kindes über Lügen ist genau so „realistisch“ wie seine Entscheidung hinsichtlich der Artigkeit und Ungezogenheit. Es richtet sich auf den äußerlichen oder materiellen Aspekt der Frage und läßt den absichtlichen oder subjektiven Aspekt außer acht.
Warum ist ein so beträchtlicher Teil der Antworten jüngerer Kinder vom moralischen Realismus geprägt? Zum Teil wahrscheinlich deshalb, weil die Eltern manchmal selbst „realistisch“ sind. Einige Eltern bestrafen das Kind strenger, wenn es unabsichtlich 15 Tassen zerbricht, als wenn es vorsätzlich eine zerschlägt. Aber das ist nicht der alleinige Grund. Eltern bestrafen eine Äußerung, die täuschen soll, (eine wirkliche Lüge) strenger als eine bloße Übertreibung (zum Beispiel der Hund, der so groß wie eine Kuh ist). Das Kind denkt jedoch, die Übertreibung sei schlimmer als die Absicht zu täuschen. Folglich scheint es so, als spiegele sich im Urteil des Kindes nicht bloß die Strafe, die es von seinen Eltern erhalten hat. Offensichtlich sind noch zwei weitere Faktoren beteiligt. Einer ist die Beziehung der einseitigen Achtung. Weil die Eltern

[26] A.a.O., S. 157.

geachtet werden, werden es die Regeln auch. Wenn die Eltern verbieten, Tassen zu zerbrechen, ist es ungeachtet der Absicht schlimm, wenn es getan wird. Ein anderer Faktor sind die egozentrischen Denkmuster des Kindes. Weil es Standpunkte, die sich von seinem unterscheiden, nicht begreifen kann, kann es das Bedürfnis anderer nach Wahrheit nicht einsehen, und bemerkt deshalb nicht, daß seine „Lügen“, die es selbst oft für wahr zu halten scheint, den Hörer täuschen. Einseitige Achtung und Egozentrik tragen also zum moralischen Realismus genauso bei wie zur Vorstellung, daß Regeln unantastbar und heilig seien.

Allmählich gibt das Kind den moralischen Realismus zugunsten einer „subjektiven“ Betrachtungsweise auf. Es gründet sein Urteil über Artigkeit und Ungezogenheit jetzt auf die Motivation und nicht mehr auf das Ausmaß des Schadens. In seinen Urteilen über Lügen berücksichtigt es die Täuschungsabsicht und nicht nur, wie glaubhaft das Ereignis ist. Wie beim Regelbewußtsein verdankt das Kind seine Fortschritte seiner neuen Unabhängigkeit von der Familie, der verstärkten Interaktion mit anderen, der Begegnung mit abweichenden Ansichten und ähnlichen Faktoren.

Wir möchten noch einige Anmerkungen zum moralischen Verhalten und Urteil anfügen. Erstens: Piaget betont, daß sich die verschiedenen Stadien überschnitten, daß dasselbe Kind je nach der besonderen Art der Situation in beiden Stadien gleichzeitig sein könne und daß primitive Formen des moralischen Urteils Erwachsene oft genau so zu eigen seien wie Kindern. Weder die Stadien noch ihr Entwicklungsverlauf ist eindeutig, und Piaget möchte nicht den Eindruck vermitteln, daß dort Ordnung herrsche, wo er nur wenig gefunden hat. Zweitens: Piagets Theorie des sozialen Lernens — daß das primitive moralische Urteil in der einseitigen Achtung begründet sei und daß sich die reifen Begriffe von Zusammenarbeit und ähnlichen Faktoren ableiten — ist spekulativ, weil die Verbindung des Zwangs, den die Erwachsenen ausüben, mit dem moralischen Realismus nicht unmittelbar evident ist. Trotzdem eröffnet die Theorie interessante Perspektiven. Man hat bisher kaum berücksichtigt, wie sich die soziale Umgebung auf intellektuelle Prozesse auswirkt. Sicherlich muß die Theorie noch geklärt und ausgearbeitet werden, besonders hinsichtlich der Wechselwirkung, die zwischen Zusammenarbeit und dem Rückgang der Egozentrik zu bestehen scheint. Übernimmt das Kind den Standpunkt anderer hauptsächlich, weil es mit dem anderen Individuum interagiert, oder interagieren beide hauptsächlich deshalb, weil jedes den Standpunkt des anderen übernehmen kann? Oder gibt es — wie es wahrscheinlicher ist — eine komplexe Beziehung zwischen der Zusammenarbeit und der Abnahme der Egozentrik?

Drittens möchten wir anmerken, daß Piagets Theorie, wie die Freuds, einen pessimistischen Zug trägt. Nach Freud muß das Kind aus sozialen und biologischen Gründen zwangsläufig einen ödipalen Konflikt erleben. Deshalb übernimmt es ein strenges und autoritäres Über-Ich oder Gewissen. Piaget glaubt ebenfalls, daß die Denkweise des jüngeren Kindes zwangsläufig egozentrisch ist und daß es in der Beziehung der einseitigen Achtung zum Erwachsenen steht. Egozentrik kennzeichnet gewisse Eigenschaften des Denkens kleinerer Kinder, die unvermeidlich zu sein scheinen und die das Kind durchmachen muß, bevor es eine höhere Ebene kognitiver Funktionen erreichen kann. Einseitige Achtung ist ebenfalls nicht zu vermeiden; selbst wenn die Eltern es versuchen, gelingt es ihnen nie ganz, eine Atmosphäre gegenseitiger Achtung zu schaffen. Autoritär müssen sie dem Kind bestimmte Anordnungen auferlegen, weil es ihre komplizierten Erklärungen nicht verstehen würde. Da also Egozentrik und einseitige Achtung unvermeidlich sind, ist es auch ihr Produkt, der moralische Realismus.
Viertens ist anzumerken, daß Piaget noch den Beweis dafür schuldig geblieben ist, daß das moralische Urteil, das er mit den Fragen zu seinen Geschichten hervorruft, den moralischen Urteilen im „wirklichen Leben“ entspricht. Piagets Argumente mögen überzeugen — zum Beispiel, daß Kinder das Murmelspiel ernst nehmen — aber Argumente können das Problem nicht lösen. Hier sind naturalistische Studien notwendig. Wir müssen sehen, ob moralischer Realismus zum Beispiel wirklich das moralische Urteil von Kindern bestimmt, wenn sie sich in natürlichen Situationen befinden. Abschließend und fünftens ist aber zum moralischen Verhalten und Urteil zu sagen, daß Piagets Arbeit seiner ursprünglichen Absicht gerecht geworden ist, weitere Experimente und weitere Theoriebildung anzuregen. Das moralische Urteil wurde häufig zum Untersuchungsgegenstand gewählt, und im großen und ganzen deckten sich die Ergebnisse unabhängiger Forscher mit denen Piagets[27].

Schlußfolgerungen

Piaget befaßte sich in seinem frühen Werk auch mit den Schlußfolgerungen des Kindes. Wieder handelte es sich um eine vorläufige Forschungsarbeit. Wie wir in Kapitel vier sehen werden, hat er selbst sich

[27] Zum Überblick über die betreffende Literatur vgl.: L. Kohlberg, The development of Moral Character and Moral Ideology, in: M. L. Hoffmann und L. W. Hoffmann, Review of Child Development Research, Vol. I, New York: Russel Sage Foundation, 1964, S. 338—432.

mit dem Thema noch ausführlich befaßt. An dieser Stelle werden wir einige Schlußfolgerungstypen betrachten: den Synkretismus, die Parataxe, die Ordnungsrelationen und die Beziehungen zwischen dem Teil und dem Ganzen.

In einer dieser Studien legte Piaget 35 neunjährigen Jungen und Mädchen eine Reihe von Sprichwörtern und eine Zusammenstellung von Erklärungssätzen vor. Das Kind sollte jedem Sprichwort den richtigen Erklärungssatz zuordnen. Ein Sprichwort heißt zum Beispiel „Wer einmal getrunken hat, trinkt auch weiter". Der Satz, der denselben Gedanken ausdrückt, lautet: „Es ist schwer, sich von schlechten Gewohnheiten zu befreien." Piaget fragte außerdem jedes Kind nach den Gründen seiner Wahl.

Ein achtjähriges Kind sagte, daß zu dem Sprichwort „Wenn die Katze weg ist, tanzen die Mäuse" der korrespondierende Satz „Manche Menschen treiben viel, tun aber nichts" sei. Als Piaget das Kind aufforderte, seine Meinung zu begründen, antwortete es:

„Weil sie fast dieselben Wörter enthalten ... — Das heißt, daß manche Menschen viel treiben, aber nachher tun sie nichts, sie sind zu müde. Es gibt Menschen, die viel treiben. Es ist genau wie bei den Katzen, wenn sie hinter den Hühnern und den Küken herlaufen. Sie ruhen sich im Schatten aus und schlafen. Es gibt viele Menschen, die viel laufen, die zu viel treiben. Nachher können sie nicht mehr, sie gehen ins Bett." [28]

Der Denkprozeß des Kindes ist sicherlich sehr unklar. Einerseits können wir ihn als *Synkretismus* bezeichnen, als die Neigung, eine Reihe voneinander unabhängiger Gedanken zu einem verworrenen Ganzen zusammenzufügen. Im genannten Beispiel versucht das Kind eine abwesende Katze mit aufgeregten Leuten zu verbinden. Das Kind verleiht völlig verschiedenen Dingen eine Ähnlichkeit, die dem Erwachsenen meist unergründlich bleibt. Wie kommt es zur synkretistischen Neigung? Nach Piaget konstruiert sich das Kind, während es das Sprichwort liest, seine Interpretation, die möglicherweise nur in flüchtiger Beziehung zur tatsächlichen Bedeutung des Sprichwortes steht, weil das Kind in Wirklichkeit frei assoziiert, wenn es die Wörter hört.

Bei dem Kind, dessen Protokoll wir oben wiedergegeben haben, deckten anschließende Fragen auf, daß es dem Sprichwort die Bedeutung von „Die Katze läuft hinter den Mäusen her" verlieh. Darauf suchte das Kind unter den Alternativsätzen einen heraus, der dem Sprichwort entsprach. Seine Interpretation oder sein Verständnis des Sprichwortes leitete es bei

---

[28] Sprechen und Denken des Kindes, S. 169.

der Durchsicht der Sätze. Nach Piagets Terminologie assimiliert das Kind die Sätze in das Schema, nach dem sich sein ursprüngliches Verständnis richtete. Die erwähnte Versuchsperson sah eine Ähnlichkeit zwischen ihrem Verständnis von „Die Katze läuft hinter den Mäusen her" und dem Satz „Manche Menschen treiben viel..." Nachdem das Kind also ein Sprichwort interpretiert und eine Beziehung zwischen der Interpretation und einem Satz wahrgenommen hat, schreibt es dem Satz und dem Sprichwort dieselbe Bedeutung zu. Durch die Vermittlung des Schemas, das ihm zunächst ermöglichte, das Sprichwort zu verstehen, bringt das Kind zwei völlig verschiedene Dinge zusammen. Synkretismus ist gewissermaßen ein Fall von wildgewordener Assimilation. Das Kind akkommodiert sich nicht der tatsächlichen Bedeutung des Sprichwortes, sondern assimiliert sie in sein eigenes Schema und assimiliert darüber hinaus noch den Satz in dieses Schema.

Wir wollen uns nun der Erscheinung der *Parataxe* zuwenden. Wir erinnern uns, daß Piaget in der Studie über sprachliche Kommunikation ermittelt hatte, daß Kinder nur selten Kausalbeziehungen ausdrücken. Wenn das Kind mechanisch Geräte beschreibt, sagt es nur, *a* und *b* hätten sich ereignet, aber nicht, *a* habe *b* verursacht. Statt aufeinander bezogen zu werden, werden die beiden Ereignisse bloß parataktisch gereiht. Eines wird hinter das andere gestellt. Um dieses Problem genauer zu erforschen, führte Piaget ein Experiment durch, an dem er 40 Kinder im Alter von sechs bis zehn Jahren beteiligte. Er legte jedem Kind einen unvollständigen Satz vor, der mit dem Wort „weil" endete, und forderte es auf, ihn zu beenden. Wenn er zum Beispiel auf die Frage „Wasser wird heiß, weil..." die Antwort erhielt „das Feuer angemacht wurde", konnte er mit der Frage fortfahren: „Und das Feuer wurde angemacht, weil..." Auf diese Weise versuchte er zu bestimmen, ob die Kinder den Kausalitätsbegriff anwenden konnten, wenn sie ausdrücklich dazu aufgefordert wurden. Die Antworten auf die Sätze und die klinische Befragung erwiesen, daß die Kinder häufig nicht in der Lage waren, ursächliche Beziehungen auszudrücken. Hier sind einige Beispiele:

> „Der Mann ist von seinem Fahrrad gefallen, weil *er sich einen Arm gebrochen hat.* — Ich bin ins Bad gegangen, weil *ich danach sauber war.* — Ich habe meine Feder verloren, weil *ich nicht schreibe.* — Er ist von seinem Fahrrad gefallen, weil *er gefallen ist, und dann hat er sich weh getan.*" [29]

Die Antworten der Kinder lassen sich zumindest auf zweierlei Weise erklären. Einerseits könnten wir die Antworten so verstehen, daß das

[29] Urteil und Denkprozeß des Kindes, S. 37 f.

Kind in ihnen künstliche Beziehungen zum Ausdruck bringt. Der Satz: „Ich bin ins Bad gegangen, weil *ich danach sauber war*", heißt dann: „Wir können sagen, daß ich ins Bad gegangen bin, weil ich danach sauber war",, oder: „Meine Sauberkeit impliziert, daß ich ins Bad gegangen bin." Nach einer zweiten Interpretation desselben Satzes versteht das Kind die Kausalität nur lückenhaft: Es verwechselt Ursache und Wirkung und reiht ein Ereignis parataktisch an das andere. Welche Erklärung trifft zu? Etliche Faktoren scheinen für die zweite Interpretation zu sprechen, legen also nahe, daß es sich bei den Äußerungen um Parataxe handelt. Wenn das Kind unbefangen spricht, verwendet es selten das Wort „weil" oder verwandte Wörter, um Beziehungen kausaler oder anderer Art zwischen Ereignissen auszudrücken. Außerdem offenbaren einige der Antworten, die Piaget in seiner Untersuchung sammelte, keine künstliche Beziehungen von der Art, wie sie in der ersten Hypothese vorgeschlagen wird. Dafür ein Beispiel: „Er ist von seinem Fahrrad gefallen, weil *er gefallen ist, und dann hat er sich weh getan.*" Die Äußerung bringt das Fallen nicht in unmittelbaren Zusammenhang mit der Verletzung; die beiden Ereignisse werden bloß parataktisch gereiht. Angemessener scheint die Erklärung, daß sich in den Antworten des Kindes sein Unvermögen erweist, Kausalbeziehungen zu erkennen (ganz zu schweigen von künstlichen Beziehungen), und die Tendenz zeigt, ein Ereignis an das andere zu reihen, ohne die Beziehung zwischen ihnen näher zu bestimmen.

Parataxe läßt sich auch in einem ganz anderen Kontext beobachten, nämlich in Kinderzeichnungen. Wenn das Kind beispielsweise ein Fahrrad malt, zeichnet es viele der Teile, ohne sie zu einem Ganzen zusammenzufügen. Wenn es die Kette zeichnet, verbindet es sie nicht mit dem Rad; es zeichnet vielleicht den Sattel, aber befestigt ihn nicht am Rahmen. Wir sehen, daß das Kind nur isolierte Ereignisse betrachtet und die Beziehungen zwischen ihnen nicht beachtet.

Weil Synkretismus und Parataxe Gegensätze zu sein scheinen, stellt uns ihr gleichzeitiges Vorkommen beim jüngeren Kinde vor ein Paradoxon. Wie kann dasselbe Kind die Teile zugunsten des Ganzen vernachlässigen (Synkretismus) und das Ganze zugunsten der Teile vernachlässigen (Parataxe)? Piaget versucht das Paradoxon zu lösen, indem er ausführt, daß sowohl Parataxe wie Synkretismus Ausdruck einer verbreiteten Denkweise seien — der Unfähigkeit, verschiedene Aspekte einer Situation gleichzeitig zu berücksichtigen. Parataxe bedeutet, daß die Beziehung zwischen den Teilen eines Ganzen nicht wahrgenommen wird. Deshalb werden sie als gesondert und beziehungslos verstanden. Das Kind ist also nicht in der Lage, gleichzeitig an die Teile als separate

Dinge *und* an die Beziehungen denken, die sie vereinigen. Bei Anwendung des Synkretismus nimmt das Kind in ähnlicher Weise das Ganze oder die gemeinsamen Beziehungen wahr, ohne innerhalb des Ganzen Unterschiede zu erkennen. Wieder hat es einen Aspekt der Situation zentriert, was ihm nur auf Kosten des anderen gelingt. Weil das Kind also nicht gleichzeitig die Unterschiede zwischen den Dingen und die Beziehungen zentrieren kann, die sie gemeinsam haben, vermag es entweder nur eine Folge beziehungsloser Ereignisse (Parataxe) wahrzunehmen oder ein zusammengewürfeltes Ganzes (Synkretismus). Beide Typen der Verzerrung rühren von derselben Unzulänglicheit des Denkens her.

Noch in einer anderen Studie untersuchte Piaget das Beziehungsurteil. Er legte einer Anzahl von Kindern das folgende Problem vor: „Edith ist heller als Suzanne (oder blonder). Edith ist dunkler als Lili. Welche ist die dunkelste? Edith, Suzanne oder Lili?“ [30] Das Problem entspricht dem, was Piaget später *Bildung einer numerischen Ordnungsreihe* nennen wird. Nehmen wir an, wir wüßten, daß *b* eine kleinere Zahl als c ist und *b* eine größere Zahl als *a*. Welche ist die größte Zahl? Natürlich lautet die Antwort *c*. Wenn wir Lili für *a* einsetzen, Edith für *b*, Suzanne für *c* und „ist heller als“ für „ist eine kleinere Zahl als“, stellt sich uns in beiden Fällen das gleiche Problem: In beiden gilt es zu verstehen, wie eine numerische Ordnungsreihe gebildet wird. Dabei ist es gleichgültig, ob diese durch Farbhelligkeit, Größe oder Zahl dargestellt wird. In beiden Problemen wird das Kind über Teilbereiche der Ordnung informiert ($b<c$ und $b>a$) und muß aus ihnen die Gesamtordnung deduzieren ($a<b<c$). Piaget stellte fest, daß selbst Kinder von 13 Jahren das Problem noch als sehr schwierig empfanden. Zum Beispiel sagte ein Neunjähriger: „Man kann es nicht wissen, weil es heißt, daß Edith die hellste und dunkelste ist.“ [31] Piaget erklärt ihre Schwierigkeiten wiederum mit der Unfähigkeit, verschiedene Aspekte einer Situation gleichzeitig zu berücksichtigen. Weil das Kind nicht zugleich $b<c$ und $b>a$ zentrieren kann, gelingt es ihm nicht zu deduzieren, daß $a<b<c$ oder daß Suzanne die dunkelste von allen ist.

Eine andere Untersuchung lieferte bemerkenswert ähnliche Ergebnisse. Die Studie beschäftigte sich ausdrücklich mit der Beziehung zwischen den Teilen und dem Ganzen. Piaget wollte feststellen, ob das Kind annahm, daß das Teil vom Ganzen eingeschlossen werde. Die Fragen stellten das Problem als Beziehung zwischen Städten (den Teilen) und Ländern (dem Ganzen). Hier ein Beispiel:

---

[30] A.a.O., S. 98.
[31] A.a.O., S. 99.

„Stu (7;8) sagt, daß *‚Genf in der Schweiz'* ist und daß *‚die Schweiz größer ist* (als Genf)'. Aber die Genfer sind keine Schweizer. ‚Woher muß man also sein, um Schweizer zu sein? — *Aus der Schweiz.*' Wir zeichnen einen Kreis, der die Schweiz darstellt, und bitten Stu, die Kantone an ihre Stelle zu setzen.
Stu beschreibt innerhalb des großen Kreises drei oder vier kleine Kreise, Genf, Waadtland usw., aber er bestreitet immer noch, daß die Genfer Schweizer sind. Die Schweizer sind die Bewohner des großen Kreises." [32]

Wir bemerken, daß das Kind anfangs der Ansicht zu sein scheint, daß die Stadt Teil eines größeren Ganzen sei („Stu ... sagt, daß *‚Genf in der Schweiz'* ist"). Aber als man ihm dazu Fragen stellt, leugnet er, daß die Genfer Schweizer seien oder daß das Teil tatsächlich vom Ganzen eingeschlossen werde. Abermals trennt das Kind in seiner Vorstellung Teil und Ganzes: Sie sind beziehungslose Ganzheiten.
Eine Zusammenfassung der Studien, in denen Piaget die Schlußfolgerungen des Kindes untersuchte, ergibt, daß das Kind die Neigung hat, mehrere verschiedene Ereignisse zu einem lose verbundenen und verworrenen Ganzen zusammenzufassen (Synkretismus); daß es manchmal nicht in der Lage ist, die Beziehungen zwischen separaten Ereignissen wahrzunehmen (Parataxe); daß es ihm nicht gelingt, Ordnungsrelationen zu verstehen; und daß ihm die Beziehungen nicht klar sind, die zwischen einem Teil und dem Ganzen bestehen. Alle diese Schlußfolgerungstypen offenbaren eine gemeinsame Schwäche: die Unfähigkeit, gleichzeitig mehrere Aspekte einer Situation zu berücksichtigen.
Piagets eigener Kommentar zu diesen Forschungsergebnissen ist außerordentlich interessant. Er behauptet, daß diese Ergebnisse, da sie durch Befragen der Kinder ermittelt wurden, für die „Ebene sprachlichen Denkens" Geltung hätten, nicht aber für die „Handlungsebene". Während Kinder also an einem Problem scheitern können, wenn sie es sprachlich lösen sollen, werden sie möglicherweise mit demselben Problem auf der praktischen oder Verhaltensebene durchaus fertig. Wenn das Kind jedoch die Probleme zuerst auf der Handlungsebene löst, muß es seine Lösungen auf der Ebene sprachlichen Denkens noch einmal lernen. In diesem Sinne ist das Handeln fortgeschrittener als das verbale Denken (soweit es das Kind von sieben bis elf Jahren betrifft). Das letztere trifft mit Verzögerung gegenüber dem ersteren auf. Piaget nennt diese Verzögerung „décalage vertical" (vertikale Verschiebung). Vertikal meint eine ansteigende Altersskala: Was das Kind mit sieben Jahren auf der Handlungsebene lernt, muß es mit elf Jahren auf der Ebene sprachlichen Denkens rekonstruieren. „Décalage" (Verschiebung) bedeutet Abstand oder Verzögerung.

[32] Urteil und Denkprozeß, S. 131.

Allgemeine Zusammenfassung und Schluß

Piagets frühes Werk ist sehr vielseitig. Die ersten Studien befassen sich mit dem kindlichen Sprachgebrauch. Die naturalistische Beobachtung zeigt, daß es Kindern unter sieben Jahren häufig nicht gelingt, mit ihrem Sprechen Informationen zu transportieren, und daß sie statt dessen oft die Äußerungen anderer wiederholen oder individuelle und kollektive Monologe halten. Ein Experiment bestätigt diese Ergebnisse: Wenn jüngere Kinder den ausdrücklichen Auftrag erhalten, einem anderen Kind eine bestimmte Information weiterzugeben, können sie keine kommunikativen Beziehungen herstellen. Sie berücksichtigen das Informationsbedürfnis des Hörers nicht. Außerdem verzerrt der Hörer das, was der Sprecher sagt, dadurch, daß er dessen Äußerungen höchst individuell interpretiert.

In anderen Untersuchungen verwendet Piaget die klinische Methode. Er lehnt hier das Testverfahren als zu starr ab und das naturalistische deshalb, weil es nicht genug relevante Informationen liefert. Er meint, daß das klinische Verfahren flexibler sei und sich deshalb besonders gut für die exploratorische Zielsetzung im Anfangsstadium eines Forschungsprojektes eigne. Er verwendet die klinische Methode, um den Begriff zu erforschen, den das Kind von der Welt hat, wobei er entdeckt, daß es einige primitive Denkmuster offenbart. *Animismus* ist die Neigung, Naturerscheinungen für genauso lebendig wie Menschen zu halten. *Artifizialismus* ist die Neigung, daran zu glauben, daß irgendeine wirkende Kraft — menschlicher oder göttlicher Art — die Naturerscheinungen erschaffen habe. *Partizipation* ist die vage Vorstellung, daß menschliches Handeln und Naturgeschehen interagierten und miteinander in Beziehung stünden.

Eine weitere Studie, die sich teilweise ebenfalls auf die klinische Methode stützt, behandelt das moralische Urteil und Verhalten. Kinder, die jünger als sieben Jahre alt sind, befolgen die Regeln eines Spiels nicht, obwohl sie gleichzeitig die Regeln für heilig und unantastbar halten. Ältere Kindern zeigen sich in höherem Maße geneigt, die Regeln zu befolgen und sie für veränderbar zu halten. In ausgesprochen moralischen Situationen glauben jüngere Kinder, daß Schuld und moralische Verantwortlichkeit nicht durch die Absicht, sondern durch das Ausmaß des angerichteten Schadens bestimmt würden. Diese „realistische" Tendenz der Moral läßt sich gleichfalls bei Urteilen beobachten, die sich auf Lügen beziehen, und nimmt mit zunehmendem Alter ab.

Als Piaget die Schlußfolgerungen des kleineren Kindes untersuchte, fand er, daß dessen Denken durch den *Synkretismus* gekennzeichnet wird:

durch die Neigung, verschiedene offensichtlich beziehungslose Dinge oder Ereignisse zu einem verworrenen Ganzen zusammenfassen; durch die *Parataxe,* das Unvermögen, wahrzunehmen, wodurch mehrere Dinge und Ereignisse tatsächlich verbunden sind; durch das Unvermögen, die Beziehung des Teils zum Ganzen zu verstehen, sowie durch die mangelnde Fähigkeit, numerische Ordnungsreihen zu bilden. Alle diese Tendenzen offenbaren ein gemeinsames Denkmuster: die Unfähigkeit, verschiedene Aspekte einer Situation gleichzeitig zu berücksichtigen.

Piaget entwickelt eine Theorie des sozialen Lernens, mit deren Hilfe er die Entwicklung des Kindes vor allem im Bereich der Sprache und des moralischen Urteils erklärt. Er behauptet zum Beispiel, daß das primitive moralische Urteil des Kindes auf seine Neigung zum egozentrischen Denken und auf die Beziehung einseitiger Achtung zum Erwachsenen zurückzuführen sei. Das moralische Urteil des Kindes wird reifer, wenn sein Urheber eine Haltung gegenseitiger Achtung dem Erwachsenen gegenüber einnimmt und wenn er mit anderen sozialen Institutionen und Standpunkten in Berührung kommt.

Wir möchten einiges zu Piagets frühen Forschungsarbeiten anmerken. Erstens, welches ist die Beziehung zwischen den verschiedenen Ergebnissen? Das kleinere Kind ist egozentrisch in seinem Kommunikationsverhalten, hat ein absolutistisches Regelbewußtsein, ist realistisch in seinem moralischen Urteil und seine Schlußfolgerungen sind von Synkretismus und Parataxe geprägt. Die unterschiedlichen Termini scheinen anfangs verschiedene und beziehungslose Erscheinungen zu bezeichnen. Man könnte denken, daß moralischer Realismus und Synkretismus sich zum Beispiel auf unterschiedliche Denkmuster beziehen und daß sie nichts gemeinsam haben. Aber Piaget hält diese Ansicht für falsch: Tatsächlich gibt es eine große Ähnlichkeit zwischen vielen der Reaktionen, die das jüngere Kind angesichts der Probleme zeigt, vor die es in den verschiedenen Untersuchungen gestellt wurde.

Das diesen anscheinend verschiedenen Reaktionen gemeinsame Muster ist die Unfähigkeit, gleichzeitig verschiedene Aspekte einer Situation berücksichtigen zu können. Dies liegt an der egozentrischen Beschaffenheit des kindlichen Denkens oder an dem Unvermögen, die Aufmerksamkeit von dem einen Aspekt einer Situation auf einen anderen zu verlagern. Beim Sprechen kann das jüngere Kind nicht gleichzeitig den Standpunkt des anderen *und* seinen eigenen berücksichtigen und zentriert deshalb allein diesen. Im Falle der Regeln gelingt es dem Kind nicht, sowohl die eigenen Interessen wie die Bedürfnisse der anderen zu berücksichtigen. Folglich verstößt es oft gegen die Regeln. Außerdem hat es eine sehr enggefaßte Vorstellung vom Ursprung der Regeln. Da sie von einem Individuum herrühren, das in den Augen des Kindes viel Prestige besitzt, müssen sie ebenfalls über Prestige verfügen. Dem Kind gelingt es nicht, sowohl das Prestige seiner Eltern wie die Gründe zu berücksichtigen, die zu den Regeln geführt haben. Beim moralischen Urteil kann das Kind nicht zugleich Schadensmaß und Absicht berücksichtigen. Deshalb gründet es sein Urteil ausschließlich auf das erstere. Wir haben gesehen, daß bei der Schlußfolgerung sowohl Synkretismus wie Parataxe Ausdruck einer gemeinsamen Tendenz sind, nämlich der Neigung, einen begrenzten Aspekt des Problems zu zentrieren. Dasselbe läßt sich zum Verständnis der Ordnungsrelationen und der Beziehung des Teils zum Ganzen sagen. Im ersten Fall berücksichtigt das Kind nur bestimmte Beziehungspaare, andere nicht; im zweiten konzentriert es sich auf das Teil und nicht auf das Ganze oder umgekehrt.

Wenn das Kind älter wird und mit gegensätzlichen Standpunkten und anderen sozialen Institutionen in Berührung kommt, durchläuft sein Denken einen Dezentrierungsprozeß. Beim Sprechen berücksichtigt es das, was es zum Ausdruck bringen will, genauso wie die Belange des Hörers. Beim Spielen berücksichtigt es sowohl die Interessen anderer wie die eigenen und ist deshalb auch bereit, die Regeln zu befolgen und zu modifizieren. Beim moralischen Urteil zieht es genauso die Folgen in Betracht, die ein Individuum durch sein Verhalten hervorruft, wie seine Absicht. Bei den Schlußfolgerungen schließlich versucht es der Komplexität der Probleme gerecht zu werden, es versucht also, sowohl die Unterschiede wie die Ähnlichkeiten einer Gruppe von Ereignissen zu erfassen. So dezentriert das Kind sein Denken genauso, wie der Säugling auf der sensomotorischen Stufe sein Verhalten dezentrierte. Das Neugeborene *handelt*, als sei die Welt um es zentriert. Es muß lernen, sein Verhalten anzupassen. In ähnlicher Weise *denkt* das kleinere Kind unter einer zu enggefaßten Perspektive. Es muß sie erweitern. Sowohl der Säugling wie das kleinere Kind müssen ihr Verhalten dezentrieren; der erste sein Handeln, das zweite sein Denken.

Außerdem beschreibt Piaget manchmal, um deutlich zu machen, wie das Denken des jüngeren Kindes die eigene Person zentriert, dieses in Freudschen Begriffen. Freud hat einige primitive geistige Operationen beschrieben, die gewöhnlich bei gewissen Geisteskrankheiten und in den Tiefenschichten des Unbewußten des normalen Individuums vorkommen. Freud meint, daß dieser Typ des Denkens, „autistisches Denken“ genannt, eine gewisse Regelhaftigkeit zeige. Ein Beispiel dafür ist die Neigung, völlig verschiedene Dinge zu einem Bilde zu verschmelzen. So können wir im Traum eine Gestalt erblicken, die die „Verdichtung“ zweier verschiedener Individuen ist. Piaget vermutet, daß das kindliche

Denken die Zwischenstufe zwischen autistischem und erwachsenem Denken darstelle. Zum Beispiel ähnelt der Synkretismus des Kindes, wenn er auch eine reifere Denkweise darstellt, der Neigung zur Verdichtung. Obwohl Piaget am Anfang seiner Laufbahn einige Gedanken aus der Psychoanalyse übernahm, war er nie ein Schüler Freuds, sondern immer unabhängig in seiner Forschungsarbeit. Mit der Zeit wurde auch diese begrenzte Abhängigkeit von Freud geringer, so daß Piagets späteres Werk von Freudschen Begriffen völlig frei ist.

Piaget löste sich nicht nur von Freudschem Gedankengut, sondern gab sich auch nicht länger mit der klinischen Methode zufrieden, so wie sie zu jener Zeit angewendet wurde. Er kam zu der Überzeugung, daß sie sich zu sehr auf die Sprache gründe. Das Kind denkt auch nicht-sprachlich und die ausschließlich sprachliche klinische Methode erfaßte diese Denkprozesse nicht immer sehr gründlich. Deshalb wandte er sich anderen Methoden zu, die wir im nächsten Kapitel beschreiben werden.

Trotz ihrer methodischen Unzulänglichkeiten können Piagets frühe Forschungsarbeiten zu seinen interessantesten Arbeiten gezählt werden. Der Hauptteil seiner frühen Studien befaßte sich mit *sozial und praktisch relevanten* Erscheinungen: Das Kommunikationsvermögen des Kindes, seine Fähigkeit also, Information zu übermitteln, seine Fähigkeit, Regeln zu befolgen und moralische Urteile zu fällen. Alle diese Fähigkeiten sind offensichtlich wichtig für den praktischen Lebenserfolg des Kindes und für seine Interaktion mit anderen.

Im Gegensatz dazu behandelt Piaget, wie wir sehen werden, in seinem späteren Werk abstraktere Erscheinungen wie den Zahlbegriff des Kindes oder sein Klassifikationsvermögen. Deren Bedeutung für die normalen Beschäftigungen des Kindes sind weniger augenscheinlich. Wahrscheinlich macht sich die Fähigkeit, die Kardination von Zahlen zu begreifen, weniger in seinem Alltag bemerkbar, als seine Kommunikationsfähigkeit anderen Kindern gegenüber. Außerdem bewies Piaget in seinen frühen Büchern großes Interesse an der Rolle, die soziale Faktoren in der Entwicklung spielen. Wie wir sehen werden, überzeugten spätere Forschungsarbeiten Piaget davon, daß noch andere Faktoren von gleicher Bedeutung an ihr beteiligt seien. Mit der Zeit neigte er dazu, sich mehr für diese Faktoren und weniger für die soziale Umwelt zu interessieren.

Schließlich sollten wir feststellen, daß die explanatorischen Begriffe, die aus Piagets frühen Arbeiten stammen, verschwommen sind. Sie entstammen der Umgangssprache und sind oft etwas unklar. Sehr viel Verwirrung ist zum Beispiel aus dem Begriff der Egozentrik entstanden. Aber wie wir wiederholt betont haben, hat Piaget sehr wohl erkannt, daß seine frühen Begriffe nur als vorläufige Versuche und nicht als endgültig gewertet werden dürfen. Er hoffte, daß seine frühen Arbeiten das Forschungsinteresse anderer wecken würden und daß er selbst zu einem späteren Zeitpunkt seine Begriffe genauer bestimmen könnte. Die erste seiner Erwartungen hat sich erfüllt: viele Forscher haben sich zum Beispiel um das moralische Urteil bemüht. Wir werden im nächsten Kapitel sehen, wie Piaget einige dieser frühen und vorläufigen Begriffe ausgearbeitet und sogar formalisiert hat, wie zum Beispiel die Ordnungsrelationen und die Beziehungen zwischen dem Teil und dem Ganzen.

4. Die Jahre von 2 bis 11: Piagets späteres Werk

In diesem Kapitel werden wir einige Themen aus Piagets späterem Werk (etwa ab 1940) behandeln, die das Kind von etwa zwei bis elf Jahren betreffen. Wie wir in Kapitel 1 dargestellt haben, hat Piaget diesem Gebiet einen großen Teil seiner empirischen und theoretischen Arbeit gewidmet. Dabei hat er sich mit einer Vielfalt von Fragen befaßt: welchen Begriff macht sich das Kind vom Zufall, vom Raum, von der Geometrie, von der Bewegung, von der Zahl und noch von einigen anderen Dingen? Da wir hier nicht sein ganzes späteres Werk darstellen können, werden wir uns auf die Dinge beschränken, die wir für die grundlegenden Probleme und Begriffe halten und die in fast allen jüngeren Veröffentlichungen Piagets wieder erscheinen und verwendet werden. Wir werden (a) die revidierte klinische Methode erörtern, (b) die Klassifikation von Gegenständen oder Ereignissen durch das Kind, (c) seine Fähigkeit, Ordnungs-Relationen zwischen ihnen herzustellen, (d) seinen Zahlbegriff (vor allem dessen Erhaltung bei Umformungen), (e) die Beschaffenheit seiner Vorstellungsbilder, (f) einige allgemeine Merkmale des Denkens; schließlich werden wir (g) zeigen, wie Piaget die Entwicklung mit Hilfe der Äquilibrationstheorie erklärt.

Die revidierte klinische Methode

In Kapitel 3 haben wir gesehen, daß die klinische Methode, wie Piaget sie ursprünglich benutzte, sich ganz auf das Sprechen verließ. Der Untersuchende verbalisierte seine Fragen, und das Kind mußte sich der gleichen Verständigungsweise bedienen, wenn es antwortete. Die Fragen des Untersuchenden galten gewöhnlich nicht den Dingen oder Ereignissen, die unmittelbar gegenwärtig waren, und die Probleme betrafen nicht immer konkrete Objekte, die das Kind manipulieren oder auch nur sehen konnte. Zum Beispiel mochte der Untersuchende von einem Kinde reden, das unabsichtlich einige Tassen zerbrochen hatte, und dann die betreffende Versuchsperson auffordern, ein Urteil über die Ungezogenheit des Kindes abzugeben und die Strafe festzusetzen, die es verdiente. In solchen

Situationen muß die Versuchsperson verschiedene Dinge zugleich tun. Sie muß die Beschreibung des Untersuchenden verstehen, sich also ein Bild von der Szene machen; sie muß sich vor allem bemühen, einige schwierige Aspekte der Frage zu verstehen, wie zum Beispiel das Wort „ungezogen", und sie muß ihr Urteil in Worte fassen.

Nach einer gewissen Erfahrung mit dieser Methode kam Piaget zu der Überzeugung, sie sei ungenau, weil sie sich zu sehr auf die Sprache stütze. Das Kind konnte nicht alles verstehen, was man ihm sagte, besonders wenn das Gesagte sich nicht auf konkrete Objekte bezog, und selbst wenn das Kind verstanden hatte, konnte es vielleicht doch nicht den ganzen Umfang seines Wissens verbalisieren. Folglich änderte Piaget das Verfahren ab, und dabei ergab sich, was wir „die revidierte klinische Methode" nennen werden. Das neue Verfahren hat einige wichtige Eigenschaften. Erstens beziehen sich die Fragen des Versuchsleiters auf konkrete Objekte oder Ereignisse, die das Kind vor Augen hat. Das Kind braucht sich diese Dinge jetzt nicht mehr nur nach einer verbalen Beschreibung vorzustellen. Zweitens versucht man dem Kind die Möglichkeit zu geben, seine Antwort dadurch auszudrücken, daß es Gegenstände manipuliert. Es muß sich also nicht mehr ausschließlich mit Hilfe der Sprache verständlich machen. Wir wollen annehmen, daß der Versuchsleiter beispielsweise wissen möchte, ob das Kind zwei verschiedene Klassen bilden kann. Um diese Frage zu klären, könnte er dem Kind ungeordnete Kreise und Quadrate vorlegen und das Kind auffordern, diejenigen Formen zusammenzulegen, die zusammengehören, oder zwei verschiedene Haufen auszusortieren. Was das Kind mit den Gegenständen macht — was für Haufen es bildet und welche nicht —, was es über sie sagt, hat als das primäre Datenmaterial der Untersuchung zu gelten. Wenn das Kind, auch nachdem man es ermutigt hat, immer noch nicht in der Lage ist, zwei separate Haufen von Kreisen und Quadraten zu bilden, dann könnte der Versuchsleiter daraus schließen, daß das Kind noch nicht über die Fähigkeiten verfügt, die Gegenstand der Untersuchung sind.

Obwohl Tests wünschenswert wären, die vollständig auf die Sprache verzichten, ist es doch häufig schwierig, sie zu entwickeln. Das trifft in besonderem Maße auf Piagets Arbeit zu, weil er sich gewöhnlich mit dem Verständnis des Kindes für abstrakte Begriffe beschäftigt, das sich nicht unbedingt in der einfachen Manipulation konkreten Materials niederschlägt. Deshalb bezieht auch die revidierte klinische Methode ihre Ergebnisse noch oft aus den verbalen Antworten des Kindes. Aber selbst dann beziehen sich die Antworten des Kindes auf ein Problem, das mit Hilfe konkreten und vorliegenden Materials gestellt wurde. Ein drittes Merkmal der revidierten klinischen Methode ist nicht neu: Die Fragen des Versuchsleiters sind veränderbar. Er verwendet keinen standardisierten Fragebogen, sondern ändert die Fragen ab und fügt neue hinzu, wie es die Situation erfordert. Nach wie vor glaubt Piaget, daß es sinnlos sei, einem Kind eine Frage zu stellen, die es nicht versteht, oder darauf zu verzichten, ein interessantes Problem zu klären. Wir fassen zusammen: Bei der revidierten klinischen Methode beziehen sich die Fragen auf konkretes Material. Sie gestattet dem Kind — wenn irgend möglich —, dadurch zu „antworten", daß es dieses Material manipuliert. Wie in der frühen klinischen Methode ist der Untersuchungsverlauf flexibel und nicht-standardisiert; der Versuchsleiter kann die Fragen abwandeln und interessierte Antworten weiterverfolgen. Es ist stark umstritten, ob sich mit Hilfe der revidierten klinischen Methode die Fähigkeiten wirklich genau ermitteln lassen. Einige Kritiker meinen, die Methode sei immer noch zu verbal und deshalb unangemessen[1], wohingegen andere Forscher in ihren Studien zu anderslautenden Ergebnissen gelangten[2]. Die Frage ist noch nicht geklärt. Auf jeden Fall ist die revidierte klinische Methode nicht so ausschließlich verbal wie Piagets früheres Verfahren; sie stellt den Versuch dar, die Denkprozesse des Kindes möglichst genau zu erfassen, die vielleicht in hohem Grade nicht-sprachlich verlaufen.

Klassifikation

Piaget hat mit Hilfe der revidierten klinischen Methode das Klassifikationsverhalten des Kindes untersucht. Die vorangehenden Kapitel haben bereits dieses und verwandte Themen berührt, und es mag nützlich sein, das dort Gesagte noch einmal in Erinnerung zu rufen. Wir haben gesehen, daß eine primitive Form motorischer Klassifikation auf der sensomotorischen Stufe (von der Geburt bis zu zwei Jahren) vorkommt: das Kind wendet auf Gegenstände seiner Umwelt Verkürzungen vertrauter Schemata an. Zum Beispiel sah Lucienne einen Spielzeugpapageien, der über ihrer Wiege hing, und bewegte ihre Beine ein wenig. Dies war die Verkürzung eines Schemas, das sie sehr einfach auf die gegebene Si-

[1] M. D. S. Braine, Piaget on Reasoning, A Methodological Critique and Alternative Proposals, in: W. Kessen und C. Kuhlmann (Hrsg.), Thought in the Young Child, Monographs of the Society for Research in Child Development, 1962, *27*, Nr. 2.

[2] B. Fleischmann, S. Gilmore und H. Ginsburg, The Strength of Nonconservation, Journal of Experimental Child Psychology, 1966, *4*, S. 353—68.

tuation hatte anwenden können. Es schien, als klassifiziere ihre Handlung den Papageien als eine „Sache zum Schaukeln". Außerdem zeigte ihr Verhalten, daß sie ihr Verhalten verinnerlicht hatte. Vielleicht würde sie es später durch den Gedanken ersetzen: „Das ist der Papagei; das ist etwas, was ich schaukeln kann." Aber die verkürzten Schemata sind noch kein Beleg für wirkliche Klassifikation. Zum einen, weil die Schemata eine Zeitlang auf einzelne Objekte und nicht auf eine Gruppe von Gegenständen angewandt werden. Zum Beispiel strampelte Lucienne zeitweise immer, wenn sie Papageien sah. So drückte sie aus, daß sie sie wiedererkannte. Dies Wiedererkennen bedeutet jedoch nicht, daß sie meinte, der Papagei gehöre zu einer Klasse. Reife Klassifikation schließt den Begriff einer Gruppe von Dingen ein, seien diese nun unmittelbar oder in der Vorstellung gegenwärtig. Der zweite Grund, der uns daran hindert, Lucienne die Fähigkeit zur Klassifikation zuzuschreiben, hängt mit den Inklusionsbeziehungen zusammen, auf die wir unten ausführlich zu sprechen kommen werden. Hier sei nur gesagt, daß sie die Fähigkeit betreffen, eine hierarchische Klassifikation vorzunehmen, so daß Spielzeugpapageien eine Unterklasse einer größeren, übergeordneten Klasse bilden, wie zum Beispiel von der der Spielzeuge im allgemeinen. Im Alter von zwei bis vier Jahren beginnt das Kind, Gruppen von Objekten in einer noch ziemlich primitiven Weise zu klassifizieren. Es arbeitet dabei mit dem Vorbegriff. Manchmal gelingt es ihm nicht, zu erkennen, daß ein einzelnes Element einer Klasse ungeachtet geringfügiger wahrnehmungsmäßiger Veränderungen dasselbe Element bleibt; und manchmal glaubt es, zwei verschiedene Elemente derselben Klasse seien ein Element. Im Alter von fünf bis zehn Jahren zeigt die Klassifikation des Kindes noch Mängel in mancherlei Hinsicht. Da gibt es die Parataxe, die Unfähigkeit, mehrere Objekte als Elemente derselben Klasse wahrzunehmen. Und es liegt Synkretismus vor, die Neigung, eine Anzahl völlig verschiedener Ereignisse in ein falsch definiertes, unlogisches Ganzes einzugliedern.

Wie gezeigt sind Piagets Untersuchungen zum Vorbegriff, Synkretismus und zur Parataxe vorläufige Versuche. Erstens enthalten sie methodische Unzulänglichkeiten: Es handelte sich fast ausschließlich um sprachliche Ergebnisse, so daß Piagets Interpretation weitgehend auf dem fußte, was das Kind gesagt hatte. Zweitens waren Piagets Begriffe — Synkretismus, Parataxe, der Vorbegriff — ziemlich verschwommen und hätten genauer bestimmt werden müssen. Deshalb hat Piaget in jüngerer Zeit (in den fünfziger Jahren) wieder begonnen, die Klassifikation beim Kinde von zwei bis zwölf Jahren zu untersuchen. Diese jüngeren Forschungsarbeiten bedienen sich der revidierten klinischen Methode und modifizieren außerdem die Begriffe Synkretismus, Parataxe und Vorbegriff. Sie schaffen einen neuen begrifflichen Rahmen für die klassifikatorischen Aktivitäten des Kindes.

Einige Eigenschaften einer Klasse

Bevor wir Piagets Forschungsarbeiten zur Klassifikation erörtern können, müssen wir erklären, was er unter einer Klasse versteht. Nehmen wir an, vor uns läge eine Anzahl bunt gemischter Objekte. Die Kollektion enthält ein großes rotes Dreieck, einen kleinen roten Kreis, einen großen rosa Kreis und ein kleines schwarzes Dreieck. Nehmen wir weiter an, wir wollten aus diesen Objekten zwei verschiedene Klassen bilden. Einerseits können wir auf einen separaten Haufen das große rote Dreieck und das kleine schwarze Dreieck legen. Zum zweiten Haufen würde der kleine blaue Kreis und der große rosa Kreis gehören. Wenn die ursprüngliche Anordnung noch zusätzliche dreieckige Objekte enthielte, würden sie, ungeachtet ihrer Größe und Farbe, auf den ersten Haufen kommen. In gleicher Weise würden alle kreisförmigen Gegenstände auf den zweiten Haufen zu legen sein. Beide Haufen repräsentieren eine Klasse. Natürlich könnten wir die Gegenstände auch anders klassifizieren. Wir könnten einen Haufen aus den beiden kleinen Gegenständen bilden (ungeachtet ihrer Farbe und Form) und einen zweiten Haufen aus den beiden großen Gegenständen. Gewöhnlich lassen sich viele verschiedene Klassen aus einer gegebenen Kollektion von Objekten bilden.

Piaget stellt einige Bedingungen auf, die auf die Klassen zutreffen müssen, die aus einer ursprünglichen Anordnung gebildet worden sind (zur Verdeutlichung können wir unser erstes Beispiel betrachten, die Klasse der Dreiecke und die Klasse der Kreise):
a) Kein Objekt ist gleichzeitig Element beider Klassen. Zum Beispiel gehört das rote Dreieck zur Klasse der Dreiecke und nicht zugleich zur Klasse der Kreise. Die Klassen schließen sich also gegenseitig aus oder sind disjunkt. Dies gilt auch, wenn mehr als zwei Klassen gebildet wurden. (Wir könnten zum Beispiel aus einigen Tierbildern die Klassen der Löwen, Tiger und Elefanten bilden. Alle Klassen wären disjunkt.)
b) Alle Elemente einer Klasse haben etwas gemeinsam. Zum Beispiel haben der kleine blaue Kreis und der große rosa Kreis die Eigenschaft der Kreisform gemeinsam. Die Kreisform ist die definierende Eigenschaft der Klasse. Die Klasse der Kreise schließt alles ein, was kreisförmig ist. Wir können auch sagen, daß die Kreisform der *Begriffsinhalt* der Klasse

ist. Die definierende Eigenschaft oder der Inhalt der anderen Klasse ist die Dreiecksform.

c) Jede Klasse kann dadurch beschrieben werden, daß man ihre Elemente aufzählt. Anstatt eine Klasse durch ihre definierende Eigenschaft oder den Begriffsinhalt zu beschreiben (zum Beispiel die Klasse der dreieckigen Gegenstände), können wir die Gegenstände einfach aufzählen, die zur Klasse gehören (zum Beispiel das große rote Dreieck und das schwarze kleine Dreieck). Eine solche Aufzählung gibt den *Umfang* der Klasse wieder.

d) Die definierende Eigenschaft einer Klasse bestimmt, welche Gegenstände zu ihr gehören. Wenn wir zum Beispiel wissen, daß einer Klasse die Dreiecksform und einer anderen die Kreisform zugrunde gelegt werden soll, können wir die Objekte jeder Klasse aufzählen.

Dies sind einige grundlegende Klasseneigenschaften. (Es gibt noch andere schwierige Merkmale, wie die Inklusionsbeziehung, die wir später erörtern werden.) Piaget untersucht nun, ob das Kind Gegenstände gemäß dieser Eigenschaften klassifiziert. Bildet das Kind Klassen, die sich gegenseitig ausschließen, wenn man es auffordert, die Gegenstände zu ordnen? Besitzen seine Klassen definierende Eigenschaften, die darüber entscheiden, welche Gegenstände in jede Klasse gehören?

Piaget entdeckt drei Entwicklungsstadien. Die ersten beiden — die als *präoperativ* bezeichnet werden können — kommen etwa während der Jahre von zwei bis sieben vor. Das dritte Stadium — das der *konkreten Operationen* — fällt in die Zeit von ungefähr sieben bis elf Jahren.

Stadium 1

Um diese Fragen zu klären, führte Piaget eine Reihe von Experimenten durch, bei denen er die revidierte klinische Methode anwendete. In einer Studie testete er einige Kinder im Alter von zwei bis fünf Jahren. Er legte ihnen flache, geometrische Scheiben aus Holz und Plastik vor. Diese Scheiben waren verschiedenfarbig; es gab darunter Quadrate, Dreiecke und Halbringe. Die Formen wurden durcheinandergeworfen und dem Kinde wurde die Anweisung gegeben, „... das zusammenzulegen, was gleich ist." Manchmal erhielt es zusätzliche Anweisungen: Es solle „die, welche sich am meisten gleichen", zusammenlegen, oder: „diejenigen hierhin legen, die gleich sind, und dorthin diejenigen, die auch gleich sind, aber nicht dieselben wie hier"[3].

[3] Die Entwicklung der elementaren logischen Strukturen, Bd. I, S. 46.

Die Kinder ordneten die Gegenstände auf verschiedene Weisen an. Eine nennt Piaget die *kleine partielle Aneinanderreihung.* Hierbei verwendet das Kind nur *einige* der Objekte aus der ursprünglichen Anordnung und legt sie, offensichtlich ohne übergreifenden Plan, nach unterschiedlichen Gesichtspunkten zusammen. Zum Beispiel reihte ein Kind zu Anfang sechs verschiedenfarbige Halbringe (Halbkreise) in gerader Linie auf. Dann legte es ein gelbes Dreieck über ein blaues Quadrat. Hierauf setzte es ein rotes Quadrat zwischen zwei blaue Dreiecke. Schließlich bildete es eine bunte Reihe aus Quadraten und Dreiecken. Wir wollen uns mit einigen interessanten Gesichtspunkten dieses Verhaltens beschäftigen. Manchmal werden die Gegenstände aufgrund ihrer Ähnlichkeit für die einzelnen Gruppierungen ausgewählt. Die Versuchsperson zum Beispiel, deren Verhalten oben beschrieben wurde, begann mit einer Reihe von Halbringen. In anderen Fällen lag den Gruppen, die das gleiche Kind bildete, keine erkennbare Ähnlichkeit zugrunde. So legte es ein gelbes Dreieck auf ein blaues Quadrat oder ein rotes Quadrat zwischen zwei blaue Dreiecke. In beiden Fällen liegt weder eine Ähnlichkeit der Farbe noch der Form vor.

Ganz offensichtlich sind die kleinen partiellen Aneinanderreihungen aus verschiedenen Gründen keine echten Klassen. Einmal entscheidet der Inhalt nicht über den Umfang. Die definierenden Eigenschaften bestimmen also nicht, welche geometrischen Formen in welche Gruppe gehören. Das Kind geht nicht nach einem übergreifenden Plan vor — etwa nach dem Regelsystem (den definierenden Eigenschaften) —, der ihm zeigen würde, wie es die Gegenstände anzuordnen hat.

Andere Kinder dieses Alters bilden aus den geometrischen Figuren Muster oder Bilder, die sie interessieren. Ein Kind legte eine Anzahl Kreise und Quadrate zum Bild eines langen, senkrechten Gegenstandes zusammen und erklärte dann, es sei der Eiffelturm. Ein anderes Kind legte einige Halbringe zwischen einige Quadrate, alle horizontal aufgereiht, und sagte, das sei eine Brücke. Piaget nennt diese Gebilde *komplexe Objekte.* Wiederum wird deutlich, daß auch das komplexe Objekt wie die kleinen partiellen Aneinanderreihungen und wie einige andere Kollektionstypen, die wir hier nicht beschrieben haben, keine Klasse ist. Die Figuren werden nicht für das komplexe Objekt ausgewählt, weil sie irgendeine definierende Eigenschaft gemeinsam hätten, sondern der Umfang wird allein durch die Erfordernisse des Bildes bestimmt, das entsteht.

In einer anderen Untersuchung legte Piaget Kindern gleichen Alters nicht-geometrische Figuren vor — Spielzeugmenschen, -häuser, -tiere usw. —, und forderte die Kinder auf, diese zu klassifizieren. Wieder

erwies sich die Unfähigkeit der Kinder, Klassen zu bilden. Ein Kind legte zwei Puppen in eine Wiege, schob dann zwei Schubkarren zusammen und stellte schließlich ein Pferd vereinzelt auf. Als der Versuchsleiter das Kind nach all den Gegenständen fragte, die dem Pferd ähnelten, gab es ihm alle Tiere, dann ein Baby und zwei Bäume. Dieses Beispiel verdeutlicht, daß die Ähnlichkeiten zwischen den Gegenständen, obgleich das jüngere Kind sie wahrnimmt, nicht allein darüber entscheiden, welche Gegenstände zu welcher Gruppe gehören. Das Kind nahm wahr, daß alle Tiere einander in gewisser Hinsicht ähneln, und gab sie dem Versuchsleiter, als er nach Gegenständen fragte, die dem Pferd ähnelten. Wenn das Kind jetzt aufgehört hätte, hätte es möglicherweise eine Klasse gebildet auf der Grundlage der definierenden Eigenschaften der „Tierhaftigkeit". Es machte jedoch weiter und reichte noch ein Baby und zwei Bäume hin. Die Ähnlichkeit (der Inhalt), die es zuerst wahrnahm, entschied nicht über alle Gegenstände, die einander zugeordnet wurden (Umfang). Es scheint so, als habe das Kind die ursprüngliche definierende Eigenschaft (Tierhaftigkeit) vergessen und habe statt dessen irgendwelche andere gewählt.
In diesen Forschungsarbeiten ist erstens bemerkenswert, daß sie das Verfahren der revidierten klinischen Methode sehr deutlich machen. Der Untersuchende gibt dem Kind konkrete Gegenstände, mit denen es arbeiten kann. Aufgabenstellung und Fragen erfolgen natürlich immer noch verbal, aber sie beziehen sich auf reale Dinge, mit denen das Kind hantieren kann. Es braucht nur sehr wenig zu sagen. Die meisten seiner Antworten gibt es nicht sprachlich, sondern durch sein Verhalten. Es muß nicht sagen, daß alle Tiere zusammengehören oder nicht zusammengehören, sondern es legt sie entweder zusammen oder nicht.
Zweitens fragen wir uns, obschon die revidierte klinische Methode einen Fortschritt gegenüber dem vorher angewandten Verfahren bedeutet, ob die Aufgabe dem Kind wirklich völlig klar war. Die Anweisungen (zum Beispiel „die zusammenzulegen, welche gleich sind") scheinen ziemlich vage und vieldeutig zu sein. Wir vermuten, daß anderslautende Aufgabenstellungen völlig verschiedene Ergebnisse erbringen würden. Piaget trug diesem Einwand Rechnung und versuchte es mit einem Verfahren, bei dem er gänzlich auf die Sprache verzichtete. Er begann selbst die Objekte zu klassifizieren, und forderte das Kind auf, damit fortzufahren. Wieder war das Ergebnis nicht wirkliche Klassifikation, sondern „komplexe Objekte" und ähnliche Erscheinungen. Obzwar auch diese Methode die Ergebnisse bestätigte, sind die Möglichkeiten damit noch nicht erschöpft. Andere Verfahren sollten ausgearbeitet und erprobt werden.

Stadium 2

Kinder im Alter von fünf bis sieben Jahren bilden Kollektionen, die echte Klassen zu sein scheinen. Ein Kind, das sich vor das oben beschriebene Problem gestellt sah, bildete zwei große Kollektionen. Eine enthielt alle Vielecke, die andere alle Kurvenformen. Außerdem war jede dieser Gruppen noch unterteilt. Die Kollektion der Vielecke enthielt zum Beispiel separate Haufen mit Quadraten, Dreiecken usw., die Gruppe der Kurvenformen enthielt separate Kollektionen mit Kreisen, Halbringen und entsprechenden Dingen. Das Kind scheint also nicht nur Klassen zu bilden, sondern sie auch hierarchisch anzuordnen, wie es in Abbildung 1 dargestellt ist.

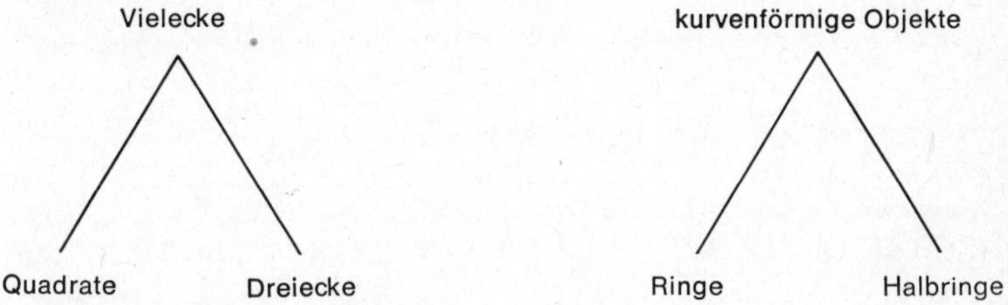

Abbildung 1: Die Klassifikation geometrischer Objekte

Zwei allgemeine Gruppen sind an der Spitze der Hierarchie (Vielecke und Kurvenformen). Von ihnen zweigen einige Untergruppen ab (Quadrate, Dreiecke usw.). Die Aktivitäten des Kindes weisen verschiedene Merkmale auf. (a) Es verwendet für seine Gruppierung *alle* in der ursprünglichen Anordnung enthaltenen Gegenstände. Das jüngere Kind dagegen klassifiziert einige Gegenstände nicht. (b) Der Begriffsinhalt entscheidet völlig über den Umfang. Wenn ein Kind also eine Sammlung auf der Grundlage der definierenden Eigenschaften der Kreisform zusammenstellt, nimmt es alle Kreise in diesen Haufen auf und ordnet keinen einem anderen Haufen zu. (c) Auf einer gegebenen Ebene der Hierarchie werden vergleichbare definierende Eigenschaften verwendet, um die einzelnen Kollektionen zu bestimmen. Zum Beispiel werden auf der unteren Ebene der Hierarchie in Abbildung 1 alle Gruppen durch geometrische Formen bestimmt — Quadrate, Dreiecke usw. Es ist nicht so, daß einige Gruppen durch die Form und andere durch die Farbe definiert werden. Insgesamt scheint das Kind im Alter von fünf bis sieben Jahren also weitgehend hierarchisch geordnete Gruppen zusammenstellen zu können, die zu Recht als Klassen bezeichnet werden.

Piaget meint jedoch, daß das Kind in diesem Stadium einen entscheidenden Gesichtspunkt der Hierarchie nicht verstehe, die es errichtet, nämlich die Beziehungen zwischen den verschiedenen Ebenen der Hierarchie. Hier handelt es sich um das Problem der *Klasseninklusion,* das wir jetzt erörtern wollen. Nehmen wir an, vor uns läge in zufälliger Anordnung eine Menge blauer und roter Quadrate und schwarzer und weißer Kreise. Wir ordnen sie so an (vgl. Abbildung 2), daß wir zwei Hauptgruppen erhalten (Quadrate und Kreise) und innerhalb dieser je zwei Unterabteilungen (blaue und rote Quadrate, bzw. schwarze und weiße Kreise). Es ergibt sich also eine Hierarchie, deren obere Ebene durch die Form bestimmt wird und deren untere Ebene von der Farbe definiert wird. Betrachten wir einmal nur die eine Hälfte der Hierarchie, nämlich die Quadrate, die in blaue und rote unterschieden werden. Wenn wir die Inklusionsbeziehungen verstehen, können wir etwa folgende Aussagen machen: (a) *Alle* Quadrate sind entweder blau oder rot. (b) Es gibt mehr Quadrate als blaue Quadrate. (c) Es gibt mehr Quadrate als rote Quadrate. (d) Wenn man von den Quadraten die roten Quadrate fortnimmt, bleiben die blauen übrig. (e) Wenn man von den Quadraten die blauen fortnimmt, bleiben die roten übrig. Dies sind einige der möglichen Aussagen über die Inklusionsbeziehungen — die Beziehungen zwischen den Teilen und dem Ganzen, zwischen dem Ganzen und den Teilen und zwischen den Teilen und den Teilen. Sie mögen selbstverständlich erscheinen; aber das trifft auf viele andere Prinzipien zu, die Kinder nicht verstehen.

Piaget untersuchte das Verständnis von Inklusionsbeziehungen bei Kindern verschiedenen Alters. Wir wollen hier das Kind im Alter von fünf bis sieben Jahren betrachten. Piaget legte jeder Versuchsperson einige Bilder vor, die Blumen und andere Dinge zeigten. Das Kind konnte die Bilder zuerst beliebig ordnen. Dann wurden ihm einige Fragen zu den Inklusionsbeziehungen gestellt. Die Ergebnisse zur spontanen Klassifikation der Kinder bestätigten die früheren Ergebnisse: Das Kind von fünf bis sieben Jahren scheint sich an einer Hierarchie zu orientieren, wenn es das Material ordnet. Ein Kind bildete zwei große Gruppen: Blumen und andere Dinge; darauf unterteilte es die Blumen in Primeln und andere Blumenarten. Es scheint die beiden oberen Ebenen der in Abbildung 3 dargestellten Hierarchie gebildet zu haben. (Eine weitere Unterteilung nach gelben und anderen Primeln nahm es nicht vor.) Es scheint, daß das Kind mit der Konstruktion einer solchen Hierarchie beweist, daß es die Inklusionsbeziehungen verstanden hat. Wenn es bei den Blumen Primeln und andere Blumenarten unterscheidet, hat es dann nicht notwendigerweise verstanden, daß mehr Blumen als Primeln vorhanden sind? Die Ergebnisse von Piagets Befragungen legen jedoch andere Schlüsse nahe. Betrachten wir das Protokoll eines Kindes im Alter von sechs Jahren, zwei Monaten:

„Wenn ein Mädchen die gelben Primeln nimmt und einen Strauß daraus macht, oder wenn sie alle Primeln nimmt, welcher der beiden Sträuße wird größer sein? — *Der aus den gelben Primeln* (zählt die andern). *Nein, das ist dasselbe.* — Und ein Strauß aus den Primeln oder zu allen Blumen? — *Dasselbe.*“ [4]

Abbildung 2: Klassifikation von Quadraten und Kreisen

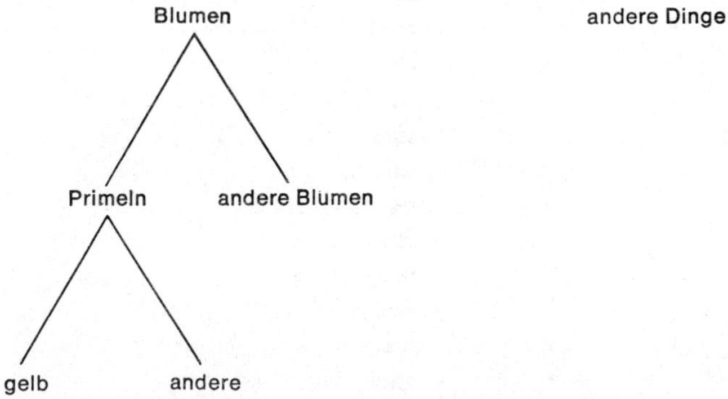

Abbildung 3: Klassifikation von Blumen und anderen Dingen

Obwohl das Kind das Material vorher hierarchisch angeordnet hatte, behauptete es, daß die gelben Primeln keine kleinere Kollektion als die Primeln insgesamt darstellten und daß die Primeln keine kleinere Kollektion bildeten als die Blumen insgesamt. Beide Antworten sind natürlich völlig falsch. In beiden Fällen ist das Teil kleiner als das Ganze, aus dem es stammt.

Wie läßt sich die Unfähigkeit des Kindes erklären, Inklusionsbeziehungen zu verstehen? Piaget behauptet, daß das Kind, sobald es Untergruppen vom Ganzen gebildet hat, nicht mehr in der Lage sei, zugleich

[4] A.a.O., Bd. I, S. 148.

in den Kategorien der großen Kollektion zu denken und in denen ihrer Unterteilungen, die es aus der ersten konstruiert hat. Nehmen wir zum Beispiel an, ein Kind unterteile eine Ansammlung von Blumen (das Ganze) in Primeln und andere Blumen (Unterteilung des Ganzen). Wenn es gefragt wird: „Sind mehr Primeln oder mehr Blumen vorhanden?“, muß es sowohl die ursprüngliche Gruppe (Blumen) wie auch ihre Unterteilungen (die Primeln) zugleich in Betracht ziehen. Es muß die „Größe“ der einen mit der der anderen vergleichen. Unter diesen Bedingungen beachtet oder *zentriert* es die Kollektion, die es sehen kann (die Primeln), und nimmt die ursprüngliche Kollektion (alle Blumen) nicht zur Kenntnis, die ja in ihrem ursprünglichen Zustand nicht mehr vorhanden ist (eine Anordnung, in der Primeln und andere Blumen durcheinander vorkommen). Weil das Kind das Teil zentriert und das Ganze außer acht läßt, sind seine Antworten auf Fragen, die die Inklusion betreffen, so oft falsch.

Stadium 3

Kinder im Alter zwischen sieben und elf Jahren können sowohl hierarchische Klassifikationen vornehmen wie Inklusionen verstehen. Beispielsweise wurde einem Kind von neun Jahren und zwei Monaten, nachdem es eine hierarchische Anordnung vorgenommen hatte, die folgende Frage gestellt:

„Welcher Strauß ist größer, der aus allen Primeln oder der aus allen gelben Primeln? — *Alle Primeln, natürlich: Man nimmt auch die gelben!* — Und alle Primeln oder alle Blumen? — *Wer alle Blumen nimmt, nimmt auch die Primeln.*“[5]

Das Protokoll verdeutlicht, daß das Kind gleichzeitig in den Kategorien des Ganzen und seiner Teile zu denken vermag (zum Beispiel: „Wer alle Blumen nimmt, nimmt auch die Primeln.“). Obwohl es die Blumen in ihrer materiellen Anordnung schon in Primeln und andere Arten unterschieden hat, gelingt es ihm, das Ganze noch genauso in seine Schlußfolgerungen einzubeziehen wie die Teile. Sein Denken hat sich von der einseitigen Beschäftigung mit dem Teil *oder* dem Ganzen *dezentriert*.
Allerdings zeigen die Ergebnisse auch, daß das Kind in diesem Alter oft falsche Antworten gab, wenn ihm dieselben Fragen zu Gegenständen gestellt wurden, die nicht gegenwärtig waren. Offensichtlich ist die

[5] A.a.O., Bd. I, S. 157.

Klassifikation des Kindes *konkret*: Es versteht die Inklusionsbeziehungen einer Anzahl von Gegenständen, wenn es diese sehen kann, aber es gelingt ihm nicht, dieselben Beziehungen zu verstehen, wenn es mit imaginativen Klassen umgehen soll. Die Kluft zwischen sprachlichen und konkreten Schlußfolgerungen ist ein weiteres Beispiel für die vertikale Verschiebung. Zusammenfassend können wir feststellen, daß das Kind im Alter von sieben bis elf Jahren den höchsten Entwicklungsstand erreicht hat, der im Bereich der Klassifikation konkreter Objekte möglich ist: Es kann das Material hierarchisch anordnen und versteht die Beziehungen zwischen den einzelnen Ebenen der Hierarchie. Piaget schlägt dann vor, diese Fähigkeiten mit Hilfe eines logisch-mathematischen Modells zu beschreiben. Wir wollen diesen Vorschlag genauer betrachten.

Gründe für die Verwendung eines logisch-mathematischen Modells

Wie wir gesehen haben, versucht Piaget die elementaren Vorgänge zu beschreiben, die der Klassifikation von Objekten oder Ereignissen zugrundeliegen. Er sagt, daß es dem Kind in Stadium 1 (von zwei bis vier oder fünf Jahren) nicht gelinge, das Material hierarchisch anzuordnen, was teilweise daran liege, daß das Kind schon nach kurzer Zeit vergessen habe, welche definierende Eigenschaft (Begriffsinhalt) seine Ordnung bestimmt habe. Das Kind in Stadium 2 (fünf bis sieben Jahre) kann eine Hierarchie bilden, weil es eine definierende Eigenschaft verwenden kann, um zu bestimmen, welche Objekte in welche Gruppe gehören; gleichzeitig ist es jedoch nicht in der Lage, Inklusionsbeziehungen zu verstehen, weil es die unmittelbar vorhandenen Kollektionen nicht zugleich mit der größeren berücksichtigen kann, aus der es jene entwickelt hat. Das Kind in Stadium 3 (sieben bis elf Jahre) beantwortet alle Fragen zu Inklusionsbeziehungen korrekt, weil es über die Fähigkeit verfügt, an die ursprünglichen Klassen und an ihre Unterteilungen zugleich zu denken.

Bis hierhin haben wir diese elementaren Prozesse (die Fähigkeit, gleichzeitig an die Unterklassen und an ihre übergeordneten Klassen zu denken) in der Umgangssprache beschrieben. Viele Psychologen glauben, daß dies ein zuverlässiges Verfahren sei. Andere dagegen, darunter Piaget, meinen, daß Strukturbeschreibungen, soweit wie möglich, in einer formalen Sprache wie der der Mathematik abgefaßt sein sollten.

Wir wollen jedoch zuerst erörtern, welche Folgen es hat, die Umgangssprache für wissenschaftliche Zwecke zu verwenden. Die meisten psychologischen Theorien sind auf diese Weise dargestellt worden. Freud zum Beispiel schrieb ausschließlich auf Deutsch unter gänzlichem Verzicht auf eine logische oder mathematische Formelsprache. Zweifellos hat er nirgends für die Darstellung seiner psychoanalytischen Lehre eine einzige Formel verwendet. Ein anderes Beispiel aus der Psychologie ist Tolman, ein Experimentalpsychologe, der seine Lerntheorie im Umgangsenglisch dargelegt hat und nur wenige Symbole verwendet hat (die außerdem nicht von zentraler Bedeutung sind). Tolman und Freud sind kaum Einzelfälle. Auch heute wird die Theoriebildung hauptsächlich auf Englisch, Russisch und in anderen gesprochenen Sprachen vorgenommen. Etliche Gründe werden im allgemeinen für dieses Verfahren geltend gemacht. Die Umgangssprache ist oft reicher und ausdrucksfähiger als formale Sprachen und gewöhnlich leichter verständlich als die Mathematik oder die Logik.

Dennoch läßt sich das Problem auch anders betrachten. Piaget glaubt, daß die Umgangssprache für wissenschaftliche Aufgaben viel zu vieldeutig sei und der Ergänzung durch formale Darstellungsweisen bedürfe. Jeder, der nur ein bißchen mit der Geschichte der Psychologie vertraut ist, weiß, daß die meisten, wenn nicht alle psychologischen Theorien, die in der Umgangssprache niedergelegt worden sind, nicht eindeutig, sondern äußerst mißverständlich waren. Selbst heute noch finden viele fruchtlose Auseinandersetzungen über die Bedeutung von Wörtern wie „Begriff" oder „Ego" oder „Lernen" statt. Als Beispiel wollen wir das Wort „Denken" nehmen, das wir bereits häufig ohne Definition benutzt haben. Ohne Zweifel bezeichnet „Denken" verschiedenen Lesern sehr verschiedene Dinge. Für manche mag es „Ideen" bedeuten, für andere „Bewußtsein"; wieder andere mögen darunter „geistige Anstrengung", „Meditation" oder „Konzentration" verstehen. Nimmt es da Wunder, daß eine psychologische Theorie, die sich auf solche Wörter stützt, eine Vielzahl von Interpretationen herausfordert und deshalb zu zahlreichen Auseinandersetzungen und Mißverständnissen führt? Das beste Beispiel für diese Schwierigkeiten ist Piagets eigene Weise, umgangssprachlich gefaßte Theorien in seinem frühen Werk zu verwenden. Noch immer herrscht beträchtliche Verwirrung in bezug auf die Termini „Egozentrik", „moralischer Realismus" und andere Begriffe.

Piaget ist also der Meinung, daß die Theoriebildung im Bereich der Umgangssprache verschwommen und mehrdeutig bleibe und diese deshalb ergänzt, wenn nicht ersetzt werden müsse durch andere Beschreibungsverfahren. Die Naturwissenschaften liefern den schlagenden Beweis dafür, daß die Mathematik ein außerordentlich leistungsfähiges Kommunikationsmittel für exakte Gedankengänge ist. Piaget glaubt, daß die Psychologen ein ähnliches Verfahren benutzen könnten, und hat selber entsprechende Versuche in seiner Studie über das Klassifikationsverhalten und in anderen Arbeiten unternommen. Wir wollen jetzt sehen, wie er die Klassifikationsstruktur formal beschreibt.

Gruppierung I

Die formale Beschreibung, Gruppierung[6] genannt, beginnt mit folgender Situation: Wir nehmen eine der Klassifikationshierarchien, die von den sieben- bis elfjährigen Kindern in Piagets Experimenten gebildet wurden (Abbildung 4). Hiermit beginnen wir (das heißt, es ist vorgegeben) und

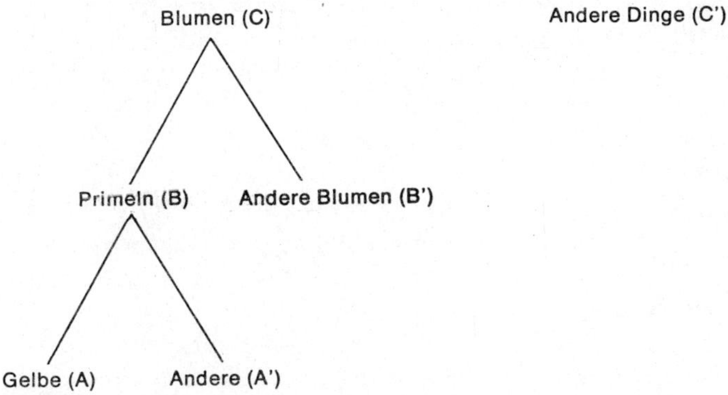

Abbildung 4: Klassifikationshierarchie

die Gruppierung beschreibt, was das Kind mit der Hierarchie anfangen kann. An der Spitze der von dem Kind errichteten Hierarchie stehen zwei Klassen: die Blumen, die wir durch (C) wiedergeben wollen, und die anderen Dinge (C'). Auf dem mittleren Niveau der Hierarchie sehen wir die Primeln (B) und die anderen Blumen (B'). Auf der untersten Ebene befinden sich die gelben Primeln (A) und die andersfarbigen Primeln (A'). Jede der Klassen (A, A' B, B', C, C') ist ein *Element* des Systems. Es gibt einen *binären Operator*, der auf die Elemente angewendet

[6] Wir stellen die Gruppierung I vereinfacht und unvollständig dar. Zum Beispiel haben wir nur einen binären Operator definiert. Wir stellen auch die mathematischen Zusammenhänge sehr oberflächlich dar. An dieser Frage besonders interessierten Lesern empfehlen wir: Jean Piaget, Traité de logique, Paris: Colin, 1949, und auch die von J. B. Grize kürzlich vorgenommene Formalisierung von Piagets System, wie es dargestellt wird in: E. W. Beth und Jean Piaget, Mathematical Epistemology and Psychology, Dordrecht: D. Reeidel Publishing Company, 1966.

werden kann, nämlich die *Kombination*. Wir werden die Kombination durch + wiedergeben, wobei der Leser sich allerdings klarmachen sollte, daß die Kombination von Klassen der Addition von Zahlen nicht genau entspricht. Der Operator + ist binär, weil er zu einem gegebenen Zeitpunkt nur auf zwei Elemente angewendet werden kann. Wie wir nur zwei Zahlen zu einem gegebenen Zeitpunkt addieren können, so können wir auch nur zwei Klassen zu einem gegebenen Zeitpunkt kombinieren.

Wenn die Elemente und der binäre Operator gegeben sind, geben die fünf *Eigenschaften* an, wie der Operator auf die Elemente angewendet werden kann.

Die erste Eigenschaft ist die *Komposition* (in der Mathematik gewöhnlich als *Abgeschlossenheit* bezeichnet), die besagt, daß sich aus der Kombination zweier beliebiger Elemente des Systems wieder ein Element des Systems ergibt. Wenn wir zum Beispiel die gelben Primeln mit den andersfarbigen Primeln kombinieren, erhalten wir die Klasse der Primeln. Dies können wir schreiben $A + A' = B$. Oder wenn wir die gelben Primeln mit allen Primeln kombinieren, erhalten wir die Klasse der Primeln. Wir schreiben es $A + B = B$. Diese Eigenschaft stellt einen bestimmten Gesichtspunkt dar, unter dem Kinder eine Hierarchie verstehen können. Zum Beispiel können sie sich eine größere Klasse dadurch vorstellen, daß sie ihre Unterklassen kombinieren.

Die zweite Eigenschaft ist die Assoziativität, die sich am leichtesten auf konkrete Weise verdeutlichen läßt. Nehmen wir an, wir wollten drei Klassen miteinander kombinieren, wie zum Beispiel die gelben Primeln, die Primeln und die Blumen (A, B und C). Wir erinnern uns, daß wir nicht alle drei gleichzeitig zusammenfügen können, weil der (kombinierende) Operator binär ist. Er kann also zu einem gegebenen Zeitpunkt nur auf zwei Elemente angewendet werden. Bei dieser Beschränkung gibt es mindestens zwei Möglichkeiten A, B und C zu addieren. Wir könnten zuerst die gelben Primeln und die Primeln kombinieren, wodurch wir die Primeln erhielten. Das bedeutet, wir vollziehen $A + B = B$. Dann könnten wir das Resultat (B) mit den Blumen (C) kombinieren und würden so die Blumen (C) erhalten. Also würden wir $B + C = C$ durchführen. Dies läßt sich auch $(A + B) + C = C$ schreiben.

Es gibt aber noch einen zweiten Weg, die Klassen zu kombinieren. Wir können zuerst die gelben Primeln (A) mit der *Kombination* der Primeln und Blumen (A + C) kombinieren und erhalten dasselbe Resultat: die Blumen-im-allgemeinen (C). Wir können also schreiben $A + (B + C) = C$. Wir halten fest, daß beide Möglichkeiten, die Operationen auszuführen, zum Endergebnis C führen, so daß die beiden Verfahren als äqui-

valent angesehen werden können. Diese Äquivalenz läßt sich durch die Gleichung (A + B) + C = A + (B + C) ausdrücken. Die Gleichung gibt die Fähigkeit des Kindes wieder, Klassen in unterschiedlichen Anordnungen zu kombinieren und wahrnehmen zu können, daß die Ergebnisse äquivalent sind.
Die dritte Eigenschaft ist die *Identität*, die besagt, daß es genau ein Element im System gibt (das „neutrale" Element), das, mit einem beliebigen anderen Element kombiniert, dieses Element nicht verändert. Wenn wir das neutrale Element mit den gelben Primeln kombinieren, erhalten wir als Ergebnis die gelben Primeln. Wenn wir das neutrale Element durch 0 ausdrücken, haben wir A + 0 = A. Konkreter gesagt, erhalten wir natürlich, wenn wir die gelben Primeln mit keiner der anderen Klassen kombinieren, wieder die gelben Primeln.
Die vierte Eigenschaft ist die *Negation* oder das *Inverse*, die besagt, daß es für jedes Element (Klasse) des Systems ein anderes Element gibt (das Inverse), das, mit dem ersten kombiniert, das neutrale Element ergibt. Wenn wir also zur Klasse der gelben Primeln ihr Inverses addieren, erhalten wir nichts. Das Inverse einer Klasse entspricht der Operation, durch die wir diese Klasse fortnehmen. Wenn wir mit den gelben Primeln beginnen und mit dieser Klasse ihr Inverses kombinieren, nehmen wir in Wirklichkeit die gelben Primeln fort und uns bleibt nichts übrig. Dies können wir schreiben A + (— A) = 0. Die Regel des Inversen könnte einer Gedankenfolge wie der folgenden zugrundeliegen: „Angenommen, ich würde die gelben Primeln mit allen anderen Primeln kombinieren. Dann erhalte ich alle Primeln. Aber wenn ich alle anderen Primeln fortnehme (das Inverse oder die Negation), erhalte ich wieder die gelben Primeln." Beachten wir, daß diese Gedankenfolge *reversibel* ist. Zuerst wurden die anderen Primel hinzugefügt, später wurden sie wieder fortgenommen, so daß der Denkende wieder an seinen Ausgangspunkt zurückgekehrt ist. Negation ist also eine Form der Reversibilität.

Das Inverse kann auch dazu dienen, bestimmte Aspekte der Klasseninklusion auszudrücken. Nehmen wir an, wir begännen mit der Klasse der Primeln (B) und nähmen die Primeln fort, die nicht gelb sind (A') (oder fügten ihr Inverses hinzu). Nach dieser Operation behalten wir die gelben Primeln zurück (A). Wir können dies schreiben als A = B + (— A') oder A = B — A'. Dieser Schlußfolgerungstyp liegt der Fähigkeit des Kindes zugrunde, festzustellen, daß es mehr *Primeln* als gelbe Primeln gibt, daß die Klasse der gelben Primeln von der Klasse der Primeln *eingeschlossen* wird oder daß die gelben Primeln nur einige der Primeln sind.

Die fünfte Eigenschaft hat mehrere Aspekte, deren einer mit den besonders identischen Elementen zu tun hat. Nehmen wir an, wir kombinierten die Klasse der gelben Primeln mit sich selbst. Wir könnten dies A + A = A schreiben. In dieser Gleichung hat das identische Element A dieselbe Funktion wie O. Wenn wir A zu A addieren ist es dasselbe, als wenn wir 0 zu A addieren: Das Ergebnis, A, verändert sich nicht. Piaget nennt dies eine *Tautologie*. Ein anderer Aspekt ist die *Resorption*. Wenn wir die Klasse der gelben Primeln mit der Klasse der Primeln kombinieren, erhalten wir als Ergebnis die Primeln. Wir können dies A + B = B schreiben. Auch hier fungiert A als identisches Element. Wenn wir A zu B addieren, ist es so, als addierten wir 0 zu B. Das Ergebnis, B, verändert sich nicht. In gewisser Weise ist dies eine andere Betrachtungsweise der Inklusionsbeziehungen. Die gelben Primeln müssen von den Primeln eingeschlossen werden (oder müssen einige der Primeln sein), weil die letzteren sich nicht verändern, wenn wir die ersteren zu ihnen hinzuzählen.

Das sind einige der Aspekte der Gruppierung I, die als formale Beschreibung der Prozesse zu verstehen sind, die dem Klassifikationsverhalten des Kindes zugrundeliegen. Das Modell enthält Elemente (Klassen), den binären Operator der Kombination und fünf Eigenschaften, die die Anwendung des Operators auf die Elemente bestimmen.

Erörterung von Gruppierung I

Wir sollten noch etwas näher auf die Bedeutung der Gruppierung I eingehen. Wenn Piaget die mathematische Symbolsprache verwendet, will er damit beileibe nicht zum Ausdruck bringen, daß das Kind das logisch-mathematische Modell explizit verstünde. Selbstverständlich haben die meisten Kinder niemals von dem besonders identischen Element gehört, ganz zu schweigen von Gruppierung I. Ohne Frage verfügt das Kind über zu wenig mathematische Kenntnisse, um solche Dinge zu wissen. Tatsächlich kann es oft *überhaupt nicht* — weder auf mathematischem Wege noch auf einem anderen — verständlich beschreiben, wie es ein besonderes Problem gelöst hat. Seine Darstellung ist unzusammenhängend. Piaget verwendet also das logisch-mathematische Modell nicht, um das Bewußtsein des Kindes zu charakterisieren, sondern um die Prozesse zu beschreiben, die dem Klassifikationsverhalten zugrundeliegen.
Zweitens ist die Gruppierung I kein numerisch-quantitatives System; es enthält keine Zahlen. Die Operationen werden mit Klassen von beliebiger Größe ausgeführt. Es ist gleichgültig, ob es fünf gelbe Primeln und

sechs weiße oder 500 gelbe Primeln und 300 weiße gibt. In beiden Fällen gibt es mehr Primeln als weiße und die entsprechenden anderen Beziehungen.

Drittens möchten wir auf die oben angeführte Aussage eingehen, daß die Gruppierung die Klassifikationsstruktur des Kindes beschreiben solle. Piaget interessiert sich nicht für die unwichtigen Einzelheiten der Ausführung: Ob das Kind Blumen oder Fische klassifiziert und ob es erst die Blumen und dann die Tiere anordnet. Vielmehr versucht er das Prinzip des kindlichen Verhaltens zu erfassen und die Prozesse zu erkennen, die diesem Verhalten zugrundeliegen. Die Gruppierung ist das von Piaget gewählte Verfahren, das diese Prozesse eindeutig beschreiben soll. Deshalb ist die Gruppierung nicht ein Protokoll, das einfach alles aufführt, was das Kind tut, sondern eine Abstraktion, die die prinzipiellen Prozesse beschreibt, wie zum Beispiel die Fähigkeit, in der Vorstellung zwei Unterklassen zu einer Oberklasse zu kombinieren oder eine Klasse von einer anderen abzuziehen.

Die Gruppierung ist eine umfassende und integrierte Struktur. Sie ist umfassend, weil sie die Prozesse ohne Ausnahme beschreibt, die jeder möglichen Klassifikationshandlung des Kindes zugrundeliegen. Die Gruppierung beschreibt die Möglichkeiten des Kindes, und nicht unbedingt das, was es bei einer gegebenen Aufgabe zu einem gegebenen Zeitpunkt tut. Nehmen wir an, das Kind konstruiere eine Klassenhierarchie. Dabei läßt es möglicherweise die Inklusionsbeziehung außer acht. In diesem Falle beschreibt die Gruppierung weniger, was das Kind tatsächlich tut, sondern was es unter geeigneten Bedingungen zu tun in der Lage wäre.

Die Gruppierung ist ein integriertes System, insofern jede ihrer Eigenschaften nicht isoliert vorkommt, sondern zu allen anderen in Beziehung steht. Das ist auf der mathematischen Ebene leicht zu begreifen. Die Eigenschaft der Assoziativität beschreibt, in welcher Anordnung Elemente kombiniert werden können, während die Eigenschaft der Komposition oder Abgeschlossenheit für die Interpretation des Resultats benötigt wird, das sich aus der assoziativen Kombination ergibt. Die Assoziativität zeigt also, daß es bei der Kombination der Elemente zwei unterschiedliche Anordnungen gibt, die einander äquivalent sind. Die Komposition beweist, daß aus beiden Kombinationsanordnungen jeweils ein anderes Element resultiert, das Teil des Systems sein muß. Die Eigenschaft der Assoziativität wäre also bedeutungslos ohne die Eigenschaft der Komposition. Die eine Eigenschaft kann nicht ohne die andere vorkommen. Dieses Merkmal der Gruppierung soll natürlich einen wichtigen Aspekt des kindlichen Verhaltens wiedergeben: korrekte Klassifikation durch das Kind (das Inklusionsverständnis eingeschlossen) setzt ein komplexes System, ein *Gesamtsystem*, geistiger Operationen voraus. Nehmen wir zum Beispiel an, das Kind würde erkennen, daß es mehr Primeln als gelbe Primeln gibt. Diese Leistung setzt eine Reihe aufeinander bezogener geistiger Akte voraus. Das Kind muß erkannt haben, daß die Primeln (die es nicht mehr in einer einzigen Kollektion vor sich liegen hat) die Kombination der gelben Primeln und der andersfarbigen Primeln ist (A + A′ = B). Es muß außerdem erkannt haben, daß die andersfarbigen Primeln übrigbleiben, wenn die gelben Primeln von den Primeln abgezogen werden (B — A = A′). Dies sind also einige der Operationen, die der Antwort des Kindes auf die Frage zur Inklusion zugrundeliegen. Um die Frage richtig zu beantworten, muß das Kind diese Operationen nicht alle tatsächlich ausführen, aber sie sind implizit in seiner Antwort enthalten. Es könnte nicht richtig antworten, wenn es ihm nicht auch möglich wäre, alle diese Operationen auszuführen, die das Klassifikationssystem enthält. Es darf also keine Antwort isoliert betrachtet werden, die ein Kind im Zusammenhang mit einem Klassifikationsproblem gibt. Seine Antwort setzt eine komplexe Struktur voraus, die Piaget durch das Modell der Gruppierung beschreibt. Mit anderen Worten, die Gruppierung beschreibt die geistigen Operationen, die dem Kind ermöglichen, die Klassifikation „wirklich“ zu verstehen.

Viertens ist die Gruppierung Erklärung und Prognose des Verhaltens. Insofern die Gruppierung die der kindlichen Klassifikation zugrundeliegenden Prozesse beschreibt, kann sie als Erklärung seines Verhaltens gewertet werden. Die Gruppierung stellt fest, daß das Kind zwei Unterklassen kombinieren kann, um eine Oberklasse zu erhalten. Neben anderen liegt auch diese Operation der Fähigkeit des Kindes zugrunde, Inklusionsbeziehungen zu verstehen. In diesem Sinne wird die Fähigkeit durch die Operation erklärt. Insofern die Gruppierung allgemein ist, läßt sich durch sie Verhalten voraussagen. Die Gruppierung ist nicht auf die Gegenstände beschränkt, mit deren Hilfe Piaget das Klassifikationsverhalten untersuchte. Weil die Gruppierung eine Strukturbeschreibung liefert, geht sie über die Einzelheiten irgendeines Sonderproblems hinaus und gestattet uns vorauszusagen, wie sich das Kind bei anderen vergleichbaren Aufgaben verhalten wird.

Fünftens hat Piaget noch einige andere Gruppierungen beschrieben, die alle die Fähigkeit des Kindes (von sieben bis elf) betrafen, mit konkreten Objekten umzugehen. Deshalb wird Stadium 3 das der *konkreten Operationen* genannt.

Zusammenfassung und Schlußfolgerungen

Piaget behandelt in seinem frühen Werk (in den zwanziger und dreißiger Jahren) das Klassifikationsverhalten nur in vorläufiger Form. In den fünfziger Jahren nahm er das Problem wieder auf, wobei er jetzt die revidierte klinische Methode anwendete. Er legte Kindern im Alter von zwei bis elf Jahren eine Ansammlung von Gegenständen vor, die sie klassifizieren sollten. Die Ergebnisse für das *Stadium* 1 (zwei bis fünf Jahre) erbrachte, daß es dem Kind nicht gelingt, eine erkennbare Regel oder definierende Eigenschaft systematisch anzuwenden, um die Gegenstände in verschiedene Klassen aufzuteilen. Statt dessen bildete es graphisch motivierte Sammlungen, also kleine partielle Aneinanderreihungen oder interessante Formen. In *Stadium* 2 (fünf bis sieben Jahre) ordnet das Kind die Gegenstände nach einer deutlich erkennbaren definierenden Eigenschaft an und bildet sogar eine Klassenhierarchie, versteht aber die Inklusionsbeziehungen nicht. Stadium 1 und 2 heißen *präoperativ*. In *Stadium* 3, dem der *konkreten Operationen* (sieben bis elf Jahre), verfügt das Kind über einen ausgereiften Klassenbegriff, vor allem wenn es ein Problem lösen soll, das konkrete Objekte betrifft. Es ordnet sie nach definierenden Eigenschaften an, versteht die Beziehungen zwischen Klassen und Unterklassen und bewältigt die übrigen Schwierigkeiten des Klassenbegriffs. Piaget schlägt ein logisch-mathematisches Modell vor, Gruppierung I genannt, um die Prozesse zu beschreiben, die dem Verhalten des Kindes zugrundeliegen. Diese Gruppierung umfaßt eine Anzahl Elemente, einen binären Operator und fünf Eigenschaften, die die Beziehung zwischen dem Operator und den Elementen definieren. Außerdem ist die Gruppierung nicht numerisch-quantitativ, insofern es keine Rolle spielt, wie groß oder klein (in numerischen Begriffen) die einzelnen Klassen sind. Das Kind ist sich der Gruppierung natürlich nicht bewußt, sondern diese soll die prinzipielle Struktur seines Verhaltens beschreiben. Dennoch hat es den Anschein, als habe Piaget die notwendige Klarheit vermissen lassen, als er die Beziehungen zwischen den verschiedenen Gesichtspunkten der Gruppierung einerseits und dem Verhalten des Kindes andererseits beschrieb.

Piaget betont, daß die Altersangaben zum Klassifikationsverhalten nur Annäherungen darstellten. Es ist durchaus möglich, daß ein Kind mit sechs Jahren von Stadium 1 in Stadium 2 hinüberwechselt, statt es der Theorie entsprechend im Alter von vier oder fünf Jahren zu tun. Ein Kind mag drei Jahre im Stadium 1 bleiben, während ein anderes Kind dasselbe Stadium in vier Jahren durchlaufen kann. Allerdings vertritt Piaget entschieden die Auffassung, daß die *Abfolge* der Entwicklungs-

stadien sich nicht verändern könne. Erst müsse das Kind das für Stadium 1 charakteristische Verhalten entwickeln, bevor es Stadium 2 und darauf Stadium 3 erreichen könne. Piaget weist außerdem darauf hin, daß ein Kind sich nicht notwendig auf allen kognitiven Gebieten im selben Entwicklungsstadium befinden müsse. Ein Kind kann also in manchen Denkkategorien etwas weiter fortgeschritten sein als in anderen.
Es bleibt noch ein wichtiges Problem der Klassifikation zu behandeln. Warum wechselt ein Kind von einem Entwicklungsstadium in das nächste über? Wie erwirbt es zum Beispiel die Fähigkeit, mit Inklusionsbeziehungen umzugehen? Wir werden Piagets Entwicklungstheorie — die Äquilibrationstheorie — am Ende des Kapitels erörtern.

Relationen

In Kapitel 2 und 3 haben wir bereits einige Gesichtspunkte von Relationen erörtert. Mit diesem Problem (wie mit der Klassifikation) hat sich Piaget beschäftigt, seit er seine psychologische Forschung begonnen hat. Wir sahen, daß das Kind auf der sensomotorischen Stufe Vorformen der Relation entwickelt. Es kann genaue Unterscheidungen in der Dimension des Zahlbereichs, der Intensität von Muskelanstrengung, der Intensivität von Geräuschen (und in anderen Dimensionen) vornehmen. Hinsichtlich des Zahlbereichs erinnern wir uns sicherlich daran, daß Laurent „papa“ sagte, als Piaget „papa“ sagte; daß Laurent „bababa“ von sich gab, als Piaget ihm „papa-papa“ vorsprach und daß Laurent mit „papapapa auf „papapapapapapa“ antwortete. Laurents Nachahmung impliziert trotz ihrer Ungenauigkeit, daß er fähig war, Laute mit variierender Zahl von Silbenwiederholungen zu unterscheiden oder Unterschiede zwischen ihnen wahrzunehmen. Ein ähnliches Unterscheidungsvermögen bewies Laurent bei Muskelanstrengungen. Er schien in der Lage zu sein, Unterschiede im Kraftaufwand wahrzunehmen, mit dem er eine Kette schwang. Außerdem konnte er Geräusche unterschiedlicher Lautstärke diskriminieren. Der Säugling kann also innerhalb der verschiedenen Reizdimensionen Abstufungen erkennen: Einige Dinge sind lauter als andere oder zahlreicher oder größer, oder sie unterscheiden sich in anderer Hinsicht. Er differenziert seine Welt in verschiedenen Hinsichten. Die Fähigkeit, solche Unterscheidungen vorzunehmen, ist die Voraussetzung dafür, aus Unterschieden Schlüsse ziehen zu können.

In seinen früheren Forschungsarbeiten befaßte Piaget sich mit den Schlußfolgerungen, die das Kind von fünf bis zehn Jahren aus Unterschieden ableitet, aber nicht mit der Wahrnehmung von Unterschieden. Er legte Kindern (unter anderem) das sprachliche Problem vor: „Edith ist heller als Suzanne (oder blonder). Edith ist dunkler als Lilli. Welche ist die dunkelste? Edith, Suzanne oder Lilli?“ [7] Die Ergebnisse zeigten, daß Kinder im Alter von fünf bis zehn Jahren nicht in der Lage sind, Probleme dieser Art — sie fallen unter den Begriff Transitivität — auf einer sprachlichen Ebene zu lösen.

Wie im Falle der Klassifikation kam Piaget auch auf dieses Problem in seinem späteren Werk zurück. Mit Hilfe der revidierten klinischen Methode führte er einige interessante Untersuchungen zu den Ordnungsrelationen durch, die wir jetzt kurz beschreiben wollen.

Einige Eigenschaften der Ordnungsrelationen

Bei Piagets Definition der Ordnungsrelationen sind einige Gesichtspunkte zu beachten. Nehmen wir an, wir hätten ein paar Zeilen, wie zum Beispiel 17, 65, 25, 3 und 1.001. Dann können wir sie nach zunehmender Größe anordnen. Wir können das Symbol $<$ für „ist eine kleinere Zahl als“ setzen und dann schreiben $3 < 17 < 25 < 65 < 1.001$. Die Zahlen werden also in einer Weise geordnet, daß die kleinste zuerst steht, die zweitkleinste folgt und die anderen Zahlen entsprechend stehen. Dabei ist wichtig, daß die absolute Größe der Zahlen nicht berücksichtigt wird. Die zweite Zahl muß nicht genau um eins größer sein als die erste oder genau zweimal so groß sein wie diese. Die letzte Zahl kann, solange sie größer als 65 ist, von beliebiger Größe sein. Wir brauchen die Folgen auch nicht mit Null zu beginnen. Die Anordnung der Zahlen wird einzig dadurch bedingt, daß sie sich alle voneinander unterscheiden; daß eine Zahl kleiner ist als alle anderen; daß eine andere größer als die anderen ist; und daß jede Zahl, die sich zwischen der größten und der kleinsten Zahl befindet, sowohl größer als die unmittelbar vorhergehende in der Folge, wie auch kleiner als die unmittelbar nachfolgende ist.

Natürlich lassen sich nicht nur Zahlen ordnen. Genauso können wir Geräusche in der Dimension der Lautintensität ordnen. Nehmen wir an, das Geräusch a sei sehr leise, b sei lauter als a und c etwas lauter als b. Dann erhalten wir $a < b < c$, wobei $<$ „ist leiser als“ heißt. Wieder hat das Ausmaß der Lautintensität keinen Einfluß auf die Anordnung.

Piaget befaßt sich in seiner Arbeit mit Fragen wie der Fähigkeit des Kindes, Anordnungen oder Ordnungsrelationen zu bilden und mit ihnen

[7] Urteil und Denkprozeß, S. 98.

auf verschiedene Weisen umzugehen. Diese Untersuchungen, an denen Kinder im Alter von vier bis acht Jahren beteiligt waren, ergaben in der Mehrzahl der Fälle drei deutlich unterschiedene Entwicklungsstadien. Die ersten beiden sind *präoperativ*, die letzte ist die der *konkreten Operationen*. Während die Altersangaben wieder nur als Annäherung zu verstehen sind, liegt die Abfolge der Stadien fest.

Stadium 1

Die eine Untersuchung befaßte sich mit der Fähigkeit, eine Reihe aus einer Ansammlung von Stäben zu bilden, die sich nur hinsichtlich ihrer Größe unterschieden. Wir werden den kürzesten Stab (von ungefähr 9 cm Länge) *A* nennen, den nächsten größeren *B* und so fort bis zu *J*, dem größten (der ungefähr 16 cm lang war). A war ungefähr 0,8 cm kürzer als B. Dasselbe Verhältnis bestand zwischen B und C und den nachfolgenden jeweils benachbarten Stäben. Piaget legte dem Kind die Stäbe in einer zufälligen Anordnung vor und forderte es auf, den kleinsten Stab herauszusuchen. Danach gab er zum Beispiel folgende Anweisung: „Versuche jetzt mal, zuerst den ganz kleinen Stab hinzulegen, dann einen ein wenig größeren, dann ein wenig größer, dann noch ein wenig größer usw.“ [8]. Oder man forderte das Kind auf, mit den Stäben eine Treppe zu bilden.

Wenn sich die Kinder im Stadium 1 diesem Problem gegenüber sahen, reagierten sie unterschiedlich, aber ausnahmslos ohne Erfolg. Einige Kinder ordneten die Stäbe völlig zufällig an, so daß zum Beispiel die Folge H, E, B, J entstand. Anderen Kindern gelang es, einige der Stäbe zu reihen, aber nicht alle. Ein Beisipel für dieses Verhalten ist A, B, C, D, H, F, E. Aber auch eine reifere Reaktionsweise konnte beobachtet werden, die als Übergang zum nächsten Stadium anzusehen ist. Das Kind nahm zuerst einen beliebigen Stab, zum Beispiel B; diese Selektion war offensichtlich vom Zufall bestimmt; dann nahm es einen anderen Stab, zum Beispiel H, und ließ dessen Ende etwas über das Ende von B hinausragen. Ein dritter Stab, A zum Beispiel, wurde dann so hingelegt, daß sein Ende wiederum das Ende von B etwas überragte. Entsprechend legte das Kind den Rest der Stäbe. Das Resultat war eine Reihenbildung durch die Enden der Stäbe; H war ein wenig höher als B, A ein wenig höher als H usw., wie in Abbildung 5 dargestellt. Jedoch endeten die Stäbe unten vollkommen ungeordnet und lagen nicht, wie sie sollten, in

[8] Die Entwicklung des Zahlbegriffs beim Kinde, S. 169.

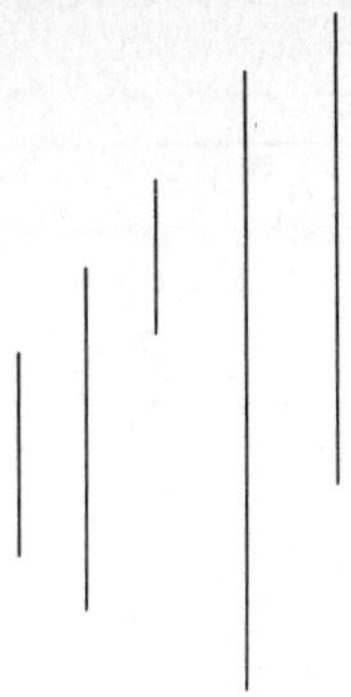

Abbildung 5: Reihenbildung mit Stäben

gerader Linie. Dem Kind gelingt also die Reihenbildung, aber nur deshalb, weil es die Länge jedes Stabes außer acht läßt. Das Verfahren erspart ihm, jeden Stab mit seinem Vorgänger und Nachfolger vergleichen zu müssen. Für das Verhalten des Kindes ist also charakteristisch, daß es sich nur auf einen Gesichtspunkt des Problems konzentriert (nur einen Gesichtspunkt des Problems zentriert), nämlich aus den oberen Enden eine Reihe zu bilden, aber einen anderen Aspekt außer acht läßt, nämlich die unteren Enden in einer geraden Linie anzuordnen. Zusammenfassend können wir sagen, daß das Kind in diesem Stadium keine systematische Reihe aus einer gegebenen Anzahl von Gegenständen bilden kann, obwohl es manchmal einige von ihnen ordnen kann.

Stadium 2

Wenn Kindern des zweiten Stadiums dieselbe Aufgabe gestellt wurde, waren sie im allgemeinen zur Reihenbildung in der Lage, so daß sich $A < B < C < D < E < F < G < H < I < J$ ergab. Aber das Kind bildete die Reihe nicht ohne Schwierigkeiten. Manchmal ließ es wie in Stadium 1 die unteren Enden der Stäbe außer acht. Manchmal machte es Fehler, indem es zum Beispiel $A < D < B$ legte, und benötigte lange Zeit, um seine Fehler zu erkennen und sie zu berichtigen. Fortwährend veränderte es die Anordnung der Stäbe und tauschte ihre Position aus. Das Verfahren des Kindes beruht im Wesentlichen auf Versuch und Irrtum. Ihm fehlt ein übergreifender Plan oder ein Leitprinzip. Wenn es zum Beispiel A als kleinsten Stab ausgewählt hat, wählt es möglicherweise einen anderen kleinen Stab aus, wie zum Beispiel D, und legt ihn als nächsten. Dann nimmt es einen weiteren kleinen Stab, zum Beispiel

C, und legt ihn als Nachfolger von D. Darauf sieht es, daß C größer als D ist, und verändert die Reihenfolge vielleicht so, daß C zwischen A und D liegt. Das Kind versäumt aber, nachdem es mit A begonnen hat, sich nach einem Stab umzusehen, der länger als A, aber kürzer als alle übrigen ist. Wenn diese Regel beachtet wird, kann jeder Schritt der Reihenbildung ohne Schwierigkeit ausgeführt werden. Doch das Kind dieses Stadiums verfügt noch nicht über ein solches Verfahren und stellt keine systematischen Vergleiche zwischen einem gegebenen Stab, dessen unmittelbarem Vorgänger und den nachfolgenden Stäben an.

Diese Tendenz zeigte sich noch deutlicher, als ein weiteres Problem hinzugefügt wurde. Nachdem das Kind die Reihe von A bis J gebildet hatte, wurde ihm ein neuer Satz von zehn Stäben gegeben, a, b, c, d, e, f, g, h, i, j. Jeder dieser neuen Stäbe paßte zwischen ein Paar der Stäbe der ersten Serie. Eine korrekte Reihenbildung aus dem neuen und dem alten Stabsatz mußte also folgende Anordnung ergeben: A < a < B < b < C < c < D < d < E < e < F < f < G < g < H < h < I < i < J < j. Das Kind hatte die Aufgabe, genau diese Reihe zu bilden, also die neuen Stäbe in die bereits gebildete Reihe (A bis J) einzufügen, so daß ein neues, alle 20 Stäbe umfassendes Ordnungsgefüge entstand.

Kinder dieses Stadiums taten sich sehr schwer mit dem Problem. Viele scheiterten an ihm. Ein Kind brachte eine Reihe zustande, die in einem bestimmten Bereich C e d D enthielt, ein anderes legte H g G I h j c, und entsprechend sahen viele andere Versuche aus. Anderen Kindern gelang die richtige Reihenbildung, aber erst nachdem sie viel Zeit mit Versuchen und Irrtümern zugebracht hatten.

Diese Schwierigkeiten scheinen auf mehrere Faktoren zurückzugehen. Einer davon ist wohl, daß das Kind die ursprünglichen Serien als ganze wahrnimmt und es ihm Schwierigkeiten bereitet, die Serien in kleinere Einheiten zerlegen. Außerdem nehmen Kinder dieses Alters das Problem nicht mit Hilfe eines Leitprinzips in Angriff. Sie benutzten keine Regel, wie zum Beispiel: „Beginn mit dem kleinsten Stab a—j; füge ihn zwischen das Paar der kleinsten Stäbe in A—J ein; nimm dann den kleinsten Stab aus b—j und füge ihn in das kleinste Stäbepaar von B—J ein; so fahre fort.“ Die Kinder zogen nicht nur eine solche Regel nicht in Betracht, sondern konnten auch nur schwer entscheiden, daß ein gegebenes Element aus a—j zugleich größer als ein Stab in A bis J und kleiner als der nächstgrößere Stab in A bis J war. Um den richtigen Platz zuweisen zu können, muß das Kind sehen, daß d < E und D < d. Es muß diese beiden Relationen *koordinieren*, worin es aber keine Konsistenz zeigt. Einige Kinder würden aus diesem Grunde e nehmen und ihm einen Platz unmittelbar hinter B geben, weil sie wahrnehmen würden, daß

er größer als B ist. Dabei würden sie die Frage vernachlässigen, ob denn e gleichzeitig kleiner als C sei, und deshalb ihren Fehler machen.
Nachdem Piaget sich mit der Fähigkeit des Kindes beschäftigt hatte, Reihenbildungen hervorzubringen und neue Elemente in sie einzufügen, untersuchte er, ob das Kind Äquivalenzen zwischen zwei separaten Reihen (die die gleiche Zahl von Elementen enthalten) herstellen kann. Nehmen wir eine Klasse mit 15 Jungen und 15 Mädchen und ordnen wir beide Gruppen der Größe nach. Wir suchen den kleinsten Jungen, den nächstkleinsten Jungen usw., und genauso gehen wir bei den Mädchen vor. Wir können erkennen, daß die beiden Reihen in mancher Hinsicht äquivalent und in anderer verschieden sind. Ein Unterschied mag darin liegen, daß die Größe des kleinsten Jungen vielleicht 1,20 m beträgt, während das kleinste Mädchen 1,10 m groß ist. Außerdem ist der zweitkleinste Junge vielleicht 10 Zentimeter größer als der kleinste, während das zweitkleinste Mädchen nur 3 Zentimeter größer ist als das kleinste. Trotz dieser nicht zu übersehenden Unterschiede gibt es wichtige Ähnlichkeiten zwischen den beiden Reihenbildungen. Der Junge, der 1,20 m groß ist, und das Mädchen, das 1,10 m groß ist, sind ungeachtet ihres Größenunterschieds einander äquivalent hinsichtlich ihrer Positionen in den Reihen. Beide sind die kleinsten. Das gleiche gilt natürlich für den größten Jungen und das größte Mädchen, die nächstgrößten und für alle übrigen.
Piaget untersuchte also, ob das jüngere Kind die Äquivalenzen zwischen den beiden sich unterscheidenden Reihen erkennen kann. Versteht es, daß zum Beispiel zwei Objekte, obwohl sie sich hinsichtlich ihrer Größe unterscheiden, hinsichtlich ihrer relativen Rangordnung innerhalb einer Reihenbildung äquivalent sein können? Um die Frage zu klären, legte er Kindern zuerst zehn ungeordnete Puppen, A—J, vor, die der Größe nach zu ordnen waren, außerdem zehn ebenfalls ungeordnete Stäbe, A′—J′, die der Länge nach zu ordnen waren. Die Stäbe waren kleiner als die Puppen, und die Unterschiede zwischen benachbarten Stäben waren kleiner als die zwischen benachbarten Puppen. Die Kinder erfuhren, daß die Puppen spazierengehen wollten und daß jede ihren eigenen Stock haben müsse. Diese Anweisung sollte das Kind natürlich veranlassen, eine Reihe aus den Puppen und eine aus den Stäben zu konstruieren und die Korrespondenz zwischen jedem Element der einen Reihe und dem entsprechenden Element der anderen Reihe herzustellen. Puppe A sollte also den Stab A′ erhalten, Puppe B den Stab B′ und entsprechend sollte mit allen anderen Puppen und Stäben verfahren werden. Piaget nennt diesen Prozeß: Reihen in Stück-für-Stück-Korrespondenz bringen.

Die Ergebnisse erbrachten, daß die Kinder dieses Stadiums eine Stück-für-Stück-Korrespondenz zwischen Puppen und Stäben herstellen können, jedoch nur durch Versuch und Irrtum. Das am häufigsten zu beobachtende Verfahren ist, daß erst die Reihenbildung der Puppen (durch Versuch und Irtum) hergestellt wird und dann die der Stäbe (ebenfalls durch Versuch und Irrtum). Erst nachdem das Kind zwei separate Reihen gebildet hat, kann es die Elemente beider in Stück-für-Stück-Korrespondenz bringen. Es sucht sich also zuerst die größte Puppe heraus, dann die nächst größte und vollendet so die Reihe der Puppen. Dann wendet es sich der Reihenbildung der Stäbe zu. Erst danach ordnet das Kind den größten Stab der größten Puppe zu, den zweitgrößten Stab der zweitgrößten Puppe und entsprechend verfährt es mit allen weiteren Stäben und Puppen. Zwar funktioniert das Verfahren, doch ist es ziemlich mühsam. Einfacher wäre es, mit der größten (oder kleinsten Puppe) und dem größten (oder kleinsten Stab) zu beginnen und beide sofort einander zuzuordnen. Der zweite Schritt wäre dann, die größte Puppe und den größten Stab aller verbleibenden Elemente einander zuzuordnen und genauso die aller weiteren. Immerhin gelingt es dem Kind in diesem Stadium immer, die beiden Reihen in Stück-für-Stück-Korrespondenz zu bringen. Es scheint festgestellt zu haben, daß die Reihen äquivalent sind.

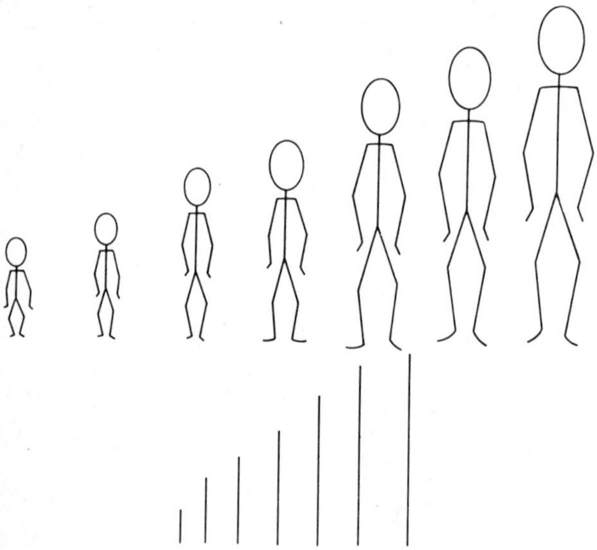

Abbildung 6: Die Äquivalenz der relativen Position (Puppen und Stäbe)

Ein weiteres Problem ist die Frage, wie stabil die Äquivalenz ist, die auf der Stück-für-Stück-Korespondenz beruht.
Nehmen wir an, die Stäbe würden ohne Änderung ihrer Reihenfolge sehr nahe aneinandergelegt (Abbildung 6). Der kürzeste Stab liegt dann der drittkleinsten Puppe am nächsten, der zweitgrößte Stab der drittgrößten Puppe und entsprechend befinden sich alle übrigen Stäbe in der Nähe der falschen Puppen. Erkennt das Kind, daß der zweitgrößte Stab immer noch der zweitgrößten Puppe äquivalent ist, obwohl jener jetzt der drittgrößten Puppe am nächsten liegt? *Erhält* das Kind also die Äquivalenz der relativen Position, wenn die offenkundige Stück-für-Stück-Korrespondenz aufgehoben wird?
Piaget gab einer Anzahl Kindern dieses und ähnliche Probleme auf. Er rückte die Stäbe enger zusammen und fragte, welcher Stab zu welcher Puppe „passe". Piaget stellte fest, daß die Kinder das Problem unterschiedlich in Angriff nahmen. Die primitivste Reaktion stellt die Behauptung dar, jede Puppe sei dem ihr nächstliegenden Stab äquivalent. Der zweitgrößte Stab und die drittgrößte Puppe werden also allein deshalb für zusammengehörig angesehen, weil sie untereinanderliegen. Das Kind gründet sein Urteil auf die *räumlichen* Beziehungen. Andere Kinder versuchen das Problem durch Zählen zu lösen, aber es gelingt ihnen nicht einwandfrei. Zum Beispiel meinte ein Kind, daß der viertgrößte Stock der drittgrößten Puppe äquivalent sei. Dieser Fehler unterlief ihm, weil es wahrnahm, daß sich drei Stäbe vor dem viertgrößten befanden; es zählte dann drei Puppen ab, hielt inne und setzte die dritte Puppe dem vierten Stab gleich. Kinder dieses Stadiums verfallen recht häufig in diesen Fehler. Sie wollen die Puppe, die dem n-ten Stab korrespondiert, dadurch finden, daß sie die vorausgehenden n-1 Stäbe zählen, darauf die Puppen zählen und hier beim n-1-ten Element innehalten. Das Kind verwechselt also die zu ermittelnde Rangstufe (hier Stab 4) mit der Anzahl der vorausgehenden Elemente (3).

Stadium 3

Vom sechsten oder siebten Lebensjahr an bewältigt das Kind alle Aufgaben, die wir oben beschrieben haben. Wenn man es auffordert, eine einfache Reihe von Stäben zu bilden, die sich in der Größe unterscheiden, gelingt ihm dies mit Leichtigkeit. Seine Reihenbildung ist jetzt planvoll. Gewöhnlich beginnt es mit dem kleinsten Stab (manchmal auch mit dem größten), nimmt dann den nächstkleinsten und fährt so fort, bis die Reihe endet. Seine Strategie besteht darin, mit dem kleinsten zu beginnen und aus dem Rest so lange wieder den kleinsten Stab herauszusuchen, bis keiner mehr übrig ist. Wenn man es auffordert, zusätzliche Stäbe (a-j) in die Reihe (A — J) einzufügen, führt das Kind den Auftrag aus, fast ohne sich je zu irren. Der Prozeß, der dieser Fähigkeit zugrundeliegt, ist der gleichzeitige Vergleich zwischen einem der neuen Stäbe (sagen wir d) und zweien aus der ursprünglichen Reihe. Um also die Rangstufe von d zu ermitteln, entscheidet das Kind, daß d zugleich größer als D und kleiner als E ist. Oder anders: es koordiniert zwei inverse Beziehungen — größer und kleiner als.

In ähnlicher Weise stellt das Kind auf der Stufe der konkreten Operationen die Stück-für-Stück-Korrespondenz zwischen zwei Reihen ohne Schwierigkeit her. Ein Kind legte sofort die größte Puppe zum größten Ball (manchmal wurden Bälle anstelle der Stäbe verwendet), die nächstgrößte Puppe zum nächstgrößten Ball und entsprechend alle übrigen Elemente zueinander. Dieses Kind hat sich die Strategie zu eigen gemacht, die größte Puppe und den größten Ball aus allen verbleibenden herauszusuchen und sie ohne Umschweife zusammenzulegen. Das Verfahren ist ökonomischer als das des kleineren Kindes, das erst die Puppen ordnet, dann die Bälle, und sie erst anschließend einander zuzuordnen beginnt. Auch wenn diese Stück-für-Stück-Korrespondenz aufgehoben wird, gelingt es dem Kind, die Äquivalenz der relativen Positionen zu erhalten. Es erkennt, daß die kleinste Puppe auch unter den veränderten Umständen noch dem kleinsten Ball äquivalent ist und nicht dem Ball, der sich jetzt zufällig in größter räumlicher Nähe zu ihr befindet. Zusammenfassend können wir also über die Stufe der konkreten Operationen sagen, daß das Kind die Ordnungsrelationen jetzt verstehe und geschickt mit ihnen hantiere. Aber wie im Falle der Klassifikation bedarf es auch hier einer Einschränkung: nur konkret kann das Kind mit Relationen umgehen, also wenn ihm die Gegenstände tatsächlich vorliegen. Trotzdem ist sein Denken viel weiter entwickelt als das des Kindes in Stadium 1 und 2. Jetzt kann das Kind Reihen bilden, eine Stück-für-Stück-Korrespondenz zwischen zwei solchen Reihen herstellen und die sich daraus ergebenden Äquivalenzen erhalten. Wie dem Klassifikationsverhalten liegen auch der Fähigkeit des Kindes, mit Relationen umzugehen, Prozesse zugrunde, die intergrierte und umfassende Strukturen konstituieren. Keine seiner geistigen Operationen ist ohne Rekurs auf die anderen, deren es fähig ist, zu verstehen. Diese Prozesse müssen als komplexe *Systeme* von Operationen verstanden werden. Piaget hat, um diese Systeme zu beschreiben, etliche logisch-mathematische Modelle entwickelt, die der Gruppierung I ähneln (obwohl er sie natürlich auf Relationen und nicht auf Klassen bezieht). Außerdem hat er noch einige andere Aspekte der Ordnungsrelationen untersucht, wie zum Beispiel die *Transitivität* (wenn a > b und b > c, dann a > c). Diese Aspekte wollen wir hier jedoch nicht erörtern.

Zahl

Das Verständnis für Klassen und Relationen ist nach Piaget auf vielen Gebieten die Voraussetzung für reife Begriffe. Mittels der verschiedenen Gruppierungen lassen sich nicht nur die Prozesse beschreiben, die der Fähigkeit des älteren Kindes zugrundeliegen, Klassen- und Relationsprobleme zu bewältigen, sondern auch die Begriffe des Raums, des Zufalls, der Geometrie und andere. Da wir nicht alle diese Begriffe hier behandeln können, werden wir uns auf einen besonders interessanten beschränken, dem in der amerikanischen und englischen Literatur besondere Aufmerksamkeit geschenkt wurde, nämlich auf den Zahlbegriff (soweit er ganze Zahlen betrifft).

Zuerst müssen wir uns vor Augen führen, was Piaget unter dem Zahlbegriff versteht und was nicht. Er meint *nicht* und ihn interessiert *nicht* die Rechenfertigkeit, wie sie in den ersten Schuljahren gelehrt wird. Das Problem ist nicht, ob das Kind 2 und 2 zusammenzählen oder 3 von 5 abziehen kann. Piaget bringt dieser Frage überhaupt kein Interesse entgegen, weil die einfache Addition und Substraktion ganzer Zahlen, wie auch andere Operationen mit ihnen, völlig mechanisch und ohne Verständnis ausgeführt werden können. Das Kind kann die Additions- und Subtraktionstabellen einfach auswendig lernen, ohne die zugrundeliegenden Begriffe zu verstehen. Piaget leugnet nicht, daß die simplen Fakten der Addition und Subtraktion notwendigerweise auswendig gelernt werden müssen. Wir müssen es alle, um rechnen zu können. Er ist jedoch der Auffassung, daß es für ein reifes Zahlenverständnis nicht ausreiche, diese Dinge mechanisch auswendig zu lernen, sondern daß darüber hinaus gewisse Grundbegriffe beherrscht werden müßten.

Hierzu gehören die Stück-für-Stück-Korrespondenz und die Erhaltung. Wir wollen uns zunächst der Stück-für-Stück-Korrespondenz zuwenden. Nehmen wir an, uns würde eine Sammlung oder ein Satz diskreter Gegenstände vorgelegt, wie wir in Abbildung 7 sehen. Größe, Farbe und andere Merkmale der Objekte sind vollkommen irrelevant. Der Satz soll nur eine endliche Zahl diskreter Gegenstände enthalten.

Dann gibt man uns eine Schachtel mit weiteren Gegenständen und fordert uns auf, aus ihnen einen zweiten Satz mit der Zahleigenschaft des ersten Satzes zu bilden. Dabei soll unerheblich sein, ob die Objekte des

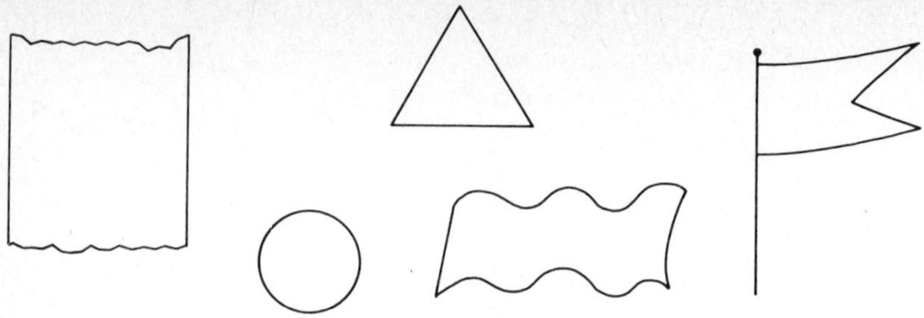

Abbildung 7: Kollektion von Objekten

zweiten Satzes (den wir Satz B nennen wollen) in Farbe, Form und anderen Merkmalen denen des ersten Satzes (des Satzes A) gleichen. Ob Satz A Elefanten enthält und Satz B Geranien, ist irrelevant, wenn ihnen nur dieselbe Zahl eignet. Ein Satz B, der über die Zahleigenschaft von A verfügt, ließe sich einmal dadurch gewinnen, daß wir die Gegenstände in A (sagen wir, es seien sieben) zählten, und dann dieselbe Zahl von Gegenständen der Schachtel entnehmen würden. Auf dieses Verfahren, das dem Problem natürlich in hohem Maße gerecht wird, würden Erwachsene wahrscheinlich zuerst verfallen. Aber unterstellen wir, wir könnten nicht zählen. Nehmen wir an, uns sei die Zahl der Objekte in Satz A unbekannt. Selbst bei dieser Einschränkung führt ein einfacher Weg zu einem neuen Satz, B, der die Zahleigenschaft von A besitzt. Diese Methode besteht im wesentlichen darin, jedem Element des Satzes A ein, und nur ein neues Objekt hinzufügen. Die neuen Gegenstände bilden — nach Vollendung der Stück-für-Stück-Korrespondenz — einen Satz B, der die Zahl von A hat. Natürlich müssen wir nicht jedem Gegenstand in A materiell einen der neuen Gegenstände hinzufügen, sondern können „uns selbst sagen": „Dieses neue Objekt entspricht dem ersten in der Reihe des Satzes A usw." Der Grundgedanke besteht nicht in der materiellen Zuordnung der Elemente beider Sätze, sondern in der Paarbildung jeweils eines Elements aus Satz A mit einem aus Satz B, wie immer sie vollzogen wird.

Obwohl sehr einfach, ist der Gedanke der Stück-für-Stück-Korrespondenz grundlegend und folgenschwer. Er erweist seinen Nutzen in den verschiedensten Situationen. Wenn wir entscheiden möchten, ob wir so viele Sitzplätze wie Menschen in einem Hörsaal haben, brauchen wir nur jeden zu bitten, sich hinzusetzen. Wenn alle einen Sitzplatz haben (sich in Stück-für-Stück-Korrespondenz mit den Plätzen befinden) und wenn keiner der Sitze leer ist, dann ist die Zahl (wie immer sie lauten

mag) der Menschen und der Sitzplätze gleich. Wenn es noch Leute gibt, die stehen, wird hierdurch die Beziehung erwiesen, daß mehr Menschen als Sitzplätze vorhanden sind. Wenn noch Plätze leer sind, wird dadurch die Beziehung erwiesen, daß es mehr Sitzplätze als Menschen gibt. Die Stück-für-Stück-Korrespondenz beweist also, daß zwei beliebige Sätze — unabhängig von den Objekten, die sie enthalten — hinsichtlich ihrer Zahl äquivalent sind. Wir brauchen nicht zu zählen und auf keine anderen Verfahren zurückzugreifen. Läßt sich die Stück-für-Stück-Korrespondenz nicht herstellen, ist damit der Beweis erbracht, daß ein Satz größer als der andere ist (und einer kleiner als der andere).
Zweitens untersucht Piaget die Erhaltung. Gehen wir davon aus, wir hätten bewiesen, daß die Sätze A und B von gleicher Zahl seien, wie in Abbildung 8 A dargestellt. Wir haben also aus Satz A eine Reihe gebildet und unter jedes seiner Elemente ein neues Objekt gelegt. Die Reihe der neuen Gegenstände ist Satz B. Nehmen wir an, wir rücken dann, wie in Abbildung B, die Elemente des Satzes B zusammen, so daß die Wahrnehmungsstruktur der Stück-für-Stück-Korrespondenz zerstört wird. Nun befindet sich nicht mehr jedes Element des Satzes B unter einem bestimmten Element des Satzes A. Es ergibt sich das Problem, ob sich die beiden Sätze nun, da sie sich in ihrer materiellen Anordnung unterscheiden, noch hinsichtlich ihrer Zahl gleichen. Wird also die Äquivalenz erhalten, wie sie in Abbildung 8 A gezeigt wird, auch wenn die Anordnung gemäß Abbildung 8 B verändert wird? Erwachsenen mag diese Frage töricht erscheinen. Natürlich hat sich die Zahlengleichheit nicht verändert! Das Problem liegt jedoch in der Frage, ob Kindern dieser einfache und grundsätzliche Gedanke gleichfalls einleuchtet. Wenn nicht, muß sich ihr Zahlenkosmos wirklich in einem chaotischen Zustand befinden. Wenn die Zahlvorstellung durch die materielle Anordnung zu verändern ist, dann entgeht dem Kind eine bestimmte grundlegende Dauerhaftigkeit oder Invarianz seiner Umgebung.
Piaget hat in mehreren Forschungsarbeiten untersucht, in welchem Maße das Kind diese beiden Grundbegriffe beherrscht, nämlich die Stück-für-

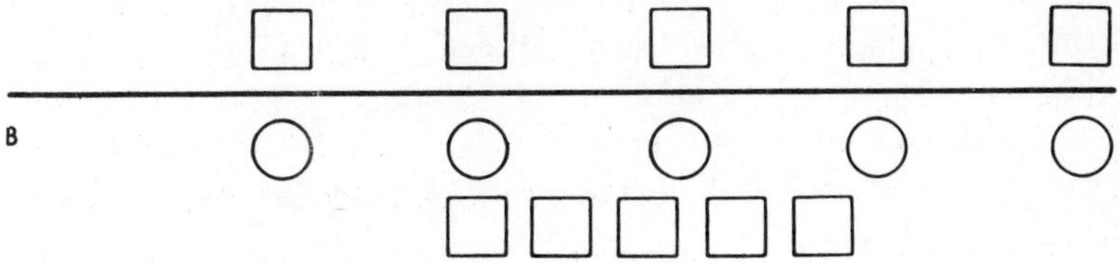

Abbildung 8: Erhaltung der Zahl

Stück-Korrespondenz und die Erhaltung der Äquivalenz zweier Zahlen. Seine Ergebnisse zeigen, daß jüngere Kinder nicht über diese beiden Begriffe verfügen und daß es einer gewissen Entwicklungszeit bedarf, bevor das Kind die geistigen Operationen erwirbt, die es für das ausgebildete Zahlverständnis benötigt. Wir wollen jetzt die Experimente betrachten.

Stadium 1

Um zu bestimmen, inwieweit Kinder Sätze äquivalenter Zahl zusammenzustellen vermögen, stellte ihnen Piaget die verschiedensten Aufgaben, deren einfachste darin bestand, dem Kind eine Reihe von sechs oder sieben Groschen, Spielmarken, Bonbons oder anderen Gegenständen vorzulegen. Der Versuchsleiter forderte darauf das Kind auf, aus einer große Ansammlung gleicher Objekte „dieselbe Zahl" oder „genauso viele" fortzunehmen. Das Kind erhielt also den Satz A und den Auftrag, einen zweiten Satz B zusammenzustellen, der hinsichtlich der Zahl äquivalent war. Natürlich wurde den Kindern nicht erklärt, wie Satz B zu konstruieren sei. Wir zitieren ein Protokoll, das belegt, wie ein Kind im Stadium 1, vier Jahre und sieben Monate alt, das Problem bewältigte. Piaget hatte sechs Bonbons in eine Reihe gelegt und erzählte dem Kind, daß sie seinem Freund Roger gehörten:

„Lege hier ebenso viele Bonbons hin wie da. Dies ist für Roger. Du mußt gleich viel für dich nehmen. — (Er reiht in einer dichten Reihe 10 Bonbons, ohne aber bereits die Länge der Modellreihe zu erreichen.) — Ist das ebensoviel? — *Noch nicht.* (Er fügt noch einige hinzu.) — Und jetzt — Ja. — Warum?— *Weil es ‚so' ist.* (Er zeigt auf die Längen.)" [9]

Das Beispiel verdeutlicht, welche Tendenz während dieses Stadiums vorherrscht. Das Kind macht vom Verfahren der Stück-für-Stück-Korrespondenz keinen Gebrauch, sondern denkt, die beiden Sätze seien hinsichtlich ihrer Zahl äquivalent, wenn sie dieselbe Länge hätten. Piagets Terminologie zufolge *zentriert* das Kind eine Dimension — die Länge — des Satzes A (von Rogers Bonbons oder des Modellsatzes) und legt der Zusammenstellung des Satzes B lediglich den Gesichtspunkt dieser einen Dimension zugrunde. Das Resultat zeigt Abbildung 9. Hinsichtlich ihrer Länge, nicht aber hinsichtlich ihrer Zahl gleichen sich die Reihen. Die neue Reihe ist dichter, mit engeren Zwischenräumen also als Rogers

---

[9] A.a.O., S. 101.

Reihe sie hat, aber das Kind nimmt diese Tatsache nicht zur Kenntnis, sondern konzentriert sich allein auf die Längen. Da es ihm nicht gelingt, die Dimensionen der Länge und der Dichte zu *koordinieren,* kann es keine hinsichtlich ihrer Zahl äquivalente Sätze konstruieren, es sei denn, daß es sich um niedrige Zahlen handelt oder daß es ihm durch Zufall gelingt.

In einer anderen Untersuchung versuchte Piaget dem Kind erst das Verständnis für das Prinzip der Stück-für-Stück-Korrespondenz zu vermitteln; anschließend untersuchte er, ob dem Kind die Erhaltung gelingt. In dieser Studie bestand Satz A aus einer Reihe von zehn Vasen und Satz B aus Blumen. Ein Kind, vier Jahre und vier Monate alt.

„reiht 13 zusammengedrängte Blumen gegenüber 10 auseinandergerückten Vasen auf, obgleich er diese von 1 bis 10 gezählt hat. Da die Reihen gleich lang sind, denkt er, es gebe ‚gleich viel' an Blumen und an Vasen. — ‚Du kannst also die Blumen in die Vasen stecken? — *Ja.*' Er tut es, und drei Blumen bleiben übrig." [10]

Abbildung 9: Mißlungene Zusammenstellung gleicher Reihen

Das Kind bildete also ursprünglich Reihe B in gleicher Länge wie Satz A und war dann überzeugt, die beiden Sätze glichen sich auch hinsichtlich ihrer Zahl. Der Versuchsleiter ließ das Kind daraufhin eine Stück-für-Stück-Korrespondenz zwischen den Blumen und Vasen herstellen: Das Kind sollte jede Blume in eine Vase stellen. Dabei ergaben sich zehn Blumen in zehn Vasen (oder zwei hinsichtlich ihrer Zahl äquivalente Sätze) und drei Blumen, die liegenblieben. Es stellte sich nun die Frage, ob das Kind erkennen würde, daß die beiden Sätze wirklich hinsichtlich ihrer Zahl äquivalent waren. Würde das Kind die Äquivalenz trotz der materiellen Umordnung der Objekte *erhalten?* Dazu setzte Piaget das Experiment mit demselben Kind fort:

„Man nimmt die Blumen heraus und legt sie vor den Vasen auf einen Haufen. Ist es gleich viel an Blumen und Vasen? — *Nein.* — Wo ist mehr? — *Es gibt mehr Vasen.* — Und wenn man die Blumen in die Vasen zurücksteckt, gibt es dann eine Blume in jeder Vase? — *Ja.* — Warum? — *Weil es genügend gibt.* — (Man rückt die Vasen zusammen und die Blumen auseinander.) Und jetzt? — Es gibt mehr Blumen." [11]

---

[10] A.a.O., S. 72.
[11] A.a.O., S. 72.

Halten wir fest, daß das Kind, nachdem es selbst die Stück-für-Stück-Korrespondenz zwischen den Blumen und Vasen hergestellt hat, die Invarianz der numerischen Äquivalenz beider Sätze nicht erkennt. Als die Blumen zu einer kürzeren Reihe als die der Vasen angeordnet werden, meinte das Kind, nun seien die Zahlen nicht mehr gleich, es seien mehr Vasen vorhanden. Es behauptete dies, obgleich ihm nicht entging, daß man die Stück-für-Stück-Korrespondenz wiederherstellen, die Blumen nämlich wieder in die Vasen stellen konnte. Als dann die Reihe der Vasen enger zusammengerückt wurde als die der Blumen, änderte das Kind seine Ansicht abermals. Es versicherte, nun seien mehr Blumen vorhanden. Ohne Frage zentrierte dieses Kind nur die Länge der Reihen und zog nur diese Information heran, um sich sein Urteil über die Äquivalenz oder die fehlende Äquivalenz der Zahl zu bilden. Waren die Reihen von gleicher Länge, sagte es, sie seien von gleicher Zahl (wie in dem Falle, als die Blumen in den Vasen standen). Wenn die Reihen sich hinsichtlich ihrer Länge unterschieden, glaubte es, die längere Reihe habe die größere Zahl.
Piaget untersuchte auch, welche Rolle das Zählen in diesem Zusammenhang spielt. Er ging von der Frage aus, inwieweit das Urteil des Kindes dadurch beeinflußt werde, daß es beide Sätze zähle. Einem Kind, fünf Jahre und drei Monate alt, mißlang die Erhaltung. Es sagte, daß Reihe A (sechs Gläser) größer sei als Reihe B (sechs Flaschen), weil eine länger sei als die andere. Darauf fragte der Versuchsleiter:

„Kannst du zählen? — *Ja.* — Wieviel Gläser gibt es? — *Sechs.* — Und Flaschen? — *Sechs.* — Also gibt es gleich viel an Flaschen und Gläsern? — *Da ist mehr, wo es größer ist, das heißt länger.*" [12]

Die Befragung zeigt, daß das Kind, obwohl es zählen kann, diesem Akt keine Bedeutung beimißt. Obwohl es eine Zahlenfolge hersagen kann, begreift es nicht, was sie bedeutet. Aus der Tatsache, daß es sechs Flaschen und sechs Gläser zählte, schloß es nicht, daß die Sätze hinsichtlich ihrer Zahl gleich seien. Seiner Auffassung nach bietet allein die Übereinstimmung in der Länge die Gewähr für die Übereinstimmung auch in der Zahl. Das Zählen bleibt in diesem Zusammenhang ein äußerlicher und irrelevanter Akt, der weder die Äquivalenz der Sätze noch ihre Erhaltung garantiert.

[12] A.a.O., S. 66.

Stadium 2

Es bereitet dem Kind in diesem Stadium keine Schwierigkeit mehr, zwei Sätze zusammenzustellen, die hinsichtlich ihrer Zahl äquivalent sind, aber es erhält die Äquivalenz nicht, wenn die Anordnung der Sätze verändert wird. Per, ein Kind von fünf Jahren und sieben Monaten . . .

„richtet ohne weiteres eine Kopie-Reihe von 6 Bonbons in Korrespondenz mit dem Modell ein. Man rückt die Bonbons des Modells zusammen. ‚*Ich habe am meisten.* — Warum? — *Weil es eine längere Reihe ist.* — (Nun die Umkehrung.) — *Jetzt ist da am meisten, weil es eine lange Reihe ist.*‘ Aber einen Augenblick später sagt Per das Gegenteil: ‚Gibt es hier (lockere Reihe) mehr zu essen? — *Nein.* — Warum nicht? — *Weil es lang ist.* — Und da (gedrängt)? — *Da gibt es mehr, weil da ein Haufen* (= zusammengedrängt) *ist.* — Ist in einem Haufen mehr als in einer großen Reihe? — *Ja.*‘ — Danach kommt Per auf den Primat der Länge zurück; dann stellt er die visuelle Korrespondenz wieder her und sagt: ‚*Jetzt ist beides gleich viel*‘.“ [13]

Das Protokoll zeigt, daß das Kind in diesem Stadium mit Leichtigkeit einen Satz zu bilden vermag, der einem anderen in der Zahl gleicht. Außerdem stellt es die Äquivalenz mittels des Verfahrens der Stück-für-Stück-Korrespondenz her. Wenn es Satz B zusammenstellen will, legt es also einen Bonbon unter jeden von Satz A. Doch noch immer hat es die Stück-für-Stück-Korrespondenz nicht gänzlich verstanden, sondern bleibt auf die „Wahrnehmung“ angewiesen. Als Satz B gegenüber Satz A verkürzt wurde, gelang es dem Kind nicht, die Äquivalenz, die es so leicht hergestellt hatte, zu erhalten. Außerdem zeigt das Protokoll, daß das Kind nicht genau weiß, anhand welcher Kriterien über Gleichheit oder Ungleichheit der Zahl zu entscheiden sei. Manchmal vertritt es die Auffassung, die längere Reihe enthalte mehr Elemente, weil sie länger sei; manchmal aber meint es auch, die kürzere Reihe müsse aus mehr Elementen gebildet sein, weil sie dichter sei. In Piagets Terminologie *zentriert* das Kind manchmal die Länge (ohne die Dichte zu beachten) und manchmal die Dichte (ohne der Länge genügend Aufmerksamkeit zu schenken). Diese Tendenz ist ein Fortschritt gegenüber dem Verhalten im vorangehenden Stadium, weil das kleinere Kind (in Stadium 1) beständig nur eine der beiden Dimensionen zentriert, gewöhnlich die Länge, während es die andere, gewöhnlich die Dichte, überhaupt nicht berücksichtigt. In Stadium 2 nun erweitert das Kind den Bereich, den es zentriert. Es bemerkt, obschon zu verschiedenen Zeitpunkten, daß beide Dimensionen relevant sein können. Allerdings zieht es für sein Urteil

---

[13] A.a.O., S. 107.

jeweils nur die Information heran, die es separat aus einer der Dimensionen gewinnt. Diese Verwendung partieller Information kennzeichnet die *Regulationen.* Wir werden erleben, wie das Kind auf der Stufe der konkreten Operationen die beiden Dimensionen *koordiniert.*

Stadium 3

Die Ergebnisse dieses Stadiums lassen sich leicht beschreiben. Das Kind kann jetzt nicht nur zu einem gegebenen Satz einen numerisch äquivalenten erstellen, sondern vermag auch ihre Äquivalenz dann noch zu erhalten, wenn ihre materielle Anordnung sich verändert. Das folgende Protokoll ist bezeichnend für dieses Stadium.

„Nimm ebensoviel wie dies (6 Groschen). Er reiht 6 Groschen unterhalb der Modell-Reihe an, ordnet aber seine Groschen von vornherein in einer sehr viel engeren Folge als die des Modells, also ohne räumlichen Kontakt zwischen den Gliedern der beiden Reihen; die ursprüngliche Reihe ragt sogar auf beiden Seiten über die Kopie hinaus. ‚Hast du ebensoviel? — *Ja.* — Seid ihr beide gleich reich. — *Ja.* — (Dann rückt man die Groschen des Modells zusammen und seine eigenen auseinander.) Und jetzt? — *Gleich viel.* — Völlig? — *Ja.* — Warum ist das gleich viel? — *Weil man sie näher gebracht* (= zusammengerückt) *hat.*" [14]

Dieses Protokoll enthält einige interessante Charakteristika, darunter einmal die Tatsache, daß das Kind auf der Stufe der konkreten Operationen, wenn es den Satz in Übereinstimmung mit Satz A zusammenstellt, sich nicht mehr der Mühe unterzieht, unter jedes Element aus A genau ein Element aus B zu legen. Es braucht nicht länger von der räumlichen Nähe auszugehen, die es zwischen den Elementen jedes Satzes wahrnimmt. Wie stellt es aber dann numerisch äquivalente Sätze her? Natürlich könnte es einfach die Zahl der Gegenstände in Satz A durch Zählen ermitteln und müßte dann nur für Satz B die gleiche Anzahl abzählen. Wahrscheinlich bedienen sich einige Kinder dieses Verfahrens, aber Piaget schloß aus seinen klinischen Befragungen, daß andere Kinder ohne zu zählen zurechtkamen. Sie schienen die Methode der Stück-für-Stück-Korrespondenz zu verwenden, aber auf künstlichere Weise als die kleineren Kinder. Die Technik, die das Kind auf der Stufe der konkreten Operationen anwendet, kann wie folgt beschrieben werden: wenn es Satz B in Übereinstimmung mit Satz A zusammenstellen will, sucht es einen Groschen für den ersten Groschen in Satz A heraus, einen wei-

[14] A.a.O., S. 111.

teren für den zweiten in Satz A und so fährt es fort, bis es alle Groschen des Satzes B zusammen hat. Ohne Bedeutung ist hierbei, *wohin* es die Elemente des Satzes A legt. Wichtig ist nur, daß es jedes Element in Satz A mit einem — und nur einem — Element in Satz B in Verbindung bringt (eine nicht-räumliche Stück-für-Stück-Korresondenz). Es darf nicht vergessen, einen Groschen für jedes Element des Satzes A zu nehmen (es darf also kein Element des Satzes A übergehen) und darf nicht mehr als einen Groschen für jedes Element des Satzes A nehmen (es darf also kein Element des Satzes A doppelt zählen).

Das Verfahren, mit dessen Hilfe Sätze gleicher Zahl zusammengestellt werden, läßt sich in den Begriffen der Klassen und Relationen beschreiben. Soweit es sich um Relationen handelt, verwendet das Kind die Methode der *vikarisierenden Ordnung*. Nehmen wir an, Satz A (die Modellreihe) sei eine Reihe Groschen und das Kind müsse einen Satz B (die Kopiereihe) aus einem großen Vorrat an Bonbons zusammenstellen. Es zeigt zuerst auf den Groschen, der am weitesten links liegt, und nimmt einen Bonbon. Dann zeigt es auf den zweiten Groschen von links, nimmt auch einen Bonbon für ihn und fährt so fort, bis es das Ende der Reihe der Groschen erreicht hat. Indem das Kind jeweils auf einen Groschen zeigt — wobei es darauf achtet, jeden Groschen einmal, und nur einmal, zu zählen —, vollzieht es eine Reihenbildung. Ein äquivalentes Vorgehen wäre die Äußerung: „Dieser Groschen kommt zuerst, dieser als zweiter, dieser als dritter ...“ usw. In gewisser Weise entspricht die Reihenbildung der Groschen dem, was geschieht, wenn Stäbe oder Puppen der Größe nach geordnet werden. Es gibt dort einen ersten Stab und einen zweiten, genauso wie es einen ersten Groschen und einen zweiten gibt.

Wenn das Kind also Sätze zusammenstellt, die hinsichtlich ihrer Zahl äquivalent sind, liegt dem eine Fähigkeit ähnlich jener zugrunde, die dem Kind gestattet, Ordnungsrelationen zu bilden. Trotz ihrer augenfälligen Ähnlichkeit sind die beiden Prozesse — die Bildung von Ordnungsrelationen (wie bei der Reihenbildung der Stäbe) und die vikarisierende Ordnung (der Groschen) — nicht identisch. Bei den Stäben gibt es einen — und nur einen — kürzesten Stab, der die erste Position der Reihe innehaben muß, einen — und nur einen — zweitkürzesten Stab, der auf die zweite Position gehört, und Entsprechendes trifft auf die übrigen Stäbe zu. Bei den Groschen ist es unerheblich, welcher in der Reihe als der erste betrachtet wird, welcher als der zweite, der dritte usw. Man könnte ganz links oder ganz rechts beginnen, in der Mitte oder wo immer man wollte, solange man dafür Sorge trüge, keinen Groschen auszulassen und auf keinen zweimal zu zeigen. Aus eben diesem Grunde

heißt die Ordnung der Groschen „vikarisierend": Die Reihenfolge, in der die Groschen gezählt werden, spielt keine Rolle.
Auch andere Aspekte der Relationen sind hier beteiligt. Wenn das Kind einen — und nur einen — Bonbon für jeden Groschen nimmt, *koordiniert* es zwei Reihen. Ähnlich wie in der Aufgabe mit den Puppen und Stäben, wo das Kind die kürzeste Puppe dem kürzesten Stab zuordnen kann, die zweitkürzeste Puppe dem zweitkürzesten Stab und so fort, kann es den ersten Bonbon dem zweiten Groschen und genauso alle übrigen Bonbons den verbleibenden Groschen zuordnen. Natürlich ist die Stück-für-Stück-Korrespondenz der Groschen und Bonbons, im Unterschied zu der der Puppen und Stäbe, vikarisierend. Es gibt einen, und nur einen Stab (den kürzesten), der zur kürzesten Puppe gehört, und so fort. Bei den Groschen und Bonbons ist es gleichgültig, welchen Bonbon man mit welchem Groschen in Korrespondenz bringt, solange ein — und nur ein — Bonbon auf jeden Groschen kommt.
Auch die *Klassifikation* ist an der Zusammenstellung äquivalenter Sätze beteiligt. Das Kind versteht die Groschen in Satz A zum Beispiel in gewisser Hinsicht als Elemente, die einander gleichen, und in anderer Hinsicht als Elemente, die sich voneinander unterscheiden. Verschieden sind sie insofern, als ein bestimmter Groschen zuerst gezählt wird, ein anderer als zweiter und so fort. Sie gleichen sich, insofern es keine Rolle spielt, welcher zuerst gezählt wird und welcher als zweiter. Die Groschen werden also dadurch unterschieden, daß das Kind der Reihe nach auf jeden zeigt. Andererseits sind sie alle äquivalent. Insofern jeder Groschen als Element jedem der anderen äquivalent ist, sind sie alle Elemente derselben Klasse. Dasselbe trifft natürlich auch auf die Bonbons im Satz B zu.
Wir sehen also, daß die Fähigkeit des Kindes, Sätze zu bilden, die hinsichtlich ihrer Zahl äquivalent sind, durch die Analyse in eine Anzahl von Einzelfertigkeiten zu zerlegen ist. Der overten Leistung des Kindes (wenn es auf einem Tisch zum Beispiel zwischen sieben Bonbons und sieben Groschen eine Korrespondenz herstellt) liegen eine Reihe *konkreter Operationen* zugrunde: vikarisierende Ordnung, Stück-für-Stück-Korrespondenz zweier vikarisierender Ordnungen und Klassifikation. Einige der Operationen beziehen Klassen ein, andere Relationen. Die Zahl ist also eine Vereinigung von Klassen und Relationen. Die Operationen sind *konkret*, weil das Kind sie nur auf Gegenstände anwenden kann, die materiell vorhanden sind. Sie sind *Operationen*, weil sie Handlungen sind, die das Kind in der Vorstellung ausführt und die die zusätzliche Eigenschaft der Reversibilität haben. Mit letzterem ist gemeint, daß das Kind zu jedem geistigen Akt, zum Beispiel einer Addition, den entgegen-

gesetzten Akt ausführen kann, in diesem Fall die Subtraktion, wodurch es wieder zu seinem Ausgangspunkt zurückgeführt wird. Die Operationen können auch als Gesamtstrukturen oder Gesamtsysteme dargestellt werden, als Gruppierungen also, wie wir es am Beispiel der Klassifikation dargelegt haben [15].

Im Stadium der konkreten Operationen ist das Kind auch fähig, die Zahl zu erhalten. Nachdem es zwei hinsichtlich ihrer Zahl äquivalente Sätze gebildet hat, erkennt das Kind, daß die Sätze äquivalent bleiben, auch wenn ihre materielle Anordnung verändert wird. Wenn die sieben Bonbons enger zusammengerückt werden, damit sie eine kürzere Reihe bilden, während die Reihe der sieben Groschen unverändert bleibt, gleichen sich die beiden Sätze dennoch nach wie vor hinsichtlich ihrer Zahl. Die Äquivalenz wird erhalten.

Was befähigt das Kind, die Äquivalenz auf der Stufe der konkreten Operationen zu erhalten, während es dazu auf der präoperativen Stufe (Stadium 1 und 2) nicht in der Lage ist? Erinnern wir uns an den Mechanismus, der dem Versagen auf der präoperativen Stufe zugrundeliegt, die Zentrierung nämlich. Das kleinere Kind zentriert nur eine Teilmenge der zur Verfügung stehenden Information. Wenn die Reihe der Bonbons enger zusammengerückt wird, bemerkt es jetzt nur, daß die Reihe der Groschen länger als die Reihe der Bonbons ist. Die Tatsache, daß die Reihe der Bonbons dichter ist (engere Abstände zwischen benachbarten Elementen hat) beachtet es nicht. Es gründet sein Urteil lediglich auf die Länge. Das Kind weiß auf der präoperativen Stufe zwar, daß eine *empirische Reversibilität* möglich ist: ihm entgeht nicht, daß wieder ein Bonbon auf jeden Groschen käme, wenn die Bonbons in ihre Ausgangspositionen zurückgelegt würden. Dieses Wissen hilft ihm aber nicht. Trotz seiner glaubt es, die Zahl eines Satzes ändere sich, wenn sich seine Erscheinung verändere. Die Faktoren der Wahrnehmung sind auf dieser Stufe von ausschlaggebender Bedeutung. Sie stehen noch nicht genügend unter der Kontrolle geistiger Akte, um die von der visuellen Wahrnehmung gelieferten offenkundigen Widersprüche aufzulösen.

Auf der Stufe der konkreten Operationen dagegen dezentriert das Kind seine Aufmerksamkeit. Es beachtet beide Dimensionen und verwendet die dabei gewonnene Information in verschiedener Hinsicht.

---

[15] Genaugenommen verwendet Piaget für die Zahl ein etwas anderes logisch-mathematisches Modell, das er *Gruppe* nennt. Der entscheidende Unterschied zwischen den Gruppierungen und der Gruppe liegt in der fünften Operation der Gruppierung, der Tautologie (z. B. A + A = A). Sie läßt sich in der Gruppe nicht anwenden. Die Tautologie trifft auf die Zahl nicht zu, weil A + A = 2 A und nicht A ist. Deshalb ist das Modell der Gruppe für die Zahl zu verwenden.

a) Es bemerkt, daß die Reihe der Groschen länger als die Reihe der Bonbons geworden ist *und* daß die Reihe der Bonbons dichter als die der Groschen geworden ist. Außerdem koordiniert es die beiden Dimensionen. In der Vorstellung manipuliert es die visuellen Tatbestände, die ihm verfügbar sind. Diese geistige Aktivität führt es zu der Wahrnehmung, daß die Dichte der Bonbonreihe, während die Länge der Groschenreihe (relativ zu der der Bonbons) anwächst, in einem dazu äquivalenten Ausmaß zunimmt. Das Kind bemerkt also, daß die Länge der Groschenreihe ausgeglichen oder kompensiert wird durch die größer gewordene Dichte in der Bonbonreihe: Länge und Dichte stehen in einem Verhältnis der *Reziprozität* oder *Kompensation* zueinander. Tatsächlich hebt die Zunahme eines Satzes in der einen Dimension die des anderen in der anderen Dimension auf, mit dem Ergebnis, daß die Sätze hinsichtlich ihrer Zahl äquivalent bleiben. Diese Reziprozität ist eine Erscheinungsform der *Reversibilität.* Weil die Längenzunahme der Zunahme der Dichte entgegenwirkt, ergibt sich daraus eine Rückkehr zur Ausgangssituation oder eine Reversion der Veränderungen, die sich in der Zahlgleichheit zeigt.
b) Auf der Stufe der konkreten Operationen beginnt das Kind auch, die Operation der *Negation* zu verwenden. Wir haben bereits gesehen, daß das Kind auf dieser Stufe bemerkt, daß, wenn die Reihe der Bonbons enger zusammengerückt wird, die Zunahme der Bonbonreihe an Dichte dem Längenwachstum der Groschenreihe reziprok ist und daß die Zahl der beiden Sätze, als Ergebnis dieser reziproken Transformationen, äquivalent bleibt. Auf der Stufe der konkreten Operationen vermag sich das Kind auch vorzustellen, daß diese Veränderungen annulliert oder *negiert* werden können. Es kommt zu dem Schluß, daß die Handlung, durch die die Bonbons enger zusammengerückt werden, durch die inverse Handlung negiert werden kann, durch die sie wieder auseinander gerückt werden. Die eine Handlung wird durch die andere annulliert. Diese Annullierung oder Negation ist eine andere Erscheinungsform der Reversibilität: Das Kind reversiert nämlich in der Vorstellung die Handlung, durch die die Bonbons enger zusammengerückt wurden. Deshalb schreibt es beiden Sätzen gleiche Zahlen zu. Hierbei ist wichtig, daß das Kind in Stadium 3 sowohl den Akt des Zusammenrückens reversiert, wie auch erkennt, daß das Endergebnis zur ursprünglichen Anordnung der Bonbons und Groschen führt. Das Kind im Stadium 2, das zur *empirischen Reversibilität* in der Lage ist, erkennt zwar, daß die Bonbons in ihre Ausgangsposition zurückgelegt werden können, aber es schenkt dem Akt der Umordnung kein Interesse, bzw. es reversiert ihn nicht. Es achtet auf die Zustände und nicht auf die Transformationen.
c) Das Kind verwendet auf der Stufe der konkreten Operationen manch-

mal das Argument der *Identität.* Es schließt aus der Tatsache, daß es mit denselben Gegenständen wie vorher zu tun hat, die Zahlen müßten sich gleich geblieben sein: Nichts sei hinzugefügt oder fortgenommen worden.

Zusammenfassend können wir sagen, daß das Kind in Stadium 3, wenn es die Stufe der konkreten Operationen erreicht hat, zwei Sätze zusammenstellen kann, die hinsichtlich ihrer Zahl äquivalent sind, und diese Äquivalenz trotz äußerlicher Veränderungen erhalten kann. Dieser Leistung liegen eine Anzahl verschiedener Denkprozesse zugrunde. Die Fähigkeit, äquivalente Sätze zu bilden, setzt *vikarisierende Ordnung* und *Klassifikation* voraus. Die Fähigkeit zur Erhaltung, die als Ergebnis der Dezentrierung der kindlichen Aufmerksamkeit erworben wird, beruht auf drei Operationstypen, die das Kind manchmal zur Rechtfertigung seiner Antworten expliziert: Reziprozität, Negation und Identität. Sie sind Erscheinungsformen der *konkreten* Operationen, die durch die *Gruppierungen* beschrieben werden können. Das Kind führt nicht jedes Mal alle Denkprozesse aus, wenn es vor die Aufgabe gestellt wird, gleiche Sätze zu bilden, noch nennt es alle drei Argumente, wenn man es auffordert, die Erhaltung zu begründen. Es würde wahrscheinlich nur eines oder höchstens zwei von ihnen anführen. Jedoch ist es *fähig,* alle konkreten Operationen auszuführen, obwohl es das vielleicht nicht immer tut. Tatsächlich setzt das Kind auf der Stufe der konkreten Operationen die Erhaltung nach einer gewissen Zeit als selbstverständlich voraus. Es erkennt sofort, daß die Zahl andauert und braucht sich die Erhaltung nicht mithilfe der Negation oder der Reziprozität zu beweisen. Wenn man es fragt, wieso die Zahl fortdauert, hält es die Frage für dumm, weil sich die Erhaltung von selbst versteht. Die Erhaltung ist ihm ein logisch notwendiger Tatbestand geworden, was beweist, daß es eine grundlegende Struktur geistiger Operationen erworben hat, deren jede unabhängig von den anderen, aber nicht isoliert von ihnen ausgeführt wird.

Das Vorstellungsbild

In seiner Theorie unterscheidet Piaget grundsätzlich zwei Aspekte der Erkenntnis: den *operativen* und den *figurativen* Aspekt. Der operative, also der dynamische Gesichtspunkt betrifft die *Handlungen,* die eine Transformation oder Veränderung der Realität bewirken. Diese Handlungen können effektiv oder innerlich ablaufen. Beispiele für effektive Handlungen bieten sich auf der sensomotorischen Stufe im Übermaß. Der Säugling stößt mit den Füßen, um eine Rassel zu schütteln, oder zieht Gegenstände mithilfe eines Stocks zu sich heran. Im vorliegenden Kapitel wurden zwei wichtige Bereiche interiorisierter Handlungen erörtert: die isolierten und beziehungslosen Handlungen des präoperativen Denkens und die strukturierten und koordinierten des konkretoperativen Denkens.

Der figurative Aspekt dagegen betrifft Handlungen, mit deren Hilfe das Kind ein „Abbild“ der Realität herstellt. Hier richtet sich die Erkenntnis also auf den Zustand der Wirklichkeit und nicht auf ihre Transformationen. Piaget unterteilt den figurativen Aspekt der Erkenntnis in drei Bereiche. Einer ist die Wahrnehmung, ein System, das mit Hilfe der Sinnesorgane funktioniert und eines unmittelbar gegenwärtigen Objektes bedarf. Durch die Wahrnehmung erwirbt das Kind ein Abbild der Dinge, die es umgeben. Dieses Abbild ist oft ungenau, wie sich im Fall der optischen Täuschungen erweist. Ein zweiter Bereich ist die Nachahmung, durch die das Kind die Handlungen von Personen und Dingen reproduziert. Zwar zwingt die Nachahmung das Kind zum Handeln, doch sind diese Handlungen unter dem figurativen Gesichtspunkt zu betrachten, weil sie ein Abbild der Realität herstellen. Der dritte Bereich des figurativen Aspekts und derjenige, auf den wir uns hier konzentrieren wollen, ist das Vorstellungsbild. Wie wir in Kapitel drei gesehen haben, wird das Vorstellungsbild von sehr individuellen Ereignissen konstituiert, die für abwesende Dinge oder Ereignisse stehen oder sie repräsentieren. Wenn wir uns ein „Bild“ von unserem ersten Fahrrad oder dem Spaziergang in der letzten Woche machen, verwenden wir Vorstellungsbilder.

Geschichte

Das Vorstellungsbild war einer der ersten Untersuchungsgegenstände der Experimentalpsychologen. Am Ende des 19. Jahrhunderts untersuchten Wundt und seine Schüler das Problem mit Hilfe der Selbstbeobachtung. Sie glaubten, daß sich eine Vorstellung aus Bündeln von Empfindungen zusammensetze, die untereinander durch Assoziationen verbunden seien. Zu Beginn des 20. Jahrhunderts galt es unter Psychologen aus zwei Gründen nicht mehr als angebracht, sich mit Fragen zu beschäftigen, die Vorstellungen betrafen. Zum einen ließen die Ergebnisse der Würzburger Schule darauf schließen, daß das Denken nur in geringem Maße Vorstellungen einbezieht. Zum anderen wandten sich die Behavioristen, die sich in den Vereinigten Staaten durchsetzten, gegen die Methode der Selbstbeobachtung, die sie für unzulänglich erklärten. Sie meinten, daß die Ergebnisse der Selbstbeobachtung — die Eindrücke, die ein Forscher aus dem eigenen Bewußtsein gewinnt — nicht ausreichend überprüfbar seien. Wie soll ein anderer Psychologe entscheiden können, ob die Selbstbeobachtung zuverlässig und genau durchgeführt worden ist? Der Vorwurf der Behavioristen, der eigentlich der Methode der Selbstbeobachtung galt, hatte zur Folge, daß die Beschäftigung mit der Vorstellung für „unwissenschaftlich" angesehen und weitgehend aufgegeben wurde. Neuerlich zeigt die Psychologie jedoch ein wiedererwachtes Interesse am sehr traditionsreichen Problem der Vorstellung. Eine Reihe von Forschern hat zum Beispiel physiologische Untersuchungsmethoden verwendet, um festzustellen, welche Vorstellungen im Schlaf vorkommen; wir meinen die Traumuntersuchungen.

Ganz im Gegensatz zur übrigen Forschung beschäftigt sich Piaget seit den dreißiger Jahren mit dem Problem der Vorstellung. In Kapitel drei erörterten wir Piagets Arbeiten über die Vorstellung beim kleineren Kinde unter fünf Jahren. Wie wir uns erinnern, heißt es in dieser Theorie, daß die Vorstellungsbilder erst in der Mitte des zweiten Lebensjahres auftreten würden. Vor diesem Zeitpunkt besitzt das Kind keine geistigen Repräsentationen seiner Umgebung und reagiert folglich zur Hauptsache auf Ereignisse, die in seiner Gegenwart stattfinden. Sobald das Kind über Vorstellungen verfügt, vermag es sowohl Ereignisse, die sich in der Vergangenheit ereignet haben, wie auch Gegenstände zu repräsentieren, die aus seinem Wahrnehmungsbereich verschwunden sind. Wie wir uns gleichfalls erinnern, ging aus Piagets Theorie auch hervor, daß die Vorstellung ein Ergebnis der Nachahmung sei. Anfangs ahmt das Kind die Handlungen der Dinge und Menschen effektiv nach. Später führt es seine Nachahmung innerlich und verkürzt aus. Aus dieser innerlichen Tätigkeit entstehen die Vorstellungsbilder. Ohne Frage befindet sich Piaget mit seiner Ansicht in deutlichem Gegensatz zu Wundt. Er betrachtet die Vorstellungen nicht als bloße, durch Assoziationen verbundene Bündel von Empfindungen, sondern führt die Bildung von Vorstellungen auf die Tätigkeit der interiorisierten Nachahmung zurück.

In den fünfziger Jahren wandte sich Piaget erneut der Untersuchung der Vorstellungen zu. In seinem Spätwerk beschäftigt er sich mit Kindern über vier Jahren und stellt eine Reihe interessanter Fragen. Gibt es beispielsweise unterschiedliche Vorstellungstypen in unterschiedlichen Stadien der intellektuellen Entwicklung? Unterscheiden sich die Vorstellungsbilder in den präoperativen Stadien von denen, die im konkret-operativen Stadium vorkommen? Wenn dem so ist, welche Beziehung besteht dann in einem gegebenen Stadium zwischen den Vorstellungsbildern und den geistigen Operationen?

Methode

Zwar sind diese Fragen sehr interessant, doch stößt die Untersuchung der Vorstellungsbilder auf große Schwierigkeiten, besonders wenn sie sich Kindern zuwendet. Vorstellungen sind äußerst individuelle Vorkommnisse, die keiner direkten Beobachtung zugänglich sind. Niemand kann die Vorstellungen eines anderen Individuums „sehen". Deshalb muß der Forscher auf ihr Vorhandensein und auf ihre Beschaffenheit von anderen Erscheinungen schließen, wie zum Beispiel von einer sprachlichen Darstellung. Piaget untersuchte die Vorstellung mit Hilfe einer Vielfalt von Methoden, deren eine darin besteht, ein Individuum aufzufordern, seine Vorstellungen zu beschreiben. Aber die Sprache wird dieser Aufgabe nicht gerecht; sie reicht ja noch nicht einmal aus, um etwas so Konkretes wie die unmittelbare Wahrnehmung eines Gegenstandes wiederzugeben. Niemals vermögen wir mit Worten naturgetreu darzustellen, was wir sehen. Wenn wir uns bemühen, die Gegenstände unserer Wahrnehmung zu beschreiben, betonen wir zwangsläufig bestimmte Merkmale dieser Objekte zu stark, während wir andere vernachlässigen. Farbschattierungen und Materialbeschaffenheit machen uns Schwierigkeiten. Wir können keinen ganzheitlichen Eindruck vom Wahrnehmungsgegenstand vermitteln, sondern müssen nacheinander seine Details schildern, wobei uns oft der Gesamteindruck verloren geht. Wenn die Sprache bereits Wahrnehmungsereignisse so unzulänglich übermittelt, die doch vor den Augen des Wahrnehmenden bleiben, wo er sie jederzeit wieder zur Prüfung seiner Darstellung betrachten kann, wieviel schwieriger müssen dann Vorstellungsbilder zu beschreiben sein, die fließend und unbeständig sind?
Ein anderes Verfahren, die Vorstellungsbilder zu untersuchen, ist die Aufforderung, sie zu zeichnen. Die Versuchsperson wird also gebeten, einen Gegenstand zu zeichnen, den man ihm vorher zeigte. Da dieser nicht mehr anwesend ist, muß sich die Versuchsperson eine Vorstellung von ihm machen, wenn sie ihn zeichnen will. Die Zeichnung läßt also gewisse Rückschlüsse auf die Beschaffenheit der Vorstellung zu, die das innerliche „Bild" des Gegenstandes ist. Dennoch ist die Methode zeichnen zu lassen, in mehrfacher Hinsicht unzulässig. Die Zeichnung ist keine einfache und unmittelbare Wiedergabe der Vorstellungsbilder, sondern an ihr sind noch andere Prozesse beteiligt. Einige Individuen haben ein schlechtes Gedächtnis. Wenn sie ihr Vorstellungsbild von einem Gegenstand vergessen haben, können sie ihn schlecht zeichnen. Andere Individuen können nicht gut zeichnen. Nicht in ihrem Vorstellungsbild ist der Fehler zu suchen, sondern in ihrer künstlerischen Fähigkeit.

In einem dritten Verfahren sollen die Unzulänglichkeiten der eigenhändigen Zeichnungen vermieden werden. Dem Probanden wird vom Versuchsleiter eine Sammlung Zeichnungen vorgelegt, aus der er diejenige heraussuchen soll, die seiner Vorstellung von dem, was er vorher betrachtet hat, am nächsten kommt. Dieses Verfahren wird natürlich nicht dadurch beeinträchtigt, daß die Versuchspersonen unterschiedliche künstlerische Fähigkeiten aufweisen. Genauso reduziert es auch die Schwierigkeiten, die an einem schlechten Gedächtnis liegen. Aber selbst die Selektionsmethode bei Vorlage einer Sammlung von Zeichnungen befriedigt nicht in jeder Hinsicht. Zum einen ähneln die vorgelegten Zeichnungen nicht weitgehend genug dem Vorstellungsbild des Individuums. Die Zeichnungen können mehr oder weniger ins Einzelne gehen als die Vorstellung. In beiden Fällen läßt sich aus der Wahl der Versuchsperson nicht zwingend auf ihr Vorstellungsbild schließen.
Piaget bediente sich, ausschließlich oder kombiniert, aller dieser Methoden — der sprachlichen Darstellung, der Zeichnung, der Selektion aus Zeichnungen, wobei er sie einzeln oder kombiniert verwendete. Wie in der Genfer Schule üblich, wurden diese Methoden durch mündliche Befragungen in Form der klinischen Methode ergänzt.

Hauptergebnisse

Ein Experiment hatte die *kinetischen Vorstellungsbilder* zum Gegenstand, d. h. die Vorstellungen von der Bewegung eines Objektes. Kindern im Alter von vier bis acht Jahren wurden zwei identische Klötze vorgelegt, die man aufeinander gesetzt hatte. (Abbildung 10 a). Die Versuchspersonen wurden aufgefordert, diese Anordnung zu zeichnen, wozu sie gewöhnlich recht gut in der Lage waren. Darauf wurde der obere Klotz etwas gegen den unteren versetzt, wie Abbildung 10 b zeigt. Nachdem man dem Kind eine gewisse Zeit Gelegenheit gegeben hatte, sich diese Anordnung anzusehen, wurde der obere Klotz in seine ursprüngliche Lage zurückgerückt (Abbildung 10 a). Jetzt sollte das Kind den Klotz in seiner veränderten Lage zeichnen (Abbildung 10 b), die natürlich nicht mehr zu sehen war. Danach legte man eine Sammlung Zeichnungen vor, die neben einer wirklichkeitsgetreuen Wiedergabe der Abbildung 10b eine Kollek-

Abbildung 10: Bewegung von Klötzen

tion falscher Zeichnungen enthielt, deren Fehler für Kinder dieses Alters typisch sind. Das Kind wurde aufgefordert, die Zeichnung herauszusuchen, von der es meinte, daß sie der Anordnung am nächsten komme, die es gesehen hatte. Schließlich wurde noch eine Kontrolle vorgenommen. Wieder wurde der obere Klotz versetzt und das Kind aufgefordert, die Anordnung zu zeichnen, während es sie sehen konnte. Wenn es die sichtbare Anordnung der Blöcke richtig abzeichnen konnte, mußte jeder seiner früheren Zeichenfehler (als die veränderte Anordnung der Blöcke nicht zu sehen war) Fehlern in der Vorstellung oder in der Erinnerung zugeschrieben werden, nicht aber einer mangelhaften Zeichenfertigkeit.

Kurz, das Kind zeichnete zuerst die versetzten Klötze, als es sie nicht mehr sah. Dann suchte es aus einer Anzahl von Zeichnungen eine heraus, die den versetzten Blöcken glich. Schließlich zeichnete es die versetzten Blöcke ab, nachdem man sie wieder vor ihm aufgebaut hatte.
Die Ergebnisse zeigen, daß Kinder vor Vollendung ihres siebten Lebensjahres die versetzten Blöcke richtig zeichnen können, wenn sie sie vor sich sehen, nicht aber, wenn sie nicht mehr unmittelbar gegenwärtig sind. Genausowenig können sie eine Zeichnung heraussuchen, die der Anordnung entspricht. Die Zeichnungen, die Kinder im Alter von etwa vier, fünf Jahren anfertigen und heraussuchen, entsprechen den Typen A bis D (in Abbildung 11). Die Fehler, die Kinder mit sechs Jahren begingen, waren dagegen vom Typus F bis G. Erst mit sieben Jahren zeigten sich über 75 Prozent der Versuchspersonen in der Lage, richtig zu zeichnen und die korrekten Zeichnungen herauszusuchen. Die Antworten des

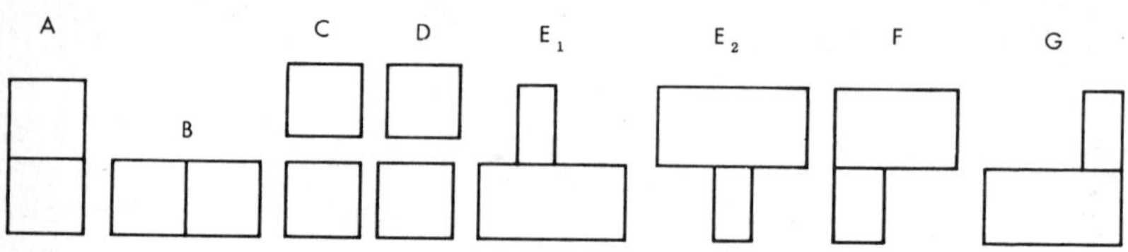

Abbildung 11: Zeichnungen der Klötze

kleineren Kindes scheinen darauf hinzudeuten, daß es sich nur ein sehr allgemeines Bild von der Anordnung macht, daß nämlich die Lage eines Klotzes verändert wurde. Wenn es aufgefordert wird, die genauen Einzelheiten zu zeichnen, zeigt es sich dazu außerstande. Es gibt deshalb seinen allgemeinen Eindruck von einer Bewegung wieder, indem es den oberen Block vom unteren löst (vergleiche C und D), indem es einen der beiden Blöcke symmetrisch schrumpft oder vergrößert (vergleiche E_1

und E_2) oder indem es schließlich den Blöcken eine gemeinsame Grenze oder identische Linie erhält, während es gewisse Veränderungen auf der anderen Seite des Blocks vornimmt (vergleiche F und G). Sein Vorstellungsbild scheint nicht der tatsächlichen Anordnung zu entsprechen. Das Kind scheint eine Dimension zu zentrieren, also einen besonderen Aspekt der Anordnung, zum Beispiel das Überstehen des oberen Klotzes in Abbildung E_2 und F oder das Überstehen des unteren Klotzes in E_1 und G, aber es koordiniert die Bewegung des einen Klotzes nicht mit der endgültigen Position der beiden Klötze. Offensichtlich analysiert das Kind die Anordnung nicht genau genug, sondern gewinnt nur einen oberflächlichen Eindruck von dem, was vorgegangen ist. Es hat bemerkt, daß der Klotz sich bewegt hat, aber die wichtigen Einzelheiten der Bewegung und die schließliche Lageveränderung scheinen seiner Aufmerksamkeit entgangen zu sein.

Eine andere Untersuchung befaßt sich mit der *transformatorischen* Vorstellung. In diesem Fall sieht das Kind einen Gegenstand, der im Verlauf der Beobachtung seine Form oder Gestalt verändert, statt, wie bei der kinetischen Vorstellung, seine Position. Erst legte der Versuchsleiter den Versuchspersonen ein zu einem Halbkreis gebogenes Drahtende vor, dann bog er es gerade. Das Kind wurde aufgefordert, die Sequenz zu zeichnen: Den Anfangszustand, die Zwischenformen und das Ergebnis. Zusätzlich wurden andere Testmethoden verwendet wie die Selektion von Zeichnungen, sprachliche Darstellungen und andere. Abbildung 12 gibt einige typische Zeichnungen von kleineren Kindern wieder. Als eines der Hauptergebnisse erwies sich, daß das Kind, bevor es acht oder neun Jahre alt ist, die Länge des geraden Drahtes erheblich unterschätzt. Das Kind hält also den Endzustand der Transformation für kürzer als ihren Anfangszustand. Piaget führt dieses Ergebnis auf bestimmte *Grenzen* beim Kinde zurück. In seiner Vorstellung hat das Kind vertikale Grenzen oder vertikale Linien zu beiden Seiten des Drahtes errichtet und glaubt nun, der gerade Draht dürfe über diese Grenzen nicht hinausreichen. Deshalb zeichnet es das gerade Drahtende so, daß es innerhalb der Grenze bleibt, und das führt zu falschen Zeichnungen, weil eine Gerade, die man aus einem Halbkreis geformt hat, eine längere Strecke in der Horizontalen beansprucht als ihre Ursprungsform. Die Ereignisse zeigen, daß das Kind den geraden Draht zwar häufig kürzer zeichnet als den Halbkreis, jedoch nur ganz selten länger. Ebenfalls zu den wichtigsten Ergebnissen ist die Tatsache zu zählen, daß das kleinere Kind große Schwierigkeiten hat, sich die Zwischenstufen der Transformation vorzustellen, was also mit dem Draht zwischen dem Anfangs- und dem Endzustand geschehen ist. Die Vorstellung des Kindes auf der präopera-

Abbildung 12: Zeichnung der Drähte

tiven Stufe ist demnach in doppelter Hinsicht unzulänglich: Weder gelingt es dem Kinde, sich den Endzustand des Drahtes genau vorzustellen, noch ist es in der Lage, die Transformationen korrekt wiederzugeben, die der Draht erlitten haben muß, als man ihn vom Halbkreis in eine gerade Linie umbog.

Piaget führt zwei Gründe für diese Irrtümer an. Vor allem scheint das kleine Kind die Länge des Drahtes nicht *erhalten* zu können. Wir haben oben die Unfähigkeit des Kindes auf der präoperativen Stufe erörtert, die Zahl zu erhalten. Hier mißlingt es ihm, die Länge zu erhalten. Das bedeutet, daß es von einer Formveränderung mechanisch auf eine Änderung der Länge schließt. Zweitens scheint das kleinere Kind die Transformationen, die vom einen zum anderen Zustand führen, nicht für eine kontinuierliche Folge von Veränderungen anzusehen, sondern jeden Zwischenschritt isoliert zu betrachten, der nur wenig oder keine Beziehung zum vorhergehenden und zum folgenden hat. Daraus können wir schließen, daß das Kind auf der präoperativen Stufe nicht über eine angemessene Repräsentation der Ereignisfolge verfügt. Erst wenn es fähig ist, die Länge zu erhalten und von den Zuständen zu den Transformationen zu dezentrieren, wird es sich eine Vorstellung vom ganzen Transformationsprozeß machen können, der vom halbkreisförmigen Draht zum geraden führt. Dann wird es auch ein wirklichkeitsgetreues Vorstellungsbild der Situation hervorbringen.

Ein dritter Typ ist die *statische* Vorstellung. Hier reproduziert das Vorstellungsbild eine Kollektion von Gegenständen, eine Szene oder ein Bild, kurz, ein Ereignis oder ein Objekt, dessen Elemente sich entweder hinsichtlich der Form oder der Lage nicht verändern. Piaget kommt zu dem Ergebnis, daß sich das Kind früher eine adäquate Vorstellung von statischen Verhältnissen machen kann als von kinetischen oder transformatorischen.

Piaget unterteilt die Vorstellung noch in einer weiteren Hinsicht. Einige Vorstellungsbilder sind *reproduktiv*. Sie reproduzieren etwas, was das Individuum bereits gesehen hat, das heißt, sie versuchen ein Modell nachzuahmen, das schon einmal Gegenstand der Wahrnehmung gewesen ist. *Antizipatorische* Vorstellungsbilder dagegen beziehen die Antizipation zukünftiger Ereignisse, der Form- und Ortsveränderungen mit ein.

Hierbei sieht das Kind einen Gegenstand und wird aufgefordert, vorherzusagen, wie er aussehen werde, wenn man seine Form oder seine Lage verändert habe. Kinetische und transformatorische Vorstellungsbilder können reproduktiv oder antizipatorisch sein. Wir können also eine Bewegung oder eine Transformation entweder reproduzieren oder antizipieren. Statische Vorstellungsbilder können dagegen nur reproduktiv sein. Es ist sinnlos von der Antizipation der zukünftigen Bedingungen eines Ereignisses zu reden, wenn es sich nicht ändert.

Wir haben nur einen kleinen Ausschnitt der Experimente erörtert, die Piaget zum Problem der Vorstellung durchgeführt hat. Ihre Ergebnisse zusammen mit denen einer sehr viel größeren Anzahl von Untersuchungen führten Piaget zu den folgenden Schlüssen über die Vorstellung und über ihre Beziehung zur Intelligenz überhaupt. Erstens, die Vorstellung entwickelt sich erst im Laufe der Zeit. Der Zweijährige bringt nicht dieselbe Art von Vorstellungsbildern hervor wie der Zehnjährige. Die Evolution der Vorstellungsbilder vollzieht sich jedoch nicht so dramatisch wie die der kognitiven Operationen, die eine deutlich in sich abgesetzte Stadienfolge aufweist. Es scheint nur einen Angelpunkt in der Entwicklung der Vorstellungsbilder zu geben. Er tritt etwa im Alter von sieben bis acht Jahren auf, was dem Beginn der Stufe der konkreten Operationen entspricht. Vor diesem Bruch, das heißt im Alter von anderthalb bis sieben Jahren, scheint das Kind nur statische Vorstellungsbilder mit einer gewissen Genauigkeit hervorbringen zu können, und selbst diese sind noch lange nicht fehlerlos. Vollkommen unfähig ist es, sich die Bewegung eines Gegenstandes oder auch nur einfache materielle Transformationen vorzustellen; in solchen Situationen produziert es gröblich deformierte Vorstellungsbilder.

Piaget sieht die Ursache für diese Unzulänglichkeit in einer Tendenz des Kindes, sich nur auf den Anfangs- und den Endzustand einer gegebenen Situation zu konzentrieren und die vermittelnden Ereignisse zu vernachlässigen, die die Veränderungen eigentlich verursachen. Wir haben bereits am Beispiel der Invarianz erörtert, wie diese Tendenz, Zentrierung genannt, sich auswirkt. Wir wollen uns an die Versuchsanordnung erinnern, als vor dem Kind eine Reihe von Vasen aufgestellt wurde, deren jede eine Blume enthielt. Die Blumen wurden aus den Vasen genommen und daneben ausgebreitet. Daraufhin glaubt das jüngere Kind im allgemeinen, es seien mehr Blumen als Vasen vorhanden, weil die Reihe der Blumen nun länger als die der Vasen ist. Es *zentriert* die Länge und nimmt viele andere Faktoren nicht zur Kenntnis. Es gelingt ihm nicht, zu dezentrieren und die Dichte der Reihen genauso zu berücksichtigen wie ihre Länge. Es beachtet die vermittelnden Transformationen nicht (das Herausnehmen und Ausbreiten der Blumen). Das Kind schenkt seine Aufmerksamkeit also nur dem Anfangs- und Endzustand (den Blumen in der Vase und den ausgebreiteten Blumen). Es gelingt ihm nicht, diese beiden Eindrücke in alle anderen zu integrieren, die es empfangen hat.

Außerdem ist die Vorstellung vor dem siebten oder achten Lebensjahr außerordentlich statisch. Dieser Aspekt scheint in den Denkprozessen des Kindes zu dominieren. Deshalb bringt es nur ein verzeichnetes Abbild der Realität hervor, dessen Kennzeichen darin besteht, daß ganz oberflächliche und isolierte Kennzeichen betont werden, die nicht zu einem zusammenhängenden Ganzen koordiniert werden.

Vom siebten Lebensjahr an zeigt sich das Kind jedoch in der Lage, Vorstellungsbilder zu produzieren, die kinetische und Transformationen unterworfene Situationen reproduzieren und antizipieren. Es verdankt diese Fähigkeit der Tatsache, daß es sich jetzt nicht nur den Anfangs- und Endzustand vorzustellen vermag, sondern auch die vermittelnden Transformationen. Seine Vorstellung hat ihren statischen Charakter verloren. Es ist nicht in jedem Fall möglich, *alle* diese vermittelnden Ereignisse zu reproduzieren, weil sie in einigen Fällen (wie zum Beispiel beim Gießen von Flüssigkeiten) zu schnell aufeinander folgen. Das Kind erkennt die Sequenz als solche und merkt, daß zwischen dem Anfangs- und dem Endzustand eine Reihe vermittelnder Schritte liegen.

Man könnte fragen, warum die reproduktiven und antizipatorischen Vorstellungsbilder gleichzeitig auf der Stufe der konkreten Operationen aufzutreten scheinen. Man ist beispielsweise geneigt, anzunehmen, es sei leichter, Bewegungen zu reproduzieren, als sie zu antizipieren, und würde deshalb erwarten, daß die reproduktiven Vorstellungsbilder früher auftreten. Piaget ist der Meinung, daß beide Vorstellungstypen deshalb gleichzeitig auftreten, weil reproduktive Vorstellungsbilder auch ein antizipatorisches Element voraussetzen, oder zumindest ein re-antizipatorisches. Nehmen wir beispielsweise an, wir hätten gesehen, wie ein Draht aus einem Halbkreis in eine gerade Linie umgebogen wurde. Wenn wir aufgefordert werden, die Transformation zu reproduzieren, werden wir von unserem Wissen um den Endzustand beeinflußt, daß nämlich aus dem Draht eine gerade Linie wurde. Wir beginnen also nicht, ohne eine Vorstellung davon zu haben, was noch folgen wird. Wir re-antizipieren den Endzustand und rekonstruieren mit Hilfe dieses Wissens die Transformation. Deshalb beziehen reproduktive Vorstellungsbilder Antizipation ein, was erklärt, warum sie nicht vor den antizipatorischen Vorstellungsbildern auftreten.

Schließlich müssen wir noch fragen, welche Beziehung zwischen den dynamischen Vorstellungsbildern — den kinetischen und den transformatorischen — und den konkreten Operationen besteht. Denn die kinetischen und transformatorischen Vorstellungsbilder treten etwa gleichzeitig zu der Zeit auf, da das Kind die Fähigkeit zu den konkreten Operationen erwirbt. Welche Beziehung besteht also zwischen den operativen und den figurativen Aspekten des Denkens in diesem Stadium? Hier wird wohl zu antworten sein, daß das Auftreten des einen die Funktion des anderen unterstützt, obwohl Vorstellungsbilder und Operationen voneinander verschieden sind. Betrachten wir zum Beispiel die Aufgabe mit den Blumen und Vasen, in der es um die Erhaltung der Zahl ging. Auf der Stufe der konkreten Operationen kann das Kind genaue transformatorische Vorstellungsbilder von der Ortsveränderung der Blumen bilden. Wenn es die Transformationen vorgenommen hat, hat es ein genaues Bild davon, wie die Blumen aus den Vasen genommen wurden. Die Fähigkeit, Vorstellungsbilder dieser Art hervorzubringen, *garantiert* nicht, daß es die Zahl erhalten kann: Wie wir bereits gesehen haben, liegen der Erhaltung nicht nur Wahrnehmungs- oder Vorstellungsprozesse zugrunde. Trotzdem ist das Kind, das über ein wirklichkeitsgetreues Vorstellungsbild der Transformation verfügt, sicherlich dem Kind überlegen, das dazu nicht in der Lage ist. Die Vorstellungsbilder sind also nützliche und notwendige Hilfsmittel des Denkens auf der Stufe der konkreten Operationen. Weil sie relativ genaue Repräsentationen der Welt verfügbar machen, unterstützen die Vorstellungsbilder den Denkprozeß, ohne ihn allerdings zu verursachen.

Zusammenfassung und Schluß

Vorstellungsbilder repräsentieren abwesende Gegenstände und Ereignisse. Sie sind „Symbole“ in dem Sinne, daß sie eine gewisse Ähnlichkeit mit dem repräsentierten Objekt aufweisen und daß sie sehr individuell sind. Vorstellungsbilder liefern im Unterschied zur unmittelbaren Wahrnehmung keine vollständige und detaillierte Reproduktion der Objekte. Vorstellungsbilder treten erstmalig gegen Mitte des zweiten Lebensjahres in Erscheinung. Sie entstehen aus Nachahmungsprozessen, die zunehmend interiorisiert werden. Bis zum Alter von etwa sieben Jahren ist das Kind nur in der Lage, wirklichkeitsgetreue Vorstellungsbilder von statischen Situationen hervorzubringen. Es konzentriert sich mehr auf Zustände als auf Transformationen. Wenn es das Alter von etwa sieben Jahren überschritten hat, wird das Kind auch fähig, korrekte kinetische und transformatorische Vorstellungen zu produzieren. Diese neue Fähigkeit hilft dem Kind, die Wirklichkeit zu verstehen: Es verfügt jetzt über eine genauere und detailliertere Wiedergabe der Ereignisse, die in seinen Denkprozessen eine Rolle spielen. Vorstellungsbilder stellen insofern auf der Stufe der konkreten Operationen eine sehr notwendige Ergänzung der Denkprozesse dar. Vor dieser Zeit, auf der präoperativen Stufe, waren die statischen Vorstellungsbilder in gewissem Sinne schädlich für das Denken: Sie führten das Kind dazu, die Zustände isoliert zu betrachten, statt sie als Transformationen der Gegenstände anzusehen.

Allgemeine Kennzeichen des präoperativen und konkret-operativen Denkens

Wir haben die kognitive Entwicklung in verschiedenen separaten Bereichen verfolgt: den Begriff, den sich das Kind von Klassen, Relationen, von der Zahl und der Vorstellung macht. Es könnte jetzt sinnvoll sein, die geistige Entwicklung des Kindes etwas allgemeiner ins Auge zu fassen. Wir werden deshalb einige Grundzüge beschreiben, die das Verhalten des Kindes auch speziellen Problemen gegenüber kennzeichnen. Außerdem werden wir einige allgemeine Behauptungen Piagets über das kognitive Wachstum erörtern.

Gesetzmäßigkeiten und Irregularitäten

In seiner Theorie beschreibt Piaget eine Sequenz von kognitiven Entwicklungsstadien. Wir sahen zum Beispiel bei der Nicht-Erhaltung der Zahl, wie das Kind von etwa vier Jahren dazu neigt, entweder die Länge oder ihre Dichte zu zentrieren, wie dann das Kind mit etwa fünf oder sechs Jahren zu dezentrieren beginnt und, statt sich nur auf eine Dimension zu konzentrieren, abwechselnd sowohl die Länge wie die Dichte zentriert und wie das Kind mit der Vollendung des siebten Lebensjahres beide Dimensionen koordiniert und zu den vollzogenen Transformationen in Beziehung setzt.
Piaget hat viel Zeit darauf verwendet, gewisse Mißverständnisse seiner Stadientheorie zu beseitigen. Erstens betont er, daß das Alter, in dem die Stadien auftreten, sowohl intra- wie auch interkulturell beträchtlich variieren. Nicht alle Genfer Kinder erreichen das Entwicklungsstadium 2 des Zahlbegriffs mit sechs Jahren, und Kinder in Martinique verspäten

sich gegenüber Genfer Kindern um ungefähr vier Jahre. Zweitens verläuft die Entwicklung eines Individuums kontinuierlich. Das Kind wechselt zum Beispiel nicht von einem auf den anderen Tag aus dem Stadium 1 in das Stadium 2 über, sondern der Übergang ist fließend und vollzieht sich während eines längeren Zeitraums. Außerdem zeigen sich in der Übergangszeit viele Zwischenformen im Verhalten des Kindes. Drittens befindet sich das Kind nicht immer hinsichtlich der verschiedenen Funktionen im gleichen Stadium. Sein Klassifikationsverhalten mag charakteristisch für das Stadium 2 sein, während sein Verständnis für Relationen Stadium 1 entspricht. Unwahrscheinlich hingegen ist, daß seine Klassifikation ins Stadium 1 und seine Relationen ins Stadium 3 gehören. Viertens kann das Kind sogar Unterschiede in der Befähigung aufweisen, Probleme zu lösen, die ganz ähnliche geistige Operationen erfordern. Dieses Phänomen, *horizontale Verschiebung* genannt, wurde ausführlich am Beispiel der verschiedenen Erhaltungen untersucht.

Gegenstand einer solchen Untersuchung war zum Beispiel die Fähigkeit des Kindes zu erkennen, daß die Zahleigenschaft eines Satzes invariant blieb, obwohl gewisse Veränderungen an ihm vorgenommen wurden, wie zum Beispiel eine materielle Umordnung seiner Elemente. Piaget untersuchte auch einige andere Erhaltungen, wie zum Beispiel die der kontinuierlichen Quantität, der Substanz, des Gewichts und des Volumens. Die *Erhaltung der kontinuierlichen Quantität* läßt sich durch die folgende Versuchsanordnung bestimmen. Vor das Kind werden zwei gleiche Becher (A und B) hingestellt, deren jeder mit einer gleichen Flüssigkeitsmenge gefüllt ist (Abbildung 13). Dann wird das Kind gefragt, ob in beiden Gläsern gleich viel zu trinken oder nicht gleich viel zu trinken sei. Wenn es die Äquivalenzen der Quantität erkannt hat, wird die Flüssigkeit entweder vom Versuchsleiter oder vom Kind aus einem der beiden gleichen Becher (sagen wir B) in ein drittes, anders geformtes Becherglas (C) gegossen. Die Flüssigkeitssäule im dritten Glas (und das Glas selbst) ist niedriger und breiter als die, die in einem der Originalgläser (A) bleibt. Das Kind wird nun gefragt, ob die beiden Bechergläser (jetzt A und C) gleiche Mengen enthalten. Wenn es dies bejaht, wird es aufgefordert, seine Meinung zu erklären. Dann wird die Flüssigkeit aus C in das sie ursprünglich enthaltende Becherglas B zurückgegossen. Wiederum fragt man das Kind, ob A und B gleiche Mengen enthielten. Der geschilderte Vorgang wird wiederholt, dieses Mal mit einem Glas (D), das höher und dünner als die Originalbecher ist. Schließlich wird die Flüssigkeit aus A oder B in einen Satz (E) von etwa drei oder vier kleineren Gläsern gegossen und dem Kind werden dieselben Fragen gestellt. Wenn das Kind kontinuierlich in allen Fällen dabei bleibt, daß die Flüssigkeitsmenge,

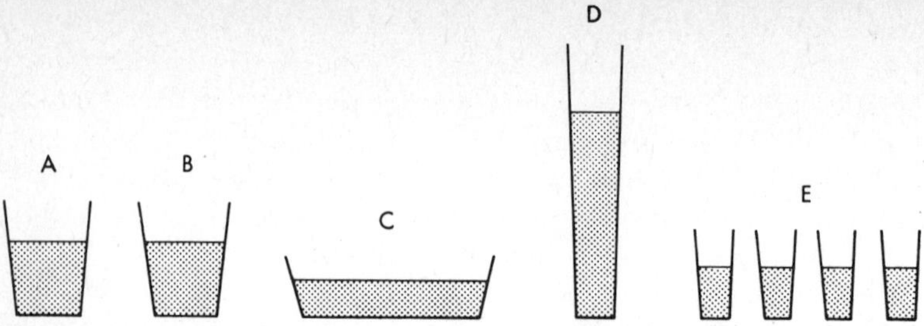

Abbildung 13: Erhaltung kontinuierlicher Quantitäten

die aus B in die verschiedenen Bechergläser gegossen wurde, immer gleich der im Originalbecher (A) verbleibenden Menge sei, hat es die kontinuierliche Quantität erhalten. Es hat also erkannt, daß das bloße Umgießen der Flüssigkeit aus B in C oder D oder E die Quantität weder herauf- noch herabsetzt; die Flüssigkeits-„Menge" bleibt dieselbe (oder wird erhalten), ob sie nun in B oder in C ist. Weil die Quantitäten A und B gleich waren und weil das Umgießen der Flüssigkeit aus B in C die Quantität der einen nicht verändert, müssen auch die Quantitäten in A und C gleich sein. Wenn das Kind diese Gleichheit nicht konsistent bestätigt, ist es ihm nicht gelungen, die Quantität zu erhalten.

Im Falle der *Erhaltung der Substanz* werden dem Kind zwei gleiche Bälle aus Knetmasse (oder aus Ton oder ähnlichem Material) vorgelegt. Zuerst fragt man es, ob die gleiche Menge Knetmasse in beiden Bällen vorhanden sei. Wenn es nicht dieser Meinung ist, bittet man es, etwas von der Masse fortzunehmen oder hinzuzufügen, um den Unterschied auszugleichen. Darauf formt der Versuchsleiter aus einem der Bälle eine Wurst, während das Kind ihn beobachtet. Das Kind muß nun entscheiden, ob der Ball und die Wurst die gleichen Substanzmengen haben oder nicht. Wie bei der Versuchsanordnung mit der Flüssigkeit, wird der Ball in die verschiedensten Formen verwandelt. Wenn das Kind konsistent bestätigt, daß der Ball und die neuen Formen von gleicher Menge sind, hat es die Substanz erhalten. Es hat erkannt, daß eine bloße Formänderung nicht die Menge des Materials verändert, mit der wir es zu tun haben.

Um die *Erhaltung des Gewichtes* zu prüfen, legt der Versuchsleiter dem Kind wiederum zwei gleiche Plastikbälle vor, und zwar auf einer Waage. Das Kind sieht, daß die beiden Bälle dasselbe wiegen. Dann werden sie von der Waage genommen und ein Ball wird in eine Wurst umgeformt. Das Kind wird aufgefordert zu antizipieren, welche Ergebnisse sich zeigen werden, wenn der Ball in die eine und die Wurst in die andere

Schale der Waage gelegt werden. Werden sie sich noch immer ausbalancieren oder wird die eine Seite schwerer als die andere sein? Es geht um die Frage, ob das Kind erkennt, daß das Gewicht trotz der Formveränderungen erhalten bleibt. Wieder wird der eine Ball einer Reihe von Veränderungen unterzogen, und abermals werden die Fragen zur Gewichtsgleichheit wiederholt.

Bei der *Erhaltung des Volumens* werden zwei Bälle aus Knetmasse in zwei gleiche Meßbecher gelegt, deren jeder mit einer gleichen Flüssigkeitsquantität gefüllt ist. Das Kind sieht, daß die Bälle ein gleiches Flüssigkeitsvolumen in beiden Bechern verdrängen. Oder, in der Ausdrucksweise des Kindes, die Flüssigkeit steigt in beiden Fällen um ein gleiches Maß. Darauf werden die Bälle aus den Bechern entfernt, und aus einem der Bälle wird wieder eine Wurst geformt. Jetzt stellt sich die Frage, ob das Kind erkennt, daß sowohl der Ball wie die Wurst weiterhin gleiche Volumina verdrängen, oder ob das Wasser in beiden Fällen um einen gleichen Betrag steigen wird.

Alle diese Erhaltungen gleichen einander. Sie beginnen mit einer ersten Phase, in der das Kind erkennen muß, daß zwei Mengen — Flüssigkeitsquantitäten, Substanzen, Gewichte oder Volumina — gleich sind. Die meisten Kinder über vier Jahren werden mit dieser Aufgabe recht gut fertig. Alle Erhaltungen beziehen außerdem eine sichtbare Transformation ein, die entweder vom Kind oder vom Versuchsleiter vorgenommen werden kann. Vor den Augen des Kindes wird die Flüssigkeit aus einem Meßbecher in einen anderen gegossen oder der Ball in eine Wurst verwandelt, oder das Kind nimmt diese Handlungen selbst vor. Es ist ganz offensichtlich, daß keine Flüssigkeit oder Knetmasse hinzugefügt oder fortgenommen wird. Genauso offensichtlich ist aber auch, daß die Dinge jetzt anders *aussehen.* Die Flüssigkeitssäule ist niedriger und breiter, der Ball ist jetzt eine Wurst. Und schließlich gibt es bei der Erhaltung eine zweite Phase, in der das Kind noch einmal darüber urteilen muß, ob die fragliche Menge noch die gleiche ist. Natürlich ist sie es; doch ist hier das Problem, ob das Kind dies erkennen wird oder ob es von den äußerlichen Veränderungen, die es beobachtet hat, in die Irre geführt werden wird.

Piaget kommt zu dem Ergebnis, daß zu jeder der Erhaltungen eine eigene Entwicklungsfolge gehört. Anfangs gelingt den Kindern die Erhaltung nicht. Sie benötigen erst eine gewisse Entwicklungszeit, bevor sie die Aufgabe bewältigen können. Das Kind ist zum Beispiel nicht fähig, die kontinuierlichen Quantitäten zu erhalten, bevor es sechs oder sieben Jahre alt ist. In der ersten Phase der Versuchsordnung (zwei gleiche Meßbecher, jeder mit einer gleichen Flüssigkeitsmenge gefüllt) entscheiden auch die kleinsten Kinder, die etwa vier oder fünf Jahre alt sind, vollkommen zutreffend, daß die Flüssigkeitsmengen gleich sind. Weil das Kind weder selbst die Flüssigkeit in den zweiten Becher gegossen hat, noch den Versuchsleiter angewiesen hat, wie weit er den zweiten Becher füllen solle, überrascht dieses Ergebnis nicht. Wenn das Kind aufgefordert wird, die Gleichheit zu begründen, äußert es, daß das Wasser in beiden Gläsern dieselbe Höhe erreiche und die Mengen deshalb gleich seien. Wenn jetzt die Flüssigkeit aus einem der Meßbecher in ein drittes Glas von anderer Form gegossen wird, vertritt das Kind die Auffassung, daß sich die Flüssigkeitsmengen nicht mehr gleichen. In dem einen Glas befinde sich mehr zu trinken als in dem anderen. Wenn es seine Antwort erklären soll, sagt es, daß das Glas mit der höheren Flüssigkeitssäule die größere Menge enthalte. Es gründet sein Urteil über die Mengen ausschließlich auf die Höhen der Flüssigkeitssäulen: Wenn die Höhen gleich sind (wie in Phase 1), denkt es, die Mengen seien gleich; wenn die Höhen sich unterscheiden (wie in Phase 2), glaubt es, auch die Mengen müßten verschieden sein.

In Stadium 2, mit fünf oder sechs Jahren, gibt das Kind recht unterschiedliche Antworten auf das Invarianzproblem. Zwar mißlingt ihm die Erhaltung im Normalfall, doch reagiert es jetzt flexibler auf die Aufgabe. In der zweiten Phase der Experiments (wo ein Meßbecher niedriger und breiter als der andere ist) äußert es manchmal, in dem höheren Becher sei mehr zu trinken, manchmal aber behauptet es auch, der breitere enthalte die größere Menge. Anders als in Stadium 1 konzentriert sich das Kind nicht ausschließlich auf die Höhe der Flüssigkeitssäulen, sondern stützt sein Urteil genauso oft auf ihre Breite.

In Stadium 3 ist das Kind zur Erhaltung in der Lage. Wenn es aufgefordert wird zu erklären, warum sich denn die Flüssigkeitsmengen nicht änderten, nachdem man sie umgegossen habe, nennt es mindestens einen von mehreren Gründen. Einen sieht es darin, daß die zwei ursprünglichen Becher, A und B, wenn man die Flüssigkeit aus C in ihren ursprünglichen Behälter zurückgießen würde, wieder gleiche Flüssigkeitssäulen enthalten würden. Dieses Argument bedient sich der *Negation.* Ein zweiter Grund besteht in dem Argument der *Identität:* Es handelt sich um dieselbe Menge Wasser. Es wurde keines hinzugefügt und keines fortgenommen. Das dritte Argument stützt sich auf die *Kompensation* oder die *Reziprozität* und besagt, daß das dritte Glas, C, zwar niedriger als der Originalbecher, A, sei, doch durch größere Breite kompensiere, was er an Höhe eingebüßt habe. Deshalb müsse die Menge in C der Menge in A gleich sein.

Bei der Erhaltung der Substanz, des Gewichtes und des Volumens läßt sich eine ähnliche Stufenfolge wie im Falle der Erhaltung der Quantität beobachten. Im ersten Stadium gelingt dem Kind also die Erhaltung offensichtlich deshalb nicht, weil es sich auf nur eine der in den Versuch einbezogenen Reizdimensionen konzentriert. Bei der Erhaltung des Gewichts würde es also vielleicht meinen, daß die Wurst mehr wiege als der Ball, weil sie länger sei. Auch im zweiten Stadium mißlingt ihm die Erhaltung noch, obwohl es nun zwischen den beiden Dimensionen, die zur Wahl stehen, schwankt. Zum Beispiel mag es manchmal glauben, daß der Ball mehr wiege, weil er breiter sei, manchmal dagegen versichern, die Wurst wiege mehr, weil sie länger sei. Im dritten Stadium ist das Kind zur Erhaltung fähig. Die Gründe hierfür gleichen jenen, die wir bei den kontinuierlichen Quantitäten bereits genannt haben.

Während alle diese Erhaltungen einen ähnlichen Entwicklungsverlauf nehmen, können wir an ihnen dennoch eine verblüffende Irregularität wahrnehmen — das Phänomen der horizontalen Verschiebung, das wir bereits erwähnt haben. Sie betrifft die gründlich erhärtete Tatsache, daß es dem Kind mit etwa sechs oder sieben Jahren gelingt, die diskontinuierliche Quantität und die Substanz zu erhalten; daß es das Stadium 3 der Erhaltung des Gewichtes nicht vor Vollendung seines neunten oder zehnten Lebensjahres erreicht; daß es ungefähr elf oder zwölf Jahre alt werden muß, bevor es über die Erhaltung des Volumens verfügt. In allen Fällen gleichen sich die verwendeten Argumente, manchmal wird sogar auf dieselben Wörter zurückgegriffen. Aber wenn dem Kind die Erhaltung auf einem Gebiet gelingt, zum Beispiel auf dem der Substanz, ist es nicht sofort in der Lage, diese Fähigkeit auf ein anderes zu übertragen, zum Beispiel auf das des Gewichtes. Erst eignet es sich die Erhaltung der diskontinuierlichen Quantität und der Substanz an, dann die des Gewichtes und darauf die des Volumens. Diese Verschiebung oder dieses Ausbleiben eines unmittelbaren Transfers macht deutlich, wie konkret das Kind im Alter von sieben bis elf Jahren denkt. Seine Schlußfolgerungen bleiben an besondere Situationen und Objekte gebunden. Die geistigen Operationen, die es auf einem Gebiet vollzieht, kann es auf ein anderes nicht übertragen, ungeachtet der Frage, wie nützlich es sein könnte.

Wir wollen die Irregularitäten im Entwicklungsverlauf zusammenfassen, die wir beschrieben haben. Erstens variiert das Alter, in dem Kinder die einzelnen Entwicklungsstadien erreichen, sowohl innerhalb wie auch zwischen den Kulturen. Zweitens nimmt das kindliche Verhalten viele Formen an, die sich von denen unterscheiden, die Piaget als typisch für die verschiedenen Stadien beschreibt. Piagets Stadien sind idealisierte Abstraktionen. Sie beschreiben nur ausgesuchte und besonders augenfällige Merkmale einer irregulär und kontinuierlich verlaufenden Entwicklung. Drittens kann das Kind sich auf den verschiedenen Funktionsebenen in verschiedenen Entwicklungsstadien befinden. Viertens kann sich das Kind hinsichtlich von Problemen, die ähnliche geistige Operationen erfordern, in verschiedenen Entwicklungsstadien befinden. Dies wird horizontale Verschiebung genannt.

Soweit haben wir die Irregularitäten der Entwicklung hervorgehoben. Aber es gibt genauso auffällige Regularitäten, deren eine darin besteht, daß in den Gesellschaften westlicher Länder, also zum Beispiel in der Schweiz, in England, den Vereinigten Staaten, in Kanada die Kinder die verschiedenen Stadien in der von Piaget beschriebenen Reihenfolge durchlaufen. Untersuchungen zur Erhaltung der kontinuierlichen Quantitäten[16] zeigen zum Beispiel, daß Schweizer, englische, amerikanische und kanadische Kinder anfangs keinen Erfolg mit der Erhaltung haben, dann recht unterschiedliche Antworten geben und ihnen später die Erhaltung gelingt. Während die Kinder nicht notwendigerweise in allen diesen Gesellschaften die einzelnen Stadien mit demselben Altersdurchschnitt erreichen, scheint die Entwicklungsfolge — die Reihenfolge der Stadien — in allen Fällen gleich zu sein. Sogar in anderen, von diesen sehr verschiedenen Gesellschaften[17], wie zum Beispiel der chinesischen, tritt dieselbe Stadienfolge auf. Piagets Ergebnissen kommt also eine weitgehende übergesellschaftliche Gültigkeit zu.

Eine andere Regularität in der Entwicklung besteht darin, daß das Kind auf jeder der beiden großen Entwicklungsstufen, die wir in diesem Kapitel erörtert haben (der präoperativen und der konkret-operativen Stufe), verschiedene Erkenntnisprobleme in gleicher Weise in Angriff nimmt. Es scheinen einige allgemeine „Züge" aufzutreten, die das Denken des Kindes auf der präoperativen Stufe charakterisieren, und einige von diesen unterschiedene Züge, die sich auf der Stufe der konkreten Operationen zeigen. Betrachten wir zuerst das Kind auf der präoperativen Stufe im Alter von vier bis sieben Jahren. (Wir wollen dabei im Auge behalten, daß diese Altersangabe nur eine Annäherung darstellen kann, weil das Kind noch mit neun oder zehn Jahren hinsichtlich der Erhaltung des Volumens Verhaltensweisen an den Tag legt, die eindeutig auf die präoperative Stufe gehören). Ein allgemeines Merkmal der kognitiven Aktivitäten dieses Kindes ist die Zentrierung. Es neigt dazu, nur einen Ausschnitt der zur Verfügung stehenden Informationsmenge in

---

[16] Über eine Reihe relevanter Wiederholungen des Experimentes berichtet K. Lovell, The Growth of Basic Mathematical and Scientific Concepts in Children, London: University of London Press, 1961.

[17] J. J. Goodnow und G. Bethon, Piaget's Tasks: The Effects of Schooling and Intelligence, Child Development, 1966, *37*, S. 573—582.

Betracht zu ziehen. Bei der Erhaltung der Zahl hält es zwei Sätze für gleich, wenn sie die gleiche Länge haben, und läßt eine andere relevante Variable, die Dichte, außer acht. Bei der Erhaltung der kontinuierlichen Quantität hält es zwei Mengen dann für gleich, wenn die Höhen der Flüssigkeitssäulen gleich sind, und läßt ihre Breite außer acht oder zieht möglicherweise nur die Breite in Betracht und läßt die Höhe außer acht. Ihm gelingt es nur bedingt, Ordnungsrelationen herzustellen (zehn Stäbe ihrer Länge nach zu ordnen). Es berücksichtigt nämlich die oberen Enden der Stäbe und läßt ihre unteren außer acht. In allen diesen Aufgaben wendet das Kind auf der präoperativen Stufe seine Aufmerksamkeit nur sehr begrenzten Ausschnitten der Wirklichkeit zu. Es zieht nur eine Dimension einer Situation in Betracht, versäumt es, auch die andere Dimension von gleicher Relevanz heranzuziehen, und kann deshalb die Relationen zwischen beiden nicht richtig beurteilen.

Der Begriff der Zentrierung gleicht in mancher Hinsicht dem früher von Piaget verwendeten Terminus der Parataxe, unter dem er die Neigung versteht, nur die Ausschnitte einer Situation zu berücksichtigen, ohne sie in ein Ganzes zu integrieren. Ganz im Gegensatz hierzu wird das Kind auf der Stufe der konkreten Operationen durch die *Dezentrierung* gekennzeichnet. Es neigt dazu, mehrere Dimensionen eines Problems gleichzeitig in Betracht zu ziehen und diese Dimensionen zueinander in Beziehung zu setzen. Bei der Erhaltung der Zahl koordiniert es Länge *und* Dichte: Zwei Sätze verfügen dann über dieselbe Zahl, wenn der erste länger als der zweite, der zweite aber dichter als der erste ist. Bei der Erhaltung der kontinuierlichen Quantitäten erkennt das Kind, daß die Mengen gleich sind, wenn eine Flüssigkeitssäule zugleich höher und schmaler als die zweite ist. Wenn es Ordnungsrelationen herstellt, entscheidet es darüber, ob ein gegebener Gegenstand gleichzeitig größer als einige andere Gegenstände ist und kleiner als wieder andere. In all diesen Problemen wendet das Kind auf der Stufe der konkreten Operationen seine Aufmerksamkeit mehreren Aspekten einer Situation zugleich zu.

Das Denken des Kindes auf der präoperativen Stufe ist *statisch*, insofern es Zustände zentriert. Bei der Erhaltung der Substanz zieht es nur die Form der Knetmasse in Betracht (die manchmal als Ball und manchmal als Wurst in Erscheinung tritt) und läßt die Transformationen außer acht, den Wechsel also von einem Zustand in den anderen. Bei der Erhaltung der kontinuierlichen Quantität beachtet es nur die Höhen der Flüssigkeitssäulen und nicht den Akt des Gießens. In seiner Vorstellung fehlt ihm eine angemessene Repräsentation der Ortsverlagerungen eines Gegenstandes. Generell konzentriert sich das Kind auf die statischen Zustände einer Situation und nicht auf ihre dynamischen Transformationen. Das Kind auf der Stufe der konkreten Operationen dagegen ist auf Veränderungen eingestellt. Bei den Erhaltungen konzentriert es sich auf die Transformationen: darauf, daß die Flüssigkeit umgegossen wird, daß ein Satz von Objekten neben einem anderen ausgebreitet wird oder ein Ball zu einer Wurst verformt wird. Es bildet mehr oder minder genaue Vorstellungsbilder der Veränderungen, die stattfinden, und ist deshalb zum Beispiel zu dem Schluß fähig, daß ein Satz, dessen Länge ausgedehnt wird, im selben Maße an Dichte verliert.

Dem Denken des Kindes fehlt es auf der präoperativen Stufe an *Reversibilität*. Es mag zwar dazu in der Lage sein, eine empirische Reversibilität vorherzusagen; so würde es sich zum Beispiel im Falle der beiden Flüssigkeiten die Meinung zu eigen machen, daß sich dieselben Quantitäten wie vorher ergeben würden, wenn das Wasser in B zurückgegossen würde. Aber diese empirische Reversibilität ändert nichts an der Tatsache, daß das Kind jetzt glaubt, es befinde sich mehr (oder weniger) Wasser im neuen Glas C. Das Kind verhält sich, als ständen die Handlungen, durch die die Flüssigkeit aus B in C und aus C in B umgegossen wird, in keinerlei Beziehung zueinander. Dagegen nimmt das ältere Kind zur Kenntnis, daß man, wenn man die Flüssigkeit aus C in B umgießt, damit die Handlung, durch die man die Flüssigkeit aus B in C goß, reversiert oder negiert. Es ist sich bewußt, daß hier dieselbe Handlung, nur in umgekehrter Richtung ausgeführt wird. Dadurch daß es die Handlung in seiner Vorstellung vollzieht, also die Flüssigkeit im Geiste umgießt, kann es mit Sicherheit entscheiden, daß die Quantität des Wassers in C (im niedrigeren und breiteren Glas) der in B gleich ist. Es kann eine geistige Operation vollziehen, die es zu einer sicheren Schlußfolgerung führt, und darauf diese Operation reversieren, wodurch es in die Lage kommt, zu seinem Ausgangspunkt zurückzukehren.

Das Kind kann auf der Stufe der konkreten Operationen außerdem noch einen anderen Typus der Reversibilität realisieren, wenn es mit Relationen operiert. Hierbei handelt es sich um die Reziprozität. Bei der Flüssigkeitsquantität zum Beispiel gleicht das Kind die Unterschiede zwischen den beiden Gläsern durch einen Akt der Reziprozität aus, wenn es nämlich sagt, daß das eine Glas dünner und länger, das andere aber kürzer und breiter sei. Ein Unterschied hält dem anderen die Waage mit dem Ergebnis, daß sie einander reziprok sind.

Zusammenfassend können wir sagen, daß das Denken des Kindes auf der präoperativen Stufe irreversibel ist und nur Ausschnitte der gesamten Informationsmenge berücksichtigt, vor allem solche, die die statischen Zustände der Realität betreffen. Auf der Stufe der konkreten Operationen zieht das Kind mehrere Aspekte einer Situation zugleich in Betracht, ist für Transformationen empfänglich und kann die Richtung seines Denkens reversieren. Piaget versteht diese drei Aspekte des Denkens — Zentrierung-Dezentrierung, statisch-dynamisch, Irreversibilität-Reversiblität — als interdependent. Wenn das Kind die statischen Aspekte einer Situation zentriert, wird es Transformationen wahrscheinlich nicht beachten. Wenn es Transformationen nicht repräsentiert, wird es sein Denken wahrscheinlich nicht reversieren. Indem es dezentriert, wird es sich der Transformationen bewußt, die ihrerseits zur Reversibilität beitragen. Wir sehen also, daß ein Aspekt des Denkens nicht von den übrigen isoliert ist. Wenn auch der Zustand des System je nach der Entwicklung des Kindes unterschiedlich sein mag, bilden die Denkprozesse ein integriertes System.

Entwicklung und Lernen

Wir haben im Bereich der Klassen, Relationen, der Zahl und der Vorstellung die wichtigsten Unterschiede zwischen dem Denken auf der präoperativen und der konkret-operativen Stufe kennengelernt. Bis jetzt haben wir die Erörterung der Übergangsmechanismen immer zurückgestellt. Warum entwickelt sich das Denken des Kindes von der präoperativen Stufe zu einer höheren fort? Welche Faktoren sind für die Veränderungen und Fortschritte verantwortlich? Piaget meint, daß das geistige Wachstum auf zwei Prozesse gegründet ist: die *Entwicklung*, deren Ergebnis das eigentliche Lernen ist, und das *Lernen* im engeren Sinne. Der erste der beiden Prozesse, die Entwicklung, vollzieht sich spontan und vital; der zweite, Lernen im engeren Sinne, wird durch bestimmte Situationen hervorgerufen und bleibt auf sie beschränkt. Wir wollen zuerst den Entwicklungsprozeß erörtern, der — wie wir feststellen werden — von vier Faktoren bestimmt ist.

Als erster Faktor beeinflußt die *Reifung* die Entwicklung. Die Erbanlage stattet das Kind mit verschiedenen organischen Strukturen aus, die auf seine Entwicklung einwirken. Diese Strukturen, von denen das zentrale Nervensystem die wichtigste für die kognitiven Fähigkeiten ist, benötigen Zeit, bevor sie ihren höchsten Entwicklungsstand erreicht haben. Das Gehirn des Neugeborenen ist zum Beispiel kleiner und leichter als das des Jünglings. Ganz offensichtlich spielt die Reifung der organischen Strukturen ihre Rolle in der kognitiven Entwicklung. Am einfachsten läßt sich dies anhand der motorischen Koordination zeigen. Die Muskeln und anderen Strukturen des Neugeborenen sind nicht so weit entwickelt, daß es gehen könnte. Weil sich das Neugeborene nicht in der Welt bewegen kann, weiß es offensichtlich sehr wenig über sie. Es gibt andere Beispiele im Überfluß. Einer der Faktoren, die das Neugeborene daran hindern zu sprechen, ist unzweifelhaft in der mangelhaften Ausbildung seiner Sprechwerkzeuge zu sehen. Eine der Variablen, die für die Unzulänglichkeit seiner Schlußfolgerungen zuständig ist, ist aller Wahrscheinlichkeit nach der ungenügende Reifungszustand seines Gehirns. Es ist also nicht zu bezweifeln, daß unreife organische Systeme oft zur Unzulänglichkeit kognitiver Funktionen beitragen.

Aber welche Bedeutung hat die organische Reifung für das intellektuelle Wachstum und die kognitiven Fortschritte? Einige Forscher, vor allem Gesell, waren der Meinung, daß solche Reifung der entscheidende Entwicklungsfaktor sei. Nach dieser Hypothese übt der organische Reifungsprozeß den in jeder Hinsicht wichtigsten und unmittelbarsten Einfluß auf die psychischen Funktionen aus. Piaget hält diese Position aus verschiedenen Gründen für zu extrem. Einmal wissen wir zu wenig über die Reifung des zentralen Nervensystems. Wie kann man eine Theorie auf der Reifung aufbauen, wenn so wenig über sie bekannt ist? Zweitens liegt auf der Hand, daß die Reifung nicht alles erklärt. Kinder auf Martinique erreichen zum Beispiel die Stufe der konkreten Operationen etwa vier Jahre später als Kinder in der Schweiz. Es ist recht unwahrscheinlich, daß die Gehirne der Schweizer Kinder im Reifungsprozeß um vier Jahre weiter fortgeschritten sind als die Gehirne der Kinder auf Martinique. Eine viel glaubhaftere Erklärung liefert die Annahme, daß kulturelle Faktoren die Entwicklungsunterschiede wesentlich mitbestimmen. Es ist also ganz augenscheinlich, daß die organische Reifung die kognitive Entwicklung beeinflußt, oft in einer Weise, die wir nicht verstehen, aber daß sie auch nicht allein über die Entwicklung entscheidet.

Zweitens wird die Entwicklung durch die Erfahrung oder den Umgang mit Gegenständen beeinflußt. Der Säugling muß, um einen Begriff von der Objektpermanenz zu erwerben, ganz offensichtlich die Erfahrung machen, daß Dinge verschwinden und wieder erscheinen. Um Gegenstände zu klassifizieren, muß er erst einige von ihnen sehen. Um eine Sprache verwenden zu können, muß das Kind zuerst hören, wie Leute sprechen. Piaget meint, daß der Umgang mit Gegenständen zwei Typen geistiger Erfahrung schaffe. Einerseits gründet sich die *physikalische Erfahrung* auf Handlungen, die die physikalischen Eigenschaften der Objekte abstrahieren oder extrahieren. Dieser Erfahrungstypus mündet zum Beispiel in der Erkenntnis, daß Erdbeeren rot sind oder daß ein Gegenstand schwerer als ein anderer ist. Folglich rührt das Wissen unmit-

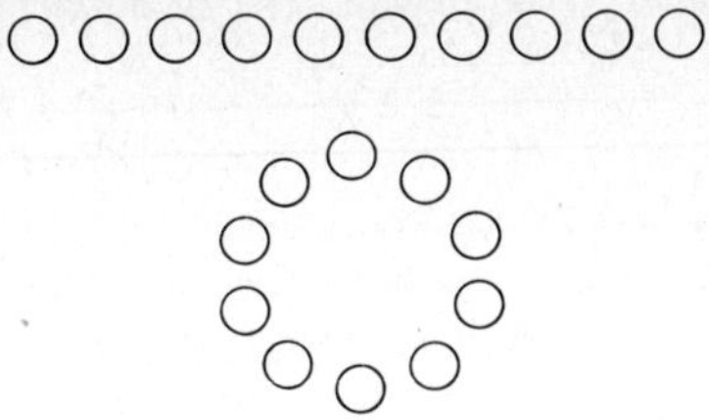

Abbildung 14: Zwei Sätze

telbar von den Gegenständen selbst her. Ein anderer Erfahrungstypus ist die *logisch-mathematische* Erfahrung, die zu der Erkenntnis führt, die das Individuum durch die innere Koordination seiner Handlungen gewinnt und nicht durch physikalische Erfahrung. Nehmen wir zum Beispiel den einfachen numerischen Tatbestand, daß ein gegebener Satz von Elementen ungeachtet seiner materiellen Anordnung eine bestimmte Zahleigenschaft hat. Abbildung 14 stellt diesen Sachverhalt dar. Satz A hat 10 Elemente. Wenn er in Satz B umgeordnet wird, hat er immer noch zehn Elemente, obwohl die beiden Sätze sehr verschieden aussehen. Wird das Kind von seiner physikalischen Erfahrung allein dazu geführt, diese Eigenschaft der Sätze zu erkennen? Piaget verneint es. Wenn das Kind auch die physikalischen Eigenschaften des Satzes A und diejenigen seiner veränderten Anordnung genau wahrnimmt, vermittelt ihm dies noch nicht die Erkenntnis, daß beiden dieselbe Zahl eigen ist. Dazu ist eine andere Art von Erfahrung erforderlich, die *logisch-mathematische* Erfahrung, in der das Erkennen nicht ein unmittelbares Ergebnis der gegenständlichen Wahrnehmung ist, sondern sich aus Handlungen ergibt, die auf Gegenstände gerichtet ist. Um den logisch-mathematischen Faktor zu erklären, führt Piaget das Kindheitserlebnis eines Freundes an. Im Alter von vier oder fünf Jahren

„... hatte man ihn im Garten auf den Boden gesetzt, wo er Kieselsteine zählte. Dazu legte er sie in eine Reihe und zählte sie: eins, zwei, drei, bis zehn. Als er die Reihe beendet hatte, begann er sie in umgekehrter Reihenfolge zu zählen. Er begann also am Ende der Reihe und kam wieder zu dem Ergebnis, daß sie zehn enthielt. Das verwunderte ihn sehr ... Deshalb ordnete er sie zu einem Kreis an, zählte sie in dieser Anordnung und kam abermals auf zehn Steine.“ [18]

Dadurch daß das Kind wiederholt gezählt und die Anordnung verändert hat, hat es eine wichtige Zahleigenschaft gelernt: Die Zahl bleibt gleich,

[18] Jean Piaget, Development and Learning, in: R. E. Ripple und V. N. Rockcastle (Hrsg.), Piaget Rediscovered. Ithaca, New York: Cornell University, 1964, S. 12.

auch wenn in anderer Reihenfolge gezählt und die materielle Anordnung verändert wird. Piaget behauptet, daß das Kind in diesem Falle nicht eine physikalische Eigenschaft der Kieselsteine entdeckt habe, sondern etwas über sein eigenes Handeln gelernt habe, nämlich das Ordnen und Zählen. Die wichtige Erfahrung stammt also aus seinem eigenen Handeln (der logisch-mathematischen Erfahrung) und erst in zweiter Linie aus der Dingwelt (der physikalischen Erfahrung). Beide Erfahrungstypen liefern jedoch noch keine hinreichende Erklärung der Entwicklung, denn sie schließen unter anderem die sozialen Faktoren aus.

Ein dritter Faktor, der seinen Einfluß auf die kognitive Entwicklung geltend macht, ist die *soziale Vermittlung*, was in einem sehr umfassenden Sinne zu verstehen ist. Damit ist der Vater gemeint, der seinem Kind irgendein Problem erklärt, das Buch, das ein Kind liest, um sich zu informieren, der Lehrer, der seine Schüler unterweist, das Kind, das mit Altersgenossen eine bestimmte Frage erörtert, oder das Kind, das ein Vorbild nachahmt. Ganz sicher fördert die soziale Wissensvermittlung die kognitive Entwicklung. Aber auch die soziale Vermittlung allein ist keine hinreichende Bedingung. Wenn das Kind nicht über die Voraussetzungen verfügt, um die Information zu verstehen, die es erhält, bleibt die soziale Vermittlung ohne Wirkung. Das Kind muß also, um die Information aufzunehmen, über kognitive Strukturen verfügen, die diese assimilieren können. Ein fünfjähriges Kind kann die Differentialrechnung nicht lernen — sei sie sozial noch so gut vermittelt —, weil es nicht über die hierzu notwendigen Strukturen verfügt.

Amerikanische und russische Psychologen haben die Auffassung vertreten, daß einem spezifischen sozialen Faktor, nämlich der Sprache des Kindes, entscheidende Bedeutung für die Entwicklung des Verhaltens zukomme. Sehr allgemein wiedergegeben lautet ihre These, daß das Kind im Alter von etwa vier oder fünf Jahren inneres Sprechen verwende, um sein Verhalten zu kontrollieren und zu organisieren. Die Sprache „vermittelt" zwischen den äußeren Ereignissen und der Reaktion des Kindes. Ohne ein inneres sprachliches System bleiben die Reaktionen des Kindes unmittelbar abhängig von den äußeren Ereignissen. Mit ihm kann das Kind jedoch äußere Ereignisse repräsentieren, seine Reaktion aufschieben und so sein eigenes Verhalten kontrollieren.

Piagets Ansicht steht in direktem Gegensatz zu dieser Auffassung. Obwohl er nicht in Abrede stellt, daß die Sprache eine der wichtigsten Funktionen des Menschen ist oder daß inneres Sprechen manchmal das Verhalten steuert, meint er, daß logisches Denken in erster Linie nicht-sprachlicher Natur sei und sich aus dem Handeln herleite. Wie wir gesehen haben, läßt sich die Erkenntnis unter zwei Gesichtspunkten betrachten, dem figurativen und dem operativen. Piaget glaubt, daß zum Beispiel die Vorstellungsbilder (die zum figurativen Aspekt gehören) oft nicht-sprachlicher Natur sind. Mit anderthalb Jahren verfügt der Säugling über Vorstellungsbilder von Dingen und Ereignissen, selbst wenn er noch kaum sprechen kann. Piaget nimmt an, daß die Vorstellungsbilder und die anderen Repräsentationen des Säuglings nicht von der Sprache herrührten, sondern davon, daß das Kind die Handlungen von Personen oder Dingen nachahme.

Als Beispiel für den operativen Aspekt des Denkens wollen wir die Klassifikation betrachten. Wir haben gesehen, daß das Kind in Stadium 1 auf der präoperativen Stufe die Gegenstände nicht hierarchisch zu ordnen vermag und Inklusionsbeziehungen nicht versteht, obwohl es alle Wörter verwenden kann, die in diesem Zusammenhang relevant sind. Es kann sagen „blaue Dreiecke" oder „rote Kreise", oder „mehr von diesen" oder „einige von diesen". Obwohl also das Kind auf der präoperativen Stufe über die Sprache verfügt, kann es nicht klassifizieren. Außerdem hat man festgestellt, daß taube Kinder, die überhaupt nicht oder nur geringfügig sprechen können, fähig sind zu klassifizieren, sobald sie ein bestimmtes Alter erreicht haben. Deshalb können Klassifikation und andere Denkweisen nicht völlig auf der Sprache beruhen. Damit wollen wir jedoch nicht behaupten, daß die Sprache in der Entwicklung der Klassifikation oder anderer geistiger Operationen keine Rolle spiele. Zum Beispiel kann das Vorkommen der Substantive in der Sprache das Kind dazu anregen, in unterscheidbaren Klassen zu denken. Auch kann die Fähigkeit, eine Denkstruktur wie die Klasseninklusion zu verbalisieren, dazu beitragen, diese zu festigen und zu verallgemeinern. Dennoch sieht Piaget im Denken mehr als nur die Sprache. Er bezieht die Repräsentationen (visuelle und auditive Vorstellungsbilder, Vorstellungssymbole usw.) und Operationen (interiorisierte Handlungen, wie das Vereinigen und das Wegnehmen) ein.

Ein vierter Faktor, der die Entwicklung beeinflußt, ist die *Äquilibration*, die in einem gewissen Sinne die Auswirkungen der drei anderen Faktoren integriert, von denen keiner für sich die geistige Entwicklung hinreichend erklärt. Bei der Äquilibration handelt es sich um die sich selbst regulierenden Prozesse des Kindes, auf Grund derer es von Entwicklungsstadium zu Entwicklungsstadium einen zunehmend höher werdenden Gleichgewichtszustand erreicht. Der Äquilibrationsprozeß ist die Grundlage des geistigen Wachstums.

Bevor wir uns dem sich selbst regulierenden Prozeß zuwenden, wollen wir den Gleichgewichtsbegriff erörtern. Piaget hat ihn aus der Physik entliehen und ihn modifiziert, um ihn auf die menschliche Intelligenz anwenden zu können. Der Gleichgewichtsbegriff, der in der Psychologie nicht neu ist, bezeichnet den Gleichgewichtszustand oder den Ausgleich zwischen mindestens zwei Elementen, die sich vorher in einem Zustand des gestörten Gleichgewichtes befunden haben. Freud verwendet zum Beispiel ein ähnliches Prinzip, wenn er annimmt, daß das Individuum die Aufhebung von Erregungszuständen anstrebt. Piaget versteht (anders als Freud) unter Gleichgewicht keinen statischen Ruhezustand zwischen einem geschlossenen System und seiner Umwelt, sondern meint, wenn er den Gleichgewichtsbegriff auf intellektuelle Prozesse anwendet, damit ein aktives Gleichgewicht oder einen Ausgleich. Es handelt sich um einen geregelten Austausch zwischen einem offenen System und seiner Umwelt. Das Kind verhält sich immer aktiv. Es empfängt nicht lediglich Informationen aus seiner Umwelt, wie ein Schwamm, der sich voll Wasser saugt, sondern versucht, die Dinge zu verstehen, seine Erfahrung zu strukturieren und seiner Welt Zusammenhang und Stabilität zu verleihen. Ein kognitives System, das ein hohes Maß an Gleichgewicht erreicht hat, befindet sich also nicht im Ruhezustand, sondern interagiert mit seiner Umwelt. Es versucht mit den Ereignissen in seiner Umwelt nach Maßgabe der eigenen Strukturen zu verfahren (Assimilation) und es kann sich selbst entsprechend den Anforderungen aus der Umwelt modifizieren (Akkommodation). Wenn das kognitive System sich im Gleichgewicht befindet, braucht es die Ereignisse nicht zu verzerren, um sie zu assimilieren, noch muß es sich selbst sehr verändern, um sich ihnen zu akkommodieren. Gleichgewicht setzt also Aktivität, Offenheit und relative Übereinstimmung mit der Umwelt voraus.

Piaget nennt drei grundlegende Merkmale des Gleichgewichtes. Erstens das *Anwendungsfeld* des Gleichgewichtes. Hierunter versteht er die Objekte oder ihre Eigenschaften, auf die die Person ihr Handeln richtet. Bei der visuellen Wahrnehmung zum Beispiel ist das Gleichgewichtsfeld das Gesichtsfeld, also die Gegenstände, die ein Individuum mit einem Blick erfassen kann. Im Falle der Klassifikation liegt ein erheblich größeres Gleichgewichtsfeld vor. Es enthält den Umfang (den Katalog der Elemente) einer gegebenen Klasse. Dieser Katalog kann natürlich eine Vielzahl von Gegenständen enthalten. Je größer das Anwendungsfeld ist, um so leistungsfähiger ist das Gleichgewicht.

Ein anderes Merkmal des Gleichgewichts ist die *Mobilität*, die definiert wird als die räumlichen und zeitlichen Abstände, die das Individuum und die Elemente des oben genannten Feldes voneinander trennen. Je größer die Abstände sind, um so mobiler ist das Gleichgewicht oder um so flexibler müssen die geistigen Operationen sein, wenn sie diese Abstände überbrücken sollen. Auch hier kann uns ein Vergleich zwischen der visuellen Wahrnehmung und der Klassifikation helfen. Die Wahrnehmungsmobilität ist beschränkt. Die räumlichen und zeitlichen Abstände zwischen den einzelnen Elementen des unmittelbaren Gesichtsfeldes sind gering und erfordern nur eine begrenzte geistige Aktivität. Reife Klassifikation dagegen (wenn ein Erwachsener zum Beispiel an die Klasse der Elefanten denkt) beruht auf der Repräsentation von Gegenständen, die nicht anwesend sind. Der räumliche und zeitliche Abstand zwischen den Elementen ist unbegrenzt. Zur Klassifikation bedarf es, selbst wenn die Gegenstände unmittelbar gegenwärtig sind, einer Vielzahl geistiger Operationen, wie wir anhand der Gruppierung I sahen. Das Gleichgewicht, das sich in Operationen der Klassifikationsstrukturen auswirkt, ist folglich mobiler als das des Wahrnehmungssystems.

Ein drittes Merkmal des Gleichgewichtes ist die *Stabilität*, die als die Fähigkeit des Individuums definiert wird, durch Handlungen oder geistige Operationen Veränderungen der Elemente zu kompensieren [19], ohne die ganze vorgegebene Struktur zu stören. Um es noch einmal an unserem Beispiel zu zeigen: bei der Wahrnehmung ist das Gleichgewicht partiell und begrenzt. Wenn neue Elemente in das Gesichtsfeld gebracht werden, verändert sich die Wahrnehmung. Dies wird bei optischen Täuschungen besonders deutlich. Parallele Linien werden nicht als parallel wahrgenommen, wenn sie sich in der Nähe gekrümmter Linien befinden. Bei der Klassifikation jedoch zerstört die Einführung neuer Elemente das System nicht. Die Struktur absorbiert die neuen Elemente mühelos und verändert sich nicht. Wenn wir zum Beispiel Tiere als Elefanten und Nicht-Elefanten klassifizieren, und wir entdecken, daß es Zebras gibt, können wir sie ohne Schwierigkeiten als Nicht-Elefanten klassifizieren. Das Klassifikationssystem kann also, ohne Verzerrungen zu erleiden, zusätzliche Elemente berücksichtigen, während das Wahrnehmungssystem beeinflußt oder sogar verzerrt wird, wenn ihm neue Elemente hinzugefügt werden. Im ersteren zeigt sich also ein höheres Maß an Gleichgewicht als im zweiten.

In seiner Entwicklung schreitet das Kind von Zuständen mit einem geringeren Maß an Gleichgewicht zu solchen fort, die ein höheres Maß aufweisen. Das Streben nach Gleichgewicht führt dazu, daß Zusammenhang und Stabilität zunehmen. Diese Stabilität erwirbt sich das Kind durch die eigene Aktivität. Das Kind ist aktiv, insofern es die Veränderungen in der Umwelt kompensiert. Entweder geschieht dies mit Hilfe von Handlungen (sensomotorische Stufe) oder (später) durch innere

[19] Wir verwenden hier „Kompensation“ in einem weiteren Sinne, nicht in der engen Bedeutung des Wortes, die wir im Falle der Erhaltung zugrundelegten.

geistige Operationen. Das Gleichgewicht wird stabiler; das Kind lernt Veränderungen antizipieren und im voraus kompensieren.
Der Äquilibrationsprozeß ist der Mechanismus, der dem Kind gestattet, aus einem Gleichgewichtszustand in den nächsten zu gelangen. Piaget beschreibt diese Fortschritte als Strategien und als die Wahrscheinlichkeit, daß eine bestimmte Strategie angenommen wird. Als Beispiel wollen wir betrachten, wie das Kind die Fähigkeit zur Erhaltung der kontinuierlichen Quantitäten erwirbt. Wir erinnern uns daran, daß das Problem darin besteht, zu erkennen, daß eine gegebene Flüssigkeitsquantität gleich bleibt, obwohl sie sichtbare Transformationen erleidet, die ihr Erscheinungsbild verändern. Anfangs versucht das Kind das Problem dadurch zu meistern, daß es nur eine einzige Dimension in Betracht zieht, sagen wir die Höhen der Flüssigkeitssäulen. Dies ist die wahrscheinlichste Strategie, weil sie einfach ist und die geringste Anstrengung erfordert. Aber sie führt auch zu einer falschen Einschätzung der Situation, weil sie sich auf die statischen Zustände der Umgebung gründet und nicht auf die Transformationen, die die Zustände ineinander überführen. Das Kind verwendet die Strategie 1 für eine gewisse Zeitdauer. Zwei Faktoren können es dann dazu bringen, eine zweite Strategie anzuwenden, bei der es sich auf die andere Dimension der Situation, also auf die Breite der Flüssigkeitssäulen konzentriert. Ein Faktor besteht in der Heftigkeit des Reizes. Wenn die Flüssigkeit in einen besonders kurzen und besonders breiten Meßbecher gegossen wird, springt die Breite „ins Auge": Sie ist auffällig und drängt sich der Aufmerksamkeit des Kindes auf. Der zweite Fator ist subjektiver Natur: Das Kind empfindet „keine Befriedigung darüber, immer dieselbe Lösung zu wählen, wenn sie ihm keine Gewißheit einbringt" [20]. Aus zwei Gründen verwendet das Kind Strategie 2, zieht es also die Breite ebenfalls in Betracht. Aber auch diese Strategie ist ungenau und unstabil. Das Kind empfindet zu wenig Gewißheit bei der neuen Lösung. Außerdem drängen sich die Höhen wieder der Aufmerksamkeit des Kindes auf. Das führt zur dritten Strategie, dem Schwanken zwischen beiden Dimensionen. Manchmal zentriert das Kind die Höhen, manchmal die Breiten. Aber immer noch zieht es nur Zustände in Betracht, woraus die Inkonsistenz seiner Antworten resultiert. Wenn es sich auf die Höhen konzentriert glaubt es, der eine Becher enthalte mehr Flüssigkeit. Wenn es sich auf die Breiten konzentriert, kommt es zum Schluß, der andere Becher enthalte mehr Flüssigkeit.

[20] Jean Piaget, Equilibration and the Development of Logical Structure, in: J. M. Tanner and B. Inhelder (Hrsg.), Discussion on Child Development, Bd. IV, London: Tavistock Publications, Ltd. 1960, S. 103.

Aber die Strategie 3 wirkt sich auch konstruktiv aus. Wenn das Kind zwischen Höhen und Breiten schwankt, beginnt es zu erkennen, daß die einen sich nicht verändern, ohne die umgekehrten Veränderungen der anderen nach sich zu ziehen. Die Widersprüche, die das Kind in Strategie 3 kennenlernt, führen also zu einer vierten Lösung. Das Kind nimmt die Transformationen wahr, die Tatsache also, daß die Flüssigkeit aus einem Becher in den anderen gegossen wird. Jetzt besteht seine Strategie darin, die beiden Dimensionen zu koordinieren und sie zur Transformation in Beziehung zu setzen, was es zur Erhaltung befähigt. Damit hat das Kind ein hohes Maß an Gleichgewicht erworben. Obwohl die Strategie 4 zu Anfang nicht sehr wahrscheinlich erschien, hat sie sich doch aus den vorausgehenden Strukturen ergeben.
Piaget nennt diesen Prozeß eine *Wahrscheinlichkeitsfolge*. Dadurch daß das Kind von einem Stadium zum nächsten fortschreitet und auf diesem Wege Konflikte erlebt, entwickelt es schließlich eine Strategie, die das Gleichgewicht sichert. In der Strategie 4 zieht das Kind sowohl die Transformationen wie die Zustände in Betracht. Diese Koordination ist die Voraussetzung für die Reversibilität des Denkens. Die Reversibilität mit ihren Erscheinungsformen der Reziprozität und der Negation ermöglicht dem Kind, die Veränderungen in der Realität zufriedenstellend zu kompensieren, und sorgt letztlich für das Gleichgewicht. Äquilibration ist also ein intellektueller Entwicklungsprozeß, in dem Zustände eines gestörten Gleichgewichtes von solchen eines größeren Gleichgewichtes abgelöst werden und in dem auf Zeiten eines mangelhaften Realitätsverständnisses Zeiten größeren Verständnisses folgen.
Die vier Faktoren — Reifung, Erfahrung, soziale Vermittlung und Äquilibration — beschreiben das, was Piaget Entwicklung nennt. In welcher Beziehung steht die Entwicklung zum Lernen? Piaget unterscheidet zwischen zwei Formen des Lernens. Im engeren Sinne versteht er darunter, daß das Kind in einer besonderen Situation mit der Zeit eine neue Reaktion erwirbt, die auf diese Situation beschränkt bleibt. Wenn das kleinere Kind bei der Erhaltung des Gewichtes zum Beispiel beobachtet, daß ein Tonball bei wiederholtem Wiegen dasselbe Gewicht aufweist, obwohl seine Form verändert wurde, kann es dadurch lernen, daß das Gewicht dieses besonderen Tonballs konstant bleibt. Es kann möglicherweise sogar vorhersagen, daß der Ball sein Gewicht auch bei jeder anderen Veränderung beibehalten wird. Durch die wiederholte empirische Beobachtung oder äußere Verstärkung wird das Kind also ein Gesetz lernen, das in einer besonderen Situation gilt. Dies bedeutet jedoch nicht unbedingt, daß es verstanden hat, warum das Gewicht konstant bleibt. Außerdem ist es möglicherweise nicht in der Lage, das Gesetz auf andere Situationen

zu übertragen, in denen andere Objekte vorkommen. Es hat also vielleicht ein physikalisches Gesetz abgeleitet, aber keinesfalls eine neue Denkstruktur erworben, durch die es in die Lage versetzt würde, die neue Situation zu verallgemeinern.

Die zweite Form des Lernens, die sich aus dem Äquilibrationsprozeß ergibt, besteht darin, daß eine neue Struktur der geistigen Operationen erworben wird. Dieser Lerntypus ist — so meint Piaget — der einzige stabile und dauerhafte Typus. Erst wenn das Kind über die notwendige geistige Struktur verfügt, um eine neue Erfahrung zu assimilieren, kann es wirklich lernen und die Möglichkeit wahrnehmen, die neue Situation zu verallgemeinern. Wirkliches Lernen ereignet sich also erst, wenn das Kind über die geistige Ausrüstung verfügt, die notwendig ist, um neue Erfahrungen zu verwerten. Wenn die als Voraussetzung erforderliche kognitive Struktur präsent ist, kann das Kind aus seinen Erfahrungen in der Welt lernen und dazu kommen, die Realität zu verstehen. Wenn es die Struktur nicht besitzt, wirkt sich neue Erfahrung nur oberflächlich aus. Wenn eine zu große Lücke zwischen dem Erfahrungstyp, der sich dem Kind präsentiert, und dem aktuellen Stand seiner kognitiven Strukturen klafft, kann zweierlei eintreten. Entweder verleiht das Kind dieser Erfahrung eine Form, in der es sie leicht assimilieren kann, und lernt folglich nicht, was beabsichtigt wurde, oder aber es lernt nur eine spezifische Reaktion, die keine Dauer oder Stabilität besitzt, die nicht verallgemeinert werden kann und sicherlich bald wieder verschwinden wird. Aus diesem Grunde können die Lernprozesse des Kindes — innerhalb oder außerhalb der Schule — nicht nach Belieben beschleunigt werden. Es gibt immer Dinge, die zu lernen das Kind noch nicht vorbereitet ist, weil es noch nicht über die notwendige kognitive Struktur verfügt. Wenn das Kind gezwungen wird, sich mit solchen Stoffen zu befassen, ist es nicht in der Lage, sie wirklich zu lernen.

Viele Forscher haben sich bemüht, den Lernbegriff Piagets zu klären, sowohl dessen engeren Sinn (Reaktionen, die auf eine spezifische Situation beschränkt bleiben) wie auch dessen weiteren Sinn (ein Verstännis, das auf verwandten kognitiven Strukturen beruht). Smedslund[21] zum Beispiel hat über Erhaltung des Gewichtes gearbeitet. Nachdem kleinere Kinder zwei Bällen aus Knetmasse das gleiche Gewicht zugeschrieben hatten, gab Smedslund dem einen Ball die Form einer Wurst, worauf die Kinder die Gewichte nicht mehr gleich nannten. Um ihnen die Erhaltung zu vermitteln, veranlaßte Smedslund die Kinder jetzt, die

---

[21] J. Smedslund, The Aquisition of Conservation of Substance and Weight in Children, II External Reinforcement of Conservation of Weight and of the Operation of Addition and Subtraction, Scandinavian Journal of Psychology, 2, S. 71—84.

Wurst und den Ball zu wiegen, wodurch sie herausfinden sollten, daß die Gewichte beider Körper gleich waren. Die äußere Verstärkung, die darin bestand, daß die Kinder sahen, daß die Gewichte gleich waren, wurde für ausreichend gehalten, sie die Erhaltung zu lehren. Jedoch hatte Smedslund nur wenig Erfolg. Zwar waren einige Kinder nach der äußeren Verstärkung in der Lage, das Gewicht zu erhalten, wenn in dem Versuch derselbe Ball und dieselbe Wurst verwendet wurden. Im allgemeinen gelang es ihnen jedoch nicht, die Fähigkeit zur Erhaltung auf Situationen zu übertragen, die sich auch nur ein wenig von der ursprünglichen unterschieden. Außerdem war die Erhaltung nicht stabil: mit Leichtigkeit konnte man die Kinder zur Nicht-Erhaltung bewegen. Ein Kind dagegen, das die Erhaltung selbständig erworben hat, höchstwahrscheinlich durch den Äquilibrationsprozeß, kann in seiner Überzeugung nicht so leicht irre gemacht werden.
Deshalb ist Piaget der Auffassung, daß die Entwicklung nicht eine Folge des Lernens im engeren Sinne ist, sondern daß das wirkliche Lernen sich als Folge der Entwicklung einstellt. Das Kind kann also die Bedeutung einer äußeren Verstärkung oder neuer Erfahrungen im allgemeinen nur dann richtig einschätzen, wenn seine Strukturen durch den Äquilibrationsprozeß einen gewissen Entwicklungsstand erreicht haben. Das Kind kann aus der äußeren Information — sei sie nun eine Verstärkung oder die Erklärung eines Erwachsenen oder anderer Herkunft — nur dann Nutzen ziehen, wenn seine kognitive Struktur genügend vorbereitet ist, sie zu assimilieren. In diesem Sinne erklärt die Entwicklung das Lernen und nicht umgekehrt.

Zusammenfassung und Schluß

Piaget unterscheidet zwischen der Entwicklung, die das wirkliche Lernen verursacht, und dem Lernen im engeren Sinne. Die Entwicklung wird von vier Faktoren beeinflußt. Organische Strukturen schränken die kognitive Entwicklung in gewisser Hinsicht ein und fördern sie in anderer, zum Teil deshalb, weil die kognitiven Funktionen auch kulturellen Einflüssen unterliegen. Ein zweiter Faktor ist die Erfahrung. Teil der physikalischen Erfahrung ist die Erkenntnis der Objekte, die das Kind gewinnt, indem es sie unmittelbar sieht. Bei der logisch-mathematischen Erfahrung lernt das Individuum seine Handlungen koordinieren, die es ursprünglich auf die Gegenstände richtet, die später aber dieser materiellen Basis nicht mehr bedürfen. Diese beiden Erfahrungstypen reichen nicht hin, die Entwicklung zu erklären, weil in ihnen unter anderem die Auswirkungen sozialer Einflüsse nicht berücksichtigt werden. Ein dritter Faktor ist die soziale Vermittlung, das heißt die Erkenntnis vollzieht sich mit Hilfe bestimmter kultureller Techniken wie des Lesens oder der Unterweisung. Auch dieser Faktor kann die Entwicklung nicht erklären, zum Teil deshalb, weil in ihm die Rolle der kognitiven Strukturen keine Beachtung findet. Sie entscheidet nämlich darüber, ob soziale Einflüsse sich auswirken können oder nicht.

Ein vierter Faktor ist die Äquilibration, womit die sich selbst regulierenden Prozesse gemeint sind, durch die das Kind zu immer leistungsfähigeren Gleichgewichtszuständen geführt wird. Der Gleichgewichtsbegriff bezeichnet das System von Austauschakten zwischen einem offenen System und seiner Umwelt. Er impliziert ein System, das sich in aktivem Gleichgewicht mit seiner Umwelt befindet. Das Maß an Gleichgewicht wird durch die Position definiert, die ein System in den folgenden drei Dimensionen einnimmt: Gleichgewichtsfeld, Mobilität und Stabilität. Je ausgeprägter diese Qualitäten, um so besser ist das Gleichgewicht. Den Fortschritt von einem Gleichgewichtszustand zum nächsten bezeichnete Piaget als die Folgewahrscheinlichkeit verschiedener Strategien. Wenn wir annehmen, daß das Kind mit einer bestimmten einfachen und unangemessenen Strategie beginnen würde, wird es wahrscheinlich, daß andere, komplexere Strategien folgen werden. Faktoren wie subjektive Konflikte und Reizstärke üben dabei ihren Einfluß aus. Die endgültige Strategie löst die Konflikte, die sich daraus ergaben, daß das Individuum einfachere und nicht-angemessene Strategien verwendete. Hierin besteht der Äquilibrationsprozeß.

Piaget unterscheidet zwischen dem Lernen im engeren und dem Lernen im weiteren Sinne. Lernen im engeren Sinne bedeutet, daß spezifische Reaktionen auf besondere Situationen erworben werden. Das ist ein oberflächlicher Lernprozeß: Er ist unstabil, ohne Dauer und wahrscheinlich nicht zu übertragen. Lernen im weiteren Sinne beruht auf der Entwicklung. Es findet statt, wenn das Kind über die kognitiven Strukturen verfügt, die die Voraussetzung dafür bilden, daß die neue Information assimiliert werden kann.

Die Äquilibrationstheorie und der Lernbegriff Piagets bedürfen einiger Hinweise. Erstens betont Piaget stets die Aktivität des Kindes. Es versucht das Invarianzproblem in bereits verfügbare Strukturen zu assimilieren, wobei seiner subjektiven Empfindung nach die Lösung, zu der es dabei kommt, nicht sehr zuverlässig erscheint. Das Kind reagiert also nicht einfach auf äußere Ereignisse, sondern bestimmt seine Entwicklung recht aktiv. Zweitens läßt sich das vollkommene Gleichgewicht niemals ganz herstellen. Jede Entwicklungsstufe bedeutet nur eine immer größere Annäherung an das Gleichgewicht, und selbst das Denken in der Adoleszenz realisiert nicht immer in allen seinen Bereichen dieses vollkommene Gleichgewicht.

Drittens bedarf die Äquilibrationstheorie weiterer Ausarbeitung. Piagets Theorie scheint zwei wichtige Aspekte zu besitzen. Einer ist die Unzufriedenheit mit den traditionellen Entwicklungstheorien. Eine Reifungstheorie, wie sie von Gesell und anderen vorgeschlagen wird, ist offensichtlich unbefriedigend. Piaget ist aber auch davon überzeugt, daß die traditionellen Vorstellungen der Behavioristen über das Lernen (Lernen im engeren Sinne) unzulänglich sind. Wenn wir die Experimente Smedlunds und die anderer Forscher zugrundelegen, können wir kaum annehmen, daß äußere Verstärkung die Entwicklung solcher Begriffe wie desjenigen der Invarianz erklären kann. Auch liegt — nach Auffassung der Autoren zumindest — die Beobachtung von Kindern in der Schule und bei ihren täglichen Beschäftigungen die Vermutung nahe, daß die intellektuelle Entwicklung auf weit mehr als dem Lernen im engeren Sinne beruht. Der Erwerb der kognitiven Strukturen, der wirkliches Verstehen erst ermöglicht, scheint auf mehr als die begrenzte physikalische Erfahrung, Verstärkung oder ähnliche Faktoren zurückzugehen. Wenn das Kind wirklich lernt, scheint es sein Verhalten selbst zu regeln: Es entscheidet, was zu lernen notwendig ist, es bestimmt das Lerntempo, wählt bestimmte Erfahrungsformen aus und anderes mehr.

Obwohl Piaget also möglicherweise recht hat, wenn er behauptet, die äußere Verstärkung wirke sich auf das tatsächliche Lernen kaum aus und die Entwicklung des Kindes beruhe größtenteils auf der Selbstregulation, überzeugt jedoch auch seine Äquilibrationstheorie nicht gänzlich. Sie enthält eine Reihe von Unzulänglichkeiten:

a) Zum Teil ist die Theorie zwar sehr interessant, müßte aber genauer ausgeführt werden. Zum Beispiel heißt es in ihr, daß das Kind von der Strategie 1 zur Strategie 2 fortschreite, weil es sich subjektiv unzufrieden fühle. Das Kind ist sich seiner Antworten nicht sicher und ändert deshalb seine Strategie. Diese Hypothese wirft jedoch unglücklicherweise mehr Fragen auf, als sie beantwortet. Welche Faktoren bewirken diesen Mangel an Befriedigung? Warum verwendet das Kind die Strategie 1 über eine so lange Zeitdauer (einige Jahre hindurch), bevor es diesen Mangel empfindet? Warum berücksichtigt es so lange nur die eine Dimension, bevor ihm die andere auffällt? Piaget behandelt diese Probleme in seiner Theorie nicht so ausführlich, wie wir es wünschen würden.

b) Unseres Wissens liegen zur Äquilibrationstheorie *unmittelbar* nur wenige empirische Belege vor. Die meisten Untersuchungen auf diesem Gebiet galten dem Ziel, andere Ansichten über den Erwerb des Inva-

rianzbegriffs auszuschließen. Aber wenn die Theorie des Lernens im engeren Sinne ausgeschlossen werden kann, heißt das nicht automatisch, daß die Äquilibrationstheorie zutrifft. Es wäre erforderlich, das Problem in gezielten Experimenten direkt anzugehen, und zwar am besten in Längsschnittuntersuchungen. Gegenstand solcher Untersuchungen sollten Begriffe wie subjektive Unzufriedenheit oder die Reizstärke sein.
c) Das probabilistische System Piagets bedarf der Klärung. Er sagt, die Strategie 1 sei zu Beginn die *wahrscheinlichste,* dann werde Strategie 2 die wahrscheinlichste und so gehe es weiter. Es wird aber nicht deutlich, was wir unter Wahrscheinlichkeit zu verstehen haben. Das einzelne Kind verwendet lediglich während eines längeren Zeitraums die Strategie 1 und macht sich dann Strategie 2 zu eigen. Es verwendet also entweder die eine oder die andere Strategie. Folglich scheint die Verwendung nicht auf der Wahrscheinlichkeit zu beruhen,, was die Zufallsverteilung von mindestens zwei nebeneinander vorkommenden Strategien voraussetzen würde. Wenn die Äquilibrationstheorie in probabilistischen Kategorien dargestellt werden soll, muß sie erweitert werden. Piaget scheint also die traditionellen Entwicklungstheorien einer sehr nützlichen Kritik zu unterziehen, aber versäumt es, seine eigene Anschauung, die Äquilibrationstheorie, ausreichend zu explizieren. Obwohl das Kind sein eigenes Lernen zu regulieren scheint, sind die Einzelheiten dieses Prozesses noch nicht im mindestens bekannt.

Allgemeine Schlußfolgerungen

In diesem Kapitel haben wir einige Themen aus Piagets späterem Werk erörtert, darunter Klassen, Relationen, die Zahl, die Vorstellung und die Äquilibration. Dazu noch einige allgemeine Bemerkungen:
Erstens (und auf die Gefahr hin, uns zu wiederholen): Piaget interessiert sich für die *Kompetenz* des Kindes und nicht für das, was es tatsächlich vollbringt. Der Akzent liegt auf der äußersten Leistungsfähigkeit des Kindes, auf seinen Möglichkeiten; seine Leistung mag manchmal gegenüber seiner Kompetenz abfallen, weil sich Ermüdung, Langeweile und ähnliche Faktoren geltend machen können. Piaget interessiert sich für die optimale Funktionsweise des kindlichen Denkens und nicht für seine durchschnittliche oder gewöhnliche Leistungshöhe.
Zweitens offenbart ein Vergleich dieses Kapitels (die Darstellung von Piagets späterem Werk, das seine Arbeiten aus den vierziger Jahren bis zur Gegenwart umfaßt) mit den beiden vorhergehenden Kapiteln (die Arbeiten über das Säuglingsalter aus den dreißiger Jahren und die frü-

hen Arbeiten aus den zwanziger Jahren), daß seine Interessen sich im Laufe der Zeit verlagert haben. Er untersucht nicht mehr die Probleme, denen sich Kinder oder Säuglinge in ihrer natürlichen Umwelt gegenübersehen — das moralische Urteil, sprachliche Kommunikation oder die Schwierigkeit, einen Gegenstand zu finden, den ein Hindernis verbirgt, sondern seine philosophischen, mathematischen und logischen Interessen bestimmen ihn, sich prinzipiellen Problemen zuzuwenden. Am Anfang seiner wissenschaftlichen Laufbahn war er ein funktionalistischer Psychologe und beschäftigte sich als solcher mit den Denkmustern, die von unmittelbarer Bedeutung für das Kind war. Später wurde er dann zum „genetischen Erkenntnistheoretiker" und untersuchte, in welcher Weise das Kind verschiedene mathematische und philosophische Begriffe zu verstehen vermag. Jede der beiden wissenschaftlichen Haltungen ist wertvoll aber unvollständig. Der Funktionalismus, den viele amerikanische Psychologen vorziehen, beschäftigt sich mit der Fähigkeit des Kindes, häufig in Erscheinung tretende Probleme zu bewältigen. Aber möglicherweise läßt sich mit diesem Ansatz die optimale Entwicklung der geistigen Fähigkeiten nicht erfassen, vorausgesetzt, die Umgebung liefert dem Kind nicht die Gelegenheit, sie auszubilden. Piagets Ansatz der genetischen Erkenntnistheorie, der außerhalb von Genf nicht häufig übernommen wurde, legt den Nachdruck auf die Kompetenz des Kindes, also auf seine am weitesten entwickelten und wirkungsvollsten Denkweisen. Aber hier mag er wiederum dem normalen geistigen Verhalten des Kindes zuwenig Beachtung schenken.

Drittens zeigt ein Vergleich des späteren Werks mit den frühen Forschungsarbeiten, daß Piaget sich um die detaillierte und formale Beschreibung des Denkens bemüht. Er konzentriert sich jetzt darauf, logisch-mathematische Systeme zu entwickeln, die die Struktur des kindlichen Denkens nachbilden sollen. In diesem Zusammenhang haben wir einige Aspekte der Gruppierung I erörtert. An dieser neuen Ausrichtung seiner Interessen mag es liegen, daß Piaget der Theorie der Übergänge jetzt weniger Aufmerksamkeit als früher widmet, der Erklärung also, warum das Kind von einem Stadium zum nächsten fortschreitet. Wir erinnern uns, daß Piaget sich in seinen Arbeiten über das Säuglingsalter sehr für das Lernen und die Motivation interessierte; um sie zu erklären, entwickelte er beispielsweise Begriffe wie funktionale Assimilation, Akkommodation und andere. Obschon er noch immer daran interessiert ist, die Entwicklung (oder Begriffe wie Assimilation und Akkommodation) zu erklären, legt er in letzter Zeit auf diese Probleme nicht mehr so viel Wert. Er hat der Ausarbeitung der Äquilibrationstheorie weit weniger Aufmerksamkeit geschenkt als der Beschreibung von Strukturen.

5. Adoleszenz

Wir haben bisher die sensomotorische Stufe (von der Geburt bis zu zwei Jahren), die präoperative Stufe (zwei bis sieben Jahre) und die Stufe der konkreten Operationen (sieben bis elf Jahre) betrachtet. Die letzte Stufe der intellektuellen Entwicklung stellt in Piagets Theorie die der *formalen Operationen* dar. Sie beginnt etwa mit zwölf Jahren und vollendet sich während der Adoleszenz.

Bei seiner Beschäftigung mit dem adoleszenten Denken wendet sich Piaget immer wieder bestimmten Themen zu, so zum Beispiel der Tatsache, daß die geistigen Operationen in der Adoleszenz ein hohes Maß an Gleichgewicht erreicht haben. Dies heißt unter anderem, daß das Denken der Jugendlichen beweglich und leistungsfähig geworden ist und auch komplexeren logischen Problemen gewachsen ist. Ein anderes wichtiges Thema ist die Fähigkeit des Jugendlichen, sich die vielen Möglichkeiten vorstellen zu können, die einer Situation innewohnen. Anders als das Kind auf der Stufe der konkreten Operationen, dessen Denken den konkreten Objekten verhaftet bleibt, vermag der Jugendliche das unmittelbare Hier und Jetzt zu transzendieren. Er kann in seiner Vorstellung die sich in der Wirklichkeit vollziehenden Transformationen kompensieren. Dies ist, wie wir im vorhergehenden Kapitel sehen konnten, eines der Merkmale des Gleichgewichtes.

Diese allgemeinen Schlußfolgerungen gründen sich auf eine ganze Anzahl von Studien über adoleszente Denkprozesse, die Piaget und Inhelder[1] durchgeführt haben. In diesen Studien, die sich der revidierten klinischen Methode bedienen, untersucht er die Fähigkeit des Jugendlichen, verschiedenartige Probleme zu bewältigen, zu denen auch wissenschaftliche Begriffe gehören. In einer Untersuchung, die als typisch gelten kann, gab man einer Anzahl von Jugendlichen einige Aufgaben aus der klassischen Physik, Chemie und anderen Disziplinen. Immer legte man dem Jugendlichen einen Apparat oder andere konkrete Dinge vor (ein Pendel, eine Waage usw.) und forderte ihn auf, deren Funktionsweise zu erklären. Er durfte mit dem Apparat hantieren und Experi-

[1] Der Kürze halber bezeichnen wir die Studien über die Adoleszenz als die Piagets. Wir sollten dabei aber nicht vergessen, daß Inhelder in erheblichem Umfang an ihnen beteiligt ist.

mente mit ihm durchführen, sich also wie ein Wissenschaftler verhalten. Der Versuchsleiter hielt genau fest, was der Jugendliche tat, und stellte ihm manchmal auch Fragen, wenn sprachliche Erläuterungen notwendig erschienen. Piaget ist natürlich nicht in erster Linie daran interessiert, ob der Jugendliche die „richtige“ Antwort geben kann, sondern daran, ob und wie sich ein Denken von dem des kleineren Kindes unterscheidet. Piagets Interesse gilt der Frage, wie der Jugendliche wissenschaftliche Probleme bewältigt, wie er Experimente durchführt und welche Schlüsse er aus den Daten zieht, die er erhält. Wie wir sehen werden, legt Piaget seine Theorie des adoleszenten Denkens mit Hilfe zweier logischer Modelle dar — der 16 binären Operationen [2] und der INCR-Gruppe. Diese beiden Modelle beschreiben gemeinsam die Stufe der *formalen Operationen.* Weil diese Modelle sehr komplex sind, werden wir sie nur ausschnittweise erörtern.

Die 16 binären Operationen

Das Pendelproblem

In einer der Untersuchungen befanden sich die Versuchspersonen vor folgender Ausgangssituation: Ein Pendel wurde konstruiert, indem ein Gegenstand an eine Schnur gehängt wurde. Man zeigte der Versuchsperson, wie die Länge der Schnur zu verändern war, wie das Gewicht des aufgehängten Gegenstandes vergrößert oder vermindert werden konnte, wie das Pendel aus verschiedenen Höhen fallengelassen werden konnte und daß man es verschieden stark anstoßen konnte. Der Versuchsperson oblag die ausgesprochen physikalische Aufgabe, festzustellen, welcher der vier Faktoren — Länge, Gewicht, Höhe oder Kraft — allein oder gemeinsam mit anderen die Pendelfrequenz (die Schwingungsgeschwindigkeit des Pendels) beeinflusse. Die richtige Lösung lautete natürlich, daß der Faktor der Schnurlänge entscheidend ist: je kürzer die Schnur, desto größer die Frequenz. Die Versuchsperson durfte, um das Problem zu lösen, mit dem Pendel jedes gewünschte Experiment anstellen. Sie durfte zum Beispiel das Pendel schwerer oder leichter machen und sehen, was sich daraus ergab. Der Versuchsleiter verhielt sich zurückhaltend.

[2] Das Modell der 16 binären Operationen ist nur ein Sonderfall eines größeren und umfassenderen Systems, des *kombinatorischen Systems.* Dieser Sonderfall trifft auf Situationen zu, die beschränkt sind auf je zwei Werte (z. B. p und $\overline{p}$) zweier Faktoren (p und q). Bei einer größeren Zahl von Faktoren werden komplexere Modelle notwendig, die sich aus dem kombinatorischen System ableiten lassen.

Er zeichnete die Experimente und sprachlichen Äußerungen der Versuchspersonen auf und griff nur an wenigen Stellen in den Versuchsverlauf ein, um seine Versuchsperson über einige Dinge zu befragen, die unklar waren. Außerdem forderte der Versuchsleiter den Probanden auf, seine Behauptungen zu überprüfen, wenn dieser es nicht von sich aus tat. Die Versuchsperson verhielt sich also wie ein Wissenschaftler, indem sie versuchte, ein klassisches physikalisches Problem auf empirischem Wege zu lösen. Der Versuchsleiter zeichnete dieses Verhalten auf.
Um einen Maßstab für die Leistung des Jugendlichen zu gewinnen, wollen wir uns vorher in Kürze vor Augen führen, wie Kinder auf der präoperativen und konkret-operativen Stufe mit dem Problem fertig werden. Kinder auf der präoperativen Stufe, also bis zum siebten Lebensjahr, vertrauen bei dieser Aufgabe ganz dem Zufall. Erstens ließen die „Experimente", auf die sie verfielen, keinen übergeordneten Plan erkennen, kein durchgehendes Muster. Die kleineren Kinder schienen gänzlich zufällig bei ihren Tests vorzugehen, weshalb sie aus ihnen wenig Aufschluß erhalten konnten. Ein Kind begann zum Beispiel damit, daß es ein langes Pendel von geringem Gewicht anstieß. Dann setzte es ein kurzes Pendel mit einem großen Gewicht in Bewegung. Schließlich nahm es das Gewicht gänzlich fort. Solch ein Verfahren kann aus Gründen, die sich von selbst verstehen (und sollten sie es nicht, später einleuchten werden), weder über die Rolle des Gewichtes noch über die der Länge Aufschluß geben. Zweitens kann das Kind noch nicht einmal die Ergebnisse genau beobachten. Es äußert zum Beispiel die Hypothese, daß seine Anstöße die Geschwindigkeit der Pendelschwingung beeinflußten, und berichtet dann, daß dieses Ereignis auch zu beobachten sei, was tatsächlich nicht der Fall ist. Offensichtlich wirken sich hier die Erwartungen des Kindes auf seine Beobachtungen aus. Diese Haltung ist kaum ein Merkmal wissenschaftlicher Objektivität. Drittens sind die Schlußfolgerungen des Kindes falsch und stehen zur Evidenz in keiner Beziehung. Das mag daran liegen, daß das Kind die Ergebnisse ungenau beobachtet. Zum Beispiel mag es fälschlicherweise wahrnehmen, daß die Pendelfrequenz zunimmt, wenn es das Pendel stärker anstößt. In anderen Fällen stimmen die Schlußfolgerungen aber auch deshalb nicht, weil sie aus den Ergebnissen falsch abgeleitet werden. Wenn es zum Beispiel (richtig) wahrnimmt, daß ein kurzes, schweres Pendel schneller schwingt als ein langes, leichtes, mag es daraus zu Unrecht schließen, daß das Gewicht, und nicht die Länge, der Kausalfaktor sei.
Auf der Stufe der konkreten Operationen beweist das Kind beträchtliche Fortschritte in seinen intellektuellen Fähigkeiten. Es untersucht eine Anzahl Faktoren, die möglicherweise über die Pendelschwin-

gung entscheiden und ist in der Lage, die Ergebnisse richtig zu beobachten. Sogar die Lösung entdeckt es manchmal. Aber sein Vorgehen ist noch in mancherlei Hinsicht unsystematisch und unlogisch und muß insofern noch vervollkommnet werden. Betrachten wir das folgende Protokoll:

„BEA (10;2) verändert regellos die Länge der Schnur (gemäß den Einheiten 2, 4, 3 usw.), folgert aber daraus die richtige umgekehrte Zuordnung: ‚*Es geht langsamer, wenn es länger ist.*' Beim Gewicht vergleicht er 100 g und Länge 2 mit 5 mal 50 g und Länge 1, wobei er wiederum auf eine umgekehrte Entsprechung zwischen Gewicht und Frequenz schließt." [3]

Das Kind zeigte sich in zweifacher Hinsicht erfolgreich. Erstens war seine Antwort zumindest teilweise richtig, obwohl es fälschlicherweise folgert, auch das Gewicht wirke sich aus. Zweitens nahm es die Ergebnisse richtig wahr: Das kurze, leichte Pendel zum Beispiel schwang *tatsächlich* schneller als das lange, schwere. Die Objektivität des Kindes bei wissenschaftlichen Beobachtungen kann nicht länger in Zweifel gezogen werden. Seine Beobachtungen bleiben von seiner Erwartung unbeeinflußt.
Aber es gab zwei wichtige Unzulänglichkeiten in der Methode des Kindes. Erstens entwickelte es nicht die geeigneten Experimente. Um die Rolle des Gewichtes zu untersuchen, verglich es ein kurzes, leichtes Pendel mit einem langen, schweren — ein nicht angemessenes Verfahren. Das Kind hätte statt dessen ein kurzes, leichtes Pendel mit einem kurzen, schweren und ein langes, leichtes Pendel mit einem langen, schweren vergleichen sollen. Es hätte also die *Länge konstant* halten sollen, um die Wirkung des Gewichtes zu testen und umgekehrt. Zweitens waren die Schlüsse, die es aus den empirischen Resultaten (die, wie erwähnt, zutreffend ermittelt worden waren) gezogen hatte, nicht richtig. Der Schluß, daß eine inverse Beziehung zwischen Gewicht und Pendelfrequenz bestehe (je schwerer das Gewicht, um so langsamer die Pendelschwingung), folgt nicht aus den Beobachtungen. Dieser Typus falscher Schlußfolgerungen läßt sich noch deutlicher bei einer anderen Versuchsperson erkennen, die (zutreffend) wahrnahm, daß ein kurzes, schweres Pendel schneller schwingt als ein langes, leichtes. Aus diesem Ergebnis schloß sie, daß sowohl die Länge wie das Gewicht entscheidende Faktoren seien, daß anwachsende Länge also die Pendelschwingung verlangsame und anwachsendes Gewicht sie beschleunige. Dies ist natürlich kein zwingender Schluß. Wenn weitere Information ausbleibt, läßt sich keine Entscheidung zwischen drei Möglichkeiten herbeiführen: (a) der obigen

[3] De la logique de l'enfant à la logique de l'adolescent, S. 64.

Interpretation; (b) daß die anwachsende Länge die Pendelschwingung verlangsame, während das Gewicht irrelevant sei; (c) daß zusätzliches Gewicht die Geschwindigkeit beschleunige, während die Länge irrelevant bleibe. Leider entwirft das Kind kein Experiment, das ihm die Information liefern könnte, die notwendig wäre, um zwischen den Alternativen zu entscheiden, sondern verläßt sich ganz auf eine von ihnen, ohne diese Schlußfolgerung zu überprüfen.

Betrachten wir dagegen das Verhalten des Jugendlichen auf der Stufe der formalen Operationen. Nachdem er ein Übergangsstadium durchlaufen hat, das wir hier nicht erörtern wollen, wird er dem Problem in dreierlei Hinsicht gerecht. (a) Er entwirft einen adäquaten Test, d. h. er entwickelt das richtige Experiment. (b) Seine Ergebnisse stammen aus einer genauen Beobachtung. (c) Er zieht die richtigen logischen Schlüsse aus seinen Beobachtungen. Hier ist ein Beispiel:

„EME (15;1) folgert, nachdem sie mit 100 g und einer langen und einer mittleren Schnur, mit 20 g und einer langen und einer kurzen Schnur und schließlich mit 200 g und einer langen und einer kurzen Schnur experiment hatte: *„Es ist die Länge der Schnur, die ein schnelleres oder langsameres Schwingen bewirkt; das Gewicht spielt keine Rolle.“* Auf dieselbe Art und Wiese schließt sie die Fallhöhe und den Anstoß aus.“ [4]

Wir wollen nacheinander und gesondert die drei Aspekte des adoleszenten Verhaltens untersuchen.

a) *Plan des Experiments.* Zu Beginn, noch bevor er irgendeinen Test durchgeführt hat, hält der Jugendliche es für möglich, daß mehrere Faktoren sich entscheidend auf die Pendelfrequenz auswirken könnten. Die Länge, das Gewicht oder irgendein anderer der gegebenen Faktoren könnte als Kausalfaktor wirken. Außerdem berücksichtigt er die Möglichkeit, daß eine Faktorenkombination verantwortlich sei: Vielleicht erhöhen Gewicht und Länge gemeinsam die Pendelfrequenz, während keiner der beiden Faktoren allein eine hinreichende Bedingung darstellt. Der Jugendliche beginnt also damit, sich eine Reihe von rein hypothetischen Ergebnissen vorzustellen. Bevor er handelt, versucht er alle Möglichkeiten zu bedenken. Der Beleg für unsere Behauptung ist die Tatsache, daß der Jugendliche später, wenn er das Experiment durchführt, alle Ursachen der Pendelfrequenz untersucht, die *möglich* sind. Die Tatsache, daß er sich in seinem Test systematisch bemüht, alle Möglichkeiten zu berücksichtigen, läßt vermuten, daß er sich zu Beginn alle Möglichkeiten vorgestellt haben muß. Außerdem sind diese vorgestellten

[4] A.a.O., S. 68.

Möglichkeiten in gewisser Weise Abstraktionen. Denn wenn er zum Beispiel die Länge für den Faktor ansieht, der isoliert und unabhängig über die Pendelschwingung entscheidet, kommt doch die Länge in Wirklichkeit niemals allein vor. Sie tritt immer nur zusammen mit anderen Faktoren auf, wie zum Beispiel dem Gewicht. Ein schwingendes Pendel ist niemals lediglich lang oder lediglich kurz, sondern hat zugleich ein bestimmtes Gewicht, wird aus einer bestimmten Höhe fallengelassen und so fort.

Der nächste Schritt des Jugendlichen besteht in dem Versuch, festzustellen, welche der vielen Möglichkeiten wirksam ist. Seine Methode beruht darauf, einige Faktoren konstant zu halten und gleichzeitig andere zu verändern. Betrachten wir EMEs Verfahren. Sie untersuchte zuerst eine lange Schnur mit 100 Gramm, dann eine kürzere Schnur mit 100 Gramm, dann eine längere Schnur mit 200 Gramm und schließlich eine kürzere Schnur mit 200 Gramm. Tabelle 1 zeigt einen schematischen Abriß ihres Verfahrens.

Beachten wir, daß vier Möglichkeiten untersucht wurden, wobei ein Faktor konstant gehalten und ein anderer verändert wurde. In den beiden ersten Schritten ist das Gewicht leicht und die Schnur entweder lang oder kurz. In den Schritten drei und vier ist das Gewicht schwer und

Tabelle 1: Anordnung des Pendelexperimentes

	Länge	Gewicht	Pendelfrequenz
1.	lang	leicht	?
2.	kurz	leicht	?
3.	lang	schwer	?
4.	kurz	schwer	?

Tabelle 2: Alternativanordnung des Pendelexperimentes

	Länge	Gewicht	Pendelfrequenz
1.	lang	leicht	?
2.	lang	schwer	?
3.	kurz	leicht	?
4.	kurz	schwer	?

die Schnur wiederum lang oder kurz. Sowohl in Schritten eins und zwei wie in den Schritten drei und vier wird also das Gewicht auf einem bestimmten Niveau gehalten (oder ist konstant), während die Länge verändert wird. Wenn die Länge ein Kausalfaktor ist, müßte sich ihre Wirkung bei einem Vergleich zwischen den Schritten eins und zwei zeigen oder beim Vergleich zwischen den Schritten drei und vier. Wir können die Tabelle 1 ohne Schwierigkeiten so umordnen, daß sie dann die Strategie darstellt, bei der die Länge konstant gehalten und das Gewicht verändert wird. Tabelle 2 zeigt deutlicher, was natürlich bereits in Tabelle 1 enthalten ist, daß nämlich die vier Tests auch geeignet sind, Aufschluß über die Rolle des Gewichtes zu geben. Wenn wir zum Beispiel die Schritte eins und drei vergleichen, ist die Länge in beiden Fällen lang, während sich das Gewicht verändert.

Tatsächlich haben wir den Sachverhalt etwas vereinfacht, um ihn zu verdeutlichen. Während sich der Jugendliche auf die Länge und das Gewicht konzentriert, hält er auch die anderen Faktoren konstant — die Fallhöhe und die Kraft des Anstoßes —, weil es die Ergebnisse verzerren würde, wenn man sie verändern würde. Alle diese Variablen werden konstant gehalten, so daß die Wirkung der beiden ersten Faktoren, der Länge und des Gewichtes, ermittelt werden kann. Außerdem unterzog EME, nachdem sie die Wirkung von Länge und Gewicht getestet hatte, die Fallhöhe und die Kraft des Anstoßes der gleichen Untersuchung.

Das adoleszente Verfahren scheint natürlich das naheliegende zu sein, und man könnte deshalb der Meinung sein, seine detaillierte Beschreibung wäre trivial. Sicherlich würde jeder das Problem genauso in Angriff nehmen. Aber wie wir auch im Falle der Erhaltung sahen, muß dem Kind nicht unbedingt einsichtig sein, was dem Erwachsenen auf der Hand liegend und trivial erscheint. Wie wir uns erinnern, verhielt es sich beim Entwurf der Experimente ähnlich, wo sich das Kind auf der Stufe der konkreten Operationen nicht immer für das Verfahren entschied, das „auf der Hand lag". Wir erinnern uns, daß das Kind den *einzigen* Vergleich zwischen einem kurzen, leichten und einem langen, schweren Pendel anstellte (die Schritte zwei und drei der Tabelle 3) und der Meinung war, daß dieser Test ausreichend Information für einen endgültigen Schluß liefere.

b) *Beobachtung der Ergebnisse.* Es versteht sich, daß der Jugendliche, wie das Kind auf der Stufe der konkreten Operationen, die empirischen Resultate ohne Verzerrung wahrnimmt, wozu das Kind auf der präoperativen Stufe nicht in der Lage war.

Tabelle 3: Beobachtete Ergebnisse, Pendelexperiment

	Länge	Gewicht	Pendelfrequenz
1.	lang	leicht	langsam
2.	kurz	leicht	schnell
3.	lang	schwer	langsam
4.	kurz	schwer	schnell

c) *Logische Schlußfolgerungen.* Wenn der Jugendliche die vier Schritte des Experimentes ausgeführt hat, wie sie in den Tabellen 1 und 2 dargestellt sind, gelangt er zu den Ergebnissen der Tabelle 3. Aus Tabelle 3 sollte deutlich werden, daß das Pendel, immer wenn es kurz ist, schnell schwingt, und daß es langsam schwingt, immer wenn es lang ist. Keiner der anderen Faktoren wirkt sich auf die Pendelschwingung aus.
Tabelle 4 gibt die Ergebnisse wieder, die nicht beobachtet wurden. Den Grund für den Abdruck dieser Tabelle werden wir später erklären.

Tabelle 4: Nicht-beobachtete Ergebnisse, Pendelexperiment

	Länge	Gewicht	Pendelfrequenz
1.	lang	leicht	schnell
2.	kurz	leicht	langsam
3.	lang	schwer	schnell
4.	kurz	schwer	langsam

Zur Einführung in Piagets Logik werden wir die Tabelle mit Hilfe einiger Abkürzungen vereinfachen. Wenn wir p für kurz einsetzen und $\bar{p}$ für lang, q für leicht und $\bar{q}$ für schwer, r für schnell und $\bar{r}$ für langsam, schließlich W (wahr) für beobachtete Ergebnisse und F (falsch) für nichtbeobachtete Ergebnisse, dann erhalten wir Tabelle 5. p und q sind also die Faktoren und r ist das Resultat. W und F geben lediglich an, ob das Resultat beobachtet wurde oder nicht. Zum Beispiel besagt Zeile 1, daß das Ergebnis beobachtet wurde (W) und daß ein langes ($\bar{p}$), leichtes (q) Pendel langsam ($\bar{r}$) schwang. Zeile 7 besagt, es sei nicht beobachtet worden (F), daß ein langes ($\bar{p}$), schweres ($\bar{q}$) Pendel schnell (r) schwang.

Tabelle 5: Symbolisierung des Pendelexperimentes

	Länge	Gewicht	Pendelfrequenz	Ergebnis
1.	$\bar{p}$	q	$\bar{r}$	W
2.	p	q	r	W
3.	$\bar{p}$	$\bar{q}$	$\bar{r}$	W
4.	p	$\bar{q}$	r	W
5.	$\bar{p}$	q	r	F
6.	p	q	$\bar{r}$	F
7.	$\bar{p}$	$\bar{q}$	r	F
8.	p	$\bar{q}$	$\bar{r}$	F

Was schließt der Jugendliche aus diesem Schema beobachteter und nicht beobachteter Ergebnisse? Hinsichtlich des Gewichtes zeigt die Tabelle 5, daß in den zu beobachtenden Fällen das Pendel schnell oder leicht

schwingt, wenn es schwer und wenn es leicht ist. Folglich läßt sich durch das Gewicht nicht die geringste Veränderung der Pendelfrequenz erreichen. Piaget schreibt diesen Schluß q * r (lies: das Gewicht ist für die Pendelfrequenz irrelevant) und nennt ihn *Tautologie* oder *vollständige Bestätigung*. (Natürlich ließe sich auf gleiche Weise zeigen, daß Kraft und Höhe gleichfalls irrelevant sind.)
Hinsichtlich der Länge zeigt Tabelle 5, daß in den beobachteten Fällen ein kurzes Pendel immer schnell und ein langes immer langsam schwingt (und daß *nicht* beobachtet wurde, daß ein kurzes Pendel langsam und ein langes schnell schwingt). Folglich entscheidet die Pendellänge allein über die Pendelfrequenz, während die anderen Faktoren ohne Relevanz bleiben. Statt dessen läßt sich auch sagen, daß die Kürze eine notwendige und hinreichende Bedingung der hohen Pendelfrequenz ist.
In der Aussagenlogik wird die Beziehung zwischen Länge und Pendelfrequenz gewöhnlich „reziproke Implikation" genannt und durch $p \overset{\supset}{\subset} r$ wiedergegeben. Der Jugendliche hat also festgestellt, daß $p \overset{\supset}{\subset} r$ (die Länge über die Pendelfrequenz entscheidet) und daß q * r (das Gewicht irrelevant ist).
Zusammenfassend können wir feststellen, daß der Jugendliche einen hypothetischen Ansatz wählt, indem er sich alle Faktoren vorzustellen versucht, die möglicherweise die Ergebnisse verursachen. Um seine Hypothesen zu überprüfen, entwirft er Experimente, deren Anordnung und Planung geeignet sind, die fraglichen Faktoren dadurch zu isolieren, daß systematisch alle Faktoren mit Ausnahme von jeweils einem konstant gehalten werden. Er beobachtet die Ergebnisse genau und legt sie seinen Schlußfolgerungen zugrunde. Da der Jugendliche die Experimente mit Umsicht plant, sind seine Schlußfolgerungen sicher und folgerichtig.

Die Biegung der Angelruten

Um einen anderen Aspekt des adoleszenten Denkens zu untersuchen, stellte Piaget seine Versuchspersonen vor das Problem, wie weit sich verschiedene Angelruten unter wechselnden Umständen durchbögen. Wir werden hier zuerst die logischen Schlußfolgerungen darstellen, die aus den Experimenten gewonnen wurden, und dann erörtern, in welcher Hinsicht sich dieser Schlußtypus von jenem unterscheidet, den wir im Falle des Pendelproblems beobachten konnten.
Piaget zeigte seinen Versuchspersonen eine Reihe von Angelruten, die am Rande eines Wasserbassins befestigt waren. Die Ruten waren horizontal angebracht worden (parallel zum Wasser). Sie unterschieden sich

hinsichtlich (a) ihres Materials (Stahl, Messing usw.), (b) ihrer Länge, (c) ihres Durchmessers und (d) der Form ihres Querschnitts (rund, quadratisch, rechteckig). Außerdem ließen sich (e) verschiedene Gewichte am Ende jeder Rute über dem Wasser anbringen. Die Versuchsperson sollte zuerst bestimmen, welche der Ruten sich weit genug durchbiege, um das Wasser zu berühren, und anschließend die Ergebnisse erklären. Wie beim Pendelproblem durfte die Versuchsperson die Faktoren in jeder gewünschten Weise verändern. Sie durfte eine lange, dünne Rute aus Stahl in den Apparat einspannen und an ihrem Ende ein schweres Gewicht befestigen; oder eine kurze, dünne viereckige Rute aus Messing mit einem leichten Gewicht; oder irgendeine andere, die sie vorzog. Wieder verhielt sich der Versuchsleiter zurückhaltend: hauptsächlich zeichnete er die Tests und Bemerkungen der Versuchspersonen auf und stellte einige Fragen, wenn ihm etwas unklar war.
Es folgt das Protokoll eines Jugendlichen:

„DEI (16;10): „Sagen Sie mir zuerst (nach Versuchen), welche Faktoren mitspielen. — *Das Gewicht, das Material, die Länge des Stabes, vielleicht die Form.* — Können Sie das beweisen? — (Sie vergleicht die beiden Gewichte 200 und 300 g auf demselben Stab aus Stahl.) *Da: die Rolle, die das Gewicht des Männchens spielt, ist bewiesen. Über das Material weiß ich noch nichts.* — Nehmen Sie die Stäbe aus Stahl und aus Messing. — *Ich glaube, ich muß zwei Stäbe von gleicher Form nehmen. Um die Rolle des Metalls zu beweisen, vergleiche ich diese beiden* (Stahl und Messing, quadratisch, 50 cm lang und 16 mm^2 Querschnitt, 300 g Gewicht auf beiden) *oder diese beiden* (Stahl und Messing, rund, 50 und 22 cm lang und 16 mm^2 Querschnitt): *für die Länge verkürze ich diesen* (50 cm auf 22 cm verkürzt). *Für die Form* (= um die Rolle der Form zu beweisen) *vergleiche ich diese beiden* (Messing, rund und quadratisch, je 50 cm lang und 16 mm^2 Querschnitt). — Könnte man die Rolle der Form auch mit diesen beiden Stäben beweisen (Messing, rund und quadratisch, 50 cm lang, 16 und 7 mm^2 Querschnitt)? — *Nein, denn dieser Stab* (7 mm^2) *ist viel dünner.* — Und die Dicke? — *Ich vergleiche diese beiden* (Messing, rund, 50 cm lang, 16 und 7 mm^2 Querschnitt).“ [5]

Es dürfte aus dem Protokoll hervorgehen, daß der Jugendliche sein Vorgehen in hohem Maße systematisiert hat. DEI hielt es für möglich, daß mehrere Faktoren gemeinsam über die Biegsamkeit der Ruten entschieden. Eine Gewichts- oder Längenzunahme mochte zum Beispiel eine stärkere Biegung der Rute verursachen.
Um diese Hypothese zu überprüfen, verwendete der Jugendliche wieder die Methode, die darin besteht, zu einem gegebenen Zeitpunkt einen Faktor zu verändern und dabei die anderen konstant zu halten. Um zu

[5] A.a.O., S. 55.

Tabelle 6: Anordnung des Rutenexperimentes

	Länge	Gewicht	Biegung
1.	lang	schwer	?
2.	lang	leicht	?
3.	kurz	schwer	?
4.	kurz	leicht	?

sehen, welche Bedeutung das Gewicht hat, befestigte DEI zum Beispiel erst ein Gewicht von 200 Gramm und dann eins von 300 Gramm an *derselben Rute*. Weil es sich in beiden Fällen um dieselbe Rute handelte, wurden hier ganz offensichtlich die Faktoren Material, Länge usw. konstant gehalten, während nur der des Gewichtes verändert wurde.
Wir werden jetzt das Verfahren des Jünglings im einzelnen untersuchen. Der Einfachheit halber wollen wir annehmen, es gebe in unserem Problem nur zwei Faktoren, nämlich die Länge und das Gewicht. Tabelle 6 gibt das Verfahren des Jugendlichen für diesen Fall vollständig wieder. Sie zeigt, daß die Länge, wenn Schritt 1 mit Schritt 2 und Schritt 3 mit Schritt 4 verglichen wird, konstant gehalten und das Gewicht verändert wird. Wenn Schritt 1 mit Schritt 3 und Schritt 2 mit Schritt 4 verglichen wird, wird das Gewicht konstant gehalten und die Länge verändert. Das Verfahren sollte uns vertraut sein, weil es bereits im Pendelproblem angewendet wurde.
DEI beobachtete die in Tabelle 7 dargestellten Ergebnisse korrekt. Neben ihnen werden dort auch die *nicht* beobachteten Ergebnisse wiedergegeben.

Tabelle 7: Rutenexperiment

	Länge	Gewicht	Biegung
	Beobachtete Ergebnisse		
1.	lang	schwer	groß
2.	lang	leicht	groß
3.	kurz	schwer	groß
4.	kurz	leicht	klein
	Nicht-beobachtete Ergebnisse		
5.	lang	schwer	klein
6.	lang	leicht	klein
7.	kurz	schwer	klein
8.	kurz	leicht	groß

Zeile 2 besagt zum Beispiel, daß die Versuchsperson *tatsächlich* eine lange, leichte Rute beobachtet hat, die sich erheblich durchbog, und Zeile 5 besagt, daß die Versuchsperson nicht beobachtete, daß sich eine lange, schwere Rute nur wenig durchbog. Zuerst mögen die Resultate etwas verwirrend erscheinen. Die Zeilen 1 und 2 zeigen, daß sich lange Ruten weit durchbiegen. Aber Zeile 3 zeigt, daß auch kurze Ruten sich erheblich durchbiegen können. In ähnlicher Weise beweisen die Zeilen 1 und 3, daß sich schwere Ruten weit durchbiegen, doch die Zeile 2 gibt an, daß leichte Ruten ein gleiches tun. Vielleicht werden die Ergebnisse übersichtlicher, wenn wir ihre Bedeutung für jeden Faktor einzeln untersuchen. Tabelle 8 zeigt die Resultate für die Länge (wobei das Gewicht außer acht bleibt).

Tabelle 8: Länge und Biegung

	Länge	Biegung
	Beobachtete Ergebnisse	
1.	lang	groß
2.	kurz	groß
3.	kurz	klein
	Nicht-beobachtete Ergebnisse	
4.	lang	klein

Tabelle 9 zeigt dieselbe Ergebnisdarstellung für das Gewicht. Wiederum zeigt die Beobachtung schwerer Ruten, daß sie sich immer weit durchbiegen (und niemals nur ein wenig), während leichte Ruten sich entweder nur wenig oder auch weit durchbiegen können.

Tabelle 9: Gewicht und Biegung

	Gewicht	Biegung
	Beobachtete Ergebnisse	
1.	schwer	groß
2.	leicht	groß
3.	leicht	klein
	Nicht-beobachtete Ergebnisse	
4.	schwer	klein

Bevor wir fortfahren, wollen wir die Resultate wieder symbolisieren: Tabelle 10 stellt zuerst beide Fälle zusammen dar, die Länge und das Gewicht, und führt sie dann getrennt auf. p bedeutet die Länge, $\overline{p}$ die Kürze; q stellt das schwere Gewicht, $\overline{q}$ das leichte dar; r die große Bie-

Tabelle 10: Symbolisierung des Rutenexperimentes

	Länge	Gewicht	Biegung	Ergebnis
Länge und Gewicht gemeinsam				
1.	p	q	r	W
2.	p	$\bar{q}$	r	W
3.	$\bar{p}$	q	r	W
4.	$\bar{p}$	$\bar{q}$	$\bar{r}$	W
5.	p	q	$\bar{r}$	F
6.	p	$\bar{q}$	$\bar{r}$	F
7.	$\bar{p}$	q	$\bar{r}$	F
8.	$\bar{p}$	$\bar{q}$	r	F
Länge allein				
1.	p		r	W
2.	$\bar{p}$		r	W
3.	$\bar{p}$		$\bar{r}$	W
4.	p		$\bar{r}$	F
Gewicht allein				
1.		q	r	W
2.		$\bar{q}$	r	W
3.		$\bar{q}$	$\bar{r}$	W
4.		q	$\bar{r}$	F

gung und $\bar{r}$ die geringe Biegung; W steht für ein beobachtetes Resultat und F für ein nicht beobachtetes Resultat.

Zum Beispiel besagt Zeile 4 unter „Gewicht allein", daß die Versuchsperson nicht beobachtet hat, (F), daß eine schwere (q) Rute sich nur wenig ($\bar{r}$) durchgebogen hat.

Aus dem Muster, das durch die beobachteten und nicht-beobachteten Ergebnisse gebildet wird, zieht der Jugendliche die folgenden Schlüsse: Erstens ist die Länge eine Ursache dafür, daß die Rute sich biegt. Immer wenn eine Rute lang ist, biegt sie sich auch. Aber biegen sich nicht auch kurze Ruten (manchmal zumindest), und widerspricht dies nicht der Hypothese? Nach dem Urteil des Jugendlichen wird die Hypothese über die Ursache der Biegung dadurch jedoch nicht widerlegt. Wir haben es mit einem besonderend Ursachentypus — der hinreichenden Bedingung — zu tun. Im vorliegenden Falle ist eine lange Rute immer *hinreichend*, um die Biegung zu verursachen. Doch die Tatsache, daß die Rute sich auch manchmal biegt, wenn sie kurz ist, bedeutet, daß die Länge nicht der einzige Kausalfaktor ist. Die Länge ist also nicht *notwendig*, damit die Rute sich biegt. Auch andere Faktoren können dies bewirken. Zweitens schließt der Jugendliche, daß auch das Gewicht eine hinreichende Bedingung dafür ist, daß die Rute sich biegt. Immer wenn die Rute schwer ist, biegt sie sich. Aber wie in den Fällen, in denen sie kurz ist, biegt sie sich manchmal mit leichten Gewichten und manchmal nicht. Wieder hängt das Ergebnis davon ab, welche anderen Faktoren beteiligt sind. Der Jugendliche kommt also zu dem Schluß, daß sowohl die Länge wie das Gewicht *hinreichen*, die Biegung zu verursachen, obwohl keiner der beiden Faktoren eine *notwendige* Bedingung darstellt. In der Aussagenlogik würde man dieses Ergebnis eine „Implikation“ nennen und $p \supset r$, $q \supset r$ schreiben (lies: Länge impliziert Biegung, Gewicht impliziert Biegung).

Vielleicht können wir ein besseres Verständnis der Implikation dadurch erzielen, daß wir sie der reziproken Implikation (die im Pendelproblem zu beobachten war) gegenüberstellen. Tabelle 11 stellt sowohl die Beziehung der Implikation wie auch die (hypothetische) Beziehung der reziproken Implikation für die Länge im Rutenproblem dar.

Tabelle 11: Drei logische Beziehungen

	Länge	Biegung	Ergebnisse, die die Implikation darstellen	Hypothetische die reziproke Implikation darstellen	Ergebnisse, die die Tautologie darstellen
1.	p	r	W	W	W
2.	$\overline{p}$	r	W	F	W
3.	$\overline{p}$	$\overline{r}$	W	W	W
4.	p	$\overline{r}$	F	F	W

Die Spalte der Implikation bestätigt, was uns bereits bekannt ist, daß nämlich lange Ruten sich weit durchbiegen und kurze Ruten sich weit oder wenig durchbiegen können. Die Spalte der (hypothetischen) reziproken Implikation besagt, daß lange Ruten sich immer weit durchbiegen und daß kurze Ruten sich *immer* wenig durchbiegen. In diesem hypothetischen Fall bewirkt also nichts, außer der Länge, die Biegung. Aus der Tabelle dürfte hervorgehen, daß die reziproke Implikation und die Implikation sich nur hinsichtlich des Musters der Ws und Fs unterscheiden (der beobachteten und nicht beobachteten Ergebnisse). Wenn wir schließlich die letzte Spalte betrachten, sehen wir die Tautologie oder vollständige Bestätigung. Dieser hypothetische Fall besagt, daß alle möglichen Kombinationen der Länge und der Biegung beobachtet werden können. Eine lange Rute biegt sich sowohl wenig wie weit, desgleichen eine kurze Rute. Die Länge ist also offensichtlich irrelevant für die Biegung. Wir haben also die Fälle $p \supseteq r$ (reziproke Implikation), $p \supset r$ (Implikation) und $p * r$ (Tautologie) erörtert.

Die anderen binären Operationen

Bei unserem Vorhaben, zu beschreiben, welche Formen der Schlußfolgerungen im adoleszenten Verhalten angesichts verschiedener wissenschaftlicher Probleme auftreten, haben wir bisher drei logische Beziehungen behandelt: p $\underset{\subset}{\supset}$ r, p ⊃ r und p * r. Es gibt noch 13 weitere in Piagets System. Der ganze Satz heißt das *System der 16 binären Operationen.* Statt jede der 16 Operationen im einzelnen zu erörtern, wollen wir sie in ihrer Gesamtheit lediglich als Muster beobachteter und nicht-beobachteter Ergebnisse aufführen und nur auf wenige Operationen kurz eingehen. Nehmen wir wieder an, uns seien die Variablen der Länge (p) und Kürze ($\bar{p}$), großer Biegung (r) und geringer Biegung ($\bar{r}$) gegeben. Dann sind vier Kombinationen von p, $\bar{p}$, r und $\bar{r}$ möglich. Sie sind ganz links in Tabelle 12 abgebildet und entsprechen den vier möglichen Ergebnissen des Experimentes. Es ist denkbar, daß eine lange Rute (p) sich weit biegt (r) oder wenig ($\bar{r}$) und daß eine kurze Rute ($\bar{p}$) sich weit biegt (r) oder ein wenig ($\bar{r}$): dies sind die vier möglichen Ergebnisse eines empirischen Versuchs. Jedes der möglichen Ergebnisse kann beobachtet werden (W) oder nicht beobachtet werden (F). Es ist möglich, daß sie alle beobachtet werden oder daß nur einige beobachtet werden, während die anderen nicht beobachtet werden. Es lassen sich also für dieses Experiment viele Möglichkeiten beobachteter und nicht-beobachteter Resultate vorstellen. Tabelle 12 führt alle Weisen auf, nach denen sich die vier Ergebnisse beobachten oder nicht beobachten lassen. (Es versteht sich natürlich, daß wir statt p und r genauso a, b oder irgendwelche anderen Symbole wählen könnten und daß wir statt der Länge und der Biegung genauso das Gewicht und die Pendelfrequenz oder irgendwelche anderen Faktoren betrachten könnten: Tabelle 12 ist völlig allgemein.) Zum Beispiel besagt Spalte 2, daß wir, wenn wir das Experiment durchführten, beobachten könnten, daß Länge eine große Biegung verursache (p und r), und daß wir nicht beobachten könnten, daß die Länge eine geringe Biegung verursache (p und $\bar{r}$) und daß Kürze eine große Biegung ($\bar{p}$ und r) oder eine kleine Biegung ($\bar{p}$ und $\bar{r}$) verursachten.

Wir haben uns bereits vorher mit Teilen der Tabelle beschäftigt. Zum Beispiel haben wir im Zusammenhang mit dem Pendelproblem gesehen, daß das Muster der beobachteten und nicht-beobachteten Ergebnisse in Zeile 16 eine Tautologie ist oder p * r. Zeile 14 stellt die Implikation dar, p ⊃ r, und entspricht der Beziehung, die wir im Rutenexperiment erhalten. Zeile 8 stellt die reziproke Implikation dar, p $\underset{\subset}{\supset}$ r, die wir im Pendelproblem beobachten konnten. Die anderen Zeilen stellen analoge logische Operationen dar. Nehmen wir zum Beispiel an, wir erhielten

Tabelle 12: Die 16 binären Operationen

	Die vier möglichen Ergebnisse eines Experimentes			
	1.	2.	3.	4.
Länge	p	p	$\bar{p}$	$\bar{p}$
Biegung	r	$\bar{r}$	r	$\bar{r}$
Bezeichnung der Operation	Alle Weisen, in denen die vier möglichen Ergebnisse beobachtet werden und nicht beobachtet werden können*			
1. Negation	F	F	F	F
2. Konjunktion	W	F	F	F
3. Inverse Implikation	F	W	F	F
4. Das Inverse der konversen Implikation	F	F	W	F
5. Konjunktive Negation	F	F	F	W
6. Unabhängigkeit von p und r	W	W	F	F
7. Unabhängigkeit von r und p	W	F	W	F
8. Reziproke Implikation	W	F	F	W
9. Reziproke Exklusion	F	W	W	F
10. Inverse Unabhängigkeit von r und p	F	W	F	W
11. Inverse Unabhängigkeit von p und r	F	F	W	W
12. Disjunktion	W	W	W	F
13. Konverse Implikation	W	W	F	W
14. Implikation	W	F	W	W
15. Inkompatibilität	F	W	W	W
16. Tautologie	W	W	W	W

* Nur Nummer 14, die Implikation, wird tatsächlich im Falle der Ruten beobachtet. Die restlichen sind hypothetisch.

in einem Experiment die hypothetischen Resultate, die in Zeile 2 dargestellt werden. Dann besagt Spalte 1, daß beobachtet wurde (W), daß lange (p) Ruten sich weit biegen (r). Dagegen wurde nicht beobachtet (F), daß lange (p) Ruten sich wenig biegen ($\bar{r}$) und daß kurze ($\bar{p}$) Ruten sich wenig ($\bar{r}$) oder weit (r) biegen. Wir erfahren also aus diesem Experiment, daß lange Ruten sich weit biegen. Dieses Ergebnismuster wird „Konjunktion" genannt und $p \wedge r$ geschrieben. Es bedeutet lediglich, daß lange Ruten *und* große Biegung gemeinsam auftreten; die beiden stehen in der Beziehung der Konjunktion. Während diese Operation ein wenig unnatürlich im gegebenen Kontext der Ruten und der Biegung erscheint, gibt es viele andere Situationen, in denen die Konjunktion den Beobachtungen genauso entspricht, wie hier die Implikation.

Dies sind also die 16 binären Operationen. Wir haben gesehen, wie der Jüngling drei dieser Beziehungen verwendet, und haben kurz erörtert, welche Form die anderen haben. Wir wollen uns jetzt mit einer anderen Besonderheit des adoleszenten Denkens beschäftigen, der INRC-Gruppe.

Die INRC-Gruppe

Wir haben gesehen, wie der Jugendliche seine Schlüsse aus den beobachteten Resultaten eines Experimentes zieht. Diese Schlüsse können als logische Operationen dargestellt werden, wie zum Beispiel $p * q$ oder $p \supset q$. Bis hierher haben wir uns also mit den Verfahren beschäftigt, mittels derer Jugendliche aus den Resultaten eines Experimentes die logischen Beziehungen korrekt entwickeln, die zwischen den einzelnen Faktoren bestehen. Jede der 16 binären Operationen ist eine Beziehung dieses Typs. Diese logischen Relationen werden gewöhnlich „Junktoren" genannt, und dieser Terminologie wollen wir uns auch hier bedienen.
Um zu beschreiben, was der Jugendliche mit den Schlüssen beginnt, die er aus einem Experiment gewonnen hat, treibt Piaget die Analyse der Junktoren noch weiter. Dafür führt er ein anderes logisches Modell ein, die INRC-Gruppe. Wir werden sehen, daß die INRC-Gruppe ein Versuch ist, die Regeln genau zu beschreiben, die der Jugendliche beim Umgang mit den Junktoren oder bei ihrer Transformation anwendet. Es gibt vier solcher Regeln: Identität (I), Negation (N), Reziprozität (R) und Korrelativität (C — nach der französischen Schreibweise). Wir werden zwei dieser Regeln erörtern.

Reziprozität

Um R zu erklären, kehren wir zum Problem der sich biegenden Ruten zurück. Wir wollen uns daran erinnern, daß der Jugendliche, nachdem er das Experiment richtig entworfen hat (nämlich die Methode gewählt hat, in der alle Faktoren bis auf einen konstant gehalten werden) und nachdem er die Resultate korrekt beobachtet hat, zu dem Schluß kam, daß die Länge eine hinreichende Bedingung der Biegung sei ($p \supset r$), und daß auch das Gewicht eine hinreichende Bedingung der Biegung sei ($q \supset r$). Diese Feststellung können wir auch durch die Aussage wiedergeben, daß (1) eine lange Rute mit leichtem Gewicht sich biegen werde und daß (2) eine kurze Rute mit schwerem Gewicht sich biegen werde. Wenn wir uns der vereinbarten Symbole bedienen, können wir (1) durch $(p \wedge \bar{q}) \supset r$ darstellen und (2) durch $(\bar{p} \wedge q) \supset r$. Um diese Junktoren noch einmal zu formulieren — es besagt also $(p \wedge \bar{q})$ r, daß eine Rute, die lang (p) und ($\wedge$) leicht ($\bar{q}$) ist, impliziert ($\supset$), daß sie sich biegt (r). $(\bar{p} \wedge q) \supset r$ besagt, daß eine Rute, die kurz ($\bar{p}$) und ($\wedge$) schwer (q) ist, impliziert ($\supset$), daß sie sich biegt (r). Im Laufe seiner Experimente ist der Jugendliche also zu Schlüssen gekommen, die durch die beiden oben wiedergegebenen Junktoren beschrieben werden können. (Zu ähnlichen Schlüssen ist er auch hinsichtlich der anderen Faktoren gekommen, die in dem Experiment zu beobachten waren — Material, Querschnitt usw. —, aber wir wollen sie im Moment außer acht lassen.)

Nachdem der Jugendliche zu diesen Schlüssen gelangt ist, entdeckt er, daß bei jeder Rute ein Faktor den anderen *kompensiert.* (Wir erinnern uns daran, daß wir die Kompensation anläßlich der Erhaltung erörtert haben.) An der ersten Rute ist ein leichtes Gewicht befestigt, aber die Länge kompensiert diese Tatsache und bewirkt, daß die Rute sich biegt. Die zweite Rute ist kurz, aber das vermehrte Gewicht gleicht die Kürze aus und ruft die Biegung hervor. Wir können den Sachverhalt auch anders betrachten: Nehmen wir an, wir beobachteten, daß eine Rute bei einem gegebenen Gewicht und einer gegebenen Länge sich in einem bestimmten Maße biegt. Denken wir uns weiterhin, wir wollten das Maß der Biegung genau erhalten, dabei aber die Länge verkürzen. Dazu müßten wir das Gewicht erhöhen. Wir kompensieren also eine Verminderung der Länge durch eine äquivalente Erhöhung des Gewichtes. Oder wir müßten umgekehrt, wenn wir das Gewicht vermindern und gleichzeitig den Biegungsgrad erhalten wollten, die Länge vergrößern.

Der Jugendliche ist also jetzt zu bestimmten Schlüssen über die Faktoren gelangt, die die Biegung jeder Rute verursachen, und hat festgestellt — wiederum für jede Rute einzeln —, daß ein Faktor den anderen kompensieren kann, wenn es gilt, einen bestimmten Biegungsgrad einer Rute zu erhalten. Bei der einen Rute ersetzt die Länge das Gewicht ($[p \wedge \bar{q}] \supset r$) und bei der zweiten Rute das Gewicht die Länge ($[\bar{p} \wedge q] \supset r$).

Anschließend sieht der Jugendliche eine gewisse Beziehung zwischen den Kompensationen, die sich auf die Ruten auswirken: Damit bringt er die Reziprozität ins Spiel. Weil er die separat gewonnenen Schlußfolgerungen über jede der Ruten miteinander verbindet, bemerkt er, daß die Kompensation bei der anderen reziprok ist. Während bei der einen Rute die Länge das Gewicht ersetzt, findet der reziproke Vorgang (das Gewicht ersetzt die Länge) bei der anderen Rute statt.

Wieder stellt Piaget die adoleszenten Schlußfolgerungen in logischen Symbolen dar. Wir erinnern uns daran, daß die Junktoren, die die ersten adoleszenten Schlußfolgerungen beschreiben sollten, $(p \wedge \bar{q}) \supset r$ und $(\bar{p} \wedge q) \supset r$ lauteten. Jetzt können wir, um zu beschreiben, wie der

Jugendliche die Beziehungen *zwischen* diesen Schlußfolgerungen versteht, schreiben $(p \wedge \overline{q}) = R (\overline{p} \wedge q)$, was heißt, daß eine lange, leichte Rute einer kurzen, schweren reziprok (R) ist. Wir haben also gesehen, wie zwei separate Funktionen, $(p \wedge \overline{q})$ und $(\overline{p} \wedge q)$ mit Hilfe einer Operation der INRC-Gruppe, nämlich R oder der Reziprozität, zueinander in Beziehung gesetzt werden. Dies soll beschreiben, wie der Jugendliche Beziehungen zwischen seinen Schlußfolgerungen wahrnimmt.

Negation

Um die Regel N zu erklären, müssen wir die folgende Studie erörtern. Piaget stellte seine Versuchspersonen vor ein anderes Problem aus der Physik. Ihnen wurde eine Anlage gezeigt, die mittels einer Federvorrichtung jeweils einen Ball über eine horizontale Bahn schleuderte. Die Bälle hatten verschiedene Gewichte und Volumina. Die Versuchspersonen sollten voraussagen, an welcher Stelle der Bahn die Bälle zum Stillstand kommen würden. Zusätzlich wurden sie aufgefordert, die Ergebnisse zu erklären. In besonderem Maße war Piaget daran interessiert, zu erfahren, ob die Versuchspersonen das Trägheitsprinzip entdecken würden, welches im wesentlichen besagt, daß der Ball, wenn keine Faktoren seine Bewegung hemmen, für immer eine gleichförmige, geradlinige Bewegung beibehält, daß er sich also mit derselben Geschwindigkeit fortbewegen wird. Natürlich enthalten die normalen Bedingungen immer mehrere Faktoren, die die Bewegung hemmen. Die Reibung läßt den Ball proportional zu seinem Gewicht langsamer werden. Der Luftwiderstand läßt ihn proportional zu seinem Volumen langsamer werden. Und neben weiteren Faktoren verlangsamen auch die Unregelmäßigkeiten der Bahn die Bewegung. Wegen dieser einander überlagernden Faktoren läßt sich die Operation der Trägheit niemals unverzerrt beobachten. Weil also in der realen Experimentalsituation immer und unvermeidbar Hemmungen wie Reibung oder Luftwiderstand wirksam sind, ist es unmöglich, die andauernde, gleichförmige und geradlinige Bewegung zu beobachten. Die Erhaltung der Bewegung durch die Trägheit ist eine theoretische Möglichkeit und nicht ein empirisches Phänomen. Piaget ist an dem Problem interessiert, wie die Versuchsperson ein ideales Prinzip entdeckt, das sich nicht beobachten läßt.

Der Jugendliche nimmt das Problem auf systematische Weise in Angriff. Wie wir bereits mehrfach gesehen haben, plant er sorgfältig eine Reihe von Experimenten und bedient sich der Methode, alle Faktoren bis auf einen konstant zu halten. Da wir diesen Sachverhalt bereits erörtert haben, wollen wir es nicht noch einmal tun. Seine Beobachtungen erlauben dem Jugendlichen, einige stichhaltige Feststellungen zu treffen, die das Verhalten des Balles auf der horizontalen Ebene betreffen. DEV (14;6) schließt zum Beispiel, daß ein Ball „zum Stillstand kam, weil die Luft Widerstand leistete ... je größer sie sind, um so stärker der Luftwiderstand“.[6] Ihm und anderen Jugendlichen gelingt es, auch zusätzliche Faktoren zu ermitteln, so zum Beispiel, daß die Reibung den Ball stoppt. Daraus können wir schließen, daß die Jugendlichen, wenn sie die experimentellen Verfahren verwenden, die wir bereits beschrieben haben, in der Lage sind, zu legitimen kausalen Feststellungen über die Kräfte zu kommen, die die Bewegung des Balles hemmen.

Wiederum beschreibt Piaget die Schlußfolgerungen des Jugendlichen mittels Aussagenlogik. Indem er p = der Stillstand des Balles, q = Reibung vorhanden und r = Luftwiderstand vorhanden setzt, schreibt er $p \supset q$ (lies: Stillstand impliziert Reibung) und $p \supset r$ (Stillstand impliziert Luftwiderstand). Die Junktoren können zusammengefaßt werden zu $p \supset (q \vee r)$, wobei „$\vee$“ für „oder“ steht. Außerdem kann der Junktor erweitert werden zu $p \supset (q \vee r \vee s \vee t \vee \ldots)$, wobei s, t und ... eine unendliche Zahl anderer Faktoren bezeichnen. Soweit offenbart das adoleszente Denken also lediglich einige der 16 binären Junktoren, wiederum einen Sachverhalt, den wir bereits erörtert haben.

Der nächste Schritt verdient dagegen unser besonderes Interesse. Nachdem sie zu einem Schluß gekommen ist, der sich durch den Junktor $p \supset (q \vee r \vee s \vee t \vee \ldots)$ beschreiben läßt, „fragt sich die Versuchsperson, was das Ergebnis der Negation all dieser Faktoren wäre, und kommt zu dem Ergebnis, daß diese Negation eine korrespondierende Negation der Verlangsamung impliziere. Dieser Aussage ist die Behauptung der andauernden Bewegung äquivalent:

$$\bar{q} \cdot \bar{r} \cdot \bar{s} \cdot \bar{t} \ldots \supset \bar{p}.\text{“}$$[7]

Der Jugendliche beginnt also mit Schlußfolgerungen, die sich auf den Stillstand der Bewegung beziehen. Die Schlußfolgerungen können mit Hilfe des Junktors $p \supset (q \vee r \vee s \vee t \vee \ldots)$ beschrieben werden, der bedeutet, daß Stillstand Reibung impliziert usw. Darauf transformiert der Jugendliche den ursprünglichen Junktor durch die Operation der Negation N, die zur INRC-Gruppe gehört. Das Resultat dieser Negation ist ein neuer Junktor, nämlich $\bar{q} \wedge \bar{r} \wedge \bar{s} \wedge \bar{t} \ldots \supset \bar{p}$. Der neue Junktor drückt das Trägheitsprinzip aus und besagt, daß die Abwesenheit der

[6] A.a.O., S. 115.

[7] A.a.O., S. 116. Anm. d. Ü.: Piaget verwendet „.“ wie wir „$\wedge$“ verwenden. Beides bedeutet „und“.

Reibung ($\bar{q}$) und ($\wedge$) die Abwesenheit des Luftwiderstands ($\bar{r}$) und ($\wedge$) die Abwesenheit aller anderen hemmenden Faktoren ($\bar{s}$ $\bar{t}$ ...) die Abwesenheit des Stillstands ($\bar{p}$) implizieren ($\supset$). Weil die genauen logischen Regeln für die Anwendung der Negation ziemlich komplex sind, werden wir sie hier nicht erörtern. Uns kommt es darauf an, daß der Jugendliche bestimmte Regeln verwendet hat, um die ursprüngliche Schlußfolgerung in eine andere zu verwandeln. Diese Transformation ermöglicht ihm, das Trägheitsprinzip zu entdecken, das er im gegenständlichen Bereich nicht beobachten kann. Ohne die ursprüngliche Schlußfolgerung zu verändern und ohne auf diese Weise die Evidenz zu überschreiten, die die Realität liefert (die Faktoren, die für den Stillstand verantwortlich sind), könnte der Jugendliche zur Aussage des idealen Zustands (des Trägheitsprinzips) gelangen. Seine geistigen Operationen, seine Schlußfolgerungen — und nicht seine Beobachtungen — erlauben dem Jugendlichen also, die ideale Möglichkeit zu entdecken. Die Operation N stellt einfach den Versuch Piagets dar, zu beschreiben, *wie* der Jugendliche die ursprünglichen Schlußfolgerungen verändert, um sie zu überwinden.

Weitere Gesichtspunkte der INRC-Gruppe

Wir haben bis hierhin zwei Regeln der INRC-Gruppe erörtert: die Negation und die Reziprozität. Wie wir bei der Erörterung der Erhaltung in Kapitel vier sahen, sind Negation und Reziprozität beide Erscheinungsformen der *Reversibilität,* sind also Möglichkeiten, die Denkoperationen zu reversieren. Selbstverständlich unterscheidet sich die Reversibilität auf der Stufe der formalen Operationen von der auf der Stufe der konkreten Operationen. Hier können Operationen reversiert werden, die mit konkreten Objekten vorgenommen werden, dort Operationen, die mit hypothetischen Sätzen (Junktoren) vorgenommen werden. Anschließend erörtert Piaget zwei weitere Operationen der INRC-Gruppe, I und C, die wir hier nur erwähnen wollen. I ist neutral: Wenn man sie auf einen Junktor anwendet, verändert man diesen dadurch nicht. C ist komplexer. Wenn C auf einen Junktor angewendet wird, verändert sie eine Konjunktion ($\wedge$) in eine Disjunktion ($\vee$) und umgekehrt, während sie alles andere nicht verändert.

Die logischen Modelle

Wir könnten noch weitere Aspekte der logischen Strukturen oder Modelle beschreiben. Piagets Ausführungen sind umfangreich und schwierig, vor allem auch in terminologischer Hinsicht. Piaget hat die Tendenz, die logischen Züge seines Modells sehr weit auszuführen. Er betont zum Beispiel die *Gitter*-Eigenschaften der 16 binären Operationen und die Tatsache, daß die INRC-Operationen eine *Gruppe* von vier Transformationen bilden. Wir wollen diese logisch-mathematischen Eigenschaften des Modells nicht erörtern, weil ihre angemessene Darstellung dem Leser weit mehr mathematische Vorkenntnisse abverlangen würde, als wir in diesem Buch voraussetzen. (Um beispielsweise ein Gitter zu definieren, müßten wir die Begriffe des *partiell geordneten Satzes*, der *Relation* und andere mehr einführen.) Statt dessen wollen wir uns mit einigen generellen Anmerkungen zu Piagets Modellen begnügen.

Erstens sollen die 16 binären Operationen und die INRC-Gruppe ebensowenig wie die Gruppierungen, die wir anläßlich des Denkens auf der Stufe der konkreten Operationen erörtert haben, implizieren, daß der Jugendliche die logischen Beziehungen explizit verstünde, sondern sie sollen die Struktur seines Denkens abbilden.

Zweitens sind die logischen Modelle qualitativer, nicht quantitativer Natur. Der Jugendliche kommt zu Schlüssen wie zum Beispiel „die Länge spielt bei der Pendelfrequenz eine Rolle“ oder „ein geringer Durchmesser bewirkt, daß Ruten sich biegen“. Seine Schlüsse sind Aussagen, die keine Zahlen enthalten. Das Modell der Aussagen darf folglich ebenfalls nicht numerisch sein. Weder die 16 binären Operationen noch die INRC-Gruppe enthalten Zahlen. Zum Beispiel könnte eine Implikationsaussage sein, daß „die Erhöhung des Gewichtes eine Biegung verursacht“. Eine Implikation ließe sich nicht ausdrücken durch eine Aussage wie zum Beispiel: „Wenn fünf Pfund hinzugefügt werden, bewirkt dies, daß sich die Rute um 10 cm weiter durchbiegt.“

Drittens sollen die logischen Modelle die Struktur des adoleszenten Verhaltens beschreiben. Nun sind die Modelle nicht eine exakte und in alle Einzelheiten gehende Wiedergabe der Leistung des Jugendlichen. Die Modelle sind nicht etwa Protokolle, die alles aufführen, was der Jugendliche tut, sondern Abstraktionen, die das Wesen seines Denkens erfassen sollen. In einer Untersuchung wurden die Jugendlichen zum Beispiel aufgefordert, die Faktoren zu ermitteln, die dafür verantwortlich waren, daß eine Art Roulettrad zum Stillstand kam. Die Versuchspersonen führten gewisse Experimente durch und machten eine Anzahl verbaler Aussagen. Während die Einzelheiten der Untersuchung im Moment ohne Interesse für uns sind, werden wir eines der Protokolle teilweise erörtern, um zu zeigen, welche Funktion Piaget der Logik zuweist:

„In den oben zitierten Aussagen kann man unterscheiden:

1. Die Disjunktion $(p \vee q) = (p \cdot q) \vee (p \cdot q) \vee (p \cdot q)$: es ist entweder die Entfernung oder der Inhalt (oder beide zusammen).
2. Das Inverse, die damit verbundene Negation $(p \cdot q)$: indem man die Stellung der Schachteln verändert, beweist man, daß es weder das Gewicht noch die Farbe ist.
3. Die Konjunktion $(p \cdot q)$: Inhalt und Entfernung haben beide einen Einfluß.
4. Das Inverse, die Unverträglichkeit $(p/q) = (p \cdot q) \vee (p \cdot q) \vee (p \cdot q)$: die Wirkung des Magneten ist unvereinbar mit der Entfernung, denn man beobachtet nur Anhalten ohne Entfernung, Entfernung ohne Anhalten oder weder das eine noch das andere.“[8]

Piaget fährt mit der Aufzählung noch um 12 weitere Schritte fort. Halten wir fest, daß fast allem, was der Jugendliche sagt oder tut, eine logische Repräsentation entspricht. Piaget ist in der Lage, beinahe das ganze Protokoll in logische Form zu überführen. Solche logischen Repräsentationen haben den Vorteil, daß sie die Grundlagen des adoleszenten Verhaltens in einer *allgemeinen Form* beschreiben. Die logischen Aussagen gehen über die Einzelheiten des besonderen Problems hinaus und beschreiben fundamentale intellektuelle Fähigkeiten, deren sich der Jugendliche in vielen Situationen bedient.

Viertens ist sowohl das System der binären Operationen wie die INRC-Gruppe — und auch darin gleichen sie den Gruppierungen — ein integriertes System. Nach Piaget kommt keine der 16 binären Operationen, genausowenig wie eine aus der INRC-Gruppe, isoliert von den anderen vor. Eine Operation wie zum Beispiel die Implikation tritt nicht alleine auf, sondern ist Teil eines größeren Systems, das die Implikation und andere Operationen erst möglich macht.

Fünftens beschreiben die formalen Operationen, wie die Gruppierungen sie darstellen, die *Kompetenz* des Jugendlichen. Sowohl die 16 binären Operationen wie die INRC-Gruppe beschreiben die Möglichkeiten des Jugendlichen und nicht unbedingt, was er bei einer bestimmten Gelegenheit zu einem bestimmten Zeitpunkt tut. Es ist zum Beispiel möglich, daß Faktoren wie Ermüdung und Unlust den Jugendlichen daran hindern, seine Möglichkeiten ganz zu entfalten. Die Modelle beschreiben nicht die aktuelle Performanz, die unzulänglich sein mag, sondern definieren das höchste Leistungsniveau des Jugendlichen.

Sechstens dürfen wir feststellen, daß die Modelle das Verhalten erklären und vorhersagen. Sie erklären das Verhalten, insofern sie die entscheiden-

[8] A.a.O., S. 92.

den Prozesse beschreiben, die dem Verfahren zugrundeliegen, das der Jüngling wählt, wenn er ein bestimmtes Problem in Angriff nimmt. Der Jugendliche löst dieses Problem also, *weil* sein Denken sich auf die logischen Operationen der Implikation, der Negation oder andere stützen kann. Solch eine strukturelle Beschreibung ist eine Form der Erklärung. Eine andere Form ist die Prognose, insofern die Modelle allgemein sind. Dies bedeutet, daß wir, wenn wir die grundlegenden Strukturen seines intellektuellen Verhaltens kennen, in allgemeiner Form vorhersagen können, wie er andere ähnliche Aufgaben bewältigen wird. Weil die Modelle das Wesen seines Denkens beschreiben, können wir vorhersagen, wie er Probleme in Angriff nehmen wird, die in formaler Hinsicht jenen ähneln, vor die Piaget ihn stellte.

Dies sind also die Ziele, die Piaget mit seiner Theorie verfolgt, nämlich formale Systeme zu entwickeln, die eindeutig und allgemein sind und die eine adäquate Beschreibung darstellen. Nun ist es möglich, zu erörtern, mit welchem Erfolg Piagets Modelle seinen erklärten Absichten gerecht werden. Leider ist ein Urteil dieser Art keine einfache Angelegenheit. Einerseits können die Modelle in gewisser Hinsicht zufriedenstellen, in anderer dagegen versagen. Andererseits sind beträchtliche Kenntnisse in der Logik vonnöten, um das System einer gerechten Würdigung zu unterziehen. Und schließlich ist kein Modell jemals endgültig. Es ist immer möglich, ein gegebenes Modell zu revidieren, es in einer anderen Sprache darzustellen, bestimmte Eigenschaften zu modifizieren und anderes mehr. Tatsächlich ist Piaget derzeit damit beschäftigt, sein Modell auszuarbeiten. Deshalb wollen wir unseren Kommentar auf einen einzigen Punkt beschränken.

Es ist noch nicht unstrittig bewiesen, daß ein binäres Modell angemessen ist. (In einem binären Modell sind nur Aussagen zugelassen, die zwei Werte einbeziehen, zum Beispiel, die Rute ist lang oder kurz, bzw. schwer oder leicht.) Piaget vertritt, wie wir uns erinnern, die Meinung, einer der Vorteile der binären Aussagenlogik sei, daß sie mit nicht-numerischen Aussagen umgehen könne. Obwohl diese Eigenschaft des Modells ohne Zweifel oft von Vorteil ist, gibt es Fälle, die anders liegen. Manchmal fallen die Verfahren und Schlußfolgerungen des Jugendlichen nicht so ausschließlich binär aus, wie Piaget sie beschreibt. PEY (12;9) schloß im Rutenproblem: „Je größer und dicker sie ist, desto mehr Widerstand leistet sie.“ [9] Halten wir fest, daß PEY sich nicht nur mit großen und kleinen Ruten beschäftigte, wie es die Aussagenlogik verlangt, sondern mit einem ganzen Größenkontinuum. Dasselbe trifft für

[9] A.a.O., S. 52.

den Durchmesser und den Widerstand zu. Die Schlußfolgerung bezieht sich also auf Ruten in *allen* möglichen Abstufungen der Größe und des Durchmessers. PEYs Aussage ist folglich nicht nur auf zwei Werte (kurz und lang) eines jeden Faktors beschränkt. Oder betrachten wir, wie EME sich im Pendelproblem verhält. Um die Rolle des Gewichtes zu bestimmen, untersuchte sie zuerst ein Gewicht von 100 Gramm, dann eins von 20 Gramm und schließlich eins von 200 Gramm. Das Gewicht nimmt also nicht nur die beiden Werte schwer und leicht an, wie es müßte, um der binären Aussagenlogik zu entsprechen, sondern umfaßt eine Skala mit drei unterschiedlichen Werten. Es wäre also notwendig, das Modell zu ändern, um es in größere Übereinstimmung mit Daten dieser Art zu bringen[10].

Allgemeine Merkmale des adoleszenten Denkens

Wir haben die Problemlösungsverfahren des Jugendlichen sehr ausführlich erörtert und einige Gesichtspunkte der 16 binären Operationen und der INCR-Gruppe aufgezeigt. Piaget will damit nicht behaupten, der Jugendliche wende auf der Stufe der formalen Operationen immer Operationen der beschriebenen Art an. Verschiedene Faktoren können ihn daran hindern. Unter Umständen sind es Ermüdung oder Unlust, die die intellektuellen Möglichkeiten des Jugendlichen beeinträchtigen. Piagets Modell der formalen Operationen (und auch der konkreten Operationen) beschreibt die höchste Funktionsebene des adoleszenten Denkens und nicht unbedingt seine typische Performanz.

Es gibt einige generelle Formen, die Piaget verwendet, um das adoleszente Denken zu beschreiben. Einmal gibt der Jugendliche der Möglichkeit den Vorrang gegenüber der Wirklichkeit. Um dies zu verstehen, wollen wir zuerst das Verhalten des kleineren Kindes auf der Stufe der konkreten Operationen betrachten. Wenn es das Pendelproblem lösen soll, führt es verschiedene Experimente durch und beobachtet die Ergebnisse sehr sorgfältig. Es schätzt den Sachverhalt, daß kurze Pendel schneller als lange schwingen, völlig richtig ein. Beim Rutenproblem kann es sehr genau entscheiden, daß die Rute A sich weiter biegt als die Rute B, daß diese sich weiter biegt als Rute C und kann Entsprechendes bei den übrigen Ruten bestimmen. Um sein Problem zu lösen, führt das

---

[10] Leser, die sich für eine Kritik des Modells unter logischen Gesichtspunkten interessieren, sollten unbedingt die scharfsinnige Arbeit von C. Parsons, einem Logiker, zu Rate ziehen: C. Parsons, Inhelder and Piaget's „The Growth of Logical Thinking", in: British Journal of Psychology, 1960, *51*, S. 75—84.

Kind die konkreten Operationen also mit großer Effizienz aus, so zum Beispiel, wenn es die Ruten nach ihrem Biegungsgrad ordnet. Aber sein Verfahren enthält einige schwerwiegende Unzulänglichkeiten. Es beginnt seine Experimente nicht sehr umsichtig und verfügt über keinen detaillierten Plan, um sie durchzuführen. Auf der Stufe der konkreten Operationen berücksichtigt das Kind nicht schon zu Anfang eines Experimentes alle Möglichkeiten, sondern ist darauf angewiesen, mit empirischen Ergebnissen zu arbeiten und mit den Dingen, die der Wahrnehmung unmittelbar zugänglich sind. Es gelingt ihm nicht, durchgehend das Verfahren anzuwenden, in dem alle Faktoren bis auf einen konstant gehalten werden. Der Möglichkeit mißt es nur untergeordnete Bedeutung bei. Es berücksichtigt sie nur, um das Ende einer bereits begonnenen Handlung einzuplanen. Wenn das Kind zum Beispiel einen Satz Ruten entsprechend dem Ausmaß ihrer Biegung angeordnet hat, könnte es, wenn man ihm einige neue Ruten geben würde, auch diesen die korrekte Position in der Serie zuweisen. Auf der Stufe der konkreten Operationen berücksichtigt das Kind die Möglichkeiten nicht auf einer theoretischen Ebene, arbeitet dafür aber sehr effizient mit den konkreten und realen Dingen und hat die Möglichkeit, auch auf neue Dinge anzuwenden, was es an bekannten erprobt hat.

Beim Jugendlichen dagegen hat das Mögliche gegenüber der Realität den Vorrang. Wenn man ihn vor ein wissenschaftliches Problem stellt, beginnt er nicht damit, die empirischen Ergebnisse zu beobachten, sondern damit, sich zu überlegen, welche Möglichkeiten der Situation innewohnen. Er stellt sich vor, daß sich viele Dinge ereignen *könnten*, daß man die Daten auf verschiedene Weise deuten *könnte* und daß das Ereignis, das tatsächlich eingetreten ist, nur eine der vielen möglichen Alternativen darstellt. Erst nachdem er eine hypothetische Analyse solcher Art beendet hat, geht er daran, sich empirische Daten zu verschaffen, die geeignet sind, diese Hypothese zu bestätigen oder zu verwerfen. Außerdem gründet er seine Experimente auf die Deduktionen, die er aus seinen Hypothesen ableitet. Er ist nicht gebunden an das, was er beobachtet. Im Pendelproblem könnte er zum Beispiel vermuten, daß die Länge ein Kausalfaktor ist, und von dort aus deduzieren, was eintreten müßte, wenn diese Hypothese wahr wäre. Das Experiment soll dann dazu dienen, die Deduktion zu überprüfen. Das Denken des Jugendlichen ist also im Unterschied zu dem auf der Stufe der konkreten Operationen hypothetisch-deduktiv.

Das zweite Kennzeichen der formalen Operationen ist ihre „kombinatorische“ Eigenschaft. Um des Kontrastes willen wollen wir uns noch einmal an das Verhalten des Kindes auf der Stufe der konkreten Operationen erinnern. Wenn das Kind auf dieser Stufe zwischen mehreren Faktoren wählen muß, die das Ergebnis eines Experimentes beeinflussen könnten, untersucht es gewöhnlich jeden von ihnen für sich, versäumt aber, ihre möglichen Kombinationen zu berücksichtigen. Der Jugendliche dagegen, dem zum Beispiel die Aufgabe gestellt wird, mittels eines Gemisches von fünf chemischen Substanzen die Farbe Gelb herzustellen, kombiniert sie auf jede mögliche Weise. Er mischt eine mit zweien, eine mit dreien, eine mit vieren und fährt fort, bis er alle Kombinationen realisiert hat. Hier zeigt sich also wiederum, daß das Mögliche mehr Bedeutung für den Jugendlichen hat als seine Erfahrungen mit der Realität. Wenn der Jugendliche nicht, anders als das Kind auf der Stufe der konkreten Operationen, zuvor alle Möglichkeiten bedacht hätte, hätte er nur einen sehr viel begrenzteren Satz von Experimentalsituationen entwerfen können.

Wir können also feststellen, daß das adoleszente Denken sich in einem wesentlich verbesserten Gleichgewichtszustand befindet. Dies bedeutet unter anderem, daß die kognitiven Strukturen des Jugendlichen einen Entwicklungsstand erreicht haben, wo sie sich mit Erfolg den verschiedensten Problemen anpassen können. Diese Strukturen sind stabil genug, eine Vielzahl neuer Situationen vollständig zu assimilieren, so daß der Jugendliche seine Strukturen diesen Problemen nicht tiefgreifend akkommodieren muß. Andererseits bedeutet dies aber natürlich nicht, daß das intellektuelle Wachstum des Jugendlichen mit 16 Jahren endet. Er hat noch auf vielen Gebieten viel zu lernen. Piaget verkennt es nicht, behauptet aber, daß die Denkweisen des Individuums, seine kognitiven Strukturen also, am Ende der Adoleszenz ihre im wesentlichen endgültige Gestalt angenommen hätten. Obwohl diese Strukturen, wenn sie auf neue Probleme angewendet werden, wichtige Erkenntnisse verschaffen können, erleiden sie selbst nur sehr geringfügige Veränderungen nach dem Ende der Adoleszenz. Sie haben ein hohes Maß an Gleichgewicht erreicht.

Das adoleszente Denken zeichnet sich noch durch eine Reihe anderer Merkmale aus. Erstens ist es flexibel. Der Jugendliche verfügt über eine große Zahl kognitiver Operationen, mit deren Hilfe er Probleme zu lösen versucht. Wenn er zu einigen vorläufigen Aussagen gekommen ist, kann er sie mittels der INRC-Gruppe weiter verwenden und auf diese Weise endgültige Schlußfolgerungen gewinnen. Diese Fähigkeit geht dem Kind auf der Stufe der konkreten Operationen völlig ab. Der Jugendliche verfügt also über bewegliche Denkprozesse und kann ein Problem auf verschiedene Weisen und unter verschiedenen Gesichtspunkten behandeln. Zweitens dürfte der Jugendliche kaum durch ungewöhnliche Ergebnisse zu verwirren sein, weil er zuvor alle Möglichkeiten bedacht hat. Im Pendelproblem würde es zum Beispiel keine Überraschung für den Jugendlichen bedeuten, wenn sich herausstellen würde, daß der entscheidende Faktor der Pendelfrequenz die Kombination von Gewicht und Länge wäre, während jeder der Faktoren allein ohne Wirkung bliebe. Das Ergebnis würde nur eine der vorher in Betracht gezogenen Möglichkeiten bedeuten. Dem kleineren Kind dagegen würde das Ergebnis möglicherweise widersprüchlich und unverständlich erscheinen, weil es den einfachen Beziehungen widerspricht, die es sich vorstellen kann. Drittens ist das adoleszente Denken jetzt gleichzeitig auf zwei verschiedene Weisen reversibel[11]. Der Jugendliche hat die Operationen N und R zur Verfügung, deren jede eine Form der Reversibilität darstellt. In einer weniger strengen Ausdrucksweise heißt dies, daß sein Denken eine bestimmte Richtung nehmen und dann mittels verschiedener Methoden seine Schritte bis zum Ausgangspunkt zurückverfolgen kann.

Die Wirkung der intellektuellen Errungenschaften des Jugendlichen ist nicht auf das Gebiet der wissenschaftlichen Problemlösung beschränkt. Piaget entdeckt die Auswirkungen des formalen Denkens auf verschiedenen Gebieten der adoleszenten Lebenspraxis, obgleich seine Bemerkungen wahrscheinlich eher für die kulturellen Bedingungen Europas als Amerikas zutreffen. Auf intellektuellem Gebiet zeigt der Jugendliche die Neigung, sich mit abstrakten und theoretischen Dingen zu beschäftigen. Er entwickelt ausführliche Theorien oder erfindet schwierige philosophische Doktrinen. Er entwickelt Pläne für die vollständige Reorganisation der Gesellschaft oder überläßt sich metaphysischen Spekulationen. Kaum hat er die Fähigkeit des abstrakten Denkens entdeckt, macht er rückhaltlos von ihr Gebrauch. Tatsächlich verliert der Jugendliche, während er seine neuen Fähigkeiten erprobt, manchmal den Kontakt mit der Realität und glaubt, er könne alles nur durch das Denken verrichten. Auf emotionalem Gebiet ist der Jugendliche jetzt in der Lage, seine Empfindungen auch an abstrakte Ideale und nicht nur an Menschen zu heften. Während er früher seine Mutter lieben oder einen Kameraden hassen konnte, liebt er nun die Freiheit oder haßt die Ausbeutung. Der Jugendliche hat eine neue Lebensweise entwickelt: Das Mögliche und das Ideal haben sich sowohl seines Verstandes wie auch seines Gefühls bemächtigt.

---

[11] Auch das Kind auf der Stufe der konkreten Operationen hat die beiden Formen der Reversibilität zur Verfügung, aber sie sind nicht in ein System integriert. Die Negation erfaßt nur Klassen, die Reziprozität nur Relationen. Vgl. Die Entwicklung der elementaren logischen Strukturen, Teil I, Kap. V.

Wir können uns fragen, wie die Stufe der formalen Operationen erreicht wird. Warum überwindet das Kind die Stufe der konkreten Operationen und erreicht einen weiter entwickelten Gleichgewichtszustand? Piaget läßt sich nicht sehr ausführlich über diese Frage aus und deutet nur an, wie die Äquilibrationstheorie auf die Adoleszenz anzuwenden ist. Erstens vertritt er die Auffassung, die Entwicklung des Nervensystems während der Pubertät schaffe die Grundlage dafür, daß die formalen Operationen auftreten können. Aber die Veränderung des Nervensystems ist keine ausreichende Erklärung: Es gibt Gesellschaften, deren Mitglieder nicht über formale Operationen verfügen, bei denen aber wahrscheinlich das Nervensystem den hierfür erforderlichen Entwicklungsstand aufweist. Zweitens behauptet Piaget, daß auch die soziale Umwelt eine Rolle spiele. Die schulische Erziehung oder andere Unterweisung könne die Entwicklung der formalen Strukturen beschleunigen oder verzögern. Sicherlich trifft zu, daß das allgemeine intellektuelle Niveau einer bestimmten Gesellschaft die kognitive Entwicklung ihrer Mitglieder beeinflußt. Aber auch die soziale Umwelt liefert keine hinreichende Erklärung. Man kann einem fünfjährigen Kind keine formalen Operationen beibringen; dazu muß das Individuum bereit sein, und das ist es nur, wenn es die dazu notwendigen kognitiven Strukturen ausgebildet hat. Wenn ein Vierjähriger und ein Vierzehnjähriger dieselben Erfahrungen machen, werden beide nicht denselben Nutzen daraus ziehen. Viertens und letztlich kommen den Eigenaktivitäten des Kindes große Bedeutung für seine Entwicklung zu. Dies ist der Äquilibrationsfaktor, den wir in Kapitel vier erörtert haben. Wenn das Kind auf der Stufe der konkreten Operationen versucht, seine intellektuellen Methoden in komplexen Situationen anzuwenden (zum Beispiel bei den wissenschaftlichen Problemen, die wir bereits behandelt haben), kommt es häufig zu widersprüchlichen Ergebnissen und zu Mißerfolgen. Daraufhin versucht es die Widersprüche aufzulösen, indem es die konkreten Operationen reorganisiert. Die Veränderung beginnt mit dem Gefühl, daß der gegenwärtige Zustand inadäquat sei, und vollzieht sich dann in einem Prozeß innerer Reorganisation.

Die kognitiven Fortschritte ereignen sich also in Abhängigkeit von der entsprechenden Entwicklung des Nervensystems, von einer geeigneten sozialen Umwelt, von dinglicher Erfahrung und von innerer kognitiver Reorganisation. Dieser Gesichtspunkt betrifft natürlich das intellektuelle Wachstum und nicht die Theorie im Einzelnen.

Zusammenfassung und Schluß

Auf der Stufe des formalen Denkens erwirbt der Jugendliche die Fähigkeit, sich die Möglichkeiten vorzustellen, die einer Situation innewohnen. Bevor er sich aktiv mit einem Problem befaßt, vor das er sich gestellt sieht, analysiert er es und versucht, Hypothesen über das zu entwickeln, was sich ereignen *könnte*. Die Hypothesen sind zahlreich und komplex, weil der Jugendliche alle Faktorenkombinationen berücksichtigt, die überhaupt möglich sind. Wenn er darangeht, seine Überlegungen zu überprüfen, entwirft er Experimente, die sehr geeignet sind, einige der Hypothesen aufrechtzuerhalten und andere zu verwerfen. Er beobachtet die Ergebnisse der Experimente genau und zieht die richtigen Schlüsse aus ihnen. Außerdem kann er diese Schlüsse gedanklich weiterentwickeln, wobei er zu neuen Interpretationen gelangt. Das adoleszente Denken ist jetzt so flexibel und leistungsfähig, daß es ein hohes Maß an Gleichgewicht erreicht hat. Piaget beschreibt den vollständigen Prozeß mit Hilfe zweier logischer Strukturen oder Modelle, der 16 binären Operationen und der INCR-Gruppe. Er glaubt, diese Modelle seien eindeutig und erfaßten das Wesentliche des geistigen Verhaltens des Jugendlichen.

Aus dieser Beschreibung wird deutlich, daß wir Piaget einen entscheidenden Beitrag zu unserem Verständnis des adoleszenten Denkens verdanken. Erstens scheinen seine empirischen Daten ziemlich eindeutig zu sein. Die Lösungsverfahren des Jugendlichen werden eigentlich unmittelbar in den Protokollen sichtbar. Wir können klar erkennen, was der Jugendliche tut oder denkt. Zweitens legen Piagets Ergebnisse den Schluß nahe, daß es, soweit es sich um das wissenschaftliche Denken handelt, grundlegende Unterschiede zwischen dem Jugendlichen und dem kleineren Kind gibt. Unzweifelhaft scheint das Individuum mit fortschreitendem Alter hinsichtlich bestimmter Fähigkeiten wesentliche Fortschritte zu machen: Es lernt systematisch experimentieren, Tests entwerfen, die die wichtigen Faktoren erfassen, die Variablen isolieren und vernünftige Schlußfolgerungen aus den empirischen Daten ziehen. Drittens hat Piaget sich als erster die Aufgabe gestellt, formale Modelle zu entwickeln, die das adoleszente Verhalten beschreiben und erklären sollen. Obwohl wir bezweifeln, daß das vorgeschlagene logische System seinem Gegenstand ganz gerecht wird, wollen wir keinesfalls verkennen, daß Piaget zu den ganz wenigen Forschern gehört, die in ihren Theorien über die kindliche Entwicklung versucht haben, Modelle dieser Art zu konstruieren.

6. Genetische Erkenntnistheorie und die Bedeutung der Einsichten Jean Piagets für die Erziehung

Wir haben in erschöpfender Weise die Theorie Piagets zur intellektuellen Entwicklung erörtert, die den Zeitraum von der Geburt bis zum Beginn des reifen Denkens während der Adoleszenz erfaßt. Wir sahen Beispiele für die verschiedenen Verhaltensreaktionen, die die empirische Grundlage der Theorie darstellen. Außerdem haben wir in Kürze die Methode diskutiert, deren sich Piaget und seine Mitarbeiter bedient haben. Wir haben uns also bisher für Piagets Psychologie interessiert, die sicherlich als wichtiger und wertvoller wissenschaftlicher Beitrag anzusehen ist. In jüngerer Zeit beschäftigt Piaget sich jedoch nicht mehr mit rein psychologischen Untersuchungen, sondern hat seine Aufmerksamkeit im Wesentlichen der genetischen Erkenntnistheorie zugewendet.

Genetische Erkenntnistheorie

Piaget hatte zu Beginn seiner wissenschaftlichen Laufbahn durchaus nicht die Absicht, sich nur auf dem Gebiet der experimentellen Kinderpsychologie zu betätigen. Im Kapitel eins sahen wir, daß er sich nicht ausschließlich als Psychologe verstand und sein Interesse nicht nur darauf richtete, Einblick in die kindlichen Denkprozesse zu erhalten. Obwohl er nahezu 45 Jahre seines Lebens auf diesen Gegenstand verwandt hat, war sein eigentliches Ziel, als er sich dem Studium der Kinderpsychologie verschrieb, viel ehrgeiziger. Er wollte nämlich bestimmte Probleme in jenem Zweig der Philosophie erhellen, der als Epistemologie oder Erkenntnistheorie bekannt ist. Deren typische Fragestellungen sind: Ist Erkenntnis wirklich möglich? Und wenn, welches sind dann ihre Ursprünge? Erkennen wir mittels unserer Denkprozesse oder der unmittelbaren Erfahrung in der Außenwelt? Welche Beziehung besteht zwischen den subjektiven und objektiven Komponenten einer Erkenntnissituation, das heißt zwischen dem Individuum und seiner Umwelt? Gibt es einen Unterschied zwischen der Erscheinung der Dinge und ihrer wirklichen Beschaffenheit? Mit diesen und ähnlichen Fragen beschäftigt sich der Erkenntnistheoretiker, wenn er die Natur des Erkennens zu ergründen sucht.

Vor seinem naturwissenschaftlichen Erfahrungshintergrund erscheinen Piaget rein philosophische Methoden nicht geeignet, solche erkenntnistheoretischen Fragen zu klären. Ein neues Verfahren, eines, das die psychologischen Forschungsmethoden der Kinderpsychologie berücksichtigte, war auf diesem Gebiet vonnöten.

Wissenschaft und Philosophie

Wenn wir Piagets Einstellung zu erkenntnistheoretischen Fragen verstehen wollen, müssen wir zuerst seine Ansichten über das Wesen von Wissenschaft und Philosophie kennenlernen und wissen, welche Unterschiede er zwischen den beiden Disziplinen sieht.

Piaget unterscheidet zwischen Wissenschaft und Philosophie hauptsächlich nach zwei Kriterien: Gegenstandsbereich und Methodologie. Die Philosophie — so meint er — gibt sich den Anschein, als untersuche sie gleichzeitig viele Aspekte der Realität, um herauszufinden, welcher Platz dem Menschen in dieser Welt gebühre und welches sein Lebenszweck sei. Diese Wirklichkeitserkenntnis wird durch verschiedene Methoden erreicht, deren wichtigste die Reflexion ist. Der Philosoph beobachtet viele Aspekte der Realität, bewertet sie und bezieht nach langem Nachdenken, auf spekulativem Wege, eine philosophische Position zum Wesen der Realität und der menschlichen Natur. Dieses Verfahren ist sowohl allgemein wie subjektiv. Es ist allgemein, weil philosophische Prinzipien sich auf sehr viele Manifestationen des Lebens erstrecken, und es ist subjektiv, weil die Schlüsse primär auf die Reflexion des Philosophen zurückgehen. Der Horizont der Philosophie ist also zu weit gespannt und ihre Methode zu fehlbar, als daß irgendein Konsens über die grundsätzlichen Fragen erzielt werden könnte, die sie aufwirft. Jeder Philosoph, oder jede philosophische Schule, hat eine Reihe von Nachfolgern oder Schülern, die fest an die Gültigkeit ihrer Prämissen glauben, aber über keine objektive Methode verfügen, um über den Wert ihrer Annahmen zu befinden. Deshalb gelingt es ihnen nicht, jene zu überzeugen, die von anderen Prämissen ausgehen. Verschiedene philosophische Schulen sind deshalb selten einer Meinung.

Die Wissenschaft unterscheidet sich von der Philosophie sowohl hinsichtlich der Zahl der Phänomene, die sie untersucht, wie auch vor allem hinsichtlich ihrer Methodologie. Während die Philosophie versucht, viele

Aspekte der Realität zugleich zu erfassen, beschränkt sich die Wissenschaft darauf, nur einen begrenzten Ausschnitt der Erscheinungen zu untersuchen. Dabei läßt sie weder die Selbstbeobachtung noch die Reflexion als Mittel zu, um zu ihren Schlußfolgerungen zu gelangen, sondern macht die objektiven Methoden der Beobachtung und der Datensammlung zur Bedingung. Sie bemüht sich, ihre Schlußfolgerungen empirischen Tests zu unterwerfen, welche die Schlüsse möglicherweise widerlegen können. Weil die Wissenschaft ihren Horizont auf beschränkte und zu beobachtende Aspekte der Wirklichkeit einengt, hofft sie den Einfluß subjektiver Faktoren zu mindern. Deshalb ist es in der Wissenschaft oft möglich, zu gegenseitigem Einverständnis zu gelangen, zumindest soweit es den begrenzten Untersuchungsbereich angeht, während dies in der Philosophie sehr selten der Fall ist. Die Grenze zwischen der Wissenschaft und der Philosophie ist nicht ein für allemal festgelegt. Mehr und mehr Probleme, die ursprünglich für wesentlich philosophisch angesehen wurden, sind inzwischen mit wissenschaftlichen Methoden erforscht worden. Die Psychologie selbst ist ein Beispiel für eine Disziplin, die mit einer philosophischen Fragestellung begann und sich nun fest als Wissenschaft etabliert hat.

Gründe für die genetische Erkenntnistheorie

Weil Piaget der Ansicht war, daß die Philosophie ein ungeeignetes Verfahren darstelle — und insbesondere keine Möglichkeit biete, die grundsätzlichen Fragen endgültig zu klären —, glaubte er, man solle lieber die von der Philosophie aufgeworfenen Probleme des Erkennens mit wissenschaftlichen Methoden angreifen. Dann würde man sich möglicherweise über die Probleme eines relativ begrenzten Gebiets der Spekulation einigen können. Er glaubte, daß es fruchtbar sein könne, wenn man die erkenntnistheoretischen Probleme unter psychologischer Perspektive und insbesondere mit den in der Psychologie üblichen wissenschaftlichen Methoden erforschen würde. Viele erkenntnistheoretischen Probleme sind in der Tat letztlich psychologischer Natur. Die Fragen nach dem Erkennenden und seiner Umwelt oder nach der Angeborenheit gewisser Erkenntnisformen betreffen zum Beispiel das menschliche Verhalten und sind insofern psychologische Probleme. Deshalb könnten sie möglicherweise durch die Anwendung wissenschaftlicher Methoden zu lösen sein. Die Fragen sollten nicht länger allein der Spekulation der Philsophen überlassen bleiben, sondern objektiver behandelt werden.
Außerdem war Piaget überzeugt, daß die Untersuchung unter dem Ge-

sichtspunkt der Entwicklung besonders nützlich sein würde. Das Erkennen durchläuft eine lange Entwicklung im Individuum genauso wie in der Gesellschaft. Die Untersuchung dieser Entwicklung auf beiden Ebenen würde möglicherweise Aufschluß darüber geben können, welche Formen die reifsten (oder zumindest die spätesten) Zustände kollektiver und individueller Erkenntnis zeigen. Aus diesen Gründen ist sowohl die *genetische* (oder die unter der Perspektive der Entwicklung vorgenommene) Untersuchung des Kindes wie das *historische* Studium der Erkenntnis relevant für die erkenntnistheoretischen Probleme.
Piaget versuchte, diese Probleme im theoretischen Rahmen der Biologie und der Psychologie zu lösen. Als er sich mit der Frage befaßte, wie die Erkenntnis des Individuums anwächst, neigte er dazu, in den Vorstellungen der Embryologie zu denken: Dort weist die Entwicklung der geistigen Strukturen zwar qualitativ verschiedene Formen auf, doch zugleich bewahrt sie eine gewisse Kontinuität, weil sich jede dieser Formen aus vorhergehenden Strukturen entwickelt. Piaget war auch daran interessiert, den Erkenntniszuwachs des Individuums zum Erkenntniszuwachs der Gesellschaft in Beziehung zu setzen. Dies entspricht dem Vergleich zwischen der Entwicklung der Art (Phylogenese) und der eines Individuums (Ontogenese).
Kurz, Piaget verstand sich nicht so sehr als Kinderpsychologe, sondern eher als „genetischer Erkenntnistheoretiker" — als jemand, der Informationen über die kognitive Entwicklung des Kindes und über die historische Entwicklung der Kultur zu gewinnen trachtet, um das Wesen der individuellen wie der gesellschaftlichen Erkenntnis zu ergründen. Piaget versuchte dieses Ziel sogar innerhalb eines biologischen und evolutionistischen Begriffsrahmens zu erreichen, der eine gewisse Kontinuität in der Entwicklung voraussetzt. In diesem Sinne versucht sein Werk die Lücke zwischen Biologie und Philosophie zu schließen.

Psychogenetische Methode

Piaget bedient sich für die Untersuchung der erkenntnistheoretischen Probleme zweier Verfahren. Um herauszufinden, wie das individuelle Wissen anwächst, verwendet er die *psychogenetische* Methode, und wenn er sich mit dem kollektiven Wissen beschäftigt, bedient er sich der *historisch-kritischen* Methode.
Mittels der psychogenetischen Methode versucht man die individuelle Entwicklung gewisser wissenschaftlicher Begriffe, wie die des Raumes, der Geometrie, der Zahl oder der Zeit von ihrem ursprünglichen Auf-

treten bis zum Stadium ihrer reifsten Erscheinungsform zu verfolgen. Dieses Verfahren kann für eine Art geistiger Embryologie des Kindes angesehen werden. Die Ergebnisse, die durch diese Methode erzielt wurden, lieferten den Hauptteil der Daten und Theorien, die wir im vorliegenden Buch wiedergegeben haben. Diese Ergebnisse können, soweit sie den Erkenntniszuwachs auf einem besonderen Gebiet betreffen, zur Klärung bestimmter erkenntnistheoretischer Probleme beitragen. Ein Beispiel ist der Kausalitätsbegriff. Die Natur von Ursache und Wirkung in physikalischen Phänomenen ist lange Zeit Gegenstand philosophischer Kontroversen gewesen. Eine Auffassung vom Ursprung des Kausalitätsbegriffes verdanken wir dem schottischen Philosophen David Hume, der behauptet, daß die Erklärung, die ein Individuum für die physikalischen Phänomene finde, gänzlich auf seiner früheren Erfahrung beruhe. Wenn zwei Ereignisse gewöhnlich kontingent vorkommen, das heißt wenn nur ein geringer räumlicher oder zeitlicher Abstand sie trennt, wird das Individuum sie assoziieren oder verbinden. Mt der Zeit wird diese Verbindung durch die Wiederholung verstärkt werden. Die Assoziation führt zu einer „Gewohnheit". Sie erzeugt also eine Erwartung über das, was auf ein bestimmtes Ereignis folgen wird. Ohne daß das Individuum sich bewußt wäre, in welcher Weise das erste Ereignis das zweite bewirkt, stellt es als Ergebnis früherer Erfahrung und Gewohnheit einen Kausalnexus zwischen den beiden Vorkommnissen her. Er betrachtet das erste Ereignis als Ursache und das zweite als Wirkung. Wenn der Kontiguität solche Bedeutung zugeschrieben wird, bedeutet es, daß zwei beliebige Ereignisse in das Verhältnis von Ursache und Wirkung gebracht werden können, vorausgesetzt sie befinden sich in räumlicher oder zeitlicher Nachbarschaft zueinander. Hier wird also der Schluß, daß ein ursächlicher Zusammenhang vorliege, als reine Gewohnheitsfrage angesehen; er hängt davon ab, ob die Assoziation der Ereignisse regelmäßig beobachtet werden kann.

Maine de Biran vertritt eine andere philosophische Auffassung von der Kausalität, wenn er behauptet, daß sie eine Verallgemeinerung der Erfahrung sei, die wir bei unseren willkürlichen Körperbewegungen gemacht hätten. Ständig machen wir die Erfahrung, daß unsere Bewegungen gewisse Ereignisse in der Welt bewirken. Wenn wir beispielsweise einen Gegenstand in unseren Händen halten und wir unsere Arme nach oben bewegen, bewirkt dies, daß der Gegenstand angehoben wird. Wenn ein Ball vor uns liegt, und wir unseren Fuß nach vorn bewegen, bewirkt dies, daß der Ball getreten wird. Diese Erfahrungen machen uns bewußt, daß wir Agenten der Kausalität sind. Das Kausalitätsempfinden ist mehr als das bloße Wiedererkennen gewisser Gewohnheiten aus der Vergangenheit, in denen zwei Ereignisse in der Außenwelt miteinander verbunden wurden. Hier veranlassen uns unsere eigenen willkürlichen Bewegungen und die ihnen folgenden Ergebnisse, Aussagen über das Verhältnisse von Ursache und Wirkung in der Welt zu machen. Nach Maine de Biran ruft also unser Wille und nicht — wie bei Hume — die Beobachtung gewisser Regelmäßigkeiten das ursprüngliche Kausalitätsempfinden hervor.

Die Beobachtungen, die Piaget an Kindern vom Säuglingsalter an durchgeführt hat, haben dazu beigetragen, das Problem bis zu einem gewissen Grade zu klären. Einige der Handlungen des Säuglings scheinen die Auffassungen Humes zu bestätigen. Das Baby scheint mit sechs oder sieben Monaten tatsächlich alles mit allem zu assoziieren und sich dabei einfach auf die räumliche oder zeitliche Kontiguität zu verlassen. Jacqueline zog zum Beispiel einmal an einer Schnur in ihrer Korbwiege, während Piaget gleichzeitig ein Buch vor ihren Augen hin und her bewegte. Als Piaget damit aufhörte, zog Jacqueline wieder an der Schnur, wobei sie offensichtlich erwartete, daß sie mit dieser Handlung die Bewegung des Buches hervorrufen würde. Sie hatte also eine Assoziation zwischen Schnur und Buch hergestellt, die nur auf der zeitlichen Kontiguität beruhte.

Diese Beobachtungen scheinen Humes Theorie zu bestätigen, der ja annimmt, daß der Kausalitätsbegriff auf die Verbindung zurückgehe, die die Gewohnheit herstelle. Piagets Beobachtungen haben jedoch ebenfalls gezeigt, daß im Gegensatz zu Humes Theorie nicht alles mit allem in Verbindung gebracht werden kann. Der Säugling stellt eine kausale Assoziation nur zwischen seinen eigenen Handlungen und den Ereignissen her. Im obigen Beispiel wurde die Kausalverbindung zwischen Jacquelines eigener Handlung, nämlich dem Ziehen an der Schnur, und der Bewegung des Buches hergestellt. Solche Verbindungen sind nach Piaget nicht zufällig, sondern stehen zu den willkürlichen Körperbewegungen des Kindes in Beziehung. Wir sehen also, daß Maine de Birans Auffassung in gleichem Maße gilt. Zu Anfang ist das Kausalitätsempfinden des Kindes eine Folge seiner eigenen Handlungen. Maine de Birans Auffassung trifft auch nicht gänzlich zu, insofern er meint, daß das Individuum sich seines Willens bewußt sei, wenn es die Körperbewegungen hervorruft. Diese Konzeption scheint nicht auf das Kleinkind zuzutreffen, das nicht weiß, daß *es selbst* seinen Arm bewegt. Erst nach einer gewissen Entwicklungszeit wird sich das Kind vielleicht darüber klar, daß seine Handlungen tatsächlich der Ursprung der Kausalität sind.

Im Problem, welche Ursprünge der Kausalitätsbegriff hat, zeigt sich genauso wie bei den vielen anderen Begriffen, die Piaget untersucht hat, daß psychologische Daten zu einem erweiterten Verständnis erkenntnistheoretischer Probleme beitragen können. In der Vergangenheit konnte man sich über diese Probleme nicht einigen, weil die Philosophen sich spekulativ mit dem Problem auseinandergesetzt haben, wobei sie vom Gesichtspunkt des reifen Kausalitätsbegriffes ausgingen und die frühen Stadien seiner Evolution außer acht ließen. Dies scheint unglücklicherweise auch auf vielen Gebieten der Wissenschaft vorzukommen. Insbesondere haben viele Psychologen versucht, gewisse Manifestationen des menschlichen Verhaltens — etwa die Sprache, das Gedächtnis oder die Wahrnehmung — allein dadurch zu verstehen, daß sie sich auf ihre reifen Formen konzentriert haben. Sie beschränken ihre Aufmerksamkeit darauf, was der Erwachsene zu leisten vermag. Wenn man jedoch an die Kontinuität der Entwicklung glaubt, müßte die Hinzunahme einer anderen Dimension, der der Zeit nämlich, weitere wertvolle Information über den Gegenstand liefern können. Man eröffnet dem Problem dadurch eine neue Perspektive, daß man die psychologischen Fakten unter dem Gesichtspunkt der Entwicklung analysiert. Dieses Verfahren kann in ähnlicher Weise auf andere erkenntnistheoretische Probleme angewandt werden und zu wertvollen Einsichten verhelfen. Wir sehen also, daß die genetische Methode einen wichtigen Beitrag in der Psychologie wie auf anderen Gebieten zu leisten vermag.

Historisch-kritische Methode

Als zweite Methode verwendet Piaget das historisch-kritische Verfahren, in dem das kollektive Denken gewisser Epochen analysiert wird. Diese Untersuchungen befassen sich nicht mehr mit dem Erkenntniszuwachs des Individuums, sondern mit der historischen Evolution einer Reihe von Begriffen, die den erklärten Untersuchungsgegenstand betreffen. Nachdem Piaget dann die historische Entwicklung eines besonderen Begriffs untersucht hat, versucht er zu ermitteln, ob sich eine Parallele zwischen den individuellen Erkenntnisweisen und der Entwicklung des kollektiven Erkennens ziehen läßt. Er verwendet also ein psychologisches Modell, um die Evolution des kollektiven Denkens zu untersuchen. Obwohl er nicht immer eine vollkommene Übereinstimmung zwischen den beiden feststellen kann, ergibt sich doch, daß sich die Entwicklungsmechanismen in vielen Punkten ähneln. Das Beispiel des mathematischen Denkens soll uns dabei helfen, die Anwendung der beiden Methoden zu veranschaulichen.
Ein Mathematiker, P. Boutroux, hat die Evolution des mathematischen Denkens analysiert, wie sie sich von den Griechen bis zur Gegenwart ab-

zeichnet, und kam zu dem Ergebnis, daß sie in drei verschiedene Stufen unterteilt werden könne. Piaget folgt dieser Einteilung und versucht zu zeigen, daß eine Analogie zwischen der Entwicklung der Mathematik und der intellektuellen Entwicklung des Kinde besteht.

Die erste Stufe im mathematischen Denken beginnt mit den Griechen, bei denen die Mathematik im wesentlichen aus der Arithmetik bestand und aus dem, was wir heute euklidische Geometrie nennen. Die Mathematiker jener Zeit neigten eher dazu, sich auf die geometrischen Figuren oder die räumlichen Konfigurationen zu konzentrieren, als auf die Operationen, die diesen Figuren zugrundeliegen. Sie waren an dem Resultat bestimmter mathematischer Operationen interessiert und nicht an den Operationen selbst. Um diese Orientierung zu verdeutlichen, wollen wir ein Beispiel erörtern: das Problem der Halbierung und Trisektion eines Winkels[1]. Euklid entdeckte eine einfache Methode, einen Winkel mit Lineal und Zirkel zu halbieren. Dadurch gelangte er auch zu einem gewissen — wenn auch eingeschränkten — Verständnis dieser geometrischen Form. Aber das Problem der Trisektion, das auf den ersten Blick dem der Halbierung zu gleichen scheint, wartete zweitausend Jahre auf seine Lösung, weil Euklid die zugrundeliegenden Operationen nicht begriffen hatte, die für ein vollständiges Verständnis dieser Probleme vonnöten sind. Die Griechen waren hier an der Frage nach den *Attributen* der Winkel interessiert. Können alle Winkel halbiert werden? Können alle Winkel trisektiert werden? Tatsächlich hatte sich die gesamte griechische Geometrie dem Problem verschrieben, eine Beschreibung der Attribute der geometrischen Gegenstände zu liefern, aber nicht, die zugrundeliegenden Operationen zu beschreiben. Weil die Griechen den Resultaten der mathematischen Operationen mehr Aufmerksamkeit schenkten als diesen Operationen selbst, hatten ihre mathematischen Begriffe, obwohl sie recht vielfältig waren und im Keim viele der späteren Entwicklungen der Mathematik enthielten, eine Tendenz zur Sterilität. Sie waren nicht in der Lage, eine bestimmte Grenze zu überschreiten. Die Betonung lag auf der äußeren Realität oder auf der erkannten Sache, in der Beziehung zwischen dem Erkennenden und dem Erkannten.

Diese Stufe des mathematischen Denkens kann — so meint Piaget — mit der Stufe des präoperativen Denkens beim Kinde verglichen werden. Auf dieser Stufe kann das Kind bestimmte Handlungen ausführen und entdeckt einige der Attribute der Gegenstände und Figuren. Es erkennt

---

[1] Wir erinnern uns, daß in der euklidischen Geometrie nur Lineal und Zirkel zugelassen werden: Das Ausmessen von Strecken und Winkeln ist nicht gestattet.

einige geometrische Figuren. Es kann die räumliche Beziehung zwischen Gegenständen ermitteln und sich in bekannter Umgebung orientieren. Beides setzt voraus, daß das Kind bestimmte Handlungen oder Transformationen mit seiner Umwelt vornehmen kann. Trotzdem befindet es sich weitgehend in Unkenntnis über die Prozesse, die seine geistigen und motorischen Aktivitäten bestimmen. Wie die griechischen Mathematiker mißt es, obwohl es in der Lage ist, bestimmte begrenzte Aspekte der Realität aufzufassen, den Mitteln keine Bedeutung bei, durch die es mit seiner Umwelt interagiert.

Die zweite Stufe in der Geschichte des mathematischen Denkens beginnt im 17. Jahrhundert. Die Algebra und die analytische Geometrie wurden entdeckt. Die Mathematiker verlagerten ihre Aufmerksamkeit nun von den Ergebnissen der mathematischen Operationen (der gewußten Sache) auf die Operationen selbst (wie das Wissen erworben wird). In den frühen Stadien wurde die analytische Geometrie dazu verwendet, alternative Beweise für die Probleme zu finden, die die Griechen zuerst untersuchten. Die Bedeutung dieses Unternehmens lag darin, daß die neuen Beweise „besser“ waren.

Euklidische Beweise wurden, obgleich sie logisch und elegant sind, oft genug nur durch Zufall entdeckt. Die analytische Geometrie jedoch führt alle Probleme Euklids auf algebraische Probleme zurück und ermöglicht dadurch, sie in systematischer Weise in Angriff zu nehmen.

Die Bedeutung dieses Fortschritts läßt sich leicht an unserem Beispiel der Halbierung und Trisektion von Winkeln zeigen. Die Tatsache, daß das Problem der Halbierung durch algebraische Verfahren gelöst werden konnte, verdient kein großes Interesse — weil Euklid es sowieso schon gelöst hatte. Aber diese selben algebraischen Verfahren versetzten den Mathematiker in die Lage, das (ungelöste) Problem der Trisektion auf eine algebraische Form zurückzuführen: Die Trisektion eines Winkels entspricht der Lösung einer bestimmten Gleichung. Schließlich bewies ein Algebraiker im 19. Jahrundert, es war Galois, daß diese Gleichung im allgemeinen *unlösbar* ist. Folglich ist das Problem der Trisektion grundsätzlich unlösbar. Die Griechen konnten bei ihrem Versuch, diese Frage zu beantworten, niemals zu diesem Schluß kommen, weil sie ihre Anstrengungen auf die spezifische Frage (die Attribute der Winkel) richteten und nicht auf die Operationen. Natürlich führte das Interesse an den Operationen die Mathematiker zu einem vertieften Verständnis ihres Gebietes.

Die zweite Stufe in der Geschichte der Mathematik entspricht dem Zeitpunkt in der individuellen Entwicklung, zu dem das Kind über die konkreten Operationen zu verfügen beginnt. Jetzt kann es nicht nur die

Dinge klassifizieren, sie ordnen oder eine Reihe geistiger Operationen mit ihnen durchführen, sondern es wird sich auch der Transformationen bewußt, zu deren Gegenstand es die Objekte macht. Dieses Bewußtsein ist noch lange nicht konsistent. Im Experiment über die Erhaltung der Flüssigkeiten zum Beispiel, das wir im Kapitel vier erörterten, pflegt das Kind zu sagen, die Flüssigkeit im zweiten Becher sei deshalb gleich, weil man sie in den ursprünglichen Meßbecher zurückgießen könne und dann dort dieselbe Flüssigkeitsmenge zu finden sei (Operation der Reversibilität), oder es würde sagen, daß sie gleich sei, weil nichts hinzugefügt oder fortgenommen worden sei (Operation der Identität). In diesen Begründungen ist implizit die Entdeckung der Rolle der Operationen enthalten. Das Kind zentriert nicht mehr die Zustände (oder Attribute) der Realität, sondern zieht jetzt auch die Transformation oder Operationen in Betracht.

Die dritte Stufe in der Geschichte der Mathematik begann im späten 19. Jahrhundert, obwohl man vorbringen könnte, daß die neue Einsicht implizit in viel früheren Arbeiten enthalten war. Obschon die Griechen an mathematischen „Gegenständen" (Zahl, Winkel, Dreiecken, Kreisen usw). interessiert waren, verhielten sie sich doch recht wählerisch diesen Gegenständen gegenüber. Die Gründe dafür sollen uns hier nicht interessieren, aber wir wollen festhalten, daß von allen diesen Gegenständen eine gefühlsmäßige Anziehungskraft ausging. Dunkle Begriffe wie die Zahl π verwirrten die Griechen[2]. Sie waren unglücklich, daß sie für ihre vollendeten geometrischen und arithmetischen Ideen durch die Existenz solch einer Zahl bestraft zu werden schienen. Für den modernen Betrachter haben die Griechen versäumt, sich klar zu machen, daß die Gegenstände der mathematischen Wissenschaft gänzlich willkürlich sein sollten (Sätze mit Strukturen). Moderne Mathematiker fragen sich zum Beispiel, wenn sie der Zahl π begegnen: warum sollte das Zahlensystem nicht so erweitert werden, daß es π einschließt? Das Ergebnis ist die Konstruktion der „reellen" Zahlen. Warum sollte das Zahlensystem nicht noch weiter verallgemeinert werden, damit man auch abstrakte Gruppen, Felder und ähnliche Dinge untersuchen kann? Warum sollte man nicht unterschiedliche Arten der Geometrie anstelle der euklidischen allein untersuchen? Warum nicht noch weiter verallgemeinern, um abstrakte topologische Räume zu untersuchen? Und so fort.

---

[2] Die Griechen schrieben „Vollendung" sowohl den Strecken wie den Kreisen zu. Deshalb erwarteten sie natürlich, daß sie ein einfaches und unmittelbar ansprechendes Verhältnis zwischen dem Umfang des Kreises und seinem Durchmesser finden würden. Die Zahl π, die ungefähr 3,1416 beträgt, ist weder einfach noch unmittelbar ansprechend. Die griechischen Mathematiker waren außer sich über diese Monstrosität.

Dies ähnelt dem kindlichen Verhalten auf der Stufe der formalen Operationen. Hier wird sich das Kind, oder besser der Jugendliche, in höherem Maße seiner Fähigkeiten bewußt, mit den Dingen sowohl abstrakt wie konkret zu operieren. Die Realität verliert gegenüber dem Möglichen an Bedeutung. Der Jugendliche interessiert sich nicht allein für die tatsächlichen Ergebnisse eines gegebenen Experimentes, sondern auch für seine Möglichkeiten und für die Verallgemeinerungen, zu denen es ihn möglicherweise führt.

Zur dritten Entwicklungsstufe der Mathematik ist zu sagen, daß auf ihr der moderne Mathematiker zwar die Freiheit hat, sich für seinen Untersuchungsgegenstand zu entscheiden (die reellen Zahlen, Gruppen, Felder, die abstrakte Geometrie usw.), sein Spielraum aber durch die grundlegenden Gesetze der Logik abgesteckt sind. Die Struktur der Mathematik scheint also in gewisser Hinsicht noch der objektiven Realität zu ähneln, die Boutroux die „eigentliche Objektivität" der mathematischen Realität nennt. Der Mathematiker verfügt nicht völlig frei über seine Materie. In ähnlicher Weise erwirbt der Jugendliche Wissen über gewisse Zwänge in seiner Umwelt, über die er keine Kontrolle hat, wie zum Beispiel über die Schwerkraft. Trotz seiner wachsenden Fähigkeit zum hypothetisch-deduktiven Denken gibt es dennoch Dinge in seiner Umwelt, die sich seiner Kontrolle entziehen.

Wir sehen also, wie die kollektive Entwicklung des mathematischen Denkens parallel zu der des Individuums verläuft. Anfangs ist sich das Kind seiner geistigen Operationen nicht bewußt, obwohl es mit Erfolg eine Reihe von Handlungen ausführen kann, deren Ziel die Dinge seiner Umwelt sind. Langsam, während sich seine intellektuellen Fähigkeiten ausbilden, wird es sich in zunehmendem Maße der inneren Tätigkeit seines Verstandes bewußt, und mit diesem Bewußtsein erwirbt es das Vermögen, auch verwickelte konkrete Situationen leichter zu verstehen und zu kontrollieren. Später — zu einem Zeitpunkt, da es fähig ist, in seiner Vorstellung mit abstrakten Ereignissen zu operieren — bemerkt es, daß es trotz dieser Fähigkeit, sehr viel mehr von der äußeren Realität zu verstehen, immer noch einige Dinge nicht völlig kontrollieren kann. Genau wie die intellektuelle Entwicklung des Kindes mit einer Periode äußerster Egozentrik zu beginnen scheint, deren Merkmal eine phänomenalistische, den oberflächlichen oder peripheren Aspekten der Realität zugewandte Denkweise ist, scheint die Geschichte des mathematischen Denkens zu Anfang dieselben Merkmale aufzuweisen. Sowohl beim individuellen wie beim kollektiven Denken verrät die Anfangsphase fehlendes Bewußtsein für die tiefen und feineren Züge der Realität und für die Komplexität des Denkens und der geistigen Aktivität. Dann findet

allmählich ein Prozeß der Dezentrierung statt, der zu einem tieferen Bewußtsein sowohl der inneren wie der äußeren Realität führt und in einen Zustand größerer Objektivität und umfassenderen Verständnisses mündet.
Piaget hat diese Methode auf eine ganze Reihe anderer wissenschaftlicher Begriffe ausgedehnt und kam zu dem Ergebnis, daß die Ontogenese, die individuelle Entwicklung, oft dem Muster der Soziogenese, der kollektiven Entwicklung, folge. Er meint deshalb, daß die Untersuchung des wissenschaftlichen Denkens beim Kinde eine nützliche Ergänzung zur Untersuchung des kollektiven Denkens darstellen könne. Durch eine Kombination beider Methoden könne es möglich werden, das Wesen des Wissens schließlich besser zu verstehen.

Erkennender und Erkanntes

Ein anderes erkenntnistheoretisches Problem, das nicht ohne Rückwirkungen auf die Psychologie blieb, liegt in der Subjekt-Objekt-Beziehung. Man versucht zu ergründen, welche besonderen Rollen dem Erkennenden und der Sache, die erkannt wird, im Erkenntnisakt zukommen. Dieses Problem findet in der Philosophie seinen Niederschlag in der Kontroverse zwischen den Rationalisten und den Empiristen. Kurz und etwas vereinfacht dargestellt, glaubt der Rationalist an die eingeborene Fähigkeit des menschlichen Intellekts, die Welt zu begreifen, was impliziert, daß der menschliche Intellekt in gewisser Weise schon von vornherein der Welt angepaßt ist. Die Struktur der Welt ist der geistigen Struktur gewissermaßen einverleibt, wodurch die Menschen imstande sind, Zugang zur Realität zu finden, ohne es gelernt zu haben. Repräsentativ für diese philosophische Anschauungsweise ist Kants Behauptung, daß es „Verstandeskategorien a priori" gebe, wie zum Beispiel diejenige der Ursache und Wirkung. Diese Kategorie leitet den Menschen so, daß er automatisch in den Begriffen der Kausalität denkt, ohne daß er diese Orientierung zu lernen brauchte. Der Rationalist betont in der Erkenntnissituation also die Rolle des Erkennenden auf Kosten des objektiven Erkannten. Der Erkennende geht in die Erkenntnissituation a priori mit seinen Strukturen hinein, die bestimmen, was er erkennen wird. Beim Erkennen spielt die äußere Wirklichkeit folglich eine unwichtige Rolle, weil der Erkennende ihr bestimmte Strukturen seines Intellektes aufzwingt. In gewissem Maße können die Gestaltpsychologen dieser Tradition zugerechnet werden.
Die Empiristen andererseits legen Nachdruck auf die Rolle der Erfah-

rung in der Beziehung zwischen dem Erkennenden und dem Erkannten. Wissen und Denkweisen erwerben wir durch unsere von den Sinnen vermittelte Erfahrung in der Welt. Weder verwirklichen wir unsere Denkstrukturen in der Außenwelt noch drängen wir sie ihr auf. Die Gegenstände existieren an sich, und der Erkennende erzeugt nur ihr Abbild. Beinahe wie ein Spiegel gibt er die Eigenschaften der Gegenstände mit Hilfe von Bildern wieder. Die Rolle des Erkennenden ist folglich reduziert, denn er entdeckt nur mittels seiner Sinne, was sich außerhalb seiner selbst befindet. In der Psychologie ist der Empirismus weit verbreitet. Sowohl die Strukturalisten (wie Wundt) als auch die frühen Behavioristen betonen, daß Erkenntnis und Denken aus der Erfahrung resultierten. Nach Watson zum Beispiel ist ein Individuum eine *tabula rasa*, eine unbeschriebene Tafel, in die sich die Eindrücke der Umwelt prägen. Der Beitrag des Individuums zur Erkenntnissituation wird als außerordentlich gering angesehen. Statt dessen wird die Bedeutung der Umwelt hervorgehoben. Folglich spielt bei der Erkenntnis die äußere Realität die vorrangige Rolle.

Piaget versucht eine Synthese zwischen den beiden entgegengesetzten Gesichtspunkten zu schaffen, wenn er die Erklärung vorschlägt, die er eine Interaktionstheorie nennt. In dieser Theorie wird betont, daß die Wechselbeziehung zwischen dem Erkennenden und dem Erkannten für die Entdeckung der Realität verantwortlich sei, wobei beide Faktoren einen mehr oder minder gleichen Beitrag lieferten. Piaget würdigt also die Bedeutung der Umwelt, soweit sie außer jedem Zweifel die Entwicklung des Denkens bestimmt. Sicherlich wird der Zustand seiner Erfahrung und die Situation, in der sich das Kind befindet, seine geistigen Fähigkeiten beeinflussen. Aber sie werden nicht völlig über die Entwicklung entscheiden, weil das Kind zu keinem Zeitpunkt mit einer *tabula rasa* in eine Situation hineingerät. Immer verfügt es schon über eine geistige Struktur oder über eine Akkumulation früherer Erfahrung in der Form von Schemata, wodurch seine Wirklichkeitsauffassung geprägt wird. Die Realität ist dem Kinde also nicht ein objektives Phänomen, dem eine unabhängige Existenz zukäme, sondern wird durch den Strukturtypus bestimmt, mit dem sie erfaßt wird. Die Realität eines vierjährigen Kindes ist nicht die eines siebenjährigen, noch die eines vierzehnjährigen. Doch sind die verschiedenen „Realitäten" von gleicher Legitimität, weil die Dinge, die ein Vierjähriger sieht und glaubt, für ihn genauso wirklich sind wie die Dinge, die ein Vierzehnjähriger sieht und glaubt. Die Welt eines Kindes hat auf der präoperativen Stufe alle die Merkmale, auf die wir im Verlaufe dieses Buches wiederholt hingewiesen haben und die den Gedankenausdruck dieses Entwicklungsstadiums darstellen. Für das Kind verändert eine Flüssigkeit tatsächlich mit ihrer Form auch ihre Quantität oder Größe, wie auch eine Reihe Bonbons in seinen Augen länger wird und mehr enthält, wenn ihre räumliche Anordnung verändert wird. Deshalb meint Piaget, daß der Rolle des Erkennenden und der seiner geistigen oder kognitiven Strukturen große Bedeutung in der wechselseitigen Beziehung zwischen Erkennendem und Erkanntem zukommen. Wenn eines sich verändert, verändert sich sein Gegenstück mit ihm. Im Laufe der Entwicklung erwirbt das Kind eine weniger oberflächliche Wirklichkeitsauffassung. Das Erkennen bewegt sich von der Peripherie zum Zentrum der Wirklichkeit. Doch auf jeder Ebene findet eine gleichmäßige Interaktion zwischen dem Erkennenden und der Außenwelt statt.

Auf solche — und andere — Weise hat Piaget psychologische Einsichten auf Probleme erkenntnistheoretischer Art angewandt. Als er seine zwiefache Methode dazu verwendete, erkenntnistheoretische Probleme zu überprüfen, machte er deutlich, daß eine interdisziplinäre Zusammenarbeit sich als fruchtbar erweisen könnte. Daß die Fortschritte in den Gesellschaftswissenschaften sich nicht so schnell einstellen, wie man hoffen möchte, liegt zum Teil an der relativen Isolation der verschiedenen Disziplinen, die verhindert, daß bestimmte Gedanken oder Erkenntnisse aus der einen Disziplin für verwandte Probleme fruchtbar gemacht werden, weil diese im Gegenstandsbereich eines anderen Faches liegen. Weil Piaget die Möglichkeiten einer solchen interdisziplinären Zusammenarbeit erkannte, gründete er 1956 in Genf ein internationales Zentrum für erkenntnistheoretische Forschung. Hier kam eine Gruppe von Spezialisten zusammen, die die verschiedenen Gebiete der Wissenschaft und Philosophie vertraten. Seither hat man dort eine Reihe von Problemen untersucht. Die vielen Diskussionen über Forschung und Theorie waren für alle Beteiligten von Nutzen.

Wir haben Piagets Arbeit auf dem Gebiet der Erkenntnistheorie nur kurz beschrieben und sind ihrer Bedeutung sicherlich nicht gerecht geworden. Dennoch haben wir dem Leser vielleicht doch einen ungefähren Eindruck davon vermittelt, wie weit Piagets Interessen gesteckt sind. Er hat einen langen Weg zurückgelegt, an dessen Anfang ein junger Wissenschaftler stand, der seine erste Veröffentlichung der Beobachtung eines Albinospatzen im Park verdankte. Seine Beiträge kamen der Biologie, Logik, Mathematik, Philosophie, Soziologie und Psychologie zugute. Auf einigen Gebieten hat er als Pionier der Forschung neue Wege gewiesen. Auf anderen bestand sein Beitrag darin, bekannte Probleme auf neue Weise anzugreifen, bekannte Dinge anders zu betrachten und Sachverhalte zu reorganisieren, die ursprünglich vielleicht banal und als

Allgemeinplätze erschienen. Möglicherweise teilt man seine Ansichten nicht in allen Punkten. Piaget ändert auch selbst häufig diejenigen Aspekte seiner Theorien ab, die neuen Erkenntnissen angepaßt werden müssen. In jedem Falle bleibt aber die Bewunderung für diesen Mann, der auf so vielen Gebieten einen so großen Einfluß hatte und sich auch weiterhin der Forschung mit soviel Interesse, Scharfsinn und Erfahrung widmet.

Bedeutung für die Erziehung

In diesem Abschnitt wollen wir die allgemeine Bedeutung erörtern, die Piagets Ansichten für die Erziehung gewonnen haben. Während Piaget sich selbst kaum mit dem Problem der Erziehung beschäftigt hat oder mit anderen Möglichkeiten, seine Arbeit praktisch auszuwerten, liegt es dennoch auf der Hand, daß seine Theorien zumindest teilweise für die Erziehungspraxis relevant sind, Piagets Forschungsarbeiten über die Entwicklung einer Reihe logischer, physikalischer und mathematischer Begriffe, wie auch über andere Aspekte des kindlichen Denkens, enthalten implizit eine Reihe von Gedanken, die sich bei passender Auswertung und Entwicklung als sehr wertvoll für Erzieher und Erziehungsplaner erweisen könnten. Welche Möglichkeiten für die Erziehung in seinen Forschungsergebnissen liegt, ist bis jetzt kaum zur Kenntnis genommen worden. Erst in jüngster Zeit, ungefähr während der letzten zehn Jahre, beginnen Psychologen und Erzieher die Bedeutung von Piagets Theorien zu würdigen. Seither versucht man auch in verschiedenen Ländern, besonders in Großbritannien, die bestehenden Schulsysteme in Übereinstimmung mit den Entdeckungen der Genfer Schule zu bringen. Solche Versuche können sicherlich auch in anderen Teilen der Welt mit viel Nutzen unternommen werden. Wir werden uns deshalb bemühen, aus seinen Theorien eine Anzahl allgemeiner Prinzipien zu gewinnen, die sich für den Erzieher als wertvoll erweisen könnten. Vorher möchten wir aber betonen, daß wir nicht die Absicht haben, auf der Grundlage von Piagets Arbeit ausgesprochene Curricula oder Lehrpläne vorzulegen. Wir werden zum Beispiel keine Unterrichtseinheiten beschreiben, die die Zahl oder die logische Implikation als Gegenstand haben, sondern werden uns mit den allgemeinen Leitprinzipien beschäftigen, die sich aus Piagets Forschungsarbeiten ergeben. Die Ausarbeitung und Realisierung dieser Prinzipien erfordert die besonderen Kenntnisse des Erziehers und nicht die des Psychologen.

Unterschiede zwischen Erwachsenen und Kindern

Piagets Theorie hebt einen Tatbestand hervor, der, obgleich er auf der Hand zu liegen scheint, für die Erziehung nicht ohne Konsequenzen bleiben sollte, daß nämlich das kleine Kind sich in mancherlei Hinsicht vom Erwachsenen unterscheide: in den Methoden, durch die es sich Zugang zur Wirklichkeit verschaffe, in den daraus resultierenden Betrachtungsweisen und im Sprachgebrauch. Die Forschungsarbeiten Piagets, in denen er sich mit Themen wie dem Zahlbegriff oder der sprachlichen Kommunikation befaßte, riefen eine Änderung, fast möchte man sagen, eine tiefgreifende Metamorphose unserer Ansichten über Kinder hervor. In der Folge wurden wir uns in zunehmendem Maße der Tatsache bewußt, daß das Kind nicht nur eine verkleinerte, wenn auch weniger kluge Ausgabe des Erwachsenen ist, sondern ein Wesen mit einer unterschiedlichen geistigen Struktur, die sich von der des Erwachsenen qualitativ unterscheidet. Es sieht die Welt unter einer eigenen Perspektive. Beispielsweise glaubt das Kind vor seinem siebten Lebensjahr fest daran, daß das Wasser, wenn man es aus einem Behälter in einen anderen gießt, an Quantität zunimmt oder verliert, was das Kind von der Form des zweiten Behälters abhängig macht. Es sieht keine Unbeständigkeit darin, wenn es aussagt, Wasser gewinne oder verliere allein dadurch an Quantität, daß man es von einem Behälter in den anderen gieße. Oder im Falle der Zahl hat das kleine Kind, obgleich es bis zwanzig oder noch weiter zählen kann, keinen Begriff von bestimmten mathematischen Ideen. Zum Beispiel kann es denken, daß ein Satz von fünf Elementen mehr enthält als ein Satz von acht Elementen, wenn die materielle Anordnung der Sätze bestimmte Gestalten annimmt.

Das führt zu der überraschenden Erkenntnis, daß die Welt des Kindes sich in vieler Hinsicht qualitativ von der des Erwachsenen unterscheidet. Dies liegt zum einen an der eigenen geistigen Struktur des Kindes. Das kleine Kind (jünger als sieben oder acht Jahre) zentriert in seiner Aufmerksamkeit begrenzte Informationsauschnitte. Es achtet mehr auf Zustände als auf Transformationen. Es ist egozentrisch; es gelingt ihm nicht, andere Standpunkte zu berücksichtigen. Bestimmte Denkweisen liegen außerhalb seiner Möglichkeiten, so zum Beispiel die Reversibilität, die die symbolische Manipulation von Erfahrungsdaten gestattet. Selbst das größere Kind (zwischen sieben und elf Jahren) bleibt, obwohl es schon ziemlich genaue geistige Operationen vornehmen kann, stark an konkrete Situationen gebunden. Am besten gelingen ihm seine Schlußfolgerungen, wenn die Objekte unmittelbar gegenwärtig sind. Es versäumt, die einer Situation innewohnenden Möglichkeiten in Betracht zu ziehen.

Aus seiner kognitiven Struktur gewinnt das Kind eine Realitätsauffassung, die dem Erwachsenen chaotisch und verzerrt erscheint. Eine andere Folge ist darin zu sehen, daß sich der Sprachgebrauch des kleinen Kindes von dem des Erwachsenen unterscheidet. Die Wörter, die das Kind gebraucht, bedeuten ihm also nicht dasselbe wie dem Erwachsenen. Diese Erkenntnis wurde in der Vergangenheit manchmal übersehen. Im allgemeinen wurde angenommen, daß ein Kind, wenn es ein bestimmtes Wort benutzt, natürlich mit diesem Wort dieselbe Bedeutung vermitteln will wie ein Erwachsener, der dieses Wort verwendet. Die Erwachsenen glaubten, das Kind verfüge, sobald es das sprachliche Etikett für einen Gegenstand gelernt habe, auch über den zugrundeliegenden Begriff. Aber Piaget hat gezeigt, daß es sich oft anders verhält. Das Kind lernt seine Wörter nicht vom Erwachsenen, sondern assimiliert sie in seine eigene geistige Struktur, die von der des Erwachsenen sehr verschieden ist. Die Wörter „gleiche Menge zu trinken" zum Beispiel werden vom Vierjährigen anders ausgelegt als vom Erwachsenen. Erst nach einer langen Zeit kognitiver Entwicklung verwendet und versteht das Kind diese Wörter in gleicher Weise wie das reife Individuum.

Die Bedeutung dieser sehr allgemeinen Aussage — daß das Denken und die Sprache des kleinen Kindes sich qualitativ von der des Erwachsenen unterscheiden — ist gleichfalls sehr allgemein. Der Erzieher muß ihr zufolge besondere Anstrengungen unternehmen, um die Besonderheiten der kindlichen Erfahrung und Denkweise zu verstehen. Er kann nicht von der Annahme ausgehen, daß notwendigerweise auch für das Kind gilt, was für ihn gilt. Zum Beispiel mag der Erzieher selbst sehr viel lernen, wenn er ein Buch liest oder einer Vorlesung folgt. Die gleiche Erfahrung kann aber für das kleine Kind von viel geringerem Nutzen sein. Während der Erzieher den größten Nutzen aus einer systematisch aufgebauten Folge von Lernschritten ziehen mag, kann es sich bei dem Kind ganz anders verhalten. Während der Erzieher möglicherweise einen Gedanken als einfach und äußerst selbstverständlich empfindet, kann er dem Kind Schwierigkeiten bereiten. Der Schluß von der Erfahrung des Erwachsenen auf die des Kindes ist also höchst unsicher. Die Vermutung des Erziehers, die oft auf seinen eigenen Lernerfahrungen beruhen, treffen unter Umständen auf Kinder nicht zu. Der Erzieher sollte bemüht sein, seine Fähigkeit zum Beobachten und Zuhören zu verbessern und das Kind aus einer distanzierten Perspektive zu sehen. Da die Bedeutungen, die von der Sprache des Kindes transportiert werden, häufig sehr individueller Natur sind, sollte der Erwachsene sich bemühen, die kindliche Welt dadurch verstehen zu lernen, daß er die Handlungen des Kindes genau beobachtet. Es gibt für den Erzieher keine Regeln und kein Verfahren, die er leicht anwenden könnte, um das Kind zu verstehen. Was vor allem notwendig ist, ist großes Einfühlungsvermögen — die Bereitwilligkeit, vom Kinde zu lernen, seine Handlungen genau zu beobachten und die Annahme zu vermeiden, daß auch für das Kind gelte, was für den Erwachsenen wahr und üblich ist. Der Erzieher muß flexibel mit dem Kinde interagieren, um zu erfahren, auf welcher Funktionsebene es sich gerade befindet. Mit dieser Haltung — der Bereitschaft, das Kind zu beobachten und von ihm zu lernen — wird der Erzieher das Kind vielleicht verstehen lernen und die notwendigen Erfahrungen so vermitteln können, wie es die kindlichen Bedürfnisse erfordern.

Aktivität

Die vielleicht unmittelbarste Erkenntnis, die der Erzieher aus Piagets Werk gewinnen und direkt in den Unterricht einbringen kann, besteht darin, daß Kinder, besonders die kleineren, am besten lernen, wenn sie sich konkret betätigen. Wir haben in diesem Buch gesehen, daß Piaget vor allem die Rolle der Aktivität für die intellektuelle Entwicklung betont, besonders in den ersten Lebensjahren. Nach Piagets Ansicht ist eine der Hauptquellen des Lernens, wenn nicht die wichtigste, die eigene Aktivität des Kindes. Das Kind muß mit den Dingen umgehen können, um sie zu verstehen. Fast von Geburt an berührt es die Dinge, hantiert mit ihnen, dreht sie um, sieht sie an und entwickelt auf diese Weise ein wachsendes Verständnis für ihre Eigenschaften. Durch Manipulationen entwickelt es Schemata, die sich auf die Gegenstände richten. Wenn sie sich nicht als erfolgreich erweisen, versucht es, wiederum durch Manipulationen, neue Schemata zu entwickeln, also neue Handlungsweisen und dadurch neue Verständnisweisen der Welt. Dieses Verständnis liegt möglicherweise nicht auf einer sprachlichen Ebene. Tatsächlich ist das sprachliche Verständnis anfangs wenig ausgebildet. Das Kind braucht längere Zeit, um sich zu entwickeln, sich die Gegenstände zu Anfang durch sein Handeln zu erobern, das heißt dadurch, daß es mit ihnen hantiert. Nach einer gewissen Zeit können diese effektiven, sensomotorischen Handlungen als Denken interiorisiert werden. Noch später ist das Kind vielleicht auch in der Lage, auf einer sprachlichen Ebene die Begriffe auszudrücken, die es durch seine Interaktion mit der Welt entwickelt hat.
Deshalb sollte ein guter Unterricht das Kind in seiner Aktivität fördern und beim Manipulieren und Entdecken der Gegenstände bestärken. Wenn der Lehrer versucht, diesen Prozeß dadurch zu umgehen, daß er

das Wissen auf verbalem Weg vermittelt, kommen dabei meist nur oberflächliche Lernerfolge heraus. Wenn er seine Schüler im Unterricht zur Aktivität ermutigt, kann er ihre Lernfähigkeit optimal nutzen und ihnen ermöglichen, Verständnis für die sie umgebende Welt zu erwerben. Dieses Prinzip (welches besagt, daß Lernen auf der Aktivität des Kindes beruht) legt nahe, daß die Hauptaufgabe des Lehrers darin besteht, das Kind mit einer großen Vielfalt von möglicherweise interessanten Materialien zu versorgen, die es zum Handeln veranlassen können. Der Lehrer sollte nicht lehren, sondern das Kind dadurch zum Lernen ermutigen, daß er es mit Dingen hantieren läßt.

Wenn man das Prinzip des aktiven Lernens akzeptiert, muß man seine Ansichten über die Erziehung modifizieren. Lehrer (und die breite Öffentlichkeit) sehen gewöhnlich darin das Ziel der Erziehung, daß bestimmte Formen des Wissens vermittelt werden. Nach Piagets Theorie ist diese Auffassung aus verschiedenen Gründen falsch. Erstens können Lehrer tatsächlich nur sehr wenig vermitteln oder lehren. Zwar können sie das Kind veranlassen, gewisse Dinge zu *sagen*, aber diese Verbalisationen sind vom wirklichen Verständnis oft weit entfernt. Zweitens ist es nur selten angebracht, die Erkenntnis als *konkrete Sache* aufzufassen, die weitergegeben werden kann. Sicherlich muß das Kind einige Fakten lernen, und diese dürfen als solche *konkreten* Sachen betrachtet werden. Aber häufig lernt das Kind die Fakten nicht, wenn der Lehrer sie weiterzugeben sucht. Es muß sie selbst entdecken. Außerdem machen die Fakten nur einen geringen Teil des wirklichen Wissens aus. Wahres Verständnis ist eine Folge des Handelns auf der motorischen wie auf der intellektuellen Ebene. Betrachten wir zum Beispiel das Verständnis von Klasseneigenschaften. Nach traditioneller Anschauung könnte man den Vorschlag machen, daß das Kind einige Fakten über die Klassifikation lerne, daß ein Viereck zum Beispiel eine geometrische Form sei. Piaget dagegen bringt vor, daß das Verständnis der Klassifikation in einer Folge von Aktivitäten bestehe. Erstens sortiert das Kind die Gegenstände unmittelbar oder manipuliert sie in anderer Weise. Es fühlt die verschiedenen Formen und nimmt unter anderem auf diese Weise die Unterschiede zwischen ihnen wahr. Es kann verschiedene Formen auf verschiedene Plätze legen. Später kann es die Objekte nur noch auf der Vorstellungsebene sortieren. Es braucht die Dinge nicht mehr materiell voneinander zu trennen, sondern kann es in der Vorstellung tun. Später kann es sogar Inklusionsoperationen mit (vorgestellten) Klassen von Gegenständen vornehmen. Es vermag in Betracht zu ziehen, daß eine hypothetische Klasse die sie konstituierenden Unterklassen einschließt und „größer ist als" diese. Das Erkennen der Klassifikation beruht also nicht nur auf

Fakten, sondern genauso auf Handlungen: dem materiellen Sortieren, dem Sortieren in der Vorstellung und den ebenfalls in der Vorstellung abgewickelten Inklusionsoperationen. Darüber hinaus sind die meisten dieser Handlungen nicht-sprachlicher Natur.

Die Aufgabe des Lehrers besteht folglich nicht so sehr darin, dem Kind Fakten oder Begriffe zu übermitteln, sondern darin, es dazu zu bewegen, sowohl auf der materiellen wie auf der geistigen Ebene zu handeln. Diese Handlungen konstituieren — weit mehr als aufgedrängte Fakten oder Begriffe — wirkliche Erkenntnis. In diesem Zusammenhang kann es nützlich sein, sich das Verständnis des Kindes auf drei Ebenen vorzustellen.

Die erste dieser Ebenen ist das motorische Verständnis. Wissen auf dieser Ebene bedeutet, daß das Kind seine Handlungen direkt auf die Dinge richten und wirksam mit ihnen hantieren kann. Es kann seine Bewegungen so abstimmen, daß sie den Eigenschaften der Gegenstände entsprechen, und zeigt auf diese Weise an, daß es sie auf der Ebene der motorischen Reaktionen verstanden hat. Zum Beispiel kann es Gegenstände bewegen oder anheben oder umdrehen. Eine andere Verständnisebene ist die intuitiv stattfindende innere Aktivität. Das Kind führt auf verkürzte und interiorisierte Weise Handlungen mit den Objekten aus. Weil die Aktionen auf der Vorstellungsebene so viel schneller als auf einer Ebene der effektiven Handlung ausgeführt werden, vermag das Kind in derselben Zeit mehr zu tun. Es wird nicht länger durch räumliche und zeitliche Beschränkungen eingeengt. Schließlich gibt es die Ebene des sprachlichen Verständnisses. Das Kind ist in der Lage, die Begriffe auf einer abstrakten verbalen Ebene zu handhaben und vermag seine geistigen Operationen oft in Worten darzustellen.

Hierzu möchten wir erstens anmerken, daß die höheren Ebenen — die intuitive und die sprachliche — auf der untersten, das heißt auf der motorischen beruhen. Die Manipulation der Dinge ist eine Voraussetzung des höheren, sprachlichen Verständnisses. Das kleine Kind kann nicht auf die höheren Ebenen springen, bevor es durch konkrete Manipulation ein Fundament für sie geschaffen hat. Deshalb sollte konkrete Erfahrung dem Lernen vorangehen, das anhand verbaler Erklärungen oder geschriebenen Unterrichtsmaterials stattfindet. Zweitens sind diese unterschiedlichen Ebenen nicht unbedingt an bestimmte Altersstufen gebunden. Es ist zum Beispiel unwahrscheinlich, daß die Verfahren des Kindes auf der präoperativen Stufe völlig intuitiv sind oder daß der Jugendliche sich gänzlich auf sein sprachliches Vermögen verläßt; wahrscheinlich ist vielmehr, daß auf einer gegebenen Entwicklungsstufe eine Erkenntnisweise den Vorrang vor den anderen haben, sie aber nicht ausschließen wird. Aus beiden Gründen, nämlich wegen der Priorität der konkreten Manipulation und weil alle Erkenntnisweisen auf allen Ebenen nebeneinander vorkommen (zumindest auf den dem Säuglingsalter folgenden Stufen), müssen Kinder die Gelegenheit haben, sich im Unterricht aktiv zu entfalten, die Dinge zu berühren und zu fühlen, herauszufinden, wie sie funktionieren, und ähnliches mehr. Nur so erwerben sie wahres Wissen.

Kognitive Struktur, neue Erfahrung und Selbstregulation

Piaget betont in seiner Theorie die Wechselbeziehung zwischen vorliegenden kognitiven Strukturen und neuen Erfahrungen, sowie die Bedeutung, die dieser Beziehung für das Erwachen des Interesses und für die nachfolgende Entwicklung des Verständnisses zukommt. Einmal ließe sich sagen, daß Interesse und Lernen gefördert werden, wenn die Erfahrung, die sich dem Kind bietet, für das, was es bereits kennt, relevant ist, und andererseits zugleich genügend neu ist, um sich vom Bekannten zu unterscheiden und Konfliktstoff zu enthalten. Wir wollen uns an das Prinzip der gemäßigten Neuartigkeit erinnern, das wir anläßlich des Säuglingsalters erörterten (das aber genauso auf ältere Kinder anzuwenden ist). Piaget sagt, daß das Interesse des Kindes geweckt werde, wenn eine Erfahrung sich als gemäßigt neu erweise. Die Erfahrung ist nicht so radikal neu, daß sie nicht in vorhandene kognitive Strukturen zu assimilieren wäre, und nicht so vertraut, daß sie dem Kind kein Interesse mehr abverlangen könnte. Das Prinzip ist relativ: Die Erfahrung enthält nicht an sich eine besondere Eigenschaft, die sie interessant macht, sondern das Interesse entsteht aus der Interaktion zwischen dem Geisteszustand des Kindes und der Sache, die erkannt wird.
In der Äquilibrationstheorie wird betont, daß die sich selbst regulierenden Prozesse die Grundlage für wirkliches Lernen darstellten. Das Kind ist eher in der Lage, seine kognitiven Strukturen in konstruktiver Weise zu modifizieren, wenn es den eigenen Lernprozeß kontrolliert, als wenn die Verfahren der sozialen Vermittlung (in diesem Falle Unterricht) verwendet werden. Rufen wir uns die Experimente Smedlunds zur Erhaltung ins Gedächtnis. Wenn man diesen Begriff einem Kind beizubringen versucht, das noch nicht über die geistige Struktur verfügt, die für seine Assimilation notwendig ist, bleibt der sich daraus ergebende Lernprozeß oberflächlich. Wenn man andererseits Kindern gestattet, gemäß dem Tempo vorzugehen, das der normalen Entwicklungsfolge entspricht, regulieren sie ihr eigenes Lernen, indem sie die kognitiven Struk-

turen aufbauen, die zum wirklichen Verständnis der Erhaltung vonnöten sind.

Wenn diese Prinzipien ernst genommen werden, müssen sie zu tiefgreifenden Veränderungen in der Unterrichtspraxis führen. Sie implizieren erstens, daß sich der Lehrer darüber im Klaren ist, welche Funktionsebene das Kind erreicht hat. Wenn der Lehrer auf solche Einschätzung verzichtet, wird er Schwierigkeiten haben zu entscheiden, was das Interesse seiner Schüler wecken könnte. Zweitens folgt aus diesen Prinzipien, daß der Unterricht sich mehr am Individuum als an der Gruppe orientieren muß. Weil es tiefgreifende individuelle Unterschiede auf fast allen Gebieten der kognitiven Entwicklung gibt, ist es wenig wahrscheinlich, daß irgendeine Aufgabe oder Unterrichtsstunde das Interesse aller Schüler einer Klasse finden oder sie alle zum Lernen anregen kann. Einigen Kindern bereitet es zu wenig Schwierigkeiten, die Aufgaben in die vorhandenen geistigen Strukturen zu assimilieren, während das Problem anderen Schülern vielleicht ein höheres Maß an Akkommodation abverlangt, als sie zu diesem Zeitpunkt zu leisten imstande sind. Das führt zu Langeweile in der ersten Gruppe und zu Verwirrung in der zweiten. Drittens müssen Kinder in hohem Maße ihr eigenes Lernen kontrollieren können. Eines braucht vielleicht mehr Zeit als ein anderes, um sich denselben Stoff anzueignen. Außerdem finden Kinder möglicherweise zum selben Problem in unterschiedlicher Weise Zugang.

Um Interesse und Lernen anzuregen, sollte der Lehrer also das Curriculum dem Individuum anpassen. Dies bedeutet, daß man die Gruppe als Klasseneinheit auflösen, die Kinder häufiger an individuellen Projekten arbeiten lassen und ihnen erhebliche Freiheiten beim Lernen einräumen sollte. Bei dieser Art von Vorschlägen werden im allgemeinen viele Einwände laut. Erstens — so wird vorgebracht — wie könnte der Lehrer dann sicher gehen, daß alle Kinder bestimmte gemeinsame und erforderliche Unterrichtsgegenstände lernen? Hier ist zu antworten, daß er dies nicht könnte, wenn sich die Interessen der Kinder nicht überschnitten. Aber warum sollte es für alle Kinder wichtig sein, dieselben Dinge zu lernen? Zweitens, wenn man individuelle Lernsituationen schaffe, würden die Kinder nicht ihre Zeit vertun oder nur noch spielen? In dieser Haltung, die viele Lehrer teilen, offenbart sich mangelndes Vertrauen und eine sehr negative Einstellung gegenüber dem intellektuellen Leben von Kindern. Außerdem ist diese Haltung auch offensichtlich falsch. Piaget hat gezeigt, daß das Kind sich sehr aktiv bemüht, Wissen zu erwerben, und daß es wichtige Aspekte der Realität ganz ohne schulische Unterweisung lernt. In seinen ersten beiden Lebensjahren erwirbt der Säugling zum Beispiel ein primitives Verständnis der Kausalität, der

Beschaffenheit der Objekte, der Relationen, der Sprache und vieler anderer Dinge, und dies weitgehend ohne formelle Unterweisung und ohne daß Erwachsene es ihn „lehren“ würden. Man braucht einen Säugling nur während eines kurzen Zeitraumes zu beobachten, um zu merken, daß er neugierig ist, daß er an der Welt, die ihn umgibt, interessiert ist und daß er mit Eifer lernt. Es ist ganz offensichtlich, daß diese Merkmale auch für ältere Kinder gelten. Wenn das normale Kind sich selbst überlassen bleibt, verharrt es nicht etwa in Passivität, sondern möchte lernen. Folglich läuft man keine Gefahr, wenn man dem Kind gestattet, sein Lernen selbst zu strukturieren. Gefährlich wird es nur, wenn die Schule versucht, ihm die Aufgaben zu stellen. Um diesen Punkt zu verstehen, wollen wir uns die absurde Situation vorstellen, daß es der Schule obläge, dem Säugling beizubringen, was er während seiner ersten Lebensjahre spontan lernt. Die Schule würde Curricula für die sekundären Zirkulärreaktionen entwickeln. Sie würde Lehrpläne für die Objektpermanenz erstellen, audio-visuelle Hilfsmittel für die Kausalität bereitstellen, „richtiges“ Sprechen verstärken und Lernziele für jede Woche aufstellen. Wir können uns vorstellen, wie das Ergebnis eines solchen Programms früher Unterweisung aussehen würde! Was der Schüler also benötigt, ist kein formaler Unterricht, sondern eine Gelegenheit zu lernen. Er braucht eine ihn anregende Umgebung, die viele Dinge enthält, die ihn interessieren könnten. Er braucht einen Lehrer, der für seine Bedürfnisse aufgeschlossen ist, der beurteilen kann, welcher Stoff ihn jeweils reizen würde, der ihm helfen kann, wenn er Hilfe braucht und der Vertrauen in seine Fähigkeit zu lernen setzt.

Grenzen und Chancen

Es gibt bestimmte Grenzen für das, was das Kind lernen kann. Sein Denken entwickelt sich in einer Reihe von Stufen, deren jede ihre Stärken und Schwächen hat. Jede Stufe zeichnet sich durch die Fähigkeit aus, daß das Kind gewisse Handlungen ausführen kann, die für diese Stufe typisch sind, und durch die Neigung des Kindes, gewisse typische Fehler zu begehen. Neue geistige Strukturen entwickeln sich aus alten mit Hilfe des Doppelprozesses der Assimilation und der Akkommodation. Wenn das Kind neuen Erfahrungen gegenübersteht, versucht es, sie in das bestehende geistige System zu assimilieren oder sich den Erfordernissen der neuen Erfahrung zu akkommodieren. Neues Wissen wird niemals auf zusammenhanglose Weise erworben, sondern immer von bereits bestehenden Strukturen derart absorbiert, daß frühere Erfahrung zur Erklärung der neuen herangezogen werden kann. Die neue Erfahrung wiederum wird in eine Form gebracht, die zur früheren Erfahrung paßt. Geistige Entwicklung ist mehr als die bloße Akkumulation isolierter und beziehungsloser Erfahrungen. Der Entwicklungsprozeß ist hierarchisch gestuft. Spätere Erwerbungen bauen auf früheren auf und werden gleichzeitig auch auf diese ausgeweitet.

Eine der Implikationen der Stadientheorie ist in gewisser Hinsicht „pessimistisch". Da die intellektuelle Entwicklung eine bestimmte Reihenfolge einzuhalten scheint — eine Reihenfolge, die wir, bis das Gegenteil bewiesen ist, für allgemeingültig halten können —, ist das kleine Kind unfähig, bestimmte Begriffe zu lernen. Es wäre beispielsweise zwecklos, wollte man einem Kind auf der präoperativen Stufe das Trägheitsprinzip oder irgendeinen anderen abstrakten Begriff beibringen, der Schlußfolgerungen auf der Ebene der formalen Operationen voraussetzt. Gegenwärtig setzt sich jedoch in den Vereinigten Staaten der Trend durch, anzunehmen, man könne jedem Kind auf jeder Entwicklungsebene alles beibringen, vorausgesetzt man verwende die geeigneten Methoden. Piagets Ergebnisse lassen eher das Gegenteil vermuten. Bestimmte Dinge können, ungeachtet der gewählten Methode, nicht auf jeder beliebigen Ebene gelehrt werden. Es ist natürlich in bestimmten Fällen möglich, das Lernen dadurch zu beschleunigen, daß man sich geeignete Umweltreize zu Hilfe nimmt. Wenn ein Kind auf der präoperativen Stufe zum Beispiel kurz vor dem endgültigen Erwerb der Struktur der konkreten Operationen steht, kann sich geeignete materielle Erfahrung förderlich auf diesen Prozeß auswirken, wodurch die Struktur dann etwas früher erworben werden kann, als es geschehen wäre, wenn keine solche Erfahrung vorgelegen hätte. Aber würde man dem Säugling dieselbe Erfahrung ermöglichen, würde man damit nicht dieselbe Wirkung erzielen. Dem Säugling fehlt zuviel an Erfahrung und geistiger Entwicklung, als daß er konkrete Operationen ausführen könnte. Folglich kann er nicht über die geistige Struktur verfügen, die geeignet ist, die im Unterricht geplante Erfahrung fruchtbar zu assimilieren. Aller Wahrscheinlichkeit nach würde der Säugling die Erfahrung in einer Form assimilieren, die seiner Verständnisebene entspräche. Zwar würde er aus ihr lernen, aber nicht das, was der Lehrer beabsichtigte. Diese Erfahrung, die auf der präoperativen Stufe wohl geeignet ist, den Erwerb der konkreten Operationen zu fördern, würde auf den Säugling eine ganz andere Wirkung ausüben. Die Wirkung der Erfahrung wird also durch die besondere Fähigkeit des Kindes im jeweiligen Entwicklungsstadium eingeschränkt.

Ein Aspekt der Stadientheorie Piagets ist also „pessimistisch", insofern nahegelegt wird, daß es einige Dinge gibt, die Kinder nicht lernen können. Aber die Theorie hat auch ihre „optimistische" Seite. In jedem Entwicklungsstadium ist das Kind zu gewissen Denkweisen fähig und hat bestimmte Begriffe von der Realität entwickelt. Zum Beispiel kam Piaget zu dem Ergebnis, daß sich die Begriffe der topologischen Geometrie (die Unterscheidung zwischen geschlossenen und offenen Figuren, usw.) beim Kinde vor denen der euklidischen Geometrie (Winkel-, Entfernungsmessung usw.) und der projektiven Geometrie (Perspektiven-, Koordinatenmessung usw.) entwickeln. Das Verständnis topologischer Begriffe tritt ziemlich früh auf, wohingegen das Kind die Begriffe der euklidischen und projektiven Geometrie erst mit ungefähr sieben Jahren zu verstehen beginnt. Während also der Fünfjährige noch außerstande sein mag, projektive Begriffe zu lernen, hat er sich bereits ein intuitives Verständnis der topologischen Begriffe angeeignet. Jedes Entwicklungsstadium hat seine Stärken und Schwächen.

Aus dem, was Piaget über die Stärken und Schwächen jedes Entwicklungsstadiums aussagt, ergeben sich einige Folgerungen. Erstens muß der Lehrer sich, wie wir bereits betont haben, Klarheit über die Ebene zu verschaffen suchen, auf der sich die kognitiven Funktionen des Kindes jeweils befinden. Bis zu einem gewissen Grade kann sich der Lehrer dabei auf Piagets Forschungsergebnisse stützen. Aber Piagets Arbeit reicht zu diesem Zweck nicht aus, weil sie sich nur mit einem Teil der Themen befaßt hat, die in der Schule gewöhnlich behandelt werden. Der Lehrer muß also selbst die Fähigkeiten seiner Schüler einschätzen. Selbst wenn einschlägige Studien vorliegen, muß der Lehrer dennoch solch eine Bewertung vornehmen, weil mit Sicherheit anzunehmen ist, daß auf jeder Altersstufe für alle Begriffe große individuelle Unterschiede im Verständnis vorliegen. Die Aufgabe des Lehrers ist nicht einfach. Er sollte sich nicht allzusehr auf standardisierte Leistungstests verlassen. Piagets klinische Methode hat gezeigt, daß die erste verbale Antwort des Kindes (der Antworttyp, der einem standardisierten Test gewöhnlich zugrundeliegt) häufig oberflächlich ist und keinen verläßlichen Hinweis auf die Zuverlässigkeit seines Verständnisses gibt. Tests bleiben in der Regel an der Oberfläche und prüfen oft auch die falschen Dinge. Wiederum muß der Lehrer die Kinder sorgfältig beobachten und versuchen, sowohl ihre intuitive Fähigkeit wie auch ihre Schwäche auf jedem Gebiet zu entdecken.

Zweitens, sobald der Lehrer die aktuelle Funktionsebene des Kindes ein bißchen kennt, kann er dem Kind Erfahrungen zugänglich machen, die dessen Entwicklung fördern. In der Gometrie zum Beispiel könnte der Lehrer seinen Schülern zuerst Gelegenheit geben, etwas über topologische

Begriffe zu lernen (diese Gelegenheiten würden natürlich nicht in Unterrichtsmaßnahmen bestehen, sondern darin, Materialien bereitzustellen, die topologische Unterscheidungen herausfordern und mit denen das Kind, unter der allgemeinen Anleitung des Lehrers, unabhängig arbeiten kann). Wenn die Lernsituationen so gestaltet würden, würde der Schüler in den unteren Klassen mit den topologischen Begriffen vertraut werden. Die geistigen Strukturen, über die er verfügt, würden dafür garantieren, daß er einige topologische Begriffe versteht, und andere könnte er sich ohne große Schwierigkeiten aneignen. Seine ersten Unterrichtserfahrungen mit der Geometrie würde also auf Dingen aufbauen und sie erweitern, die er auf intuitive Weise bereits kennt.

Soziale Interaktion

Materielle Erfahrung und konkrete Manipulation sind aber nach Piagets Ansicht nicht die einzigen Weisen, in denen das Kind lernt. Ein anderer Erfahrungstypus, durch den das Kind seine Umwelt verstehen lernt, ist die soziale Erfahrung oder die Interaktion mit anderen Individuen, seien es Gleichaltrige oder Erwachsene. Dieser Erfahrungstypus wirkt sich, während er in den ersten Lebensmonaten beinahe vernachlässigt werden kann, in zunehmendem Maße aus, wenn das Kind älter wird. Wir haben schon darauf hingewiesen, daß einer der ersten Störfaktoren eines objektiven Realitätsverständnisses das egozentrische Denken des Kindes ist. Es kann die Dinge anfangs nicht objektiv wahrnehmen, weil es sie nur in Beziehung zu sich selbst sehen kann. Das sehr junge Kind assimiliert externe Ereignisse unmittelbar in seine eigenen Handlungsschemata. Die Dinge sind nur insoweit relevant, als sie seine eigenen Beschäftigungen betreffen. Es kann Gegenstände und Ereignisse nicht aus einer anderen als der eigenen Perspektive betrachten. Diese Egozentrik hindert das Kind natürlich daran, objektive Ansichten über Gegenstände und Personen zu gewinnen. Allmählich — in dem Maße, in dem es fähig wird, seine Aufmerksamkeit zu dezentrieren, in dem es verschiedene Aspekte der Wirklichkeit gleichzeitig zu berücksichtigen beginnt und in dem es ihm gelingt, den Standpunkt eines anderen Individuums zu verstehen — erwirbt es objektivere Vorstellungen von der Wirklichkeit.

Eine Tätigkeit, die die Preisgabe der Egozentrik fördert, ist die soziale Interaktion. Wenn ein Kind mit einem anderen spricht, stellt es fest, daß man die Dinge auch anders betrachten kann, als es selbst es tut. Es sieht, daß andere Leute seine Ansichten nicht unbedingt teilen. Interaktion führt unvermeidlich zu Konflikten und Auseinandersetzungen. Die Ansichten des Kindes werden auf die Probe gestellt. Es muß seine Gedanken verteidigen und seine Meinungen rechtfertigen. Wenn es andere davon überzeugen will, daß seine Ansichten zutreffen, muß es seine Gedanken klar und logisch ausdrücken. Andere sind seinen Widersprüchen gegenüber nicht so nachsichtig wie es selbst. Wir sehen also, daß neben der gewöhnlich betonten affektiven Seite der sozialen Interaktion oder der Notwendigkeit, mit anderen Leuten auszukommen, ihr auch eine wichtige kognitive Komponente eigen ist. Die soziale Erfahrung hilft Menschen nicht nur, sich den anderen auf einer emotionalen Ebene anzupassen, sondern dient auch dazu, das Denken des Individuums zu klären, und hilft ihm, schlüssiger und logischer zu werden.

Auf beiden Erfahrungsebenen, der materiellen und der sozialen, kann der Lehrer die Aktivität des Kindes fördern. Wenn der Lehrer dem Kind eine Vielfalt von Objekten bereitstellt, mit denen es hantieren kann, liefert er diesem die Grundlage dafür, daß es die materiellen Eigenschaften der Dinge empirisch entdecken kann, er gibt ihm die Möglichkeit, sein Verständnis auf der motorischen oder intuitiven Ebene zu entfalten. Dadurch, daß er dem Kind die Möglichkeit zur sozialen Interaktion liefert, fördert der Lehrer den Meinungsaustausch, der schließlich zum Verständnis oder dem Lernen auf der verbalen Ebene führt.

Wir müssen uns aber klar machen, daß sich die soziale Erfahrung nicht unabhängig von der materiellen Erfahrung vollzieht. Verbaler Meinungsaustausch über bestimmte Themen ist nicht möglich, bevor nicht die entsprechenden materiellen Erfahrungen gemacht worden sind, die zu diesen Meinungen geführt haben. Tatsächlich scheint es in den frühen Entwicklungsstadien so, daß die materielle Erfahrung oder die motorische Aktivität bei der Entdeckung der Realität eine wichtigere Rolle spielt als die Sprache. Sobald das Kind einen Gegenstand oder eine Situation in sein Handeln einbezogen hat, kann die Sprache zwar zum wichtigsten Instrument werden, um die Erfahrung zu einer gedrängten Erfahrungskategorie zu interiorisieren. Doch die kindliche Aktivität oder Erfahrung ist, besonders in den frühen Entwicklungsstadien, von weit größerer Bedeutung.

Piagets Ansicht bedeutet, daß im Unterricht viel Wert auf die soziale Interaktion gelegt werden sollte. Die Kinder sollten miteinander reden. Sie sollten sich unterhalten, Erfahrungen austauschen und argumentieren. Es ist schwer zu verstehen, warum die Kinder in der Schule gezwungen werden, sich still zu verhalten, wenn das nur zu einer autoritären Situation und zu schlimmer Langeweile zu führen scheint. Wir sollten des Gelübde der Schweigsamkeit den Klöstern überlassen.

Traditionelle Lehrmethoden

Piagets Theorie nötigt zu dem Schluß, daß die „traditionellen" Lehrmethoden, besonders in den unteren Klassen, schwerwiegende Mängel aufweisen. Mit „traditionellen" Methoden meinen wir den Fall, daß ein Lehrer seine Unterrichtsvorbereitung so festlegt, daß er seine Schüler durch eine vorher fixierte Folge von Lernschritten hindurchführt, daß er versucht, seinen Schülern den Stoff dadurch zu vermitteln, daß er ihn vorträgt oder ihn auf andere Weise verbal erklärt, daß er alle Schüler dazu zwingt, im wesentlichen an denselben Stunden teilzunehmen, und daß er Schulbücher als wichtigstes Unterrichtsmedium verwendet. Unter solchen Bedingungen haben die Schüler ihre festen Plätze im Klassenraum, laufen sie Gefahr, bestraft zu werden, wenn sie mit anderen sprechen, müssen sie dem Lehrer zuhören, müssen sie sich mit dem Stoff beschäftigen, den der Lehrer für wichtig hält, und müssen sie aus Büchern lernen. Natürlich wenden Lehrer die traditionellen Methoden in unterschiedlichem Maße an. Nicht zwei Unterrichtsweisen sind identisch, und sicherlich würde man keine finden, die in jeder Hinsicht und immer traditionell ist. Trotzdem wird die Erziehung auch heute noch in hohem Maße durch die traditionellen Methoden beeinflußt, wie die Fallstudien in Schulen beweisen.

Die traditionellen Unterrichtsverfahren beruhen auf einer Reihe von Vermutungen über das Wesen von Kindern und über die Art, in der sie lernen. Eine Vermutung geht dahin, daß Schüler auf einer gegebenen Altersstufe im wesentlichen denselben Stoff lernen sollten. Es ist etwas Wahres an dieser Annahme. Kinder auf einer gegebenen Altersstufe und in einem bestimmten kulturellen Kontext befinden sich gewöhnlich auf einer ähnlichen Ebene der kognitiven Entwicklung und können deshalb im allgemeinen bestimmte Begriffe nicht lernen, während sie mit anderen umgehen können. Aber das traditionelle Schulsystem hält sich auf merkwürdige Weise an dieses Prinzip. Dadurch, daß sie alle Schüler dazu zwingt, sich jeden Tag mit demselben Stoff zu beschäftigen, läßt die traditionelle Methode unberücksichtigt, daß es individuell unterschiedliche Lerntempos gibt. Außerdem läßt ein solches Verfahren die Faktoren außer acht, die das Interesse und das wirkliche Lernen hervorrufen: Sie treten auf, wenn eine neue Erfahrung sich durch einen gemäßigten Grad von Neuigkeit hinsichtlich der beim Individuum vorliegenden kognitiven Struktur auszeichnet. Will man in einer Klasse Kindern, die über unterschiedliche kognitive Strukturen verfügen, identische Erfahrungen vermitteln, so werden diese einige nur langweilen, andere werden sie als so neu empfinden, daß sie sie nicht assimilieren können.

Eine zweite Vermutung lautet, Kinder könnten durch verbale Erklärungen des Lehrers oder durch schriftliche Darstellungen in Büchern lernen. Natürlich trifft dies manchmal zu. Aber wie wir gesehen haben, lernen Kinder nur, wenn sie ihre Aktivität entfalten können. Verbale Erklärungen oder schriftliche Darstellungen können erst nützlich werden, wenn mit Hilfe konkreter Aktivität eine Grundlage geschaffen worden ist.
Eine dritte Vermutung der traditionellen Erziehung ist implizit in den beiden ersten enthalten. Sie lautet, daß Schüler wahrscheinlich ihre Zeit vertun und wenig lernen würden, wenn man ihnen mehr Kontrolle über ihr Lernen einräumte, das heißt, wenn man ihnen gestattete, auszusuchen, was und wie sie lernen wollen. Auch diese Vermutung ist sicherlich zum Teil wahr. Wenn die Schüler keine Anleitung durch einen Erwachsenen hätten, würden sie unter Umständen Zeit verlieren. Wie Piaget gezeigt hat, beruht das Lernen größtenteils auf sich selbst regulierenden Prozessen. Auch außerhalb der Schule gelingt es Kindern, sich das Verständnis für bestimmte Aspekte der Realität anzueignen. Folglich kann man Schüler in höherem Maße an der Verantwortung für ihre Lernprozesse beteiligen. Sicherlich können Erwachsene dabei helfen, aber der Versuch, das Lernen des Kindes völlig zu dirigieren, ist zum Scheitern verurteilt.
Eine vierte Vermutung lautet, daß unkontrolliertes Sprechen während des Unterrichts den Erziehungsprozeß stört. Sicherlich kann zuviel Lärm die Schüler am Lernen hindern (obwohl uns die Beobachtung lehrt, daß Schüler vom Lärm viel weniger belästigt werden als Lehrer). Aber Piaget macht darauf aufmerksam, daß die Unterhaltung und der aus ihr sich ergebende Widerstreit der Meinungen dem geistigen Wachstum sehr förderlich sein kann. Es ist deshalb wenig angebracht, intelligente und spontane Unterhaltungen vom Unterricht auszuschließen.

Zusammenfassung und Schluß

Wir haben einige der wesentlichen Erkenntnisse erörtert, die aus Piagets Ansichten für die Erziehungspraxis zu gewinnen sind. Während Piaget sich nicht ausdrücklich mit dem Unterricht beschäftigt hat, kann man doch aus seiner Theorie eine Reihe von Prinzipien entwickeln, die als Maßstab für neue Erziehungsverfahren dienen können. Das erste lautet, daß Sprache und Denken des Kindes sich von denen des Erwachsenen unterscheiden. Der Lehrer muß sich dieser Tatsache bewußt sein und deshalb versuchen, das Kind möglichst genau zu beobachten, um seine besonderen Sichtweisen zu verstehen. Zweitens müssen Kinder Dinge manipulieren, um zu lernen. Formelle verbale Unterweisung bleibt im allgemeinen wirkungslos, besonders bei kleineren Kindern. Das Kind muß seine Umwelt zum Ziel seiner materiellen Handlungen machen können. Solche Aktivität konstituiert einen wesentlichen Teil wirklichen Erkennens. Die bloß passive Rezeption von Fakten und Begriffen ist der unwichtigere Teil wirklichen Verstehens. Drittens zeigen sich Kinder am interessiertesten und lernen am besten, wenn die Erfahrung gemäßigt neu ist. Wenn ein Ereignis sowohl vertraut genug ist, um ohne Verzerrung in die vorhandenen kognitiven Strukturen assimiliert werden zu können, wie auch neu genug, um ein gewisses Maß an Konflikt hervorzurufen, werden Interesse und Lernen gefördert. Da sich die kognitive Struktur der Kinder auch auf einer gegebenen Altersstufe unterscheidet, werden weder alle Kinder dasselbe Ereignis interessant finden noch aus ihm lernen — was impliziert, daß erfolgreicher Frontalunterricht beinahe unmöglich ist. Kinder sollten individuell frei und an Aufgaben ihrer eigenen Wahl arbeiten. Außerdem meint Piaget, daß ein wichtiger Aspekt des Lernens die Selbst-Regulation sei. Bevor das Kind in die Schule kommt, lernt es auch ohne Unterweisung durch Erwachsene auf viele Weisen.

Viertens entwickeln sich die kindlichen Denkprozesse in einer Reihe von Stadien, deren jedes unterschiedliche Stärken und Schwächen hat. Die Lehrer sollten beide berücksichtigen. Kinder sollten nicht gezwungen werden, einen Stoff zu lernen, für den sie noch nicht bereit sind, und man sollte ihnen die Möglichkeit geben, ihr intuitives Verständnis auf Themen zu richten, die in der Schule behandelt werden. Um dies zu erreichen, muß der Lehrer wieder sehr feinfühlig vorgehen: Er muß die individuellen Unzulänglichkeiten und Stärken eines jeden Kindes wahrnehmen. Die einen muß er umgehen und die anderen ausnützen.

Fünftens sollte das Kind in der Schule sprechen, argumentieren und debattieren dürfen. Soziale Interaktionen, besonders wenn sie sich auf die entsprechende materielle Erfahrung bezieht, fördert das intellektuelle Wachstum.

Es sollte deutlich geworden sein, daß diese Ansichten vielen Annahmen der traditionellen Erziehung widersprechen. Nach den Forschungsergebnissen und der Theorie Piagets lernen Schüler einer bestimmten Klassenstufe nicht denselben Stoff und können es auch nicht. Sie lernen nur in geringem Umfang aus verbalen Erklärungen oder schriftlichen Darlegungen. (Zuerst muß die konkrete Erfahrung vorliegen.) Sie können und wollen ihr Lernen kontrollieren und sie sollten untereinander sprechen. Es sollte auch deutlich sein, daß diese Ideen nicht besonders neu sind.

Die „progressive“ Erziehungswissenschaft fordert seit einigen Jahren ähnliche Verhältnisse in den Schulen. Piagets Beitrag ist nicht darin zu sehen, daß er neue Erziehungsvorstellungen entwickelt, sondern darin, daß er empirisch und theoretisch eine Fülle von Material zur Verfügung stellt, das eine solide Basis dafür schafft, daß ein „progressives“ Verfahren in unseren Schulen eingeführt werden kann. Vor langer Zeit hat John Dewey[3], als er traditionelle Erziehungsverfahren ablehnte, eine „Erfahrungsphilosophie“ gefordert und auch versucht, sie zu schaffen. Er versteht darunter eine genaue Erklärung der Formen, in denen Kinder beim wirklichen Lernen Erfahrungen sammeln. Piaget hat diese Forderungen zum großen Teil erfüllt.

Wir möchten darauf hinweisen, daß diese Erziehungsvorstellungen nicht nur „idealistisch“ sind, sondern genauso ihre praktische Bedeutung haben. Viele Grundschulen in England (und sogar einige in den Vereinigten Staaten) haben ihre Lehrmethoden den oben beschriebenen Prinzipien angeglichen, wobei sie sich direkt auf Piagets Arbeiten bezogen. Diese Schulen stellen ein sehr vielversprechendes Experiment für die Innovation des Unterrichtswesens dar und arbeiten bereits mit gutem Erfolg.

Wir wollen den Abschnitt über Erziehung und dieses Buch mit einer Bemerkung Piagets beschließen. Sie beschreibt seine Erziehungsziele und zugleich seine eigene Leistung:

„Das vorrangige Ziel der Erziehung besteht darin, Menschen zu schaffen, die in der Lage sind, Neues zu leisten, die nicht einfach wiederholen, was andere Generationen getan haben — Menschen, die schöpferisch, einfallsreich und voller Entdeckerfreude sind. Das zweite Ziel der Erziehung liegt darin, die Verstandeskräfte der Menschen so auszubilden, daß sie kritisch sein können, daß sie selbst erkennen, was wahr ist, und nicht alles annehmen, was man ihnen einreden will. Die große Gefahr liegt heute in den Schlagworten, in den kollektiven Meinungen, in den vorgefertigten Denkweisen. Wir müssen fähig sein, diesen Trends als Einzelwesen Widerstand zu leisten, sie zu kritisieren, zu unterscheiden zwischen dem, was bewiesen ist, und dem, was unbewiesen ist. So brauchen wir Schüler, die aktiv sind, die früh gelernt haben, sich selbst zu finden, teils durch ihre eigene spontane Aktivität, und teils durch Stoffe, die wir ihnen angeboten haben, Schüler, die früh lernen, zu sagen, was beweisbar und was einem bloß so eingefallen ist.“[4]

---

[3] John Dewey, Experience and Education, New York: Collier Books, 1963.
[4] Piaget Rediscovered, S. 5.

Register

Verzeichnis der Werke von Jean Piaget

Das folgende Verzeichnis führt — zuerst chronologisch, dann alphabetisch — die Werke auf, die Jean Piaget in Buchform veröffentlicht hat, und die Buchpublikationen, an denen er mitgearbeitet hat oder die Beiträge von ihm enthalten. Aufsätze, die nur in Zeitschriften erschienen sind, wurden nicht aufgenommen.

1. Chronologisches Verzeichnis

In diesem Verzeichnis sind die Werke nach dem Jahr des ersten Erscheinens der französischen (oder englischen) Originalausgabe geordnet. Unter der gleichen Jahreszahl werden die neuesten Auflagen der genannten Originalausgabe und eventuelle deutsche Übersetzungen aufgeführt.

1918
Recherche. Edition La Concorde, Lausanne.

1923
Le langage et la pensée chez l'enfant. Vorwort von E. Claparède. Delachaux & Niestlé, Neuchâtel und Paris. 9. Auflage 1976. Deutsch: *Sprechen und Denken des Kindes.* Schwann, Düsseldorf 1972.

1924
Le jugement et le raisonnement chez l'enfant. Delachaux & Niestlé, Neuchâtel und Paris. 7. Auflage 1971. Deutsch: *Urteil und Denkprozeß des Kindes.* Schwann, Düsseldorf 1972.

1926
La représentation du monde chez l'enfant. Alcan, Paris. 5. Auflage Presses Universitaires de France, Paris 1976. Deutsch: *Das Weltbild des Kindes.* Mit einer Einführung von Hans Aebli. Klett-Cotta. Stuttgart 1978.

1927
La causalité physique chez l'enfant. Alcan, Paris.

1932
Le jugement moral chez l'enfant. Alcan, Paris. 4. Auflage Presses Universitaires de France, Paris 1973. Deutsch: *Das moralische Urteil beim Kinde.* Rascher, Zürich 1954. Jetzt: Walter, Olten und Freiburg i. Br. (Taschenbuch: Suhrkamp, Frankfurt a. M. 1973).

1936
La naissance de l'intelligence chez l'enfant. Delachaux & Niestlé, Neuchâtel und Paris. 8. Auflage 1975. Deutsch: *Das Erwachen der Intelligenz beim Kinde.* Mit einer Einführung von Hans Aebli. Klett, Stuttgart 1969 (Ges. Werke Bd. 1).

1937
La construction du réel chez l'enfant. Delachaux & Niestlé, Neuchâtel und Paris. 5. Auflage 1973. Deutsch: *Der Aufbau der Wirklichkeit beim Kinde.* Mit einer Einführung von Hans Aebli. Klett, Stuttgart 1974 (Ges. Werke Bd. 2).

1941
La genèse du nombre chez l'enfant. Mitautor: Alina Szeminska. Delachaux & Niestlé, Neuchâtel und Paris. 4. Auflage 1967. Deutsch: *Die Entwicklung des Zahlbegriffs beim Kinde.* Mit einer Einführung von Hans Aebli. Klett, Stuttgart 1965. 3. Auflage 1972 (Ges. Werke Bd. 3).

1942
Classes, relations et nombres. Essai sur les groupements de la logistique et sur la réversibilité de la pensée. Vrin, Paris.
Le développement de quantités physiques chez l'enfant. Conservation et atomisme. Mitautor: Bärbel Inhelder. Delachaux & Niestlé, Neuchâtel und Paris. 3. Auflage 1968. Deutsch: *Die Entwicklung der physikalischen Mengenbegriffe beim Kinde. Erhaltung und Atomismus.* Mit einer Einführung von Hans Aebli. Klett, Stuttgart 1969 (Ges. Werke Bd. 4).

1945
La formation du symbole chez l'enfant. Imitation, jeu et rêve; image et représentation. Delachaux & Niestlé, Neuchâtel und Paris. 5. Auflage 1970. Deutsch: *Nachahmung, Spiel und Traum.* Die Entwicklung der Symbolfunktion beim Kinde. Mit einer Einführung von Hans Aebli. Klett, Stuttgart 1969 (Ges. Werke Bd. 5).

1946
Le développement de la notion de temps chez l'enfant. Presses Universitaires de France, Paris. 2. Auflage 1973. Deutsch: *Die Bildung des Zeitbegriffs beim Kinde.* Rascher, Zürich 1955. Jetzt: Walter, Olten und Frei-

burg i. Br. (Taschenbuch: Suhrkamp, Frankfurt a. M. 1974).
Les notions de mouvement et de vitesse chez l'enfant. Presses Universitaires de France, Paris. 2. Auflage 1972.

1947
La psychologie de l'intelligence. Colin, Paris. 9. Auflage 1967. Deutsch: *Psychologie der Intelligenz.* Mit einer Einführung von Hans Aebli. Rascher, Zürich und Stuttgart 1948. 5. Auflage Walter, Olten und Freiburg i. Br. 1972 (Taschenbuch: Kindler, München 1976).

1948
La représentation de l'espace chez l'enfant. Mitautor: Bärbel Inhelder. Presses Universitaires de France, Paris. 2. Auflage 1972. Deutsch: *Die Entwicklung des räumlichen Denkens beim Kinde.* Mit einer Einführung von Hans Aebli. Klett, Stuttgart 1971 (Ges. Werke Bd. 6).
La géométrie spontanée de l'enfant. Mitautoren: Bärbel Inhelder und Alina Szeminska. Presses Universitaires de France, Paris. 2. Auflage 1973. Deutsch: *Die natürliche Geometrie des Kindes.* Mit einer Einführung von Hans Aebli. Klett, Stuttgart 1974 (Ges. Werke Bd. 7).

1949
Traité de logique. Essai de logistique opératoire. Colin, Paris. 2. Auflage: *Essai de logique opératoire.* Dunod, Paris 1972.

1950
Introduction à l'épistémologie génétique. Band I–III. Presses Universitaires de France, Paris. *I: La pensée mathématique.* 2. Auflage 1973. *II: La pensée physique.* 2. Auflage 1974. *III: La pensée biologique, la pensée psychologique et la pensée sociologique.* Deutsch: *Die Entwicklung des Erkennens. I: Das mathematische Denken.* Mit einer Einführung von Hans Aebli. Klett, Stuttgart 1972. *II: Das physikalische Denken.* Klett, Stuttgart 1973. *III: Das biologische Denken; das psychologische Denken; das soziologische Denken.* Vorwort von Fritz Kubli. Klett, Stuttgart 1973 (Ges. Werke Bd. 8, 9 und 10).

1951
La genèse de l'idée de hasard chez l'enfant. Mitautor: Bärbel Inhelder. Presses Universitaires de France, Paris. 2. Auflage 1974.

1952
Essai sur les transformations des opérations logiques. Les 256 opérations ternaires de la logiques bivalente des propositions. Presses Universitaires de France, Paris.

1953

Logic and Psychology. Mit einer Einführung von Wolfe Mays. Manchester University Press, Manchester. 3. Auflage 1965. Basic Books, New York 1957. 2. Auflage 1965.

1955

De la logique de l'enfant à la logique de l'adolescent. Essai sur la construction des structures opératoires formelles. Mitautor: Bärbel Inhelder. Presses Universitaires de France, Paris. 2. Auflage 1970. Deutsch: *Von der Logik des Kindes zur Logik des Heranwachsenden.* Walter, Olten und Freiburg i. Br. 1977.

1957

Etudes d'épistémologie génétique. Publiziert unter der Leitung von Jean Piaget. Presses Universitaires de France, Paris 1957 ff. (bis jetzt 33 Bände, siehe die einzelnen Titel; der Reihentitel wird im folgenden abgekürzt mit E.E.G.)

Epistémologie génétique et recherche psychologique. Beiträge auch von E. W. Beth und W. Mays (*E.E.G.* I).

Logique et équilibre. Beiträge auch von L. Apostel und B. Mandelbrot (*E.E.G.* II),

Logique, langage et théorie de l'information. Beiträge von L. Apostel. B. Mandelbrot und A. Morf (*E.E.G.* III).

Les liaisons analytiques et synthétiques dans les comportements du sujet. Beiträge auch von L. Apostel, W. Mays und A. Morf. Mitarbeiter: B. Matalon (*E.E.G.* IV).

1958

La lecture de l'expérience. Beiträge auch von A. R. Jonckheere und B. Mandelbrot (*E.E.G.* V).

Logique et perception. Beiträge auch von F. Bresson, J. S. Bruner und A. Morf (*E.E.G.* VI).

1959

La genèse des structures logiques élémentaires. Classifications et sériations. Von Bärbel Inhelder. Mitautor: Jean Piaget. Delachaux & Niestlé, Neuchâtel und Paris. 2. Auflage 1967. Deutsch: *Die Entwicklung der elementaren logischen Strukturen.* 2 Bde. Mit einer Einführung von Ursula Rohr-Dietschi. Schwann, Düsseldorf 1973.

Apprentissage et connaissance. Mitautor: P. Gréco (*E.E.G.* VII). *Logique, apprentissage et probabilité.* Mit Beiträgen von L. Apostel, A. R. Jonckheere und B. Matalon (*E.E.G.* VIII).

L'apprentissage des structures logiques. Beiträge von A. Morf, J. Smedslund, Vinh-Bang und J. F. Wohlwill (*E.E.G.* IX).

La logique des apprentissages. Beiträge auch von M. Goustard, P. Gréco und B. Matalon (*E.E.G.* X).

1960
Problèmes de la construction du nombre. Beiträge auch von P. Gréco, J.-B. Grize und S. Papert (*E.E.G.* XI).
Théorie du comportement et opérations. Mitautor: D. E. Berlyne (*E.E.G.* XII).

1961
Les mécanismes perceptifs. Modèles probabilistes, analyse génétique, relations avec l'intelligence. Presses Universitaires de France, Paris. 2. Aufl. 1975.
Epistémologie mathématique et psychologie. Mitautor: E. W. Beth (*E.E.G.* XIV).

1962
Structures numériques élémentaires. Beiträge von P. Gréco und A. Morf (*E.E.G.* XIII).
Implication, formalisation et logique naturelle. Beiträge auch von E. W. Beth, J.-B. Grize, R. Martin, B. Matalon und A. Naess (*E.E.G.* XVI).

1963 ff.
La filiation des structures. Beiträge auch von L. Apostel, J.-B. Grize und S. Papert (*E.E.G.* XV).
La formation des raisonnements récurrentiels. Beiträge auch von P. Gréco, B. Inhelder und B. Matalon (*E.E.G.* XVII).
Traité de psychologie expérimentale. Unter der Leitung von Paul Fraisse und Jean Piaget. Bde. 1—9. Presses Universitaires de France, Paris.
1: Histoire et méthode (Paul Fraisse, Jean Piaget und Maurice Reuchlin).
2: Sensation et motricité (Henri Piéron, René Chocholle und Jacques Leplat).
3: Psychophysiologie du comportement (Jacques Paillard, Vincent Bloch und Henri Piéron).
4: Apprentissage et mémoire (Jean-Francois Le Ny, Gérard de Monpellier, Geneviève Oléron und César Florès).
5: Motivation, émotion et personnalité (Joseph Nuttin, Paul Fraisse und Richard Meili).
6: La perception (Jean Piaget, Paul Fraisse, Eliane Vurpillot und Robert Francès). 3. Aufl. 1975.
7: L'intelligence (Pierre Oléron, Jean Piaget, Bärbel Inhelder und Pierre Gréco).

8: Langage, communication et décision (Francois Bresson, Francois Jodelet und Gaston-Georges Mialaret).
9: Psychologie sociale (Germaine de Montmollin, Roger Lambert, Robert Pagès, Claude Flament und Jean Maisonneuve).

1964

Six études de psychologie. Gonthier, Genf (Sammelband). Deutsch: Sechs psychologische Studien. In: Jean Piaget, *Theorien und Methoden der modernen Erziehung.* Molden, Wien etc. 1972, S. 185–351 (Taschenbuch: S. Fischer, Frankfurt a. M. 1974).
L'épistémologie de l'espace. Beiträge u. a. auch von P. Gréco, J.-B. Grize, Vinh-Bang und E. Vurpillot (*E.E.G.* XVIII).

1965

Sagesse et illusions de la philosophie. Presses Universitaires de France, Paris. 3. Auflage 1972. Deutsch: *Weisheit und Illusionen der Philosophie.* Suhrkamp, Frankfurt a. M. 1974.
Etudes sociologiques. Droz, Genf. 2. Auflage 1967 (Sammelband).
Conservations spatiales. Beiträge von E. Lunzer und Vinh-Bang (*E.E.G.* XIX).

1966

L'image mentale chez l'enfant. Etudes sur le développement des représentations imagées. Mitautor: Bärbel Inhelder. Presses Universitaires de France, Paris. Deutsch in Vorbereitung bei Suhrkamp, Frankfurt a. M.
La psychologie de l'enfant. Mitautor: Bärbel Inhelder. Presses Universitaires de France, Paris. 6. Auflage 1975. Deutsch: *Die Psychologie des Kindes.* Walter, Olten und Freiburg i. Br. 1972. 2. Auflage 1973 (Taschenbuch: S. Fischer, Frankfurt a. M. 1977).
L'épistémologie du temps. Beiträge auch von J.-B. Grize, K. Henry, M. Meylan-Backs, F. Orsini und N. Van den Bogaert-Rombouts (*E.E.G.* XX).

1967

Biologie et connaissance. Essai sur les relations entre les régulations organiques et les processus cognitifs. Gallimard, Paris. 2. Auflage 1973. Deutsch: *Biologie und Erkenntnis.* Über die Beziehungen zwischen organischen Regulationen und kognitiven Prozessen. S. Fischer, Frankfurt a. M. 1974.
Logique et connaissance scientifique. Unter der Leitung von Jean Piaget. Gallimard, Paris.
Perception et notion du temps. Beiträge von M. Bovet, P. Gréco, S. Papert und G. Voyat (*E.E.G.* XXI).

1968
Le structuralisme. Presses Universitaires de France, Paris. 6. Auflage 1974. Deutsch: *Der Strukturalismus.* Walter, Olten und Freiburg i. Br. 1973.
On the Development of Memory and Identity. Clark University Press, Worcester/Mass. 2. Auflage 1969. Deutsch in Vorbereitung bei Akademische Verlagsgesellschaft, Frankfurt a. M. (Sammelband).
Mémoire et intelligence. Mitautor: Bärbel Inhelder. Presses Universitaires de France, Paris. Deutsch: *Gedächtnis und Intelligenz.* Walter, Olten und Freiburg i. Br. 1974.
Cybernétique et épistémologie. Beiträge von G. Cellérier, S. Papert und G. Voyat (*E.E.G.* XXII).
Epistémologie et psychologie de la fonction. Mitautoren: J.-B. Grize, A. Szeminska und Vinh-Bang. Mitarbeiter: F. Orsini, A. Papert-Christophides, E. Schmid-Kitzikis und H. Sinclair (*E.E.G.* XXIII). Deutsch: *Epistemologie und Psychologie der Funktion.* Klett-Cotta, Stuttgart 1977.
Epistémologie et psychologie de l'identité. Beiträge auch von R. Droz, H. Sinclair und Vinh-Bang. Mitarbeiter: M. Bovet, D. Liambey, R. Maier und G. Voyat (*E.E.G.* XXIV).

1969
Psychologie et pédagogie. Denoël-Gonthier, Paris. Deutsch: Psychologie und Pädagogik. In: Jean Piaget, *Theorien und Methoden der modernen Erziehung.* Molden, Wien etc. 1972, S. 13—183 (Taschenbuch: S. Fischer, Frankfurt a. M. 1974).

1970
L'épistémologie génétique. Presses Universitaires de France, Paris. 2. Auflage 1972. Deutsch: *Abriß der genetischen Epistemologie.* Mit einer Einführung von Fritz Kubli und einer Bibliographie. Walter, Olten und Freiburg i. Br. 1974.
Genetic epistemology. Columbia University Press, New York und London. 2. Auflage 1972. Deutsch: *Einführung in die genetische Erkenntnistheorie.* Vier Vorlesungen. Suhrkamp, Frankfurt a. M. 1973.
Psychologie et épistémologie. Denoël-Gonthier (Sammelband). Deutsch in Vorbereitung bei Molden, Wien etc.

1971
Les théories de la causalité. Beiträge auch von M. Bunge, F. Halbwachs, T. S. Kuhn und L. Rosenfeld (*E.E.G.* XXV).
Les explications causales. Mitarbeiter: R. Garcia (*E.E.G.* XXVI).

1972
Problèmes de psychologie génétique, Denoël-Gonthier, Paris (Sammel-

band). Deutsch: *Probleme der Entwicklungspsychologie. Kleine Schriften.* Syndikat, Frankfurt a. M. 1976.
Epistémologie des sciences de l'homme. Gallimard, Paris. Deutsch: *Erkenntnistheorie der Wissenschaften vom Menschen.* Ullstein, Frankfurt a. M. etc. 1973.
Où va l'éducation? Denoël-Gonthier, Paris (Sammelband). Deutsch: *Das Recht auf Erziehung* und *Die Zukunft unseres Bildungssystems.* Piper, München 1975.
La transmission des mouvements. Mitarbeiter: J. Bliss, M. Bovet, E. Ferreiro, M. Labarthe, A. Szeminska und T. Vergopoulo (*E.E.G.* XXVII).
La direction des mobiles lors de chocs et de poussées. Mitarbeiter: J. Bliss, C. Dami, I. Flückiger-Geneux, M.-F. Graven, R. Maier, P. Mounoud und M. Robert (*E.E.G.* XXVIII).

1973

Vingt-quatre extraits choisis dans l'oeuvre. In: Guy Cellérier, *Piaget* (Presses Universitaires de France, Paris), S. 57—110.
La formation de la notion de force. Mitarbeiter: M. Chollet, I. Flückiger-Geneux, A. Henriques-Christophides, J. de Lannoy, R. Maier, O. Mosimann und A. Szeminska (*E.E.G.* XXIX).
La composition des forces et le problème des vecteurs. Mitarbeiter: J. Bliss, M. Chollet-Levret, C. Dami, P. Mounoud, M. Robert, C. Rossel-Simonet und Vinh-Bang (*E.E.G.* XXX).

1974

Adaptation vitale et psychologie de l'intelligence. Sélection organique et phénocopie. Hermann, Paris 1974. Deutsch: *Biologische Anpassung und Psychologie der Intelligenz.* Klett, Stuttgart 1975 (Konzepte der Humanwissenschaften).
La prise de conscience. Mitarbeiter: A. Blanchet, J.-P. Bronckart, N. Burdet, A. Cattin, C. Dami, I. und M. Flückiger-Geneux, C. Gilliéron, A. Henriques-Christophides, D. Liambey, O. de Marcellus, A. Munari, M. Robert und A.-M. Zutter. Presses Universitaires de France, Paris.
Réussir et comprendre. Mitarbeiter: M. Amann, C.-L. Bonnet, M.-F. Graven, A. Henriques, M. Labarthe, R. Maier, A. Moreau, C. Othenin-Girard, C. Stratz, S. Uzan, T. Vergopoulo. Presses Universitaires de France, Paris.
Recherches sur la contradiction. Les différentes formes de la contradiction. Mitarbeiter: C.-L. Bonnet, J.-P. Bronckart, A. Bullinger, A. Cattin, J.-J. Ducret, A. Henriques-Christophides, C. Kamii, A. Munari, I. Papandropoulou, S. Parrat-Dayan, M. Robert und T. Vergopoulo. II: *Les relations entre affirmation et négations.* Mitarbeiter: A. Blanchet, C. Cellerier, C. Dami, M. Gainotti-Amann, C. Gilliéron, A. Henriques-Christophides,

M. Labarthe, J. de Lannoy, R. Maier, D. Maurice, J. Montangero, O. Mosimann, C. Othenin-Girard, S. Uzan und T. Vergopoulo (*E.E.G.* XXXI und XXXII).

1975
L'équilibration des structures cognitives. Problème central du développement (*E.E.G.* XXXI). Deutsch: *Die Äquilibration der kognitiven Strukturen.* Klett, Stuttgart 1976 (Konzepte der Humanwissenschaften).

1976
Le comportement, moteur de l'évolution. Gallimard, Paris.

1977
Recherches sur l'abstraction réfléchissante. I: L'abstraction des relations logico-arithmétiques. Mitarbeiter: I. Berthoud-Papandropoulou, J.-B. Billeter, J.-J. Bourquin, J.-L. Kaufmann, P. Moessinger, J. Montangero. *II: L'abstraction de l'ordre des relations spatiales.* Mitarbeiter: E. Ackermann (*E.E.G.* XXXIV und XXXV).
The Essential Piaget. Edited by Howard E. Gruber and J. Jacques Vonèche. Basic Books, New York (Sammelband).

2. Alphabetisches Verzeichnis

Dieses Verzeichnis enthält die alphabetisch geordneten Titel von Originalausgaben und publizierten deutschen Übersetzungen. Hinter den Titeln wird jeweils auf die Jahreszahl im *Chronologischen Verzeichnis* verwiesen, unter der die genauen bibliographischen Angaben zu Originalausgaben und Übersetzungen zu finden sind.

Abriß der genetischen Epistemologie → 1970
abstraction de l'ordre des relations spatiales, L' → 1977
abstraction des relations logico-arithmétiques, L' → 1977
abstraction réfléchissante, Recherches sur l' → 1977
Adaption vitale et psychologie de l'intelligence → 1974
apprentissage des structures logiques, L' → 1959
Apprentissage et connaissance → 1959
Äquilibration der kognitiven Strukturen, Die → 1975
Aufbau der Wirklichkeit beim Kinde, Der → 1937
Bildung des Zeitbegriffs beim Kinde, Die → 1946
Biologie et connaissance → 1967

JEAN PIAGET
Gesammelte Werke

Studienausgabe

Band 1
Das Erwachen der Intelligenz beim Kinde. 1936

Band 2
Der Aufbau der Wirklichkeit beim Kinde. 1937

Band 3
Die Entwicklung des Zahlbegriffs beim Kinde. 1941

Band 4
Die Entwicklung der physikalischen Mengenbegriffe beim Kinde. 1942

Band 5
Nachahmung, Spiel und Traum. 1945

Band 6
Die Entwicklung des räumlichen Denkens beim Kinde. 1948

Band 7
Die natürliche Geometrie des Kindes. 1948

Band 8
Die Entwicklung des Erkennens I: Das mathematische Denken. 1950

Band 9
Die Entwicklung des Erkennens II: Das physikalische Denken. 1950

Band 10
Die Entwicklung des Erkennens III: Das biologische Denken. Das psychologische Denken. Das soziologische Denken. 1950

KLETT-COTTA

Weitere Bücher von Jean Piaget bei Klett-Cotta

Biologische Anpassung und Psychologie der Intelligenz

Organische Selektion und Phänokopie.

Aus dem Französischen von Luc Bernard

1975. 118 Seiten, kartoniert, ISBN 3-12-926300-4

Piaget zeigt, wie die organische Selektion und die Bildung von Phänokopien – also die genetische Fixierung neuer Eigenschaften – zusammenhängen. Die evolutiven Transformationen sind nicht zu trennen von exploratorischen Verhaltensweisen. Der Organismus erobert, indem er neue Variationen hervorbringt, neue Sektoren der Umwelt. Auf der biologischen Ebene entdeckt Piaget also die Modelle wieder, welche die kognitive Entwicklung bestimmen. Die Rolle des Zufalls wird auf ein bescheidenes Maß zurückgeführt, „denn es ist gerade das besondere dieser Kardinalfunktion des Lebens, welche die Assimilation ist, daß sie sich dem Zufälligen entgegenstemmt, um es benützen zu können". (Konzepte der Humanwissenschaften)

Die Äquilibration der kognitiven Strukturen

Aus dem Französischen von Luc Bernard

1976. 182 Seiten, kartoniert, ISBN 3-12-926530-9

In bisher unerreichter Präzision gelingt es Jean Piaget in diesem neuen Buch, seinen „Strukturalismus" mit seinen entwicklungspsychologischen und erkenntnistheoretischen Einsichten zu verbinden und auch seinerseits ein neues Gleichgewicht zwischen den verschiedenen Teilgebieten seiner Arbeit herzustellen. (Konzepte der Humanwissenschaften)

Epistemologie und Psychologie der Funktion

Mitautoren: Jean-Blaise Grize, Alina Szeminska und Vinh-Bang

Unter Mitarbeit von Catherine Fot, Marianne Meylan-Backs, Francine Orsini, Andrula Papert-Christophides, Elsa Schmid-Kitzikis und Hermine Sinclair

Aus dem Französischen von Luc Bernard
1977. 212 Seiten, Linson ISBN 3-12-926290-3

Die Funktion ist einer der wichtigsten Begriffe im Bereich der Entwicklung des (mathematischen) Denkens. Sie geht nach Piaget aus den Aktionsschemata hervor. Sie ist eine „geordnete Abhängigkeit"; sie ist das Ergebnis von gerichteten Anwendungen". Es gibt „eine Art Logik der Funktionen", die vor der Logik der Operationen ausgebildet wird. Diese „Logik" enthält Lücken; es fehlt ihr die Reversibilität. Sie ist, psychologisch gesehen, eine Struktur mit noch geringem Realitätsbezug.
Es gelingt Piaget und seinen Mitarbeitern hier erstmals, eine Logik der präoperativen Strukturen herauszuarbeiten und die begrenzte Möglichkeit von „konstituierten Funktionen" im Gegensatz zur begrenzten Zahl von Operationen aufzuzeigen.